Tönnesmann · KLEINE KUNSTGESCHICHTE ROMS

Andreas Tönnesmann

Kleine Kunstgeschichte Roms

Verlag C.H. Beck

Mit 70 Abbildungen, davon 40 in Farbe, und 1 Stadtplan

Die Deutsche Bibliothek – CIP-Einheitsaufnahme

Ein Titeldatensatz für diese Publikation
ist bei Der Deutschen Bibliothek erhältlich

Druck- und Bindung: Kösel, Kempten
Gedruckt auf säurefreiem, alterungsbeständigem Papier
(hergestellt aus chlorfrei gebleichtem Zellstoff)
Printed in Germany
ISBN 3 406 48616 9

www.beck.de

Inhalt

Belehrung der Sinne – Römischer Barock

Roms Weg in die Moderne

Anhang

Vorwort

Rom ist nicht einfach eine Stadt wie andere auch. Im Unbewußten der europäischen Kultur ist Rom der Urtext der Stadt schlechthin, ein Mythos, dessen Präsenz über viele geschichtliche Zäsuren hinweg bis heute ungebrochen bleibt.

Eine Kunstgeschichte Roms darf den Mythos Rom nicht aus den Augen verlieren. Und doch muß sie sich seinem Bann entziehen, indem sie die Stadt als geformte Materie versteht, sie als Gefüge aus Straßen und Plätzen, Statuen und Bildern, Mauern und Gewölben betrachtet. Das vorliegende Buch gewinnt aus der Analyse römischer Kunst zunächst eine Bildgeschichte Roms. Es stellt die Stadt in ihren Formen dar, die es als Ergebnis historischer Abläufe und als Konsequenz immer neuer Entscheidungen durch Auftraggeber und Künstler begreiflich machen möchte. Daneben tritt das Anliegen, solche Perspektiven zu rekonstruieren, denen der Blick auf Rom zu bestimmten Zeiten gehorchte. Dabei erweist sich, daß es seit dem Ende des Altertums im wesentlichen nur zwei Motive waren, die in wechselnder Gewichtung und gegenseitiger Durchdringung ganz verschiedene Vorstellungen von Rom erzeugen konnten: das antike Erbe der Stadt auf der einen, ihre Bedeutung als Zentrum des westlichen Christentums auf der anderen Seite. Aus diesen Grundbausteinen setzt sich bis an die Schwelle der Moderne, zum Teil noch darüber hinaus, eine erstaunlich lebendige Folge jener Rombilder zusammen, die in das europäische Gedächtnis eingegangen sind.

Gewidmet ist das Buch meiner Frau Bernadette, ohne deren Teilnahme, Geduld und Toleranz es nicht geschrieben worden wäre. Christoph Luitpold Frommel und Christof Thoenes, meinen römischen Mentoren, verdankt der Text ungezählte Anregungen. Für kritische und freundschaftliche Lektüre danke ich Dietrich Erben, für solidarische Unterstützung Isabel Haupt und Lothar Schmitt, für kundiges Lektorat im Verlag C.H. Beck Karin Beth, Susanne Hofmann und Anatol Schneider.

Zürich, im Mai 2002 *Andreas Tönnesmann*

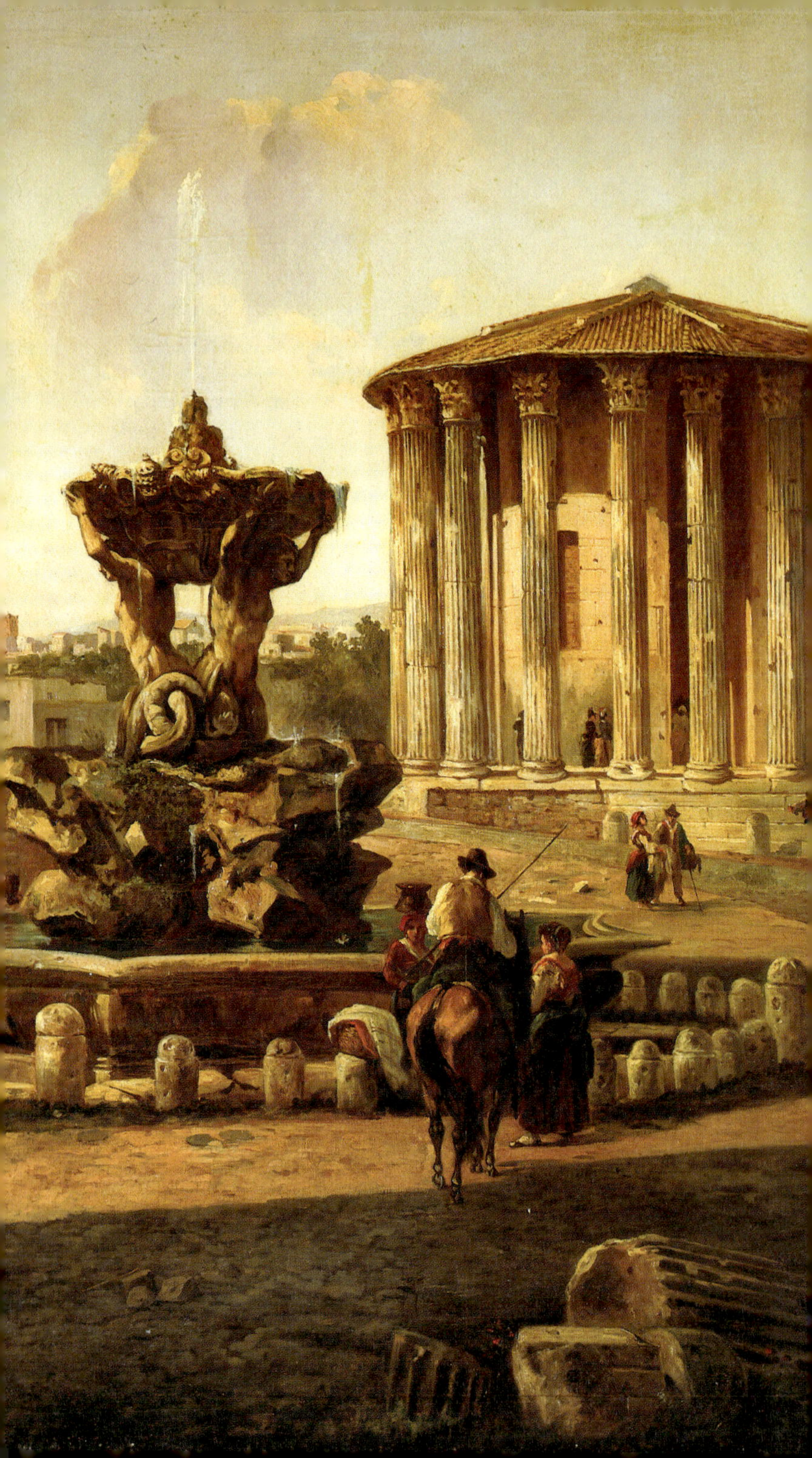

«...wie Rom auf Rom folgt» – Umnutzung als urbanes Prinzip

Mehr als zweitausend Jahre Stadtgeschichte verdichten sich in der heutigen Gestalt Roms. Daß die zahlreichen Überlieferungsschichten keineswegs in geordneter Folge vor Augen treten, muß bereits der Reisende feststellen, der die Stadt mit dem Zug erreicht. Am Bahnhof Termini im Nordosten der Stadt angekommen, bietet ihm die kühn überdachte Empfangshalle, zum Heiligen Jahr 1950 in Stahlbeton und Glas errichtet, zunächst den Eindruck einer modernen Stadt (Abb. 67). Doch schon wenige Schritte vor der Fassade ragt ein sorgfältig freigelegter Abschnitt des ältesten römischen Befestigungsrings – der sogenannten Servianischen Mauer – ins Blickfeld, die seit dem 4. Jahrhundert v. Chr. das städtische Kerngebiet mit den sieben Hügeln Kapitol, Palatin, Aventin, Quirinal, Esquilin, Caelius und Viminal umgab. An den umfänglichen Resten der Diokletiansthermen vorbei – Michelangelo baute das Tepidarium, den Saal der lauwarmen Bäder, mit einigen angrenzenden Räumlichkeiten ab 1563 in eine Kirche um (Abb. 30) – erreicht man das elegante Rund der Piazza Esedra. Der Platz ist ebenso ein Stück hauptstädtischer Architektur des 19. Jahrhunderts wie die verkehrsreiche, von Geschäften, Hotels und staatlichen Prachtbauten gesäumte Via Nazionale, über die sich in südwestlicher Richtung der Zugang zum historischen Zentrum eröffnet.

Wie bereits auf dieser kurzen Strecke, so wird Rom dem Besucher immer wieder als Palimpsest vor Augen treten – ein Dokument, auf dem neue Schrift die alten, verblassenden Züge früherer Schichten überlagert. Bereits 1786 hat der wortmächtigste aller Romreisenden nach Erreichen der Stadt diesen Eindruck festgehalten: «Wenn man so eine Existenz ansieht, die zweitausend Jahre und darüber alt ist, durch den Wechsel der Zeiten so mannigfaltig und vom Grund aus verändert, und doch noch der-

1 Vincenzo Giovannini, Vesta-Tempel, 1889, Rom, Caffè Greco

selbe Boden, derselbe Berg, ja oft dieselbe Säule und Mauer, und im Volke noch Spuren des alten Charakters, so wird man ein Mitgenosse der großen Ratschlüsse des Schicksals und so wird es dem Besucher von Anfang an schwer zu entwickeln, wie Rom auf Rom folgt, und nicht allein das neue auf das alte, sondern die verschiedenen Epochen des alten und neuen selbst auf einander.» (Johann Wolfgang Goethe, Italienische Reise)

Das römische Nebeneinander von Alt und Neu hat schon früh zu Erklärungsversuchen herausgefordert. Im Hochmittelalter entstanden auf der Grundlage älterer Überlieferung die ‹Mirabilia urbis Romae›, ein Pilgerführer zu den Hauptkirchen Roms, der auch die antiken Hauptmonumente aufführte und ihre fremdartige Erscheinung mit einem Gemisch aus Legenden und bruchstückhaft erzählter Geschichte kommentierte. Die wissenschaftliche, auf objektive Erkenntnis gestützte Topographie des antiken Rom war eine Errungenschaft der Renaissance. Gelehrte Werke wie Flavio Biondos ‹Roma instaurata› (1444–1446) oder Benedetto Marlianos ‹Antiquae Romae Topographia› (1534) waren Ausgangspunkte für die reiche Guidenliteratur der Neuzeit, die auch wißbegierigen Laien das undurchdringliche Gewebe der Stadt allmählich durchschaubar machte.

Für die bildliche Rekonstruktion der antiken Monumente, vom 15. bis ins 18. Jahrhundert vor allem eine Domäne zeichnender Architekten, setzen die Werke der Topographen gleichfalls den unerläßlichen Rahmen. Deren Erkenntnisse schlagen sich außerdem in einer wachsenden Zahl von Romplänen nieder: Das früheste Stadium nachantiker römischer Kartographie überliefern die perspektivischen Aufnahmen des Pietro del Massaio aus der Zeit um 1470, die das Bild der Stadt in Abbreviaturen ihrer Hauptmonumente zu fassen suchten (Abb. Umschlaginnenseite). 1493 bietet eine Holzschnittillustration zu Hartmann Schedels ‹Weltchronik› bereits ein dichter gestaffeltes Relief antiker und moderner Bauten, vom Band des Tiber durchschnitten und von der Stadtmauer geschützt. An einer systematischen Aufnahme der antiken Bauten arbeitete bereits Raffael; Pirro Ligorio (1513–1583) erstellte mehrere Planrekonstruktionen des antiken Rom. Leonardo Bufalini veröffentlichte 1551 in einem großformatigen Holzschnitt den ersten Plan der zeitgenössischen Stadt in orthogonaler Projektion, eine Pionierleistung moderner

Vermessungskunst; ihm folgen 1577 die gestochene Vogelschau des Etienne Dupérac und 1748, nach mehreren Zwischenstationen, der unübertroffen genaue Plan des Giovanni Battista Nolli, der auf zwölf Kupfertafeln gestochen wurde.

Was uns von Siedlungsgeschichte und Topographie des antiken Rom bekannt ist, beruht auf dem Wissen, das die frühen Antiquare und Zeichner aus dem unermüdlichen Vergleich erhaltener Monumente mit den Schriftquellen gewonnen haben. Der Erkenntniszuwachs, den die moderne Archäologie erzielen konnte, hielt sich schon deshalb in Grenzen, weil das kontinuierlich bebaute und bewohnte römische Zentrum nur selten als Grabungsstätte zur Verfügung stand. Die Ausnahme von dieser Regel war und ist das Forum Romanum, das Rückgrat der antiken Stadt. Die feuchte Talsenke zwischen Kapitol, Palatin, Esquilin und Viminal gehörte anfänglich nicht zum Stadtgebiet. Erst nachdem sie unter König Tarquinius Superbus um 510 v. Chr. entwässert worden war, konnte sie in republikanischer Zeit zu einem Platz ausgebaut werden, der von Kult- und Staatsbauten, aber auch von Verkaufsständen gesäumt war. Im Mittelalter umlagerten die Frangipani den Titusbogen mit ihrer Familienburg; in anderen Ruinen wurden christliche Kirchen wie Santa Maria Antiqua, Santa Maria Nova oder Santi Cosma e Damiano eingerichtet. Reste antiker Architektur waren auf dem Forum Romanum immer sichtbar, aber hauptsächlich diente das immer weiter verschüttete Gelände als Viehweide – ein Anblick, der die Humanisten empörte, Malern des 18. und 19. Jahrhunderts aber den Stoff für stimmungsvolle Veduten lieferte.

Schon im Verlauf der republikanischen Zeit verlagerte sich die Marktfunktion immer mehr auf das benachbarte Forum Boarium, den ‹Rindermarkt›. Hier, in der Umgebung der späteren Kirche Santa Maria in Cosmedin, haben sich gleich mehrere antike Bauten vollständig erhalten, darunter zwei Tempel über rechteckigem und rundem Grundriß (Abb. 1), die durch frühe Umwandlung in christliche Kirchen vor Zerstörung geschützt waren. Im Norden des Forum Romanum legten die Imperatoren seit Augustus (27 v.Chr.–14 n.Chr.) die repräsentativen Kaiserforen an. Das Gelände war im Mittelalter dicht besiedelt. Jahrhundertelang stand hier nur die Trajanssäule als Zeugin großer Vergangenheit aufrecht, bis 1931 das Gelände großflächig ausgegraben wurde und gleich darauf unter der Via de' Fori Imperiali teilweise wieder verschwand.

Dienten viele Ruinen der Antike bis weit in die Renaissance hinein als Steinbrüche und Kalkgruben – unerschöpflichen Materialvorrat bot etwa das Kolosseum –, so war auch die Einbeziehung antiker Bauten in befestigte Familienresidenzen während des Mittelalters gang und gäbe. Die Savelli siedelten beim Marcellus-Theater, die Crescenzi auf dem Forum Boarium, die Pierleoni auf der Tiberinsel. Das Mausoleum Kaiser Hadrians wurde zur Engelsburg, dem Kastell der Päpste, umgebaut. 1536 ließ Papst Paul III. zum Empfang Kaiser Karls V. in Rom den bis dahin völlig unsichtbaren Konstantinsbogen freilegen: ein seltenes Beispiel dafür, daß antike Bauten im Zusammenhang zeitgenössischer Ereignisse aktualisiert werden konnten.

Siedlungskern des antiken Rom war das Kapitol im Westen des Forum Romanum. Es wurde bald zum religiösen Zentrum der Stadt: Schon in der Königszeit mit ersten Sakralbauten ausgestattet, trugen die beiden Hügelkuppen später die Tempel der ‹Kapitolinischen Trias› Jupiter, Juno und Minerva. Hier befanden sich die «arx», Fluchtburg der antiken Stadt, die Münze und das Tabularium, das Staatsarchiv. All diese Bauten waren nach Osten, auf das Forum hin, orientiert. Auch nach dem Ende der Antike geriet die Bedeutung des Kapitols nie ganz in Vergessenheit, obwohl selbst hier eine römische Familie, die Colonna, auf den vorhandenen Fundamenten Wohnbauten errichtete. Zum Identifikationsort für die Römer wurde der Hügel insbesondere zu Zeiten republikanischer Neubesinnung. Schon während der «römischen Republik» von 1143/44 ging man daran, dem Kapitol wieder eine herausgehobene Bedeutung für die Stadt zu verleihen – zunächst durch Neubauten für die städtische Verwaltung wie den Senatorenpalast, der auf den Ruinen des Tabularium zu stehen kam. Dann trat die Franziskanerkirche Santa Maria in Aracoeli hinzu. Sie entstand in den Jahren seit 1285 an Stelle von Sakralbauten, die auf der nördlichen Hügelkuppe bereits seit dem frühen Mittelalter den Tempel der Juno Moneta ersetzt hatten. Entscheidend für die weitere Erschließung des Hügels wurde die Treppenanlage vor Santa Maria in Aracoeli aus der Zeit des Volkstribunen Cola di Rienzo (1348): Sie besiegelte die Neuausrichtung des Ortes nach Westen, in Richtung der mittelalterlichen Stadt. Das Forum Romanum war jetzt endgültig von den urbanen Schwerpunkten abgeschnitten.

Das antike Straßennetz verschwand während des Mittelalters fast vollständig im Grundriß der neu entstehenden Stadt; einzig die schnurgerade Via del Corso, in Fortsetzung der Via Flaminia die Hauptverbindung von der Piazza del Popolo im Norden zum Kapitol, blieb über alle städtebaulichen Prioritätenwechsel hinweg als Rückgrat des antiken Achsenkreuzes erhalten. Die deutlichsten Spuren antiker Urbanistik findet man heute in der Aurelianischen Mauer des 3. Jahrhunderts n. Chr. Wie ein weiter, auf Vorrat bemessener Gürtel umschloß sie schon in der Antike zahlreiche unbebaute Flächen; erst recht bot sie späteren Phasen der Stadtentwicklung bis ins 19. Jahrhundert großzügige Wachstumsreserven. Rom ist die einzige europäische Großstadt mit einem vergleichbar gut erhaltenen Mauerring. Selbst einzelne Stadttore der Antike haben überdauert, das eindrucksvollste ist die mächtige Porta Maggiore im Südosten. Unter Kaiser Konstantin und seinen Nachfolgern wurde die Mauer zur Richtschnur der großen Kirchengründungen: Prominente Bauten wie Sankt Peter, San Paolo und San Lorenzo entstanden außerhalb der Stadtgrenzen, andere wie die Lateranbasilika knapp innerhalb des Mauerrings. Erst mit einem Neubau des 5. Jahrhunderts, Santa Maria Maggiore auf dem Esquilin, erreichte die christliche Monumentalarchitektur schließlich das Stadtzentrum, und noch später, in karolingischer Zeit, erhielten die Peterskirche und das umliegende, seit dem Frühmittelalter allmählich gewachsene Stadtviertel des Borgo den Schutz einer eigenen Ummauerung.

Hatte das antike Rom seine öffentlichen Bereiche auf die Talsenken, die Wohnbebauung hingegen auf die Hügel konzentriert, so kehrte sich diese Grunddisposition im Mittelalter um. Während manche Hügel – unter ihnen der Palatin mit den ausgedehnten Kaiserpalästen – ganz verlassen wurden, bildete sich im Tiberknie zwischen Via del Corso und Tiber das dicht bebaute Zentrum der mittelalterlichen Stadt. Hier hatte sich in der Antike das Marsfeld befunden, ursprünglich militärischer Aufmarschplatz und seit augusteischer Zeit zunehmend Ort kaiserlicher Repräsentation. Augustus ließ hier sein Mausoleum errichten, das nach Umwidmungen zur Familienfestung der Colonna, zur

Stierkampfarena und schließlich zum Konzertsaal erst 1934 endgültig freigelegt wurde; südlich davon entstanden die augusteische Ara Pacis sowie eine Sonnenuhr im urbanen Maßstab, der ein Obelisk als Zeiger diente – erst vor zwei Jahrzehnten konnte dieses eindrucksvolle Beispiel repräsentativer Stadtnutzung in aufsehenerregenden Stichgrabungen nachgewiesen und in seiner ursprünglichen Ausdehnung zuverlässig rekonstruiert werden. Auch die Agrippa-Thermen mit dem Pantheon gehörten ursprünglich zum Bereich des *campus Martius*, dessen südliche Grenze sie markierten. Der antike Rundbau blieb nur deshalb als Ganzes erhalten, weil er schon im Jahr 609 eine neue Bestimmung als Marienkirche erhielt. Sichtbare Reste antiker Architektur gibt es dennoch in diesem völlig überformten Viertel nur wenige. Zu den Ausnahmen gehört die Piazza Navona: Dieser langgestreckte Platz geht im Grundriß auf das Stadion Kaiser Domitians aus dem ersten nachchristlichen Jahrhundert zurück.

Durch das enge Gassengeflecht des Tiberknies führten im Mittelalter nur drei durchgehende Straßen, neben der antiken *via recta* die *via papalis* sowie die *via peregrinorum* als einzige Ost-West-Verbindung für die vielen Pilger, die von der Piazza del Popolo den Weg zur Engelsbrücke und weiter zum Vatikan suchten. Obwohl sie allen Formen fließenden Verkehrs nach wie vor zahlreiche Hemmnisse entgegenstellt, ist die mittelalterliche Altstadt Roms als Ganzes nie neu organisiert worden. Erst durch die Tiberregulierung des späten 19. Jahrhunderts sollte es etwa gelingen, den regelmäßigen Überschwemmungen des tief gelegenen Viertels eine Ende zu setzen. Und auch das alte Ghetto am südlichen Ende der Altstadt, in dem seit jeher eine besonders bedrückende Enge herrschte, wurde erst mit seiner Auflösung durch die hauptstädtischen Behörden im Jahr 1888 einer Sanierung zugänglich. Als Monument der Befreiung, die der jüdischen Gemeinde Roms erst durch den Nationalstaat zufiel und deren Segnungen sie begeistert aufnahm, entstand zwischen 1899 und 1904 inmitten des Viertels zwischen Via Arenula und Marcellus-Theater die neue Synagoge, deren monumentale Architektur sich den großen Kirchen Roms selbstbewußt an die Seite stellt.

Doch hatten bereits die städtebaulichen Reformansätze der Renaissancepäpste im Tiberknie ein ergiebiges Feld gefunden. Unter Sixtus IV. wurden schon im 15. Jahrhundert die wichtigsten Straßen von Einbauten befreit und durchgehend gepflastert; im südlichen Teil schuf darüber hinaus der Ponte Sisto eine Verbindung zum Trastevere-Viertel auf der linken Tiberseite. In den ersten Jahren des 16. Jahrhunderts ließ dann Papst Julius II. parallel zum rechten Flußufer eine neue Straße anlegen, die gerade Via Giulia, die als Hauptader eines Residenz- und Verwaltungsquartiers gedacht war. Hinzu kam der Straßen-Dreistrahl um die Via del Banco di Santo Spirito. Im 17. Jahrhundert wurde das Trivium als gelungenes Beispiel geometrisch koordinierter Straßenführung noch einmal aktuell, als Papst Alexander VII. die Straßenmündungen an der Stadtseite der Piazza del Popolo mit der Via del Corso als Mittelstrahl in ähnlicher Weise ordnen und durch zwischengeschaltete Kirchenbauten repräsentativ gestalten ließ.

All dies macht deutlich, daß Neuformung der antiken Stadt seit dem Mittelalter vor allem pragmatische Umnutzung bedeutete – ein Grundsatz im Umgang mit Vergangenem, den Rom zu seinem Vorteil niemals völlig aufgegeben hat. Beginnend bei der Vereinnahmung antiker Bauten für Wohn- und Verteidigungszwecke, wurden vorhandene Strukturen immer wieder als Schläuche und Gefäße genutzt, die mit neuen Funktionen gefüllt werden konnten. Seit der Renaissance lernte man einzelne Situationen im Geflecht der Stadt, wie sie sich durch geschichtliche Zufälle ergeben hatten, aber auch als Projektionsflächen für neue, überraschende Deutungen des öffentlichen Raums zu verstehen; bis heute eindrucksvolle Beispiele dafür bieten etwa die Umgestaltung des Vorplatzes von Santa Maria della Pace aus dem 17. oder die Spanische Treppe aus dem 18. Jahrhundert (Abb. 56). Nach dem Ende der Antike hat Rom keinen systematischen Städtebau mehr gekannt: Das Gewordene gewann stets Oberhand über das Gemachte. Gerade diesem Manko, so muß man paradoxerweise feststellen, verdankt Rom aus heutiger Sicht seinen Rang als größtes städtebauliches Kunstwerk in Europa.

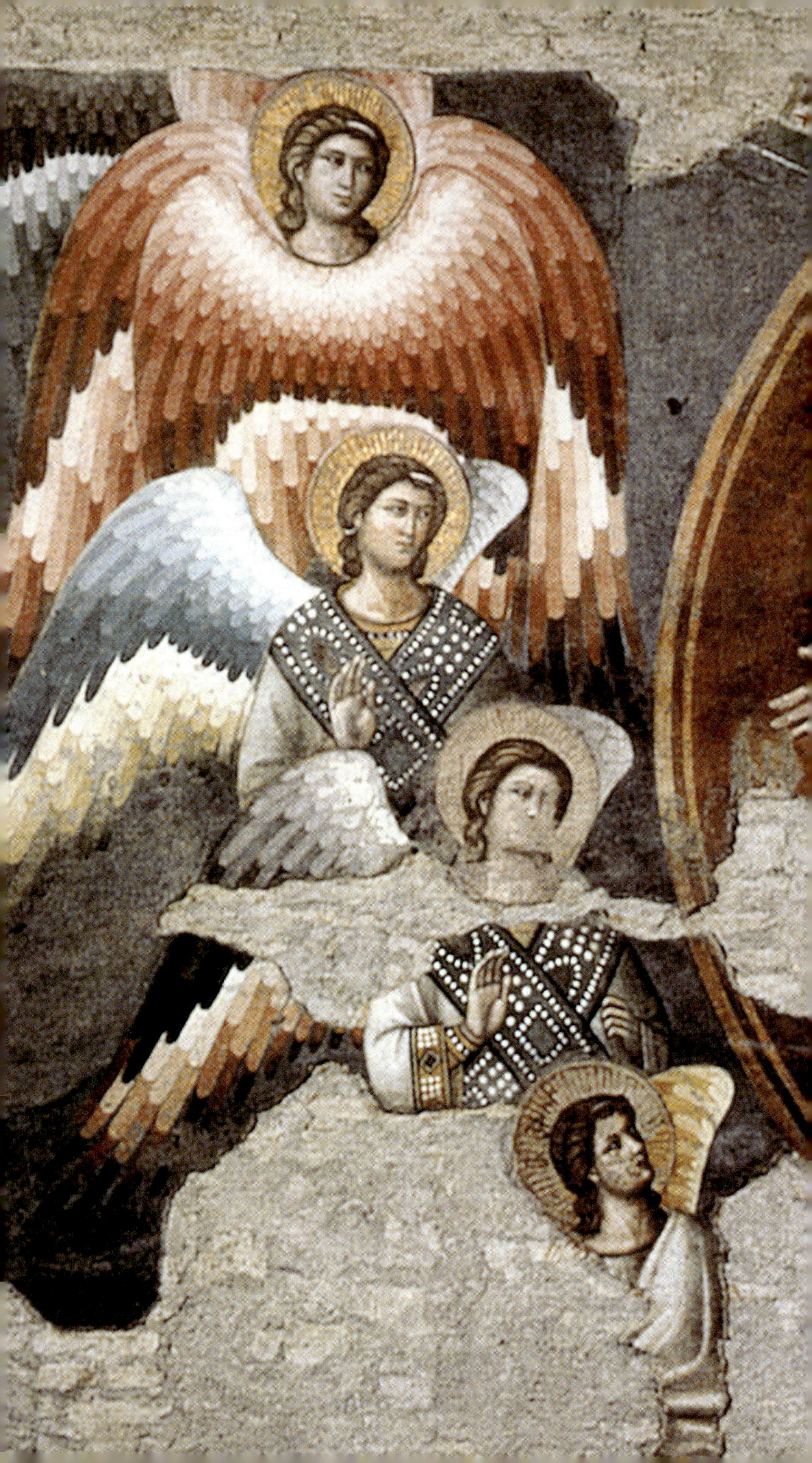

Christliche Kunst – Spätantike und Mittelalter

Die Anfänge

Die römischen Bauten und Bilder aus der Zeit Kaiser Konstantins sind keineswegs die ersten Zeugnisse christlicher Kunst. Aus den oströmischen Provinzen Kleinasiens, aber auch aus Italien kennt man erheblich ältere Belege christlicher Bildproduktion. Rom selbst besitzt sowohl christliche Wandmalereien in den Katakomben – unterirdischen Begräbnisstätten, wie sie die Christen der dortigen Gemeinde im dritten nachchristlichen Jahrhundert bevorzugten – als auch eine Reihe von Sarkophagen, deren Reliefschmuck biblische Motive verarbeitet. Schon bevor die staatliche Anerkennung ihres Glaubens gesichert war, nahmen römische Christen also ihren Totenkult zum Anlaß, eine spezifische religiöse Bildkultur zu entwickeln. Möglich war dies nur in Phasen staatlicher Toleranz zwischen den Verfolgungen, denen sich die Christen zu dieser Zeit noch mehrfach ausgesetzt sahen – zuletzt unter Kaiser Diokletian in den Jahren von 284 bis 305.

Der Themenschatz der frühen christlichen Bilder Roms ist begrenzt. Alttestamentliche Szenen erhielten den Vorzug vor neutestamentlichen; besonderer Beliebtheit erfreuten sich die Jonas-Erzählungen, danach mit einigem Abstand die Arche Noah, Daniel in der Löwengrube, die Taufe Christi und die Auferwekkung des Lazarus. Stets handelt es sich um Einzelbilder ohne zyklische Verknüpfung. Anzeichen für eine systematische, theologisch motivierte Bildredaktion gibt es kaum, allenfalls läßt sich eine Vorliebe für spektakuläre Wundergeschichten feststellen. Auffällig sind bei all diesen Bildern die lapidaren Kompositionen, die sich auf zwingend notwendige Elemente – in der Regel die Hauptakteure der Szenen – beschränken. Anekdotische Komponenten fehlen ebenso wie räumliche Effekte. Möglicherweise lassen sich die-

2 Pietro Cavallini, Weltgericht, Fresko in Santa Cecilia in Trastevere (Ausschnitt), um 1292

se Eigenschaften als Rückgriffe auf das Bildrepertoire geschnittener Gemmen verstehen, wie sie von Juden und Christen schon vorher an Siegelringen getragen wurden. Gemeinsam mit den verknappten Entwürfen dieser kleinformatigen Gattung mag auch die eher erinnernde als erzählende Funktion solcher Bilder in die größeren Formate der jungen Grabkunst übertragen worden sein.

Christliche und nichtchristliche Bilder pflegen in Katakombenmalerei und Sarkophagskulptur immer wieder friedliche Nachbarschaft, häufig kommen auch Motive zur Darstellung, die sowohl heidnische als auch christliche Assoziationen erlauben. Ein Beispiel ist der ‹Gute Hirte›, eine überlieferte Bildformel der heidnischen Antike, die sich mühelos auf Christus übertragen ließ und etwa als Deckenmalerei in einer Grabkammer des *coemeterium maius* (großer Friedhof) an der via Nomentana erscheint. Hinweise darauf, daß Bilder in der Konkurrenz zwischen den Religionen als Argumente Verwendung gefunden hätten, gibt es dagegen kaum. Eine Ausnahme ist das sogenannte Spottkruzifix vom Palatin. Es zählt zu den frühesten bildlichen Zeugnissen christlicher Andachtspraxis, freilich unter entschieden negativem Vorzeichen. Der Graffito, um das Jahr 200 entstanden, zeigt einen eselsköpfigen Gekreuzigten neben einem begleitenden Adoranten, auf den sich die zugehörige griechische Inschrift («Alexamenos betet zu Gott») namentlich bezieht. Mit diesem unscheinbaren Bild besitzt Rom eine frühe antichristliche Karikatur, die etwa gleichzeitig mit den ältesten Katakombenbildern datiert werden kann und nicht zuletzt deutlich macht, daß sich die christliche Gemeinde Roms großenteils aus Griechen zusammensetzte.

Unter neue Vorzeichen geriet die bis dahin wenig spektakuläre Bildkultur der römischen Christen durch die «konstantinische Wende» von 312/13. Steht die Tragweite der Entscheidung Konstantins für das Christentum heute so wenig in Frage wie vor Jahrhunderten, so hat sich die Vorstellung von ihrer Motivation im Lauf der Geschichte entschieden gewandelt. Lange Zeit galt das Bekehrungserlebnis Konstantins vor der Schlacht an der Milvischen Brücke, von Eusebius in der ‹Vita Constantini› ebenso eindrücklich wie tendenziös geschildert, als der entscheidende Impuls. Inzwischen sieht man in der persönlichen Konversion des Kaisers eher das Ergebnis einer längeren Vorgeschichte mit mannigfachen Ursachen. So wird eine Reihe ökonomischer und politischer Faktoren benannt, die Konstantins Entschluß zumindest erheblich begünstigt haben dürften. Zum Beispiel ging es darum, die wachsende religiöse Minderheit der Christen, die in den östlichen Reichsteilen zunehmend auch die Eliten erfaßte, rechtzeitig für den Kaiser und seine Anliegen zu gewinnen. Die Wende erscheint damit als kalkulierter Schritt, der sich bruchlos in den Interessenhorizont des Machtpolitikers Konstantin auf dem Weg zur Alleinherrschaft einbindet. «Die christliche Kirche hat an diesem furchtbaren, aber politisch großartigen Menschen nichts zu verlieren, so wie das Heidentum nichts an ihm zu gewinnen hätte», schrieb Jacob Burckhardt 1853. Mag diese Wertung auch überspitzt erscheinen, so mußte das von Eusebius begründete, idealisierte Bild Konstantins als glühender Verfechter des Glaubens seither doch erhebliche Einbußen hinnehmen.

Im Jahr 337, kurz vor seinem Tod, empfing Konstantin die Taufe – ein Schritt, der seine Entscheidung unumkehrbar machte. Die Durchsetzung der neuen Religion gegen den überlieferten Götterglauben sollte aber fast hundert Jahre brauchen, bis sie kurz nach 400 zum Abschluß kam. Die Stadt Rom muß in dieser Zeit den Verlust gewohnter Privilegien und einen Niedergang ihrer kulturellen Tradition erleben. Schon 330 hatte Konstantin seinen Hof von Rom in die neue Reichshauptstadt Konstantinopel verlegt. Kaiserliche Statthalter vermochten Rom nicht mehr lange vor der Bedrohung durch Barbaren zu schützen; im Jahr 410 ist der Westgote Alarich der erste, dem die Eroberung und Plünderung der Stadt gelingt. Zu dieser Zeit können die römischen Bischöfe das politische Vakuum, das durch den Verfall der kaiserlichen Macht entsteht, zunehmend füllen – in der Folge bildet sich als neue römische Autorität die Institution des Papsttums heraus. Zugleich übernimmt Rom im 4. und 5. Jahrhundert eine Schlüsselrolle in der Entfaltung der neuen, christlichen Kunsttradition.

Konstantinische Architektur

In Rom wie an anderen Stätten des frühen Christentums war christliche Kunst der vorkonstantinischen Zeit ausschließlich Angelegenheit privater Auftraggeberschaft. Sie konnte sich über bestimmte Zeiträume ohne größere Behinderungen entfalten, blieb aber auf den Bereich des Totenkults sowie häuslicher Versammlungsräume – wie es sie ungeachtet fehlender Spuren auch in Rom zweifellos gegeben hat – beschränkt. Von öffentlichen Aufgabenfeldern und damit von repräsentativer Wirksamkeit war christliche Kunst freilich ausgeschlossen. Das Jahr 313 schuf in dieser Hinsicht völlig neue Voraussetzungen: Mit der offiziellen Anerkennung des Christentums und Konstantins persönlichem Bekenntnis zu ihm markiert es, wie Friedrich Gerke formulierte, «den Beginn einer forensischen christlichen Machtkunst».

Kein künstlerisches Medium läßt diesen Wandel deutlicher zutage treten als die Architektur. Mit Konstantin rückt der christliche Sakralbau nicht nur zum erstenmal in das Spektrum der architektonischen Aufgaben ein, er beansprucht innerhalb der zeitgenössischen Bauanlässe auch von Anfang an einen führenden Rang. Das gilt besonders für Rom: Stiftet der Kaiser in Konstantinopel auch noch heidnische Tempel, so sollen in der Hauptstadt der westlichen Reichshälfte Kirchen von jetzt an nahezu ein Monopol behaupten, was Neubauten von repräsentativer Größe angeht.

Konstantin ließ in Rom mindestens sechs Kirchen errichten. Bei allen handelte es sich um Großbauten, deren öffentlicher Wirkungsgrad einem präzisen Kalkül unterlag. Daß die neuen Kirchen auf randstädtischen Grundstücken zu stehen kamen – sowohl innerhalb als auch außerhalb des aurelianischen Mauerrings –, hatte sicherlich zum Teil äußere Ursachen. So wurden für die Neubauten freie Flächen bevorzugt, wie sie im dicht bebauten Stadtzentrum, dem Schaubezirk öffentlicher Architektur, fehlten. Ein weiteres Kriterium war vermutlich das persönliche Zugriffsrecht Konstantins auf die benötigten Grundstücke. Dies trifft mit Sicherheit für die Lateranbasilika zu, die Konstantin mit angrenzendem Palast und Baptisterium kurz nach 313 als Amtssitz des römischen Bischofs errichten läßt. Den Neubauten mußte eine Kavalleriekaserne der kaiserlichen Leibgarde weichen – möglicherweise Sitz einer Garnison, die zuvor die Partei des unterlegenen Maxentius ergriffen hatte, so daß die Kirchenstiftung zugleich den Zweck einer politisch motivierten *damnatio memoriae* erfüllte. Im Fall von Sankt Peter ist der Neubau (begonnen um 320) unmittelbar an die vermutete Grabstätte des Apostels und prominentesten römischen Märtyrers gebunden. Hier werden Teile des Neronischen Zirkus – der Martyrienstätte vieler früher Christen –

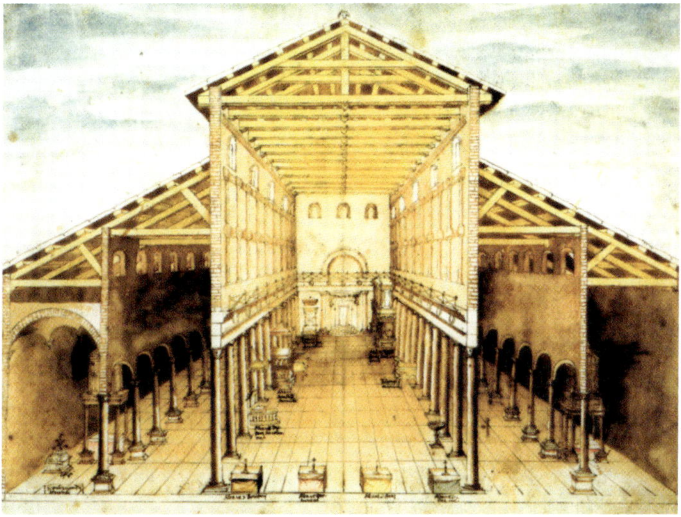

3 Domenico Tasselli, Alt-Sankt-Peter. Perspektivischer Schnitt durch das Langhaus, 1605–1608. Rom, Biblioteca Apostolica Vaticana

sowie eine teils heidnische, teils christliche Nekropole überbaut, die seither an diesem Ort entstanden war. Santa Croce in Gerusalemme, zwischen 326 und 328 als Palastkirche der Kaiserinmutter Helena begonnen, kommt wiederum in einem weitläufigen Gartengelände auf kaiserlichem Privatgrund zu stehen.

Daß die Christianisierung Roms im ersten Drittel des 4. Jahrhunderts zunächst nur in den Rand- und Außenbezirken der Stadt augenfällig Gestalt gewinnen konnte, dürfte aber nicht nur pragmatische Gründe gehabt, sondern zum Kern des konstantinischen Bauprogramms gehört haben. Dafür spricht die Außenarchitektur der neuen Kirchen: Alle Bauten präsentierten sich der städtischen Öffentlichkeit auffallend nüchtern, verzichteten auf kostbares Material, Baudekor und christliche Symbolik. Fast ungegliederte, allenfalls verputzte Ziegelwände bestimmten das Bild. Verglichen mit den Marmortempeln auf dem Forum Romanum, aber auch mit einem zeitgenössischen Repräsentationsbau wie dem reich geschmückten Konstantinsbogen am Kolosseum, müssen die kaiserlichen Kirchenstiftungen auf das zeitgenössische Publikum zunächst wie Zweckbauten gewirkt haben. Konstantin scheint es darauf angekommen zu sein, die religiöse Botschaft seiner Kirchen zumindest nach außen zu neutralisieren, um eine offensichtliche Provokation der traditionell heidnischen Eliten Roms zu vermeiden. Wie delikat die Probleme waren, auf die sich der Kaiser mit seiner Religionspolitik einließ, illustriert der Konstantinsbogen – also das offizielle Triumphmonument, das der römische Senat dem Imperator nach dem Sieg an der Milvischen Brücke errichtet hatte: «*Instinctu divino*», kraft göttlicher Eingebung, habe Konstantin den Sieg errungen, wie die Inschrift unter kluger Vermeidung irgendwelcher konkreter Benennungen formuliert.

Keine der konstantinischen Kirchen Roms hat sich ohne massive Veränderungen erhalten, und doch liegen zur ursprünglichen Gestalt zumindest der prominentesten Bauten – der Lateranbasilika und Sankt Peters – so zahlreiche Anhaltspunkte vor, daß sich Struktur und Aussehen sehr genau erschließen lassen. Zwar gab der Kaiser mit dem Baptisterium am Lateran auch einen oktogonalen Zentralbau von ursprünglich einfacher Struktur in Auftrag, und die Begräbnisstätte seiner Tochter Constantia – heute Santa Costanza – wurde als kunstvoll gegliederte Rotunde ausgeführt. Den Leittypus konstantinischer Sakralarchitektur bildet aber unangefochten die Basilika, vor allem im Hinblick auf die römischen Gründungen.

Als öffentliche Versammlungs-, Markt-, Gerichts- und Audienzhallen zählten Basiliken seit Jahrhunderten zu den etablierten Bauaufgaben Roms. Schon aus funktionalen Gründen lag es nahe, für christliche Kultbauten auf diese profane Tradition und nicht auf Tempelarchitektur zurückzugreifen: Kult und Liturgie der Christen hatten sich seit ihren Anfängen auf das eucharistische Mahl der Gemeinde konzentriert, benötigten also Räume, die größere Versammlungen vor einem Altar erlaubten. Hatten wohl schon die Hauskirchen der vorkonstantinischen Zeit dieser Forderung in gewissem Umfang entsprochen, so mußte jetzt, nach der öffentlichen Aufwertung des Christentums, eine adäquate Lösung in großem Maßstab gefunden werden. Tempel kamen für die Bedürfnisse des christlichen Kults schon aus äußeren Gründen kaum in Frage: waren sie doch in aller Regel keine Versammlungsbauten, sondern Behausungen der Götterstatuen, die in ihrem Innern Aufstellung gefunden hatten. Religiöses Abgrenzungsbedürfnis dürfte freilich ein übriges getan haben, daß die Christen der Spätantike den Typen- und Formenschatz paganer Kultbauten für ihre Kirchen beinahe angestrengt mieden und selbst auf allgemein akzeptierte sakrale Würdezeichen wie die übergiebelte Tempelportikus verzichteten.

Zu Beginn der Spätantike war die Vielfalt basilikaler Architektur so breit gefächert, daß es schwerfällt, von der Basilika als einem fixierten architektonischen Typus zu sprechen. Nahezu jede Form öffentlichen Versammlungsbaus kann als Basilika gelten. Vergleicht man auch nur zwei profane Basiliken des frühen 4. Jahrhunderts, die Maxentiusbasilika auf dem Forum Romanum mit ihrer raffinierten Komposition gewölbter Räume und die einschiffige, flach gedeckte Konstantinsbasilika in Trier, so wird deutlich, aus welch unterschiedlichen Quellen die konstantinischen Architekten bei der Formulierung der neuen Bauaufgabe Anregungen schöpfen konnten.

Um so erstaunlicher ist, daß es gerade die frühen Kirchen Roms vermochten, einen in der Summe seiner Merkmale neuen, klar umrissenen Typus der Basilika auszuprägen. Varianten blieben zwar möglich, aber in seinen Kernelementen lag das Bauschema von Anfang an fest. Die Lateranbasilika, früheste und ranghöchste der konstantinischen Kirchengründungen, kann als exemplarische Formulierung gelten: Der längsgerichtete Bau – der im 17. Jahrhundert unter den Händen Borrominis ein völlig neues Gesicht erhielt – staffelte sich in fünf parallel geschalteten Schiffen von außen zur Mitte hin in die Höhe. Säulenstellungen gewährleisteten die räumliche Kommunikation zwischen den Schiffen, regelmäßige Fensterreihen in den Hochwänden sorgten für die eigenständige Belichtung des Mittelschiffs, das in eine Apsis mündete. Offene Dachstühle – seitlich Pultdächer, in der Mitte ein Satteldach – bildeten den oberen Abschluß. Das Prinzip, das mit der Lateranbasilika für die neue Bauaufgabe gefunden war, sollte nicht nur in zahlreichen Kirchenbauten der Spätantike Nachahmung finden, sondern begründete den erfolgreichsten Sakralbautypus der abendländischen Architekturgeschichte überhaupt. Einzelne Komponenten griffen zwar auf Voraussetzungen in der älteren, profanen Bautradition des römischen Imperiums zurück, aber das Konzept war neu, stellte ein so noch nicht dagewesenes Ganzes dar.

Am klarsten sind Struktur und Form einer konstantinischen Basilika für Sankt Peter überliefert, einer Gründung Konstantins aus der Zeit um 320. Der Bau bewahrte seine Gestalt materiell unberührt bis in die Renaissance, als die Päpste mit seinem Abriß und der Errichtung der neuen Peterskirche begannen. Mehrere Zeichner nahmen während des 16. und 17. Jahrhunderts den Grundriß des Altbaus auf, und vor dem Verlust der letzten Langhauspartien hielt Domenico Tasselli das Bild der Basilika in einem perspektivischen Schnitt fest (Abb. 3). Alt-Sankt-Peter war nach Westen gerichtet, so daß der Zugang von der Stadtseite her erfolgen konnte; die Ostung war in dieser frühen Zeit noch kein verbindliches Prinzip des Kirchenbaus und sollte es in Rom niemals werden. Eindruckgebietend erstreckten sich die fünf Schiffe des Innenraums über fast 120 Meter in die Tiefe. An der breitesten Stelle maß der gewaltige Bau 90 Meter: Als folgenreiche Neuerung hatte man zwischen Langhaus und Apsis zwei Querarme mit eigener Belichtung eingeschoben. In der Höhe blieben sie hinter dem Langhaus zurück, so daß sie die Dominanz der Tiefenachse nicht gefährdeten. Vor dem Haupteingang im Osten lag ein Atrium mit umlaufenden, säulengestützten Portiken. Damit stellte sich die Peterskirche als ein bauliches Gefüge dar, dessen Struktur in besonderer Weise auf den Weg des Besuchers Rücksicht nahm. Von außen über Atrium, Langhaus und Querhaus bis hin zur Apsis war die lange Raumachse in klar unterschiedene Bereiche gegliedert und im Sinne visueller Steigerung inszeniert.

Mit der schrittweisen Erschließung der Raumfolge nahm der Entwurf für Sankt Peter auf Funktionen Rücksicht, die nicht jeder christliche Sakralbau, vielmehr gerade diese Kirche zu erfüllen hatte. Anders als die Kathedrale am Lateran war Sankt Peter von Anfang an bevorzugtes Pilgerziel. Seine schon früh bezeugte Anziehungskraft auf Gläubige verdankte der Bau dem Apostelgrab. Über dessen vermutetem Ort errichtete man Petrusmemorie und Apsis – als Fluchtpunkte jener Tiefenachse, die der Besucher zuvor durchschritten hatte. Der ursprüngliche Hochaltar stand möglicherweise im Langhaus und markierte auf dem Weg zum Petrusgrab eine wichtige Station. In der barocken Ausstattungsphase von Neu-Sankt-Peter sollte mehr als tausend Jahre später Gianlorenzo Bernini zum perspektivischen Ordnungsprinzip des Ursprungsbaus zurückkehren.

Die Einfügung eines geräumigen Querschiffs in den konstantinischen Bau, so folgenreich sie sich auf die Architektur des Abendlandes auswirkte, dürfte praktischen Erwägungen Rechnung getragen haben. Boten schon die fünf Schiffe des Langhauses die Möglichkeit, das Laienpublikum hierarchisch gestuft zu plazieren – Eusebius weist in seiner Beschreibung einer idealen Basilika das Mittelschiff den Getauften, die Seitenschiffe den Ungetauften zu –, so ermöglichte das Transept die geordnete Zirkulation selbst großer Besucherscharen. Hinzu kam die bessere Belichtung, die nun dem Hochaltar zuteil wurde. Die wenigen Anhaltspunkte, die uns zur ursprünglichen Nutzung spätantiker Basiliken überliefert sind, stützen entschieden eine funktionale Lesart ihrer räumlichen Ordnung. Auch der Grundriß von Sankt Peter verdankte seine Erfindung offenbar den vielen Vorteilen, die er im Hinblick auf die Nutzung bot (Abb. 4). Erst in späterer Zeit sollte man lernen, die annähernd kreuzförmige Planfigur als symbolische Anspielung auf das Kreuz Christi zu deuten. Entsprechend wird sich seit dem frühen Mittelalter die Rezeption des Schemas verdichten: Grundriß und Raumanordnung der Peterskirche werden jetzt zum geläufigen «lateinischen Kreuz» weiterentwickelt, durch einheitliche Raumhöhe von Längs- und Querarmen entstehen regelrechte Vierungen. Erst diese spätere Redaktion der Architektur von Sankt Peter, nicht der ursprüngliche Entwurf des konstantinischen Architekten, kann sich im mittelalterlichen West- und Mitteleuropa als Normaltypus der Basilika durchsetzen.

Aus dem ‹Liber pontificalis›, der im 6. Jahrhundert angelegten frühesten Papstchronik, erfahren wir von der reichen Ausstattung konstantinischer Kirchen. Die Lateranbasilika besaß, vor oder über dem liturgischen Altar in der Apsis aufgestellt, ein figurengeschmücktes *fastigium*. Allein der architektonische Aufbau des Werkes, das man sich als Schranke oder Baldachin vorstellen kann, hatte über sechshundert Kilogramm getriebenes Silber erfordert. Die Apsiskalotte war mit Gold ausgelegt. Sieben silberne Nebenaltäre mit reichem Gerät werden aufgezählt, ferner 169 Leuchter. Auch die bauliche Ausstattung mit roten und grünen Granitsäulen trug zur kostbaren Wirkung des Raumes bei. An ein christliches Publikum adressiert, sollte und konnte der Innenbau konstantinischer Basiliken im Kontrast zur Kargheit des äußeren

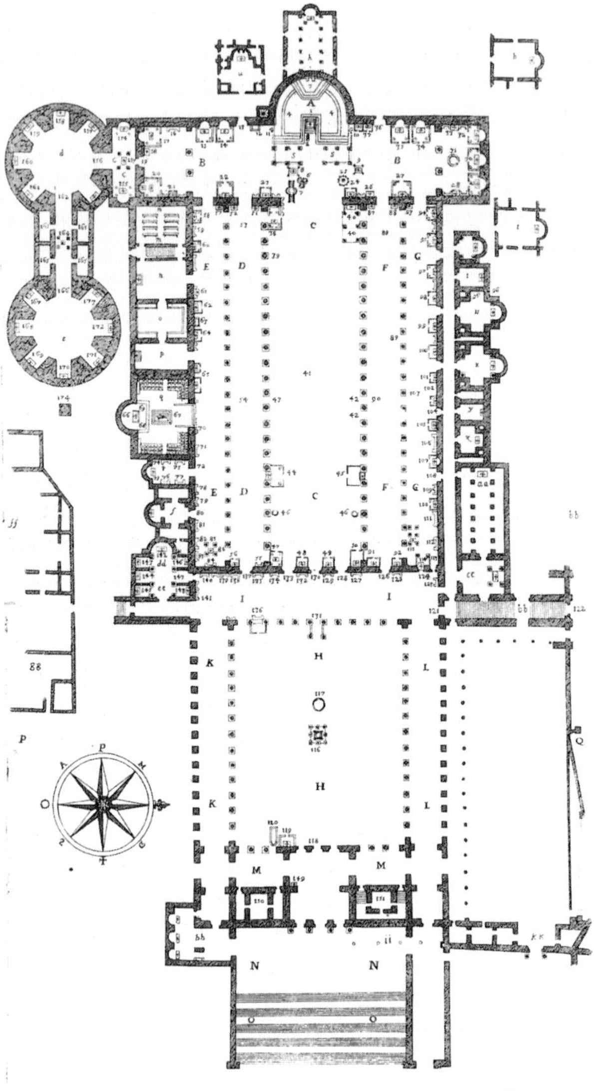

Scala di Palmi 200

Gio Batta Falda dis. et fece 1673

Erscheinungsbildes offenbar den hohen Rang der Kirchen als kaiserliche Stiftungen außer Frage stellen.

Trotzdem darf man die römischen Kirchenbauten Konstantins nicht als bruchlose Fortsetzung imperialer Architekturtradition verstehen, die lediglich ihre ideologischen Vorzeichen gewechselt hat. Entwurf und Ausführung der Basiliken lassen vielmehr eine tiefe Zäsur innerhalb der antiken Architekturgeschichte deutlich werden. So gab es in Rom vor der Lateranbasilika keine kaiserlichen Großbauten, deren Säulenschmuck ausschließlich aus Spolien bestand. Auch die Säulen von Sankt Peter hatte man aus älteren, inzwischen aufgegebenen Bauten gewonnen. Man hielt es also nicht für nötig, für die christlichen Neubauten eigene Steinmetzwerkstätten einzurichten, während für einen gleichzeitig entstandenen Profanbau wie die Konstantinsthermen dieser Aufwand keineswegs gescheut wurde.

Es liegt nahe, daß sich eine solche Minderung des materiellen Anspruchsniveaus auch auf das baukünstlerische Konzept der Basiliken auswirkte. So schlossen im Lateran wie in Sankt Peter die Säulenreihen, die das Mittelschiff zu beiden Seiten flankierten, zwar mit einer horizontalen Zäsur ab, riefen also dem zeitgenössischen Publikum zunächst das gewohnte Bild von Kolonnaden ins Gedächtnis. Allerdings beschränkte sich das Auflager über den Säulen auf ein isoliertes Architravprofil. Mit Fries und Gesims fehlten zwei unverzichtbare Elemente zur Ausbildung eines kompletten Gebälks und damit einer Säulenordnung, die ein für Sakralbauten übliches Anspruchsniveau hätte wahren können. Die äußeren Säulenfolgen zwischen den Seitenschiffen blieben hinter dieser schon reduzierten Formulierung nochmals zurück: Sie waren von vornherein nur durch Bögen miteinander verbunden, was einerseits unmißverständlich Unterordnung unter die vorrangige Raumzone des Mittelschiffs signalisierte und insofern eine differenzierte Rangfolge innerhalb der verschiedenen Raumbereiche deutlich machte, andererseits als eklatanter Verstoß gegen die etablierte Regel erscheinen mußte, wonach Bögen nie mit Säulen, sondern nur mit Pfeilern in Verbindung treten durften.

4 *Alt-Sankt-Peter. Grundriß nach Filippo Bonanni, Numismata Summorum Pontificum Templi Vaticani fabricam indicantia, Rom 1695*

Diese Phänomene werden leichter erklärlich, wenn man sie als letzte Konsequenz einer neuen, pragmatischen Orientierung des Bauens versteht: Zeit- und Kostenersparnis bei der Errichtung der Basiliken genossen offenbar höchste Priorität. Dank leichter Balkendecken, die nur eine geringe Auflast verursachten, eigneten sich Basiliken vom Typus des Laterans oder Sankt Peters außerdem gut für dünnwandige Ziegelkonstruktionen. Sie brauchten wenig Material und waren schnell errichtet. Die Staffelung paralleler, unterschiedlich hoher Schiffe erlaubte eine bedarfsgerechte Ausweitung des Raumvolumens, ohne komplizierte Dachwerke oder gar aufwendige Gewölbe zu erfordern: Die Breite des Mittelschiffs konnte einfach der Maximallänge der verfügbaren Balken angepaßt werden, zusätzlichen Raum stellten die Seitenschiffe zur Verfügung. Sicherlich blieb der Grad an räumlichem Abwechslungsreichtum, den eine solche Architektur erzielen konnte, weit hinter den differenzierten Kompositionen zurück, die andere öffentlicher Bautypen, zum Beispiel kaiserzeitliche Thermenanlagen mit ihren variierenden, stets gewölbten Raumfolgen, dem römischen Publikum vor Augen führten. Aber die vergleichsweise simple Struktur der christlichen Basiliken wurde offenbar schon von den Zeitgenossen als ihr entscheidender Vorzug erkannt. Das Zusammenwirken funktionaler, technischer und ökonomischer Argumente machte die Lateranbasilika wie Sankt Peter zu attraktiven Prototypen, die mühelos wiederholbar waren und je nach Aufgabenstellung eine Vielzahl von Varianten zuließen.

Das Interesse an rationellen Bauverfahren war der römischen Antike nicht grundsätzlich fremd, bis zu Konstantin erstreckte es sich aber nicht auf ranghohe Aufgaben wie den Sakralbau, geschweige denn auf kaiserliche Stiftungen. Die Relativierung von gewohnten Rangabstufungen und Anspruchshaltungen, die sich mit der Errichtung der Laterankirche und ihrer Nachfolgebauten vollzog, ist vor dem Hintergrund der hochentwickelten römischen Baukultur als verpaßte Chance, als Rückschritt und Provinzialisierung gedeutet worden. Rom, die vom Kaiser verlassene Hauptstadt, habe – so John Ward Perkins – mit der holzgedeckten Basilika einen konservativen Bautypus zum Leitbild westlicher Architektur erhoben; das technische wie künstlerische Raffinement zeitgenössischen Gewölbebaus sei kurzsichtig geopfert und dessen Entwicklungspotential Konstantinopel und dem Osten überlassen worden. Auf der anderen Seite werden Säulenordnungen und Gewölbebau als Exponenten eines nach dem Jahr 300 hinfällig gewordenen Konservatismus, die schlichten Prinzipien basilikaler Großbauten dagegen als Garanten des Fortschritts apostrophiert (Richard Krautheimer). Um eine tragfähige Antwort auf diese Fragen zu finden, ist es möglicherweise hilfreicher, die Entwurfsprinzipien, denen die konstantinische Basilika folgte, als produktive Umkehr kultureller Tradition zu begreifen: Einfachheit statt Differenzierung, Pragmatik statt Dogmatismus mögen als Signale verstanden worden sein, die den Anspruch der neuen Religion auf die Ausprägung einer eigenen Kultur unterstreichen konnten – auch wenn kulturelle Verluste auf diesem Weg unvermeidlich waren. Gerade in Rom gehörten die Christen der konstantinischen Zeit noch nicht der gesellschaftlichen Führungsschicht an. Die Simplizität der Basiliken ließ mit aller Deutlichkeit zutage treten, daß christliche Kultur seit ihren Anfängen auch Massenkultur gewesen ist.

Christliche Bildkunst nach Konstantin

Christliche Bilder aus konstantinischer Zeit sind nicht nur kaum erhalten, man weiß auch aus schriftlicher Überlieferung wenig von ihnen. Sieht man von den bezeugten Silberstatuen des *fastigium* in der Laterankirche ab, scheint die Ausstattung der Basiliken bilderarm, wenn nicht bildlos gewesen zu sein. Das heißt nicht, daß es keine Privataufträge mehr für christliche Sarkophagskulptur oder Katakombenmalerei gegeben hätte. Aber die frühe römische Kirche hielt sich in der Bilderproduktion zunächst auffallend zurück. Der bildkritische Standpunkt des Judentums – der zwar in der jüdischen Kultur der Antike nicht überall praktische Bedeutung erlangte, in den Paulinischen Schriften aber deutliche Spuren hinterließ – mag diese kulturelle Strategie am Rande beeinflußt haben. Eine größere Rolle spielte sicherlich ideologisches Abgrenzungsbedürfnis gegen den bildreichen Götterkult der traditionellen römischen Religion. Dafür spricht, daß christliche Bilder im spätantiken Rom desto größere Verbreitung finden konnten, je fester der neue Glaube in der Gesellschaft Fuß faßte.

Das Werk, an dem man das Eindringen christlicher Themen in die öffentliche Bildkunst zuerst beobachten kann, ist der schon erwähnte Bau von Santa Costanza, der als kaiserliche Grabkirche weit außerhalb der Mauern an der Via Nomentana zu liegen kam. Die überkuppelte Rotunde fügt sich eher in die Tradition heidnischer Mausoleen ein als in die neu entstandene Typologie der Kirchenarchitektur. Constantia ließ ihr Mausoleum verschwenderisch mit Mosaiken schmücken. Die Bilder der zentralen Kuppel sind verloren, aber die Dekoration des ringförmigen Umgangs hat sich zum Teil erhalten: Zwischen kompakteren Ornamentfeldern zeigt das Tonnengewölbe fein verzweigte, belebte Weinranken auf weißem Grund, die vom heiteren Treiben nackter Eroten belebt sind (Abb. 5). Dieselbe diesseitige Thematik, die aus dem heidnischen Totenkult der römischen Antike stammt, beherrscht auch den Sarkophag der Constantia, der heute in den Vatikanischen Museen steht. Medaillons mit den Bildern der Stifterin und ihres Gemahls finden sich zwanglos in die Mosaiken eingestreut, sie verbürgen den kaiserlichen Rang des Baus und seiner Ausstattung.

Eine christliche Wendung erfährt die heidnische Bildwelt des Gewölbes durch den Schmuck der seitlichen Apsiden. Hier ist Christus bei der Schlüsselübergabe an Petrus und bei der Übergabe des Gesetzes an Petrus und Paulus – der *traditio legis* – dargestellt. Erst die Einfügung dieser verhältnismäßig kleinen Bilder in einen paganen Zusammenhang ermöglicht eine christliche, auf die Eucharistie bezogene Deutung der Weinlese und ihres dionysischen Personals. In einem gezielter deutbaren Sinn weisen beide Darstellungen aber auch auf Rom als Stadt der Erzapostel Petrus und Paulus hin, die von Christus selbst den Auftrag zur Ausübung ihrer Ämter erhalten haben. Bilder dieser Art waren dazu bestimmt, zu Ausgangspunkten einer römischen Papstikonographie zu werden. Zur gleichen Zeit erhielt die Apsis von Sankt Peter wohl ebenfalls eine Darstellung der *traditio legis* – ein Sujet, das von hier aus seine große Wirkung in der Kunst des Mittelalters entfalten konnte. Weitaus länger, bis in die Neuzeit hinein, sollte das Thema der Schlüsselübergabe als Inbegriff des päpstlichen Legitimationsbildes in der westlichen Kunst Gültigkeit behaupten.

Eine Erklärung fordert das doppeldeutigte Christusbild, das die Apsiden von Santa Costanza vor Augen führen. Auf der einen Seite ist Christus jugendlich-glattwangig, auf der anderen als erwachsener Mann mit wildem Bart dargestellt. Aus den gängigen Christustypen des 4. Jahrhunderts, die vom Guten Hirten bis zum charismatischen Philosophen sehr verschiedene Vorstellungen von der äußeren Erscheinung des Erlösers entworfen haben, scheint sich hier dem Publikum gewissermaßen eine Auswahl anzubieten. Kunsthistorischer Methodik entspräche die Vermutung, in beiden Bildern seien verschiedene Vorlagen kopiert worden. Dies erklärt aber noch nicht den widersprüchlichen Effekt, den die so verschiedenen Christusporträts auf den Besucher ein- und derselben Kirche ausüben mußten. Die Künstler von Santa Costanza nahmen ihn offenbar in Kauf, wenn sie ihn nicht sogar erzielen wollten. Es scheint, als sei der Anspruch erhoben worden, mehrere schon verfügbare Bildkonventionen in gerade dieser Raumausstattung zusammenzuführen, so daß sie dem Betrachter einen Katalog von Darstellungsmöglichkeiten präsentierten. Das Mausoleum der Constantia stellte damit nicht nur den ersten kaiserlichen Auftrag dar, der sich eindeutig zum christlichen Bild bekannte und ihm öffentliche Wirkung garantierte, sondern leitete daraus zugleich den Anspruch ab, eine Synopse der verschiedenen Christusbilder zu bieten, die Malerei und Skulptur bis dahin ausgeprägt hatten.

Die Bildausstattung von Santa Costanza zeugt von höchstem künstlerischen Niveau. Schon in den Augen der Zeitgenossen muß die delikate Farbgebung, die variantenreiche Ornamentik und feine Figurenzeichnung der Bilder, die sich hier dem Auge darboten, das vergleichsweise bescheidene Niveau der älteren Katakombenmalerei in den Schatten gestellt haben. Ein Bildmedium von höchstem Prestige, das kostspielige Mosaik, wurde jetzt der christlichen Kunst verfügbar gemacht. Schließlich unterstreichen die räumliche Anlage als Rotunde, die Bauskulptur und der monumentale Porphyrsarkophag den hohen Rang der Stiftung. Erkennbar wird ein Prozeß, der die christliche Kunst Roms in der zweiten Hälfte des 4. Jahrhunderts zunehmend in die Kultur der römischen Antike einbinden, ja ihr schließlich deren Fortführung anvertrauen sollte. Richard Krautheimer hat diese Entwicklung treffend mit der «Latinisierung» des Christentums verknüpft, wie sie sich literarisch in der Bibelübersetzung des Hieronymus (ab 383) niederschlug. Der erst später ‹Vulgata› genannte Text machte die heiligen Schriften erstmals der Gesamtheit der Römer zugänglich und schuf die

Voraussetzung, die Gesellschaft der späten Kaiserzeit samt ihren politischen und kulturellen Eliten nach und nach für das Christentum zu gewinnen.

Der Beginn dieser Entwicklung wird außer durch Santa Costanza auch durch den Sarkophag des Junius Bassus († 359) anschaulich bezeugt, den man im späten 16. Jahrhundert bei Ausgrabungsarbeiten im Vierungsbereich von Neu-Sankt-Peter entdeckt hat (Abb. 6). Bereits der ursprüngliche Aufstellungsort in nächster Nähe des Petrusgrabes muß ein seltenes Privileg bedeutet haben. Junius Bassus stammte aus vornehmer Familie, als *praefectus urb* vertrat er den Kaiser in Rom und bekleidete damit ein hohes Amt, das meist mit ehemaligen Konsuln besetzt wurde. Repräsentativen Anspruch verrät auch der Sarkophag selbst – nicht nur durch seine Größe, sondern ebenso durch reiche Architekturgliederung und üppigen Figurenschmuck von höchster Delikatesse. Wie in heidnischen Sarkophagen der Oberschicht aus derselben Epoche wurde auch hier der Anschluß an klassische Vorbilder augusteischer Zeit gesucht, also an eine glanzvolle Vergangenheit angeknüpft, mit der sich die zeitgenössische Realität Roms kaum mehr messen konnte. Wahrscheinlich stammt der Sarkophag aus einer Werkstatt, die in der Hauptsache für heidnische Auftraggeber tätig war. Aber die Bildthemen speisen sich – anders als noch in Santa Costanza – eindeutig und ausnahmslos aus jüdisch-christlichem Repertoire. Christus selbst als jugendlicher Held nimmt die zentrale Position in beiden Registern ein, unten in einem Historienbild, dem Einzug nach Jerusalem, oben als Hauptakteur der symbolträchtigen *traditio legis*. Christus thront über Caelus, der Personifikation des Himmels. Petrus und Paulus treten außer in der Gesetzesübergabe jeweils noch in einer weiteren Szene auf, die von ihrem Martyrium berichtet; der lokale Bezug wird also unterstrichen. Hinzu kommen mit Sündenfall und Opfer Abrahams solche alttestamentlichen Themen, die sich als Hinweise auf die Erlösungstat Christi deuten lassen. Die Bildfolge schafft allerdings keinen erzählerischen Zusammenhang, sondern reiht Einzelszenen aneinander wie in der älteren christlichen Kunst. Auch ein umfassendes theologisches Programm sucht man vergebens. Der Sinnbezug jedoch, der jede Darstellung mit zumindest einer anderen verknüpft, läßt sich unzweifelhaft als frühes Anzeichen einer theologisch bestimmten Bildauffas-

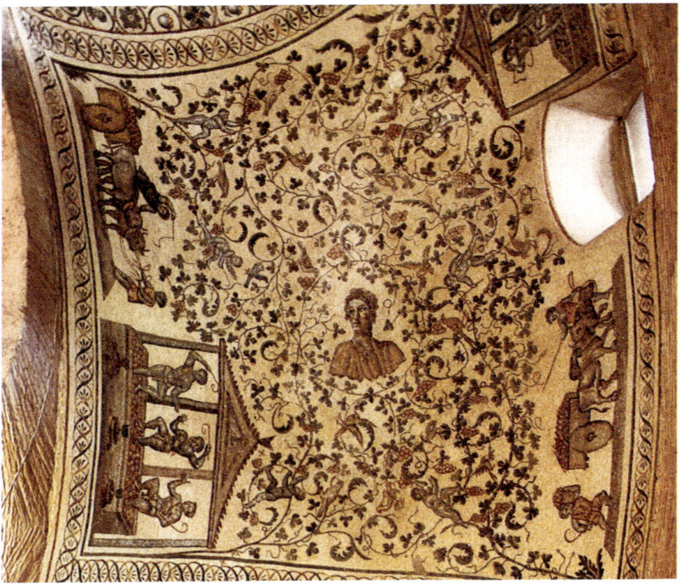

5 Santa Costanza, Mosaik im Umgangsgewölbe, nach 329. Gewölbefeld mit Brustbild der Constantia und Szenen der Weinlese

sung, als gesteigerter Anspruch an die inhaltliche Komplexität einer christlichen Bildfolge verstehen.

Der Gedanke, die Hauptapsiden christlicher Basiliken mit figürlichen Mosaiken auszustatten, ging im Ursprung vermutlich auf eine Stiftung des konstantinischen Hauses für Sankt Peter aus den fünfziger Jahren des 4. Jahrhunderts zurück. Nachdem die anfänglichen Vorbehalte gegen sakrale Bilder ausgeräumt waren, nutzte man die Chance, die zentrale Achse gerichteter Kirchenräume mit monumentaler Kunst zu besetzen und damit einen gestalterischen wie inhaltlichen Fluchtpunkt zu schaffen, der vom Eintretenden sofort wahrgenommen werden konnte. In Santa Pudenziana, einer bescheideneren, der Überlieferung nach in das Elternhaus der Märtyrerin eingebauten Kirche, hat sich aus der Zeit um 400 das früheste Beispiel eines solchen Mosaiks erhalten (Abb. 7). Pudenziana und ihre Schwester Praxedis wurden als lokale Heilige aus der Zeit der Christenverfolgung verehrt, da sie gefangene Glaubensbrüder gepflegt und versorgt haben sollen.

Obwohl an allen Seiten beschnitten und großenteils erneuert, gibt das Apsisbild noch eine beredte Vorstellung von materiellem Glanz und künstlerischer Vollendung, durch die sich die Mosaikkunst der römischen Spätantike auszeichnete. Besonders die feinen Abstufungen der Palette lassen das musivische Bild in unmittelbare Konkurrenz zur Malerei treten. Die inszenatorischen Möglichkeiten einer apsidialen, auf eine Gewölbeschale gesetzten Komposition werden souverän ausgespielt, passen sich doch das zahlreiche Bildpersonal wie die raumschaffende Architekturkulisse dem muldenförmigen Bildgrund stimmig ein. Christus thront in golddurchwirktem Gewand in der Bildmitte, über ihm erscheint das gemmenbesetzte Kreuz auf dem Golgothahügel. Wie meist in der frühchristlichen Kunst ist das Kreuz hier eindeutig Herrschaftssymbol, nicht erzählerischer Verweis auf die Passion. Darunter gruppieren sich – im Halbrund sitzend – Heilige, angeführt von Petrus und Paulus in Senatorentracht, die von Personifikationen der Juden- und der Heidenkirche mit Lorbeerkränzen bekrönt werden. Darüber erscheinen das Himmlische Jerusalem und die vier apokalyptischen Wesen.

Dargeboten in einer Farbenpracht, wie sie christlichen Bildern vorher nicht zur Verfügung stand, werden im Betrachter unterschiedliche Vorstellungswelten heraufbeschworen: endzeitliche Erwartung auf der einen, nobelste, aus gängiger Praxis kaiserlicher Repräsentation bezogene Prunkentfaltung auf der anderen Seite. Die Theophanie, das Erscheinen Gottes am Ende der Zeiten, faßt beide Aspekte anschaulich zusammen. Folgerichtig erscheint Christus als Herrscher und Verkünder zugleich: Thron und Gewandung stilisieren ihn als neuen Imperator, Physiognomie und Gestik dagegen rufen eine Tradition antiker Porträtdarstellung wach, die sich einst, wie Paul Zanker kürzlich ausgeführt hat, aus der Wiedergabe charismatischer Philosophenköpfe entwickelte.

6 *Junius-Bassus-Sarkophag, 359. Sankt Peter, Tesoro. Ausschnitt der Sarkophagfront mit* traditio legis *und Einzug nach Jerusalem*

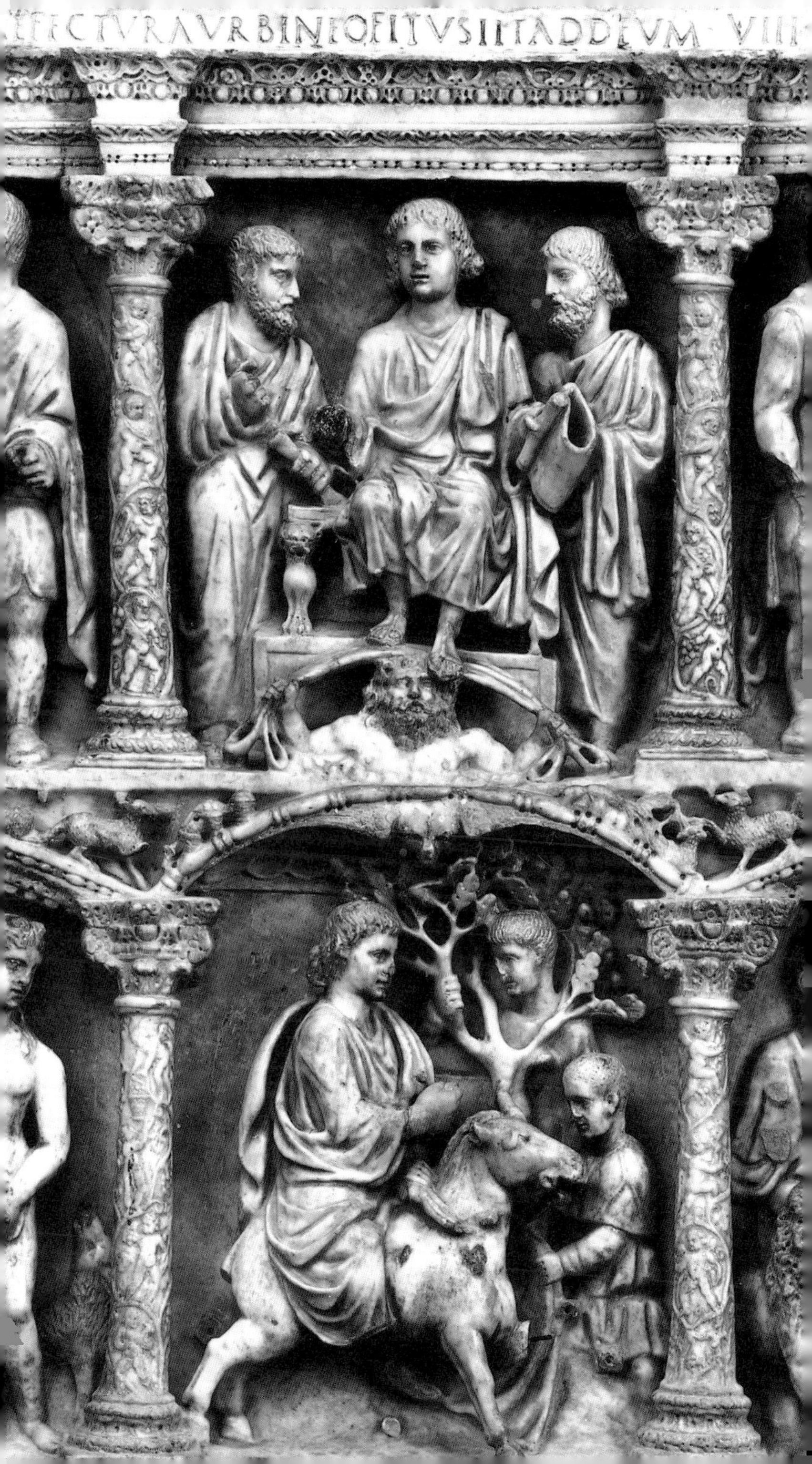
EFECTVRAVRBINEOFITVSIITADDEVM VIII

Frühe päpstliche Kunst: von San Paolo fuori le mura bis Santa Maria Maggiore

Daß die christliche Kunst Roms kurz vor dem Jahr 400 einem neuen Wunsch nach sozialer Aufwertung zu genügen sucht, zeigt mit San Paolo fuori le mura auch das prominenteste Bauvorhaben dieser Zeit. Zwar brennt der Bau 1823 großenteils ab und wird in der Folgezeit durch eine Rekonstruktion ersetzt; die spätantike Anlage bleibt aufgrund zahlreicher Bildquellen aber lückenlos erschließbar.

Auf Initiative von Papst Damasus im Jahr 384 begonnen und vom Kaiserhaus finanziert, war San Paolo fuori le mura von Anfang an dazu bestimmt, eine noch auf Konstantin zurückgehende, bescheidenere Gedenkstätte über dem vermuteten Grab des zweiten Römerapostels abzulösen. Als fünfschiffige Basilika mit Querhaus schloß sich der Neubau unmißverständlich dem Prototyp von Sankt Peter an. Seine Dimensionen sollten allerdings das Vorbild deutlich übertreffen; denselben Ehrgeiz verriet der räumliche Entwurf. Komposition und Belichtung der Kirche genügten neuen, gesteigerten Ansprüchen, ebenso die Bauskulptur. Gleichförmige, zumindest teilweise eigens für den Bau gearbeitete Säulen forderten erstmals in der christlichen Architektur den Vergleich mit Ausstattungen heraus, wie sie bis dahin nur Tempel oder öffentliche Repräsentationsbauten aufzuweisen hatten. Zum ersten Mal im römischen Kirchenbau ersetzte der Entwurf für San Paolo allerdings die waagerecht abschließenden, eng gestellten Kolonnaden zu Seiten des Mittelschiffs durch lockerer gereihte Arkaden, wie sie bis dahin nur zwischen den Seitenschiffen üblich waren. Eine tradierte Würdeform klassischer Architektur, die in den konstantinischen Basiliken noch der Auszeichnung der zentralen Raumpartie gegolten hatte, ging damit verloren; sie wich dem Wunsch nach einem geschlossenen Erscheinungsbild sowie dem praktischen Bedürfnis, durch weitere Säulenstellungen, wie sie nur die Statik einer Bogenarchitektur zuließ, die optischen und räumlichen Grenzen zwischen den Schiffen durchlässiger zu machen.

Kurz nach Vollendung von Sankt Paul vor den Mauern erlebte Rom zum ersten Mal in seiner Geschichte eine Eroberung durch feindliche Truppen. Der Westgote Alarich ließ im Jahr 410 die

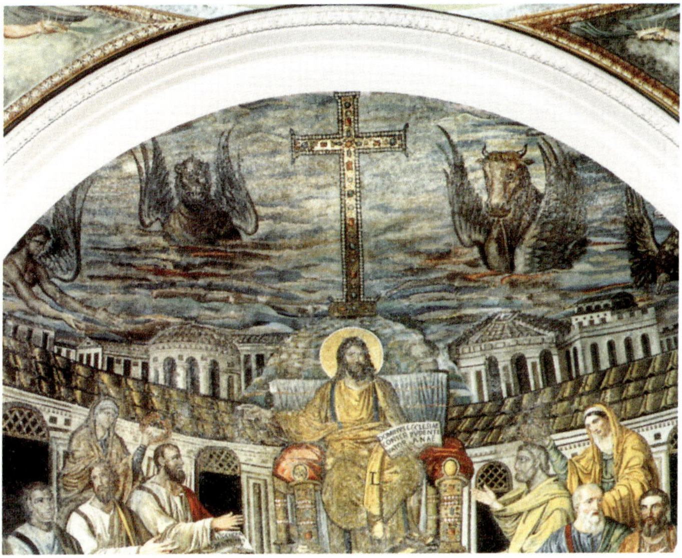

7 Santa Pudenziana, Apsismosaik, 401–407. Thronender Christus mit den Apostelfürsten und apokalyptischen Wesen

Stadt plündern, ordnete aber die Schonung der Kirchen an – ein halbes Jahrhundert später sollte es ihm der Vandalenführer Geiserich gleichtun, wobei unklar bleibt, wie weit die Befehle im Einzelfall befolgt wurden. Wie hoch auch immer die Verluste gewesen sein mögen, die diese Attacken der Germanenheere nach sich zogen: Im historischen Gedächtnis der Römer hinterließen sie eine tiefe Spur. Schon die Kirchenväter beklagten die Verwüstungen der Barbaren, wenn auch mit unterschiedlichen Akzenten. Pries Augustinus die Milde Gottes, da er das sündige Rom nur gezüchtigt, nicht vernichtet habe wie zuvor Sodom, so sah Hieronymus, der antiken Bildungswelt ungleich enger verhaftet, «mit der einen Stadt die ganze Welt untergegangen». Der im fernen Bethlehem wirkende Gelehrte erkannte am deutlichsten, daß die Niederlage Roms nicht nur den Verlust der kaiserlichen Macht und des politischen Systems der alten Hauptstadt nach sich ziehen, sondern auch der überlieferten Kultur ihr unwiderrufliches Ende bereiten werde.

Daß im 5. Jahrhundert die christliche Kunstproduktion Roms einen erheblichen Aufschwung nehmen kann, steht zu dieser Zeiterfahrung nur in scheinbarem Widerspruch. Denn so sehr Päpste und hoher Klerus die großen Bau- und Ausstattungskampagnen, die nun von ihnen selbst dirigiert werden, als legitime Fortführung der konstantinischen Stiftungen in Szene zu setzen wissen, so deutlich zeichnet sich in ihrem Wirken eine tiefe Zäsur ab: Die jetzt neu entstehende kirchliche Kunst unterscheidet sich erheblich von der Auftragstätigkeit der Laien, wie sie noch im 4. Jahrhundert der Regelfall gewesen war.

Verhältnismäßig große Kontinuität herrscht in der Sakralarchitektur. Abgesehen von einem höchst originellen Zentralbau – Santo Stefano Rotondo am Fuß des Mons Caelius – greift man für die meisten Bauvorhaben weiterhin auf den Typus der Basilika zurück. In den zwanziger Jahren des 5. Jahrhunderts stiftet Petrus, ein Kleriker aus Illyrien, die Kirche Santa Sabina auf dem Aventin – von allen frühen Sakralbauten Roms derjenige, der unter architektonischen Eingriffen am wenigsten zu leiden hatte und heute noch am ehesten eine Vorstellung von der Lichtfülle und Weite einer spätantiken Basilika vermitteln kann (Abb. 8). Hinter die gewaltigen Dimensionen der konstantinischen Gründungen tritt der immer noch stattliche Bau mit seiner Beschränkung auf drei Schiffe allerdings bewußt zurück. Er steht für den ‹Normaltypus› einer römischen Basilika, wie er unter Verzicht auf die Monumentalität der frühen Bauten erst jetzt seine endgültigen Konturen gewinnt und seitdem in unzähligen Beispielen Nachahmung gefunden hat.

Zum anspruchsvollsten Neubau des 5. Jahrhunderts sollte Santa Maria Maggiore werden, die erste römische Marienkirche. Die Widmung an Maria war erst durch das Konzil von Ephesos (431) in den Bereich des Möglichen getreten, das die Mutter Christi als *theotokos* – Gottesgebärerin – sanktioniert und damit die Verehrung der Jungfrau vom Geruch der Vielgötterei befreit hatte. In späterer Zeit mehrfach umgebaut und erweitert, in der Raumanlage aber noch großenteils erhalten, orientierte sich die ursprünglich fünfschiffige Basilika Santa Maria Maggiore ohne

8 Santa Sabina, Langhaus, 422–440

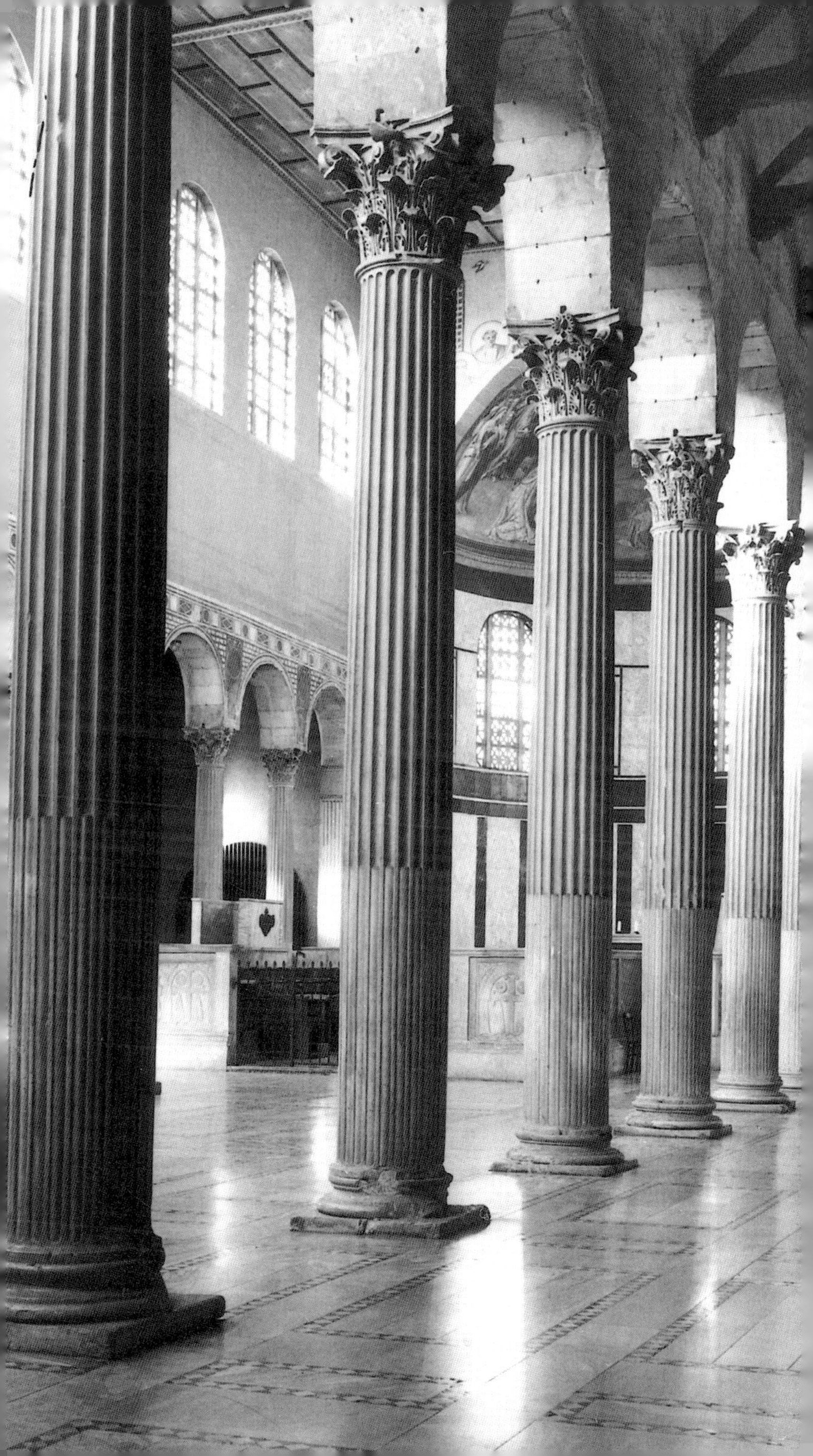

Querschiff am Grundriß der Laterankirche, dem Sitz des römischen Bischofs. Für die Pracht ihres Erscheinungsbilds wie für die Geschlossenheit des architektonischen Konzepts setzte Sankt Paul vor den Mauern den verpflichtenden Maßstab, den es freilich nochmals zu überbieten galt. Wie schon dort legte man auch jetzt Wert auf ein in sich geschlossenes Formenvokabular. Vollkommen gleiche ionische Säulen flankieren das Mittelschiff – nun in Reverenz an die konstantinischen Urbasiliken wieder zu Kolonnaden gereiht, die durch vollständige, dreiteilige Gebälke ausgezeichnet und durch eine Blendordnung mit korinthischen Pilastern im Obergaden ergänzt werden. Hier wird eine für die christliche Architektur des Westens neue Entwurfshaltung erkennbar, die sich nicht damit begnügt, allein im Schmuckreichtum der Raumausstattung höchstes Niveau zu halten, sondern zugleich den Willen zeigt, auch klassische, aus nichtchristlichen Quellen gespeiste Ansprüche an die Systematik architektonischer Gliederung wiederzubeleben und auf die Bedingungen basilikaler Raumstrukturen abzustimmen.

Die Pointe in dieser souveränen Zusammenführung höchstrangiger Traditionsstränge setzt der unübersehbare Bezug, den der Neubau von Santa Maria Maggiore auf die Person seines Stifter nimmt: «*Xystus episcopus plebi dei*» – Bischof Sixtus dem Volk Gottes – steht in großen Lettern über dem Scheitel des Triumphbogens zu lesen, der dem Mittelschiff seinen monumentalen Abschluß gibt. Mit Sixtus III. (432–440), dem Gründer und möglicherweise auch Vollender des Baus, tritt erstmals ein Papst sichtbar als Gründer einer römischen Kirche in Erscheinung und rückt damit in eine Position, die bei vergleichbaren Stiftungen früher der Kaiser eingenommen hatte. Diese Ablösung imperialer durch klerikale Repräsentation macht deutlich, wer aus den Krisen und Bedrohungen des Jahrhunderts den größten Gewinn gezogen hatte. Während der Barbareneinfälle war es der römische Bischof, der sich anstelle der oft unfähigen kaiserlichen Gouverneure als neue politische Größe profilieren konnte. Die Konsolidierungsphasen zwischen den Invasionen hatten die Päpste konsequent dazu genutzt, das neue Prestige des Bischofsamtes in den Aufbau der römischen Ortskirche als einer straff gegliederten, zunehmend mit Machtfunktionen ausgestatteten Organisation umzumünzen.

Zur Schlüsselfigur in diesem Prozeß kirchlicher Institutionalisierung wird Papst Leo der Große, der über eine ungewöhnlich lange Zeit, von 440 bis 461, regiert. Auf ihn, der aktiv in theologische Auseinandersetzungen seiner Zeit eingreift, geht auch der Anspruch des römischen Bischofs zurück, innerhalb der Gesamtkirche ein herausgehobenes Lehramt auszuüben. Dieser für Entstehung und Aufstieg des Papsttums zentrale Aspekt hat in den großen kirchlichen Gründungen des 5. Jahrhunderts besonders anschaulich Gestalt gewonnen, beginnend mit den Jahren unmittelbar vor Leos Thronbesteigung. So wurden die Bauten von Santa Sabina und Santa Maria Maggiore mit regelrechten Bildprogrammen ausgestattet, die in der gezielten Auswahl und Zusammenstellung ihrer Themen weit über die ältere christliche Bildpraxis hinausgreifen.

Eindrucksvolles Zeugnis der in diesem Umfang neuen Bejahung von Bildern, die nicht zuletzt aus neuem Vertrauen in deren katechetische Leistungsfähigkeit erwuchs, ist der frühchristliche Mosaikzyklus in Santa Maria Maggiore. Die alte Apsis wie die ursprüngliche Eingangswand mit ihren vermutlich großformatigen Darstellungen sind heute verloren. Erhalten blieben zwei lange Bildreihen mit Themen des Alten Testaments im Mittelschiff – sie sind unterhalb der Obergadenfenster mit bloßem Auge eben noch zu entziffern – sowie am Triumphbogen eine auf mehrere Register verteilte Bildfolge, die hauptsächlich dem Marienleben und der Kindheit Christi gewidmet ist.

Eine nicht weniger charakteristische Zusammenstellung alt- und neutestamentlicher Szenen bietet auch der wenig früher entstandene Reliefzyklus, der das Portal von Santa Sabina schmückt (Abb. 9). Daß er als seltenes Beispiel antiker Holzskulptur überleben konnte, erklärt sich aus seiner stofflichen Beschaffenheit: Er ist aus Zedernholz gefertigt, einem äußerst harten und entsprechend schwer zu bearbeitenden Material, das an der Luft noch widerstandsfähiger wird. Mit 18 von 28 Tafeln sind etwa zwei Drittel des ursprünglichen Umfangs erhalten. Über die einstige Gruppierung der Szenen und damit über die gedankliche Struktur des Zyklus ist kein sicherer Aufschluß mehr zu gewinnen, doch darf man annehmen, daß auch hier die Redaktion der Themen genauer Überlegung entsprach.

Nicht nur in Material und Technik, auch in ihrer Form unterscheiden sich die beiden Bildzyklen erheblich voneinander. Kaum

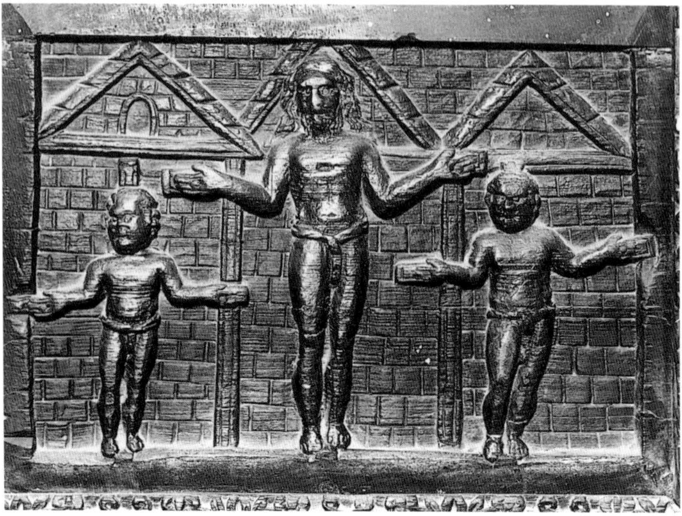

9 Santa Sabina, Holztür, um 430. Relief der Kreuzigung

ein größerer Gegensatz ist vorstellbar als der zwischen dem eleganten Erzählstil von Santa Maria Maggiore und der verknappten, grob überzeichnenden Bildsprache von Santa Sabina. Ihr thematisches Darstellungsinteresse verknüpft die Zyklen jedoch auf das engste miteinander. Sie beziehen Bilder des Alten und des Neuen Testaments aufeinander in einer Zeit, in der führende Theologen wie Augustinus, Ambrosius oder Paulinus von Nola auf der Zusammengehörigkeit beider Teile der Bibel beharren und erste Beispiele einer typologischen Interpretation des Alten Testaments entwickeln. Diese nicht nur theologisch, sondern auch künstlerisch höchst erfolgreiche Methode der Schriftauslegung ist in ihren bildlichen Ursprüngen eine römische Spezialität; in ihr gewinnt die Autorität des päpstlichen Lehramts erstmals greifbare Gestalt. Bis in die Neuzeit hinein praktiziert, ist typologische Exegese stets darauf gerichtet, das Heilswirken Christi auf einzelne Episoden des Alten Testaments zu beziehen. Die – aus christlicher Sicht – verweisende Funktion des Alten Bundes wird so unterstrichen; das Isaaksopfer kann etwa als Vorwegnahme der Passion Christi erscheinen. Typologisch in diesem Sinn verfuhr wohl ursprünglich die Relieffolge von Santa Sabina, ergeben hier doch die erhaltenen alttestamentlichen Szenen unter sich keinen Zusammenhang, sondern scheinen allein mit Rüksicht auf die benachbarten Bilderfolgen des Neuen Bundes ausgewählt. Nur sie – das zeigt unter anderem ein Passionszyklus – sind als fortlaufende Erzählung zu lesen.

Die formgeschichtlichen Zusammenhänge, in dem die stilistisch keineswegs einheitlichen Reliefs von Santa Sabina zu ihrer Zeit gestanden haben, sind mangels vergleichbarer Denkmäler fast ganz verschüttet. Doch läßt eine in der frühchristlichen Kunst auch ikonographisch einmalige Szene wie die Kreuzigung sofort den kaum überbrückbaren Abstand erkennen, der diese auf drastische Wirkung zielende Bildkunst von der höfisch-aristokratischen Sphäre trennt, wie sie sich in den Mosaiken des 4. und 5. Jahrhunderts überliefert hat. Möglicherweise hat man für die Reliefs ganz bewußt einen populären Stilmodus gewählt, der auf ihren Ort – an der Außenseite des Kirchenportals – sowie auf spezifische Traditionen der Holzplastik Rücksicht nahm. Sobald man die Tür durchschritten und das Innere der Kirche betreten hat, scheint man sich auf einem anderen Stilniveau zu bewegen. In kostbarem Goldmosaik ausgeführt, findet sich auf der Innenseite der Fassade eine kunstvoll gereimte Versinschrift des Paulinus von Nola, die von zwei weiblichen Allegorien der «*ecclesia ex circumcisione*» (Kirche aus der Beschneidung) beziehungsweise «*ecclesia ex gentibus*» (Kirche aus den Heidenvölkern) gerahmt wird. In dieser schon aus Santa Pudenziana geläufigen Bildformel kommt die seit ältester Überlieferung eingeforderte Gleichrangigkeit von Juden- und Heidenchristen, das heißt der nach damaligen Begriffen weltumspannende Gültigkeitsanspruch des Christenglaubens, zum Ausdruck.

In seiner bewußten Parallelführung alt- und neutestamentlicher Themen zeigt sich der Mosaikzyklus von Santa Maria Maggiore einer ähnlichen theologischen Strategie verpflichtet wie die Reliefs von Santa Sabina, allerdings setzt er neues Vertrauen in die Fähigkeit des Bildes zur Argumentation. Beherrschendes Prinzip der Darstellung ist die fortlaufende Ausfaltung erzählerischer Zusammenhänge gerade in den alttestamentlichen Zyklen. Sie erfüllen die Aufgabe, dem Betrachter einen Überblick über die frühe Geschichte des auserwählten Volks zu verschaffen. In charakteristischer Weise wird – so Wolfgang Kemp – den verschiedenen Stoffen eine bestimmte Erzählweise zugeordnet. Kann für die zumeist stark bewegten alttestamentlichen Bildfolgen in Parallele zur zeitgenössischen Bibeldichtung von «epischen» Formen der Bilderzählung gesprochen werden, so erweist sich der Marienzyklus des Triumphbogens von statischen, repräsentativen Figurenkompositionen bestimmt, die sich auf die formelhafte Tradition kaiserlicher Hofkunst beziehen.

Deutlicher als andere Monumente bezeugen die Mosaiken von Santa Maria Maggiore die neue Nähe zur Theologie, der sich die römische Kunst des 5. Jahrhunderts durchgehend verschrieben zu haben scheint. So läßt sich aus der Orientierung der alttestamentlichen Historienszenen auf die Bildfolge des Neuen Testaments unschwer eine Bejahung der einheitlichen Konzeption der Heilsgeschichte ablesen, die etwa Augustinus gegen die zum Teil heftige antijüdische Propaganda seiner Zeit vertrat. Derselben Absicht zeigen sich die Portalreliefs von Santa Sabina, möglicherweise sogar die Allegorien der Juden- und Heidenkirche an der inneren Eingangswand verpflichtet. Wie in der kirchlichen Praxis Bild und Wort zusammenwirkten, ob zum Beispiel Predigten auf die am Ort sichtbaren Bilderfolgen Bezug nahmen, läßt sich nicht mehr sicher nachvollziehen. Dem Bild in der Verkündigung des Glaubens eine zentrale, unverzichtbare Aufgabe zugewiesen zu haben, ist aber ohne Zweifel eine der großen Leistungen der spätantiken Kunst Roms.

Zur Aktualität der Antike im römischen Mittelalter

Diejenige Gestalt in der Geschichte Roms, die aus heutiger Sicht den Umbruch von der Antike zum Mittelalter geradezu prototypisch verkörpert, ist Papst Gregor der Große. Während seiner Regierungszeit (590–604) gehörte Rom zum byzantinischen Reich; das Christentum war im wesentlichen noch eine Religion des Mittelmeerraums. Um so entschiedener wirkt sich Gregors Hinwendung zu den westlichen ‹Barbarenvölkern› der Langobarden, Franken und Angelsachsen, deren Christianisierung er mit Weitblick fördert, auf die künftige Geschichte Europas aus. Aus altem römischem Adel stammend, ist Gregor noch in der Bildungstradition der Antike aufgewachsen. Und wenn er sich als Kenner etwa der Schriften des Augustinus bemüht, das inzwischen nur noch schwer verständliche Gedankengut spätantiker Theologie breiteren Schichten zugänglich zu machen – er sichert damit dessen Überleben in der kirchlichen Tradition –, so gehört er tatsächlich in die erste Reihe jener, denen man die Bewahrung christlich-antiken Erbes im mittelalterlichen Europa verdankt.

Ins Gedächtnis der Römer ist Gregor allerdings genauso als der Zerstörer der Götterstatuen im Pantheon eingegangen, als jener autoritäre Papst also, der die letzten Spuren heidnischen Kults beseitigt und damit die unerwünschte Seite der zugleich bewunderten und überwunden geglaubten Antike in Rom ausgelöscht hat. Eine entsprechende Legende kursiert zwar erst seit dem 12. Jahrhundert und hält einer Prüfung kaum stand. Dennoch ist in ihr die Erinnerung an ein einschneidendes Ereignis aufbewahrt, das beispielhaft für den Epochenumbruch steht: die Weihe des Pantheons zur Marienkirche, die Gregors Nachfolger Bonifaz IV. mit Genehmigung des Kaisers im Jahr 609 vollzogen hat. Zum ersten und für lange Zeit einzigen Mal wird hiermit ein ehemals heidnischer Kultbau Roms christianisiert. Eine wohl aus diesem Anlaß gemalte Marienikone ergreift unter großer Anteilnahme der Bevölkerung Besitz von dem früheren Tempel, der jetzt der Gottesmutter und allen Märtyrern geweiht ist und bald nur noch «Sancta Maria Rotunda» genannt wird.

Gewiß hatte sich mit der Auswechslung der Bilder ein apotropäischer Akt vollzogen, der die Gläubigen vor etwaiger Berührung mit heidnischer Kulttradition schützen sollte. Zugleich aber, gewollt oder ungewollt, bedeutete die Umnutzung des architektonisch so beeindruckenden Zentralraums eine kulturelle Rettungstat von großer Tragweite. Als einziger Tempel der Stadt blieb das Pantheon bis heute vor der Zerstörung und zumindest bis ins 18. Jahrhundert auch vor schwerwiegenden Eingriffen in seinen baulichen Bestand bewahrt. So konnte der Bau zum Erinnerungsträger werden, der sich imstande erwies, über alle historischen Zäsuren hinweg die vergangene Größe Roms in lebendiger Erinnerung zu halten.

Im Wahrnehmungshorizont eines frühmittelalterlichen Publikums dürfte die Marienikone des Pantheons einen weit höheren Stellenwert beansprucht haben als die Architektur aus der Zeit Hadrians. Gemeinsam mit weiteren Ikonen, die bis heute in verschiedenen Kirchen Roms zu finden sind, stand die wundertätig geglaubte Tafel nicht nur für die enge Anlehnung der frühmittelalterlich-römischen an die zeitgenössische byzantinische Malerei. Auch der auratische Status dieser Bilder und die kultische Praxis, die sich auf sie bezog, entsprachen weitgehend einem Bildgebrauch, wie er vor dem Ikonoklasmus, dem Streit um die Bilderverehrung, in Byzanz gegolten hatte. Während dieser tiefgreifende Konflikt die östlichen Teile des Reichs erschütterte, konnte Rom, das wie das ganze Abendland an der überlieferten Bejahung des Bildes festhielt, vereinzelt sogar zum Exilort byzantinischer Kultbilder werden.

Abgesehen von den wundertätigen Ikonen, die durch spätere Verhüllungen meist dem allgemeinen Blick entzogen sind, ist es die Marienkirche auf dem römischen Forum, die als beinahe einziger Ort heute noch eine Vorstellung von der Bildproduktion Roms zu Beginn des Mittelalters ermöglicht. «Sancta Maria Antiqua», wie der Bau schon im 8. Jahrhundert heißt, war die Kirche der Griechen in Rom. Noch im frühen Mittelalter gab man sie auf; erst durch eine archäologische Kampagne im Jahr 1900 ist sie wieder ans Licht getreten, so daß sie zwar als Zeugnis christlicher Kunst zu Beginn des Mittelalters hohen Wert besitzt, auf die Kunst späterer Epochen aber keinen Einfluß nehmen konnte.

Zum Teil in mehreren Schichten übereinander gemalt, haben sich hier die einzigen Wandbilder Roms aus dem 7. und 8. Jahrhundert erhalten. Nach Bildzyklen, wie sie Rom seit der Spätantike kennt, sucht man vergebens. Statt dessen finden sich Einzelbilder verschiedensten Formats. Zu diesen auf die Wand projizierten Ikonen gehört das monumentale Kreuzigungsbild in der Theodotuskapelle, das um 750 im Auftrag eines kurialen Würdenträgers entstand. Christus erscheint hier – anders als in byzantinischen Kreuzigungen – mit geöffneten Augen. Wie Hans Belting zeigen konnte, darf man einem solchen Bild durchaus die Fähigkeit zutrauen, bestimmte Positionen innerhalb aktueller theologischer Debatten anschaulich zu machen: Entstand es doch in einem Moment, als in Kirchenversammlungen um die personale Natur Christi ein heftiger Streit geführt wurde und überdies im Osten Christusdarstellungen jeglicher Art bereits verboten waren.

Soweit man aus den Zeugnissen von Santa Maria Antiqua

generell auf die künstlerische Situation in Rom schließen darf, fügte sich die Kunst dieser Zeit widerspruchslos unter den beherrschenden Einfluß byzantinischer Tradition – und zwar unabhängig vom Standpunkt beider Seiten in der so brisanten Bilderfrage. Diese Orientierung an Konstantinopel sollte sich gravierend erst mit der Gründung des westlichen Imperiums unter Karl dem Großen ändern. Am Weihnachtstag des Jahres 800 wird Karl in Sankt Peter von Papst Leo III. zum Kaiser gekrönt. Im statischen Gefüge der europäischen Politik findet sich Rom damit an einen neuen, wichtigen Platz gestellt: als Sitz der geistlichen Autorität des päpstlichen Amtes, auf deren legitimatorische Funktion der Kaiser nicht verzichten kann, als Machtzentrum des auf die Pippinische Schenkung gegründeten Kirchenstaats, aber auch als örtlicher wie ideeller Träger antik-imperialer Tradition. Das neue Selbstbewußtsein, das aus der gestiegenen, wenngleich immer wieder gefährdeten Bedeutung Roms erwächst, findet seit der Wende vom 8. zum 9. Jahrhundert seinen Niederschlag in einer grundlegend revidierten päpstlichen Kunstpolitik.

Schon Papst Leo III. hatte im späten 8. Jahrhundert mit dem Triklinium des Lateran einen repräsentativen Zeremonialraum mit Mosaikschmuck errichtet, wie er in Rom seit der Antike nicht entstanden war. Paschalis I. (817–824), ein machtbewußter Papst, der zunächst Ludwig den Frommen – den Sohn und Nachfolger Karls des Großen – aus der Politik des Kirchenstaates heraushalten konnte, um wenig später mit Kaiser Lothar einen massiven Konflikt um dessen Krönung zu riskieren, engagierte sich gleichfalls in großem Stil für Architektur und Kunst. Seine umfangreichste Stiftung wurde die Erneuerung der frühchristlichen Kirche Santa Prassede auf dem Esquilin. Paschalis ließ Reliquien von etwa zweitausend Märtyrern aus den Katakomben hierher überführen. Mit dem Neubau einer dreischiffigen Säulenbasilika – erst im 13. Jahrhundert zog man zur Stabilisierung Pfeilerarkaden ein – suchte der Papst Anschluß an genuin römische Architekturtraditionen der Spätantike zu gewinnen (Abb. 10). Als spezifische Verweise auf die alten Hauptkirchen Roms dienten Elemente wie Querhaus und Atrium, hinzu kam eine Krypta, wie es sie seit kurzem auch schon in Sankt Peter gab.

Damit nicht genug, erhielt der Innenraum von Santa Prassede eine Mosaikausstattung von beispielloser Kostbarkeit – zuletzt war dreihundert Jahre zuvor in Ravenna Vergleichbares geschaffen worden, in Rom müßte man noch erheblich weiter in der Geschichte zurückgehen. Das Medium Mosaik läßt für sich genommen offen, ob vorrangig auf westlich-frühchristliche oder byzantinische Vorbilder Bezug genommen werden sollte. Doch erlauben Themenwahl und Komposition keinen Zweifel, daß es römische Prototypen waren, denen der Papst auf geradezu emphatische Weise Reverenz zu zollen gedachte. In gedrängter Folge entfaltet sich in Santa Prassede auf Triumph- und Apsisbogen sowie in der Apsiskalotte ein Bildprogramm, in dem sich Zitate frühchristlicher Monumentalkunst beinahe übermäßig verdichten. Theologisch geht es keineswegs stimmig zu; der Ehrgeiz, an einem Ort möglichst vieles anzuhäufen, was alte Kirchentradition an bildlichem Repertoire zu bieten hat, führt unvermeidlich zu Wiederholungen. Eine Vielzahl eschatologischer, auf das Weltgericht verweisender Motive – das Himmlische Jerusalem, der leere Thron, die sieben Leuchter, das angebetete Lamm, die vier Wesen, die 24 Ältesten – findet sich ohne erkennbare Regie auf alle drei Bildorte verstreut. Christus erscheint gleich zweimal in Parusie, also bei seiner Ankunft als endzeitlicher Herrscher. Petrus und Paulus sind schon auf dem Triumphbogen zweimal vertreten, in der Apsis dann ein weiteres Mal. Das zitierende, nicht aus lebendiger Tradition schöpfende Prinzip, dem neben dem Bildprogramm das ganze Unternehmen des Kirchenbaus verpflichtet ist, wird angesichts solcher Doppelungen besonders deutlich.

Höchsten Ehrgeiz verwandte der Papst darauf, sich selbst einen prominenten Auftritt in der Bildsequenz zu sichern. Auf das Vorbild der spätantiken Kirche Santi Cosma e Damiano zurückgreifend, reihte er sich im Apsismosaik unter die Märtyrer ein, die von Petrus und Paulus zu Christus geleitet werden. Ein Modell der Kirche in seiner Hand macht ihn als Stifter kenntlich, den benachbarten Heiligen ordnet er sich lediglich durch einen quadratischen statt eines runden Nimbus unter, wie er für lebende Personen gebräuchlich ist. Um dennoch keinen Zweifel bestehen zu lassen, informiert eine wortreiche Inschrift in der Apsis über Umfang und Vorgeschichte der Stiftung. Noch auf andere Art wußte sich Paschalis dem zeitgenössischen Publikum wie der Nachwelt ins Gedächtnis einzuschreiben. Als Mausoleum seiner Mutter – «*Theodora episcopa*» genannt – ließ er auf kreuzförmigem Grundriß

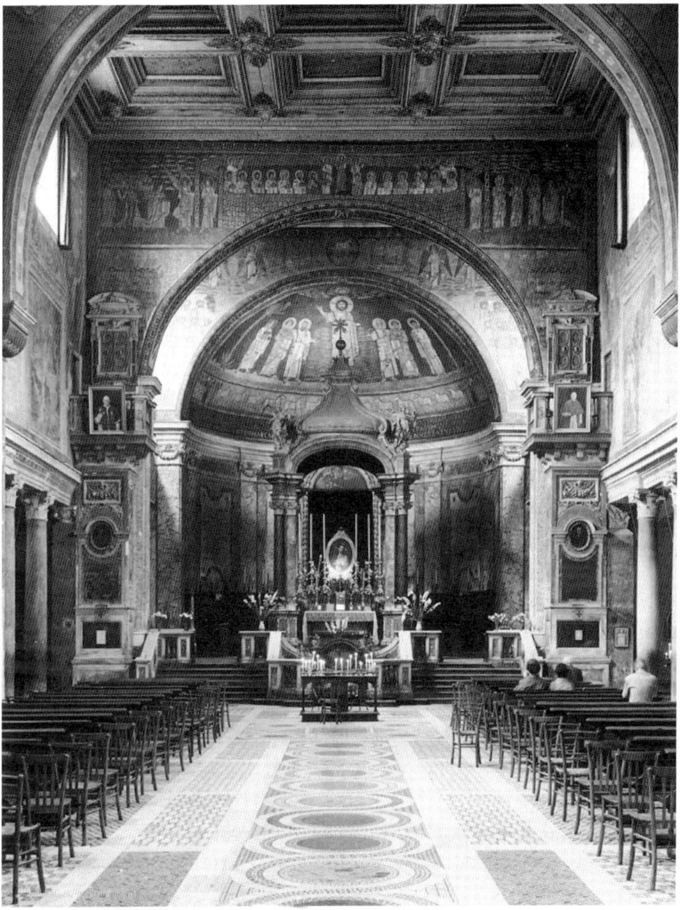

10 Santa Prassede, um 822. Blick zur Apsis

die Zeno-Kapelle errichten, die vom Laienraum der Kirche aus zugänglich und einsehbar ist. Mit ihrer lückenlosen Auskleidung durch goldgrundige Mosaiken gilt sie heute zu Recht als Inbegriff der dekorativen Möglichkeiten, die frühmittelalterliche Ausstattungskunst in Rom aufzubieten hatte. Im langfristigen Kontext römischer Kunstgeschichte unterstreicht sie die familiäre, ja dynastische Ausrichtung der gesamten Kirchenstiftung, wie sie hier erstmals ungehemmt in Erscheinung tritt: Obwohl dem Grab der

Mutter zugeordnet, kann man die Familienkapelle im weiteren Sinne als Gründungstat nepotistischer Kunstpraxis im päpstlichen Rom bezeichnen.

Der Rückgriff auf römische Überlieferung, der sich in Santa Prassede wie in anderen Kunstaufträgen des Paschalis so deutlich ausspricht, läßt sich nur dann angemessen deuten, wenn man ihn nicht allein als Alternative zur vorgängigen Ausrichtung Roms an Byzanz, sondern auch als Konkurrenz zur zeitgenössischen Kunstpolitik des karolingischen Kaiserhauses begreift. Als Bauherr der Aachener Pfalzkapelle hatte sich Karl der Große durch Formzitate aus Ravenna sowie durch kostbare Materialimporte hochrangiger Traditionen versichert, um seinem neu errungenen Status als Imperator angemessenen Ausdruck zu verleihen. Paschalis wollte es ihm in Santa Prassede offenbar nicht nur gleichtun, sondern sich durch den scheinbar umstandslosen Zugriff auf die römischen Ursprünge christlicher Kunst gezielt solche Traditionslinien verfügbar machen, die sich im Verständnis des 9. Jahrhunderts unzweifelhaft der Frühzeit des Papsttums verdankten. Erst aus dieser Perspektive gewinnt die auffällige Häufung baulicher und bildlicher Verweise auf die Spätantike wirklich Plausibilität, bot sie dem Papst doch eine höchst willkommene Chance, dem Vorrang des Petrusamtes vor der erst jüngst erworbenen weltlichen Herrscherwürde der karolingischen Kaiser zur Anschauung zu verhelfen.

Das Beispiel Santa Prassede legt offen, wie weitgehend im Mittelalter die Einforderung römischer Primats- und Führungsansprüche auf tendenziösen Behauptungen, wenn nicht sogar auf fiktionalen Setzungen beruhen konnte. Zum Gemeinplatz wurde schon früh der Anspruch auf authentische Fortschreibung antiker – besonders christlich-antiker – Tradition, wie er nur in Rom mit solchem Nachdruck erhoben werden konnte. Der Stiftungsabsicht nach läßt sich Santa Prassede durchaus in die Nähe des berüchtigten *Constitutum Constantini* rücken: Zwischen 750 und 850 in Rom entstanden und erst durch eine textkritische Untersuchung der Renaissance als Fälschung enttarnt, war es diese Urkunde, die es dem Mittelalter erlaubte, die vermeintliche Ausstattung Papst Silvesters mit weltlichen Rechten durch Kaiser Konstantin scheinbar unzweifelhaft zu begründen und – obwohl Fiktion – mit Zähigkeit aufrecht zu erhalten. Das mittelalterliche

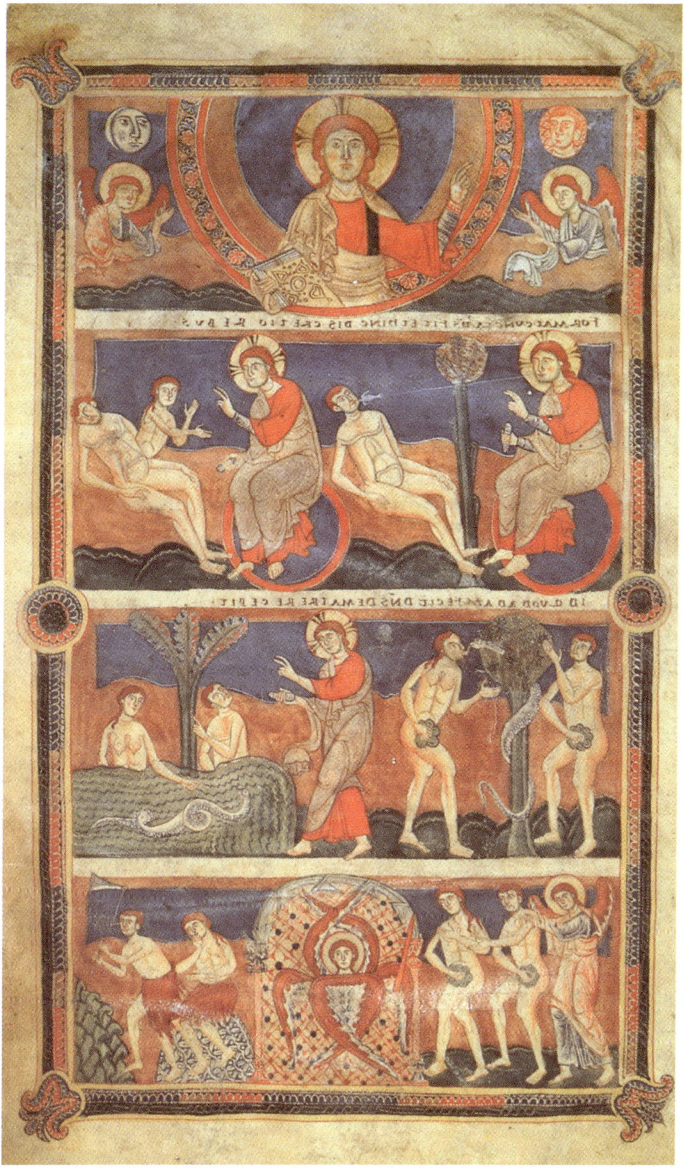

11 Pantheon-Bibel, um 1090. Biblioteca Apostolica Vaticana, Vat. Lat. 12958. Genesis-Seite

Papsttum gründete seine weltlichen Machtansprüche wesentlich auf die ‹Konstantinische Schenkung› und wußte dies verschiedentlich auch wirkungsvoll zur Geltung zu bringen. Im Jahr 1246, auf dem Höhepunkt des Konflikts zwischen Papst Innozenz IV. und Kaiser Friedrich II., entstand in einem Oratorium neben der Kirche Santi Quattro Coronati etwa ein Zyklus erzählender Wandbilder, der in geradezu plakativer Deutlichkeit vor Augen führt, wie das Verhältnis zwischen Konstantin und Silvester aus päpstlicher Sicht zu deuten war – als Bekehrungsgeschichte nämlich, wonach der christliche Kaiser seine Legitimität einzig und allein päpstlichem Wirken verdankte. Zum Schlüsselbild wird demzufolge die Taufszene: Silvester taucht den aussätzigen Kaiser in ein Wasserbecken, worauf dieser von seinen entstellenden Malen befreit wird.

Nicht nur auf politischem, auch auf kulturellem Sektor erwies sich im römischen Mittelalter gezielte Legendenbildung als erfolgreich. Von Rom nach Kräften genährt, konnte sich in weiten Teilen Europas seit dem frühen Mittelalter die Auffassung durchsetzen, Bücher aus den unerschöpflich geglaubten Bibliotheken Roms – an der Spitze solche «*ex cubiculo papae*» – böten die beste Gewähr für zuverlässige Textüberlieferung. Entsprechend begehrt blieben römische Buchgeschenke während des ganzen Mittelalters; besonders in der Wahrnehmung von außen erwuchs Rom ein beträchtliches Potential an Wissensautorität. Doch sah auch hier die Wirklichkeit anders aus. Wie Rudolf Schieffer gezeigt hat, blieb nicht nur die Qualität der Präsente allmählich hinter den Erwartungen zurück. Um den Schein zu wahren, nahm man in Rom ohne weiteres die Dezimierung, am Ende sogar die Plünderung der eigenen Bestände in Kauf. Tatsächlich galt verbürgtes Wissen im mittelalterlichen Rom nur wenig: Da man in der Regel keine Kopien der verschenkten Manuskripte angefertigt hatte, zählten die römischen Buchbestände im Hochmittelalter bereits zu den ärmsten der damaligen Bildungswelt.

Einen der raren Höhepunkte mittelalterlicher Buchproduktion in Rom stellten die sogenannten Riesenbibeln dar, wie sie seit dem letzten Drittel des 11. Jahrhunderts in den Skriptorien städtischer Klöster gefertigt wurden. Ihr Aufkommen stand vermutlich in Zusammenhang mit der päpstlichen Reformbewegung dieser Zeit: Der vollständigen Überlieferung des Bibeltextes und dessen angemessener Bildausstattung galt wieder verstärkte Aufmerksamkeit, das große Format der Codices unterstreicht den hohen Anspruch der im Ursprung römischen, schon bald in Italien und ganz Europa nachgeahmten Buchgattung. Wie das relativ späte Beispiel der sogenannten Pantheon-Bibel – ein Eintrag des 16. Jahrhunderts lokalisiert sie in den Besitz von Sancta Maria Rotunda – zeigen kann, schlug sich in der künstlerischen Konzeption der Handschriften nicht allein die Auseinandersetzung mit zeitgenössischer und älterer Buchmalerei nieder. Ebenso charakteristisch ist das gezielte Aufgreifen frühchristlich-römischer Ikonographien, wie man sie aus Bildprägungen der Monumentalkunst kannte. Einem prominenten Vorbild der Wandmalerei folgt zum Beispiel der auf der Weltkugel sitzende Schöpfergott, wie er eindrucksvoll auf der Genesis-Seite der Pantheon-Bibel erscheint (Abb. 11). Das Bildformular geht ursprünglich wohl auf die um 450 entstandene Ausmalung von San Paolo fuori le mura zurück; seit dem 11. Jahrhundert wurde es vereinzelt schon in mittelitalienischen Miniaturzyklen aufgegriffen.

Ähnlich wie in karolingischer Zeit wird man hinter solchen Zitaten zumindest die Absicht lokal-römischer Identitätsbehauptung, möglicherweise sogar einen Niederschlag päpstlicher Legitimationsbemühungen vermuten dürfen. In einzelnen Illustrationen der Riesenbibeln kann man darüber hinaus Spuren der aktuellen, zunehmend von Erfolgen der päpstlichen Politik geprägten Auseinandersetzung zwischen *sacerdotium* und *regnum*, zwischen weltlichen und geistlichen Ansprüchen auf Machtausübung, erkennen. So läßt es, wie Ursula Nilgen schreibt, auf einen zwar nicht unbedingt päpstlichen, so doch papstfreundlichen Auftraggeber schließen, wenn in einer Miniatur König Salomo in klerikaler Gewandung erscheint. Zum wichtigsten Impulsgeber des hochmittelalterlichen Reformpapsttums wurde Montecassino, das unweit Roms gelegene Mutterkloster des Benediktinerordens. Ihr Renommee bezog die Abtei nicht mehr allein aus der einstigen Gründung durch den hl. Benedikt, sondern im gleichen Maße aus der hohen Gelehrsamkeit ihres gegenwärtigen Mönchsklerus. Seit 1058 erlebt Montecassino unter Abt Desiderius, dem späteren Papst Viktor III., seine Blütezeit. Für die Tradierung antiken Gedankenguts kommt dem Kloster ebenso große Bedeutung zu wie für die Erneuerung der zeitgenössischen Theologie. Hier

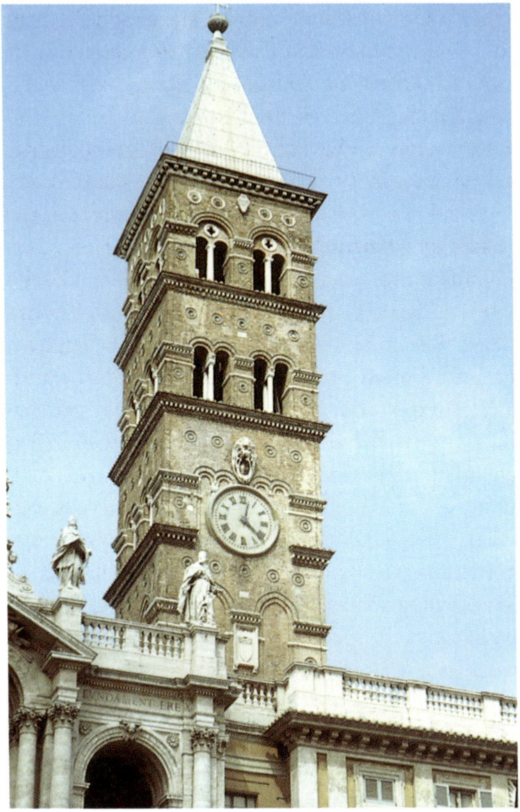

12 Santa Maria Maggiore, Campanile, 1377

werden intellektuelle wie künstlerische Entwicklungen angestoßen, an denen Rom in der Folge teilhaben kann.

Besonders in der Architektur bricht sich in Rom seit der Wende zum 12. Jahrhundert ein unübersehbarer künstlerischer Reformwille Bahn. Aber wie schon zuvor den Neubau der Klosterkirche von Montecassino, kann man auch die römischen Sakralbauten dieser Zeit nur bedingt der Romanik zurechnen, die in Oberitalien wie in ganz West- und Mitteleuropa das zeitgenössische Baugeschehen bestimmt. Am ehesten lassen sich die Vielzahl römischer *campanili* von Santa Maria in Trastevere bis hin zu Santa Maria Maggiore als regional geprägte Varianten romanischer Architektur begreifen. Charakteristisch für die römischen Glockentürme sind der über die gesamte Höhe durchgehaltene quadratische

Grundriß, die von unten nach oben dynamisch zunehmende Durchbrechung der Wand und das aus kontrastierender Verwendung von Ziegelmauerwerk und Steinornamentik erwachsene, festlich-polychrome Erscheinungsbild (Abb. 12).

In der Hauptsache stellen aber wiederum die Basiliken der Spätantike jenes Typen- und Formenrepertoire bereit, auf das sich die Sakralarchitektur des Hochmittelalters unverändert beruft. Es erweist sich in solchem Maße als aktualisierungsfähig, daß es auf den ersten Blick zuweilen schwerfällt, die neuen Basiliken des 12. von solchen des 5. Jahrhunderts zu unterscheiden. Wie differenziert der Rezeptionsprozeß dennoch verlief, macht der bewußte Umgang mit dem baulichen Vokabular deutlich. In San Crisogono und Santa Maria in Trastevere – den anspruchsvollsten Bauten dieser Zeit – griff man nicht nur auf das alte Würdemotiv der Kolonnade mit geradem Abschluß zurück, wie man es im Lateran, in Sankt Peter oder Santa Maria Maggiore sehen konnte. Über den Schiffssäulen verlaufen nun auch dreiteilige Gebälke mit Konsolgesimsen klassischen Zuschnitts. Und selbst die Spolienverwendung verrät einen neuen, unterscheidenden und bewußt auswählenden Blick: So setzte man in San Crisogono die quer zur Raumachse gestellten, korinthischen Säulen der Triumphbogenarkade bewußt von den einheitlich ionischen Säulen der Kolonnaden ab. Hier wird eine wiedererwachte Empfindlichkeit für die Spezifik der antiken Säulenordnungen spürbar, wie sie das Mittelalter zuvor nicht gekannt hatte.

Wie der Vergleich mit der weniger konsequenten Formverwendung in den meisten spätantiken Kultbauten zeigt, sahen sich die Künstler des 12. Jahrhunderts durchaus in der Lage, ihre Vorgänger aus konstantinischer Zeit in der Systematik und Folgerichtigkeit der eigenen Entwürfe zu übertreffen. Dieses Bewußtsein zeitgenössischer Überlegenheit gegenüber der Antike war neu, und es kann sich in den römischen Bauten des 12. Jahrhunderts gerade deshalb so deutlich äußern, weil diese bei aller Differenzierung im Detail den typologischen Vorgaben der alten Basiliken so genau folgen. Für den Neubau von San Clemente, im Jahr 1128 unter Papst Paschalis II. geweiht, legte man sogar das überlieferte Konzept einer anspruchsvollen Mosaizierung wieder auf (Abb. 13). Im Blick auf die politische Konjunktur der Zeit, die dem Papst nach dem 1122 geschlossenen Wormser Konkordat entscheidende Vorteile gegenüber dem Kaiser verschaffte, kann man in diesem neuerlichen Rückbezug der christlich-römischen Kunst auf ihre spätantiken Ursprünge, wie Peter Cornelius Clausen schreibt, einen «imperialen Gestus des triumphierenden Papsttums» erkennen.

Aber nicht nur im Bereich der Sakralkunst findet nunmehr der neue Blick auf die Antike seinen Niederschlag. Profanbauten von verhältnismäßig hoher Prachtentfaltung wie der mittelalterliche Senatorenpalast auf dem Kapitol oder die möglicherweise für einen kommunalen Würdenträger erbaute, mit ornamentalen und figürlichen Spolien sowie zahlreichen antiken Inschriften geschmückte Casa de' Crescenzi, deren Reste zwischen Kapitol und Circus Maximus noch sichtbar sind, legen Zeugnis ab von der gewachsenen Bedeutung städtischer Institutionen. Zweifellos folgt hier im Vergleich zum kirchlichen Einflußbereich die Berufung auf die Antike anderen, ja entgegengesetzten Intentionen, ging es den Erbauern doch darum, städtisches Autonomiestreben in Konkurrenz zur päpstlichen Dominanz zu artikulieren – erfolglos, wie sich schon bald zeigen sollte. Im Repräsentationsinteresse wie in der Methode der Antikenrezeption erweisen sich die Profanbauten dennoch kaum verschieden von den Kirchen: Auch bürgerlichen Auftraggebern war es offenbar darum zu tun, möglichst viel von dem Glanz auf sich zu lenken, den die umfängliche und selbstbewußte Verfügung über Formen und Materialien der antiken Baukunst jetzt verleihen konnte.

Weitere Freiräume für künstlerische Innovation entdeckte das 12. Jahrhundert, wenn es gesteigertes Interesse an der liturgischen Ausstattung von Sakralbauten bekundete; auch hierfür liefert San Clemente den eindrucksvollsten Beweis. Durch ihren guten Erhaltungszustand von besonderem Wert, verbinden sich die Marmorschranken der Schola cantorum mit dem kostbar inkrustierten Fußboden, mit Leuchtern, Ambonen, Ziborium und Papstthron zu einem der schönsten Innenraumensembles des römischen Hochmittelalters. Wie in vielen gleichzeitigen und späteren Ausstattungskampagnen zeigen sich hier römische *marmorarii* am Werk: Spezialisten für die Wiederverwendung antiken Baumaterials, die in Familienclans organisiert waren und ihre technische wie künstlerische Kompetenz von Generation zu Generation weitergaben. Nach einem in den Quellen häufig anzutreffenden Namen früher «Cosmaten» genannt, standen die römischen Marmorkünstler lange Zeit im Schatten des kunstgeschichtlichen Interesses. Erst in jüngster Zeit hat man gelernt, wie hoch ihr Anteil an der Integration antiken Wissens in Baukunst und Skulptur des Mittelalters eingeschätzt werden muß. Für den Berufsstolz dieser Künstler spricht bereits, daß sie ihre Werke sehr häufig signierten. Und in Schöpfungen wie den Kreuzgängen, die eine späte Generation der *«magistri doctissimi romani»* in der ersten Hälfte des 13. Jahrhunderts für die Kanoniker des Laterans und Sankt Pauls vor den Mauern errichteten, wußten sie ihre durchaus erfindungsreiche und an zeitgenössischen Entwicklungen partizipierende Architektursprache doch stets durch einen genau kalkulierten Einsatz klassischer Formen zu ergänzen. Hier wird deutlich, wie folgerichtig ein anfangs äußerlich motiviertes, auf Materialverarbeitung gerichtetes Interesse an den Hinterlassenschaften früherer Glanzzeiten in eine intellektuell selbständige Auseinandersetzung mit der Kultur der Antike einmünden konnte.

Noch im späteren 13. Jahrhundert verlor die Antike als der entscheidende Bezugspunkt aktueller römischer Kunstpraxis kaum an Aktualität. Darin liegt ein wesentlicher Grund, warum die umwälzenden Neuerungen der europäischen Gotik in Rom auf so geringe Resonanz stießen – ihr Einfluß macht sich hier sogar noch schwächer bemerkbar als hundert Jahre zuvor jener der romanischen Kunst. Bettelordenskirchen, wie sie die Franziskaner mit Santa Maria in Aracoeli oder die Dominikaner mit Santa Maria sopra Minerva errichteten, konnten in der ursprünglichen Planung nicht nur auf Einwölbung der Schiffe verzichten – das geschah auch anderswo –, ihre Architekten ließen selbst gotische Bauskulptur nur in schwächster Ausprägung zur Geltung kommen. Ein etwas anderes Bild vermitteln die zahlreichen baldachinförmigen Ziborien, die jetzt über den Hauptaltären römischer Kirchen errichtet wurden. Ihre Aufbauten boten größere Spielräume für gotische Ornamentik. Erst recht gilt das für die reich mit Maßwerk geschmückte, später beseitigte Benediktionsloggia des Lateranpalasts, einen mehrgeschossigen Bau mit hochgelegenem Segensbalkon, den Papst Bonifaz VIII. anläßlich des Heiligen Jahres 1300 errichten ließ und der im 16. Jahrhundert der durchgreifenden Erneuerung des Residenzbaus zum Opfer fiel. Der Typus all dieser Steinbaldachine, in die weiterhin eine große Zahl von Spolien verbaut wurde, blieb dennoch stets auf das Urbild des konstantinischen *fastigium* in der Lateranbasilika fixiert.

Mit dem Etikett des Konservatismus, das der römischen Kunst des Mittelalters lange Zeit angeheftet wurde, kann man der Selbstverpflichtung auf die lokale Tradition, wie sie der Kunst des römischen Mittelalters durchgängig eigen ist, kaum gerecht werden. Vielmehr waren es wohl nach wie vor die römischen Auftraggeber, die unvermindert darauf drängten, jenes hohe repräsentative Potential auszuschöpfen, das die Römer der Antike ihren Nachfahren in einzigartiger Zugänglichkeit hinterlassen hatten. Daß die Resultate solcher Kunstpatronage keineswegs das Stigma von Rückständigkeit tragen mußten, zeigt auf höchstem Niveau das Beispiel des Arnolfo di Cambio.

Um das Jahr 1280 in Diensten des Königs von Neapel stehend, stellte der toskanische Bildhauer seinen Brotherrn Karl von Anjou in einer Sitzstatue dar, die ursprünglich für den Senatorenpalast – das römische Rathaus – bestimmt war und noch heute auf dem Kapitol ihren Platz hat. Ohne Zweifel gehört Arnolfos Karls-Statue zu den impulsgebenden Leistungen der europäischen Porträtkunst (Abb. 14), wie sie zu dieser Zeit ihre ersten Konturen ausbildete. Haltung und Gewandung weisen Karl als römischen Senator aus, ein Amt, das er mit Unterbrechungen von 1265 bis 1278 ausübte und das ihn zum politischen Gegenspieler des Papstes prädestinierte. Aus einer antiken Marmorspolie gearbeitet, folgt die Statue in den Grundzügen dem monumentalen Repräsentationsbildnis, das Kaiser Friedrich II. Jahrzehnte zuvor im Brückentor von Capua hatte aufstellen lassen. Beide Figuren zeigen sich in Material und Ikonographie, vor allem aber im singulären Rückgriff auf den Typus der überlebensgroßen Porträtstatue unverkennbar der antiken Skulptur verpflichtet. Daß nicht nur der Entstehungsanlaß der Karlsstatue, sondern ebenso die künstlerische Verfügungsmacht über antike Traditionslinien, die in ihr zum Ausdruck kommt, von den Zeitgenossen als politischer Gestus von hoher Aussagekraft verstanden wurde, macht die durch sie begründete Rezeptionsgeschichte deutlich. Bonifaz VIII., der 1294 den Papstthron bestieg, ließ sich durch Arnolfo und andere Künstler mehrfach auf ähnliche Weise porträtieren und exportierte die Bildnisse an verschiedenste Orte des Kirchen-

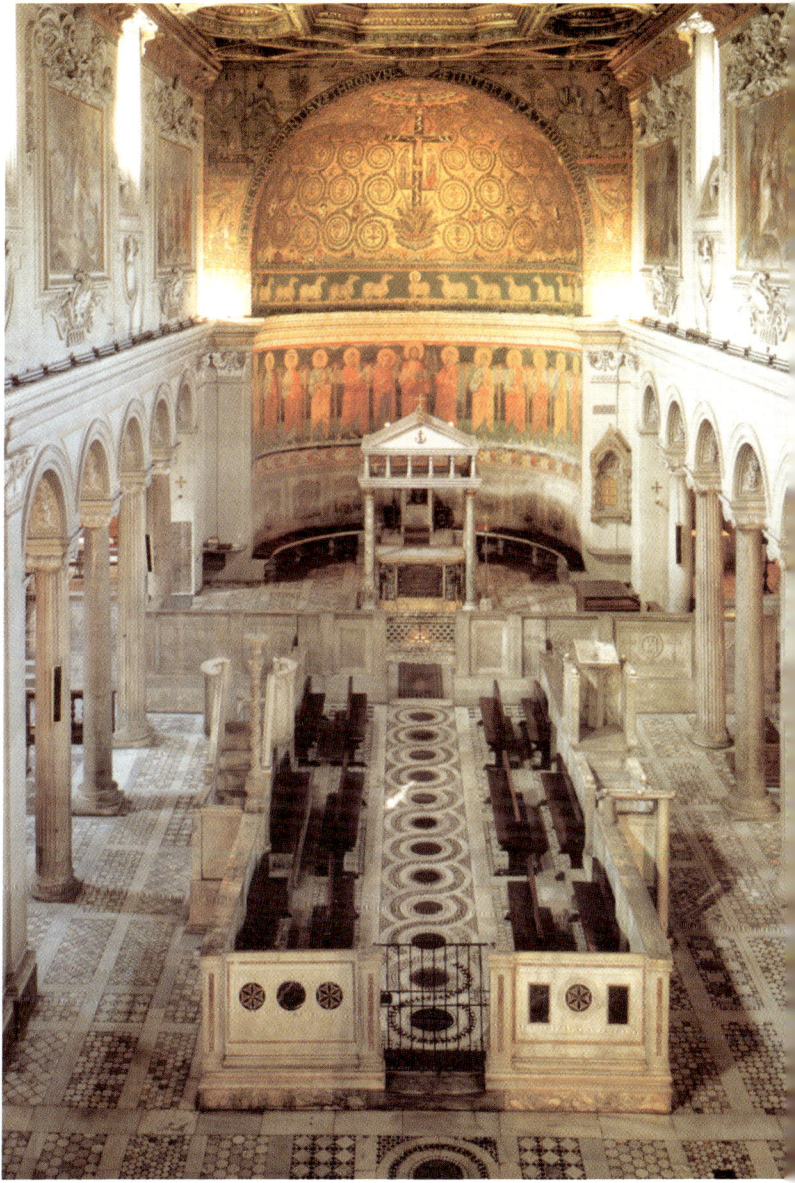

13 San Clemente, Innenraum mit Schola Cantorum, ab 1108

staats, wo sie dazu bestimmt waren, stellvertretend für die tatsächliche Präsenz des Auftraggebers zur Wirkung zu kommen.

In der Malerei erweist sich das späte 13. Jahrhundert gleichfalls als innovationsträchtige Periode, auch wenn die Neuansätze dieser Zeit keine langfristige Entwicklung mehr einleiten konnten: Das Exil der Päpste in Avignon (1309–1378) und das nachfolgende Schisma sollten Rom ein bilderarmes Jahrhundert bescheren. Pietro Cavallini, neben Jacopo Torriti der produktivste Maler dieser Zeit, stammte zwar aus einer römischen Künstlerfamilie, war aber mit internationalen Tendenzen der Gotik

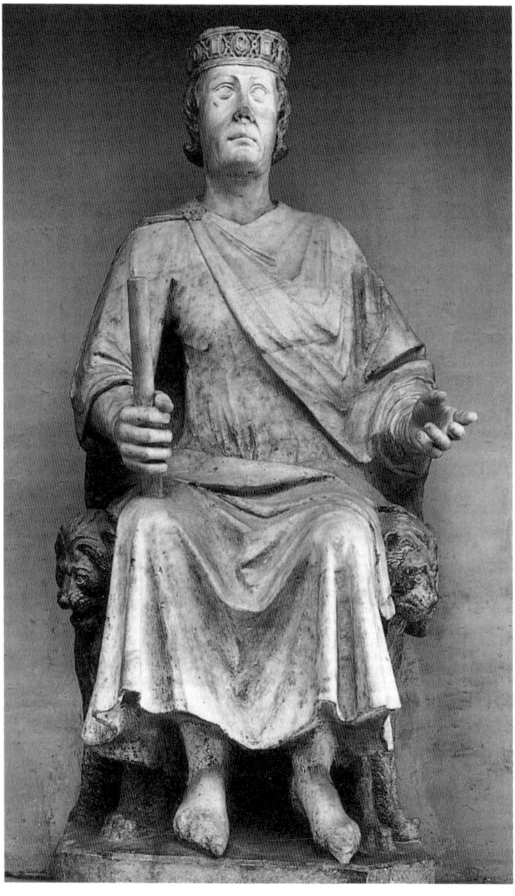

14 Arnolfo di Cambio, Statue des Karl von Anjou, 1281–1284. Konservatorenpalast

ebenso vertraut wie mit der Tradition byzantinischer Bildkunst. Möglicherweise durch solche Kenntnisse gefiltert, zeigen seine Wandbilder und Mosaiken außerdem eine Empfindlichkeit für römisch-antike Überlieferung, die so spezifisch ist, daß man sie trotz anderslautender Überlegungen der Stilkritik in erster Linie seinem lokalen Erfahrungshorizont zuschreiben möchte. Wohl in den 1270er Jahren entstand Cavallinis Weltgericht an der inneren Eingangswand von Santa Cecilia in Trastevere: ein Werk, das lange durch spätere Einbauten verdeckt war und erst im 20. Jahrhundert wieder zum Vorschein kam (Abb. 2).

Thema und Plazierung des Weltgerichts folgen alter, im Westen wie im byzantinischen Kulturkreis geläufiger Bildpraxis; welche Umstände sie hier wieder aufleben ließ, blieb bislang offen. Unzweifelhaft erlauben es aber die malerischen Qualitäten des Bildes – die nuancenreiche Chromatik, der fließende Figurenstil –, Rückschlüsse auf Cavallinis intensives Studium eines Repertoires spätantiker Bildkunst zu ziehen, wie es in den Mosaiken des 4. und 5. Jahrhunderts anschaulich zur Verfügung stand.

Das Jubeljahr 1300, von Papst Bonifaz VIII. buchstäblich in letzter Minute ausgerufen, wird Rom für lange Zeit zum letzten Mal in den Mittelpunkt weltweiter Aufmerksamkeit rücken. Wie der Florentiner Chronist Giovanni Villani – er ist selbst zu diesem Anlaß nach Rom gereist – nachrechnet, trafen nicht weniger als zweihunderttausend Pilger am Tiber ein, um die heiligen Stätten zu besuchen und den dafür ausgelobten vollständigen Ablaß zu erhalten. Wenige Jahre darauf fällt der machtbewußte Papst einem Anschlag seiner Gegner zum Opfer, das Papsttum verliert seine politische Souveränität und gerät für Jahrzehnte in Abhängigkeit von der französischen Krone. Erst der Übergang vom Mittelalter zur Renaissance sollte der Kultur der Stadt allmählich eine neue Prägung verleihen, ohne die Ursprünge und frühen Stufen christlich-römischer Kunst je ganz aus dem Gedächtnis zu verlieren.

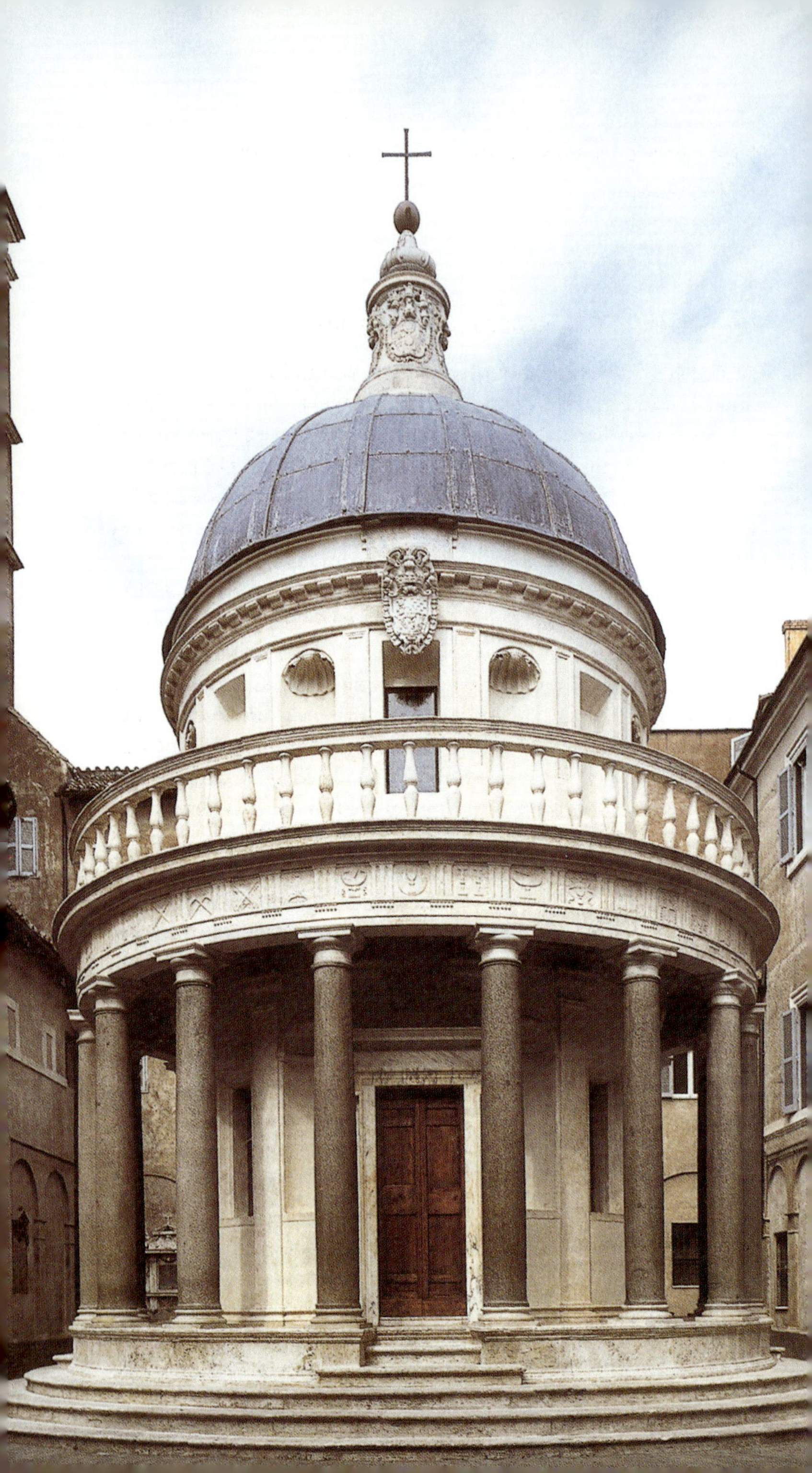

Phoenix aus der Asche – Die Kunst der Renaissance

Die Päpste im Exil: Rom zur Zeit Avignons

Wer heute den bequemen Aufgang zum Kapitol meidet und statt dessen die ältere, steile Freitreppe von der Piazza Venezia zur Franziskanerkirche Santa Maria in Aracoeli emporsteigt, lernt das einzige größere Bauwerk kennen, das während des Exils der Päpste in Avignon – es dauerte von 1309 bis 1377 – in Rom entstanden ist. Cola di Rienzo, Führer der römischen Volkspartei, der am 20. Mai 1347 mit einem Handstreich das Kapitol eingenommen, die adligen Senatoren verjagt und in Erinnerung an antike Glanzzeiten die römische Republik ausgerufen hatte, ließ die Treppe als monumentales Zeichen der Erneuerung bauen. Aber ebenso wie die politische Vision Rienzos, die schon nach wenigen Monaten mit seiner Flucht in die Abruzzen ein trauriges Ende fand, blieb auch das städtebauliche Signal des Treppenbaus Episode: Die Abwesenheit der Päpste und der Kurie ließ den Bedarf an Neubauten rapide schrumpfen; die großen urbanistischen und künstlerischen Entwicklungen der Zeit vollzogen sich in Florenz, Siena und Assisi und berührten Rom allenfalls am Rand.

Hatte Rom als Faktor der Weltpolitik im 14. Jahrhundert aufgehört zu existieren, so führte das Machtvakuum, das der Exodus der Päpste hinterlassen hatte, nach innen zu zermürbenden Machtkämpfen des lokalen Adels. Hinzu kamen Hungersnöte und Seuchen, wie sie seit der großen Pest von 1348 ganz Italien erschütterten. In Rom hinterließen sie eine bedrückende Wirtschaftskrise. Selbst als im Jahr 1350 Papst Klemens VI. von Avignon aus die Abstände der Heiligen Jahre auf fünf Dezenien halbierte und 1390 der raffinierte Finanzpolitiker Bonifaz IX. – er residierte schon wieder in Rom, wenn auch mit einem Gegen-

15 Bramante, Tempietto bei San Pietro in Montorio, 1502

papst an der Rhône – ein zusätzliches Jubeljahr ausrief, profitierten davon lediglich die päpstlichen Kassen.

Zum größten Problem wurde der dramatische Bevölkerungsrückgang: Er ließ ganze Stadtviertel veröden, machte den Weg vom Zentrum zum Lateran zur gefährlichen Expedition und führte dazu, daß reiche Grundbesitzer selbst das Forum Romanum als Viehweide nutzten. «Rom», konnte im 15. Jahrhundert der Florentiner Buchhändler und Chronist Vespasiano da Bisticci im Rückblick klagen, «war wegen der Abwesenheit des Papstes wieder zu einem Platz für Hirten geworden. Schafe und Kühe weideten dort, wo heute die Tische der Kaufleute stehen; alles lief in Mänteln aus Ziegenfell und in Stiefeln herum, weil sie so lange ohne den Papsthof hatten leben müssen, und wegen der Kriege, die sie geführt hatten.»

Trotz alledem war das 14. Jahrhundert für die römische Kunst keine gänzlich unproduktive Zeit. Ein Kirchenfürst wie Kardinal Jacopo Stefaneschi, der in der ersten Jahrhunderthälfte als päpstlicher Vikar in Rom wirkte, kümmerte sich um die Instandhaltung von Kirchen. Ein beeindruckendes Zeugnis seiner Auftraggeberschaft ist das Retabel, das er wohl um 1330 für den Kanonikeraltar von Sankt Peter bei Giotto bestellte und das ihn selbst in anspruchsvoller Stifterpose zeigt. In Anwesenheit des Papstes hätte er sein Porträt so prominent kaum plazieren können. Auch Giottos großes ‹Navicella›-Mosaik, das Petrus auf dem Wasser wandelnd zeigt, geht möglicherweise auf eine Initiative Stefaneschis zurück. Ursprünglich an der Fassade von Alt-Sankt-Peter angebracht, ist eine stark restaurierte Fassung seit dem 17. Jahrhundert in der barocken Vorhalle der Peterskirche zu sehen.

Neue Blicke auf die Antike

Seine besondere, ja unvergleichliche Bedeutung für Literatur und Wissenschaft des 14. Jahrhunderts verdankte Rom den Humanisten: jener neuen Generation von Dichtern und Gelehrten, die sich ganz der Erforschung und Belebung der Antike verschrieb und aus diesem Engagement erstaunliche Energien für die Reform der zeitgenössischen Kultur gewann. Ihre Begeisterung für ferne Geschichtsräume störte sich nicht an der Gegenwart. Im Gegenteil, der aktuelle Niedergang der Stadt scheint der grenzenlosen Imaginationsbereitschaft der Humanisten sogar entgegengekommen zu sein, boten die Ruinen Roms doch eine Projektionsfläche, in die sie ihre Vorstellungen von versunkener Größe ungehindert einschreiben konnten. Dieses eigentümliche Verhältnis von Geschichte und Gegenwart klingt schon bei Francesco Petrarca an, dem Vorreiter humanistischer Ideen und einflußreichsten Dichter seiner Zeit. Nach seiner Ankunft in Rom im Jahr 1337 berichtet er einem Freund von der «Furcht, meine Augen ... könnten mir verkleinern, was ich mir selbst im Geist vorgestellt hatte. Aber sie hat wunderbarerweise nichts vermindert, sondern alles vergrößert. Rom war wirklich größer, als ich glaubte, und größer sind seine Trümmer!»

Petrarcas Blick auf Rom hatte mit den praktischen Interessen anderer Romreisender – etwa der auf Ablaßgewinnung erpichten Pilger – nichts gemein. Hinter dem Verfall der Mauern sah er den Glanz, den Rom in der Antike besessen hatte. Dabei ließ er sich von der Lektüre klassischer Autoren entschieden mehr beeindrucken als von der Anschauung der Ruinen, die ihm in erster Linie als Symbole der Vergänglichkeit erschienen. Manche spätere Literaten sollten diesen Standpunkt teilen: «Was, o Rom, ist geblieben, außer dem Ruhm der Ruinen, / von den Konsuln all, von den Caesaren zugleich? / Alles verschlingt die gefräßige Zeit: nichts dauert auf Erden. / Tugend und Schriften allein, sie nur haben Bestand», schrieb etwa der deutsche Gelehrte Konrad Celtis, als er 1487 Rom betrat. In seinen Worten schwingt deutlich das im Mittelalter verbreitete Mißtrauen gegen anschaulichen Erkenntnisgewinn mit, dem weder die Verläßlichkeit noch die moralische Wirkung des Textstudiums zugestanden wurde.

Dennoch wurden die antiken Reste der Stadt schon im 14. Jahrhundert vereinzelt zu Objekten archäologischer Neugier. Ein Zeitgenosse Petrarcas wie Giovanni Dondi konnte sich bereits mit einer Vermessung des Pantheons beschäftigen. Giovanni Boccaccio, Autor des ‹Decameron› und einer der führenden Gelehrten des 14. Jahrhunderts, forderte sogar, der ideale Dichter müsse die antiken Monumente Roms gesehen haben. Die Künstler der Renaissance fanden in solchen konkreten Zeugnissen humanistischer Rombegeisterung das wichtigste Vorbild, wenn es darum ging, ihrerseits eine neue Perspektive auf die Kunst der Antike zu gewinnen. Kurz nach dem Heiligen Jahr 1400, das genaue Datum läßt sich nicht mehr klären, trafen zwei junge, noch unbekannte Florentiner in Rom ein: Filippo Brunelleschi und Donatello. Der eine als Architekt und Entdecker der Zentralperspektive, der andere als Bildhauer, gelten sie heute als die eigentlichen Begründer der Renaissancekunst. Anders als ihr Landsmann Giotto ein Jahrhundert zuvor konnten beide in Rom kaum lukrative Aufträge erwarten. Ihnen ging es vielmehr um die sichtbare Hinterlassenschaft eines fernen, unvergleichlich vitaleren Rom: um die Kunst der Antike.

Die Art und Weise, wie Brunelleschi schon bald die Ruinen Roms untersuchte, muß den Zeitgenossen extravagant erschienen sein. Um Aufschlüsse über die ursprüngliche Ausdehnung, Funktion und technische Beschaffenheit der antiken Bauten zu gewinnen, ließ er sich offenbar als erster auf Grabungen und Messungen ein – und wurde von den Römern prompt als Schatzsucher verdächtigt. Bezeichnenderweise richtete sich Brunelleschis Interesse nicht vorrangig auf die schöpferische Verwertung des Gesehenen, so daß es schwerfällt, seinen späteren Bauten die Früchte der römischen Studienreise gleichsam wörtlich ‹abzulesen›. Ziel seiner Studien war die gedankliche Rückgewinnung von Originalen, die sich unter den Einwirkungen der Geschichte bis zur Unkenntlichkeit verändert hatten. Vorbilder für dieses historisch-kritische Interesse konnte Brunelleschi nur außerhalb der ihm vertrauten, noch handwerklich geprägten Berufssphäre finden. Sein Vorbild wurde die moderne Wissenschaft, vor allem die philologische Tätigkeit der Humanisten, die der Überlieferung antiker Texte eine bis dahin unbekannte, detailgenaue Aufmerksamkeit widmeten.

Leon Battista Alberti gab 1431/32 mit seiner ‹Descriptio urbis Romae› den Anstoß für eine umfassende topographische Erforschung der antiken Stadt. Der Florentiner Humanist, den Papst Eugen IV. kurz zuvor als Sekretär an die Kurie verpflichtet hatte, setzte für seine Vermessung Roms erstmals optische Instrumente ein. Damit führte er das auf Anschauung gegründete Antikenstudium Brunelleschis fort, richtete sein Augenmerk aber weniger auf einzelne Monumente als darauf, deren genaue Position und stadträumliche Beziehung zueinander zu ermitteln. Fünfzehn Jahre später vollzog der führende Antiquar des Jahrhunderts, Flavio Biondo, mit seiner ‹Roma instaurata› (entstanden 1444–1446) eine erste Synthese zwischen textbezogenen und anschaulichen Verfahrensweisen in der Erforschung der antiken Stadt. Die Vogelschau auf Rom, die der Maler Pietro del Massaio um 1470 in ein handschriftliches Exemplar der ‹Geographia› des Ptolemäus einfügte (Abb. Umschlaginnenseite), faßt zeitgenössische Erkenntnisse der Topographie mit den neuen Darstellungsmöglichkeiten zusammen, die sich aus dem perspektivischen Projektionsverfahren Brunelleschis ergaben.

Bis die Früchte moderner Altertumswissenschaft in die Breite wirkten, sollte allerdings noch einige Zeit vergehen. Während des 15. Jahrhunderts waren als Pilgerführer zu den Kirchen und Sehenswürdigkeiten Roms noch die mittelalterlichen ‹Mirabilien› in Gebrauch. Sie hielten bis weit in die Renaissance hinein populäre Legenden, Halbwahrheiten und vielfach auch Schauermärchen über die antiken Bauten am Leben, die für die Mehrzahl der Gläubigen nach wie vor im Geruch des Heidnischen standen. Erst 1510 erschien mit Francesco Albertinis ‹Opusculum de mirabilibus novae et veteris urbis Romae› der erste Romführer im Druck, der zumindest in Ansätzen historische und archäologische Erkenntnisse über die antiken Monumente verarbeitet hat.

Renaissancekunst in Rom: mühsame Anfänge

So früh die erwachende Antikenbegeisterung der Humanisten einen Bezugspunkt in den Ruinen Roms gefunden hatte, so viele Schwierigkeiten waren noch zu überwinden, bis nach den Krisen des 14. Jahrhunderts eine eigene römische Kunstproduktion in Gang kommen konnte. Erst seit Papst Martin V. aus dem römischen Haus Colonna – er regierte von 1417 bis 1431 – wurden in Rom wieder Künstler mit nennenswerten Aufträgen bedacht. Dabei ging es zunächst um die materielle Wiederherstellung und Modernisierung der Pilgerkirchen, denen Rom nach wie vor seine Anziehungskraft auf Gläubige aus aller Welt verdankte und die das Papsttum der Renaissance erneut als wichtigste Orte amtlicher, familiärer und persönlicher Repräsentation entdeckte.

Eine lokale künstlerische Überlieferung, wie sie um 1300 in den Malerwerkstätten der Cavallini und Torriti noch Bestand gehabt hatte, war inzwischen längst erloschen. Für die neuen Aufgaben mußten auswärtige Künstler verpflichtet werden. Sie kamen bis zum Ende des 15. Jahrhunderts größtenteils aus Florenz, das inzwischen als führendes Zentrum der Renaissancekultur weithin Ansehen genoß. Hatte die Arnostadt durch die Werke von Arnolfo di Cambio und Giotto schon im 13. und 14. Jahrhundert künstlerische Positionen in Rom markieren können, so gewann sie auf die römische Kunst der Frührenaissance dominanten Einfluß. Bezeichnenderweise sollte es auch später kaum gelingen, in Rom beständige Werkstatt- und Ausbildungstraditionen zu begründen. Stammten die tonangebenden Auftraggeber des kurialen Milieus in aller Regel aus anderen Regionen Italiens oder aus dem Ausland, so galt das auch für die vielen Maler, Bildhauer und Architekten, die durch gute Verdienstmöglichkeiten von auswärts an den päpstlichen Hof gelockt wurden und ihre jeweils eigenen kulturellen Erfahrungen in das römische Kunstgeschehen der Neuzeit einbrachten.

Wie Textilien und Goldschmiedearbeiten, die für die Wiederherstellung einer geregelten Zeremonialpraxis unentbehrlich waren, hatte Martin V. auch seine bronzene Grabplatte in Florenz bestellt und per Schiff nach Rom importieren lassen, wie aus einem Eintrag in die römischen Zollregister hervorgeht. Das Werk Donatellos mit dem Reliefporträt des Papstes wurde dann in den Fußboden der Laterankirche eingelassen. Martins Nachfolger Eugen IV. (1431–1447) ging einen Schritt weiter, indem er den Bildhauer Antonio Averlino – bekannter unter dem gelehrten Pseudonym Filarete (griechisch ‹Tugendfreund›) – nach Rom verpflichtete und ihn vor Ort mit dem Guß einer neuen, zweiflügeligen Bronzetür für die Peterskirche beauftragte.

In den Jahren nach 1433 ausgeführt, muß das großformatige, aus vielen Einzelstücken zusammengesetzte Werk die technischen und ökonomischen Möglichkeiten, über die Rom damals verfügte, auf das äußerste strapaziert haben. Monumentale Darstellungen von Petrus und Paulus bestimmen den ersten Eindruck, den der Betrachter der beiden Portalflügel empfängt. Mittelalterliche Stifterbilder variierend, kniet Papst Eugen vor Petrus, um von ihm die Schlüssel zu empfangen. Damit werden die Erzapostel erneut – wie seit frühchristlicher Zeit immer wieder – Träger eines Programms, das auf Rechtfertigung päpstlicher Autoritätsansprüche zielt. Blieb es einem konservativen Bildtypus vorbehalten, die wichtigste Botschaft des Werks zu verbreiten, so brechen sich neue künstlerische Anliegen in den unteren Reliefs der Türflügel Bahn. Filaretes ‹Kreuzigung Petri› etwa ist ein erzählendes Historienbild par excellence – und damit Vertreter einer Bildgattung, die Alberti in seinem gleichzeitig verfaßten Buch über die Malerei an die Spitze der künstlerischen Aufgaben stellt. Beinahe angestrengt setzt Filarete perspektivische Mittel ein, um das zahlreiche Personal zu ordnen und in seiner Aktion zu klären (Abb. 16). In den Vordergrund rückt die Darstellung römischer Architekturmonumente: links die Cestius-Pyramide, rechts von der Mitte das Hadrian-Mausoleum – seit dem Mittelalter als ‹Engelsburg› geläufig –, neben einem auffälligen Baum schließlich die sogenannte ‹Meta Romuli› mit ihrer charakteristischen, zwischen Pyramide und Obelisk angesiedelten Form.

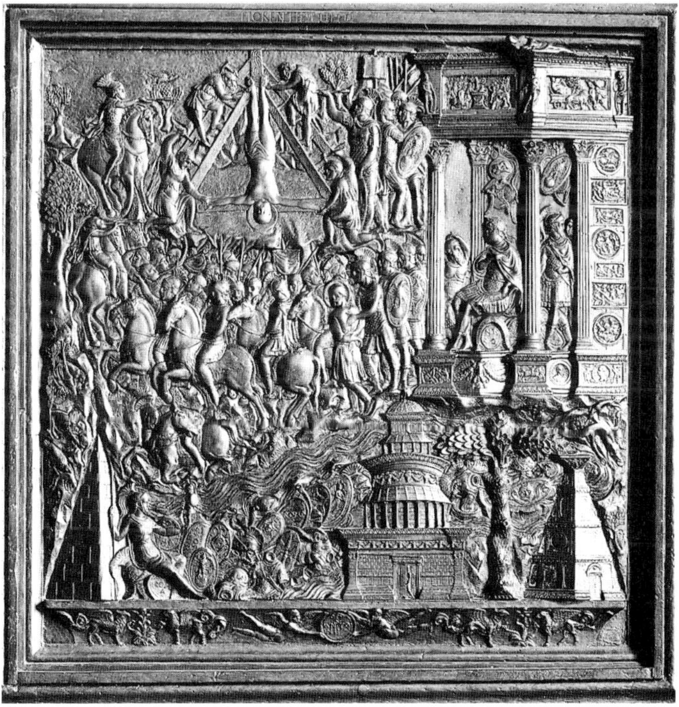

16 Filarete, Hauptportal von Sankt Peter, 1433–1445. Bronzerelief mit der Verurteilung und Kreuzigung Petri

Engelsburg, Terebinthenbaum und Meta gehörten als bildliche Verweise auf das antike Rom, speziell auf den vatikanischen Borgo zwischen Tiber und Peterskirche, in die Darstellungstradition des Petrusmartyriums. Auch Giotto hatte die Kreuzigung Petri auf dem Stefaneschi-Altar mit einem Teil dieser Attribute ausgestattet, die in anschaulicher Weise Rom als Ort des für das Papsttum so wichtigen Geschehens verbürgten. Bei Filarete gewinnt nicht nur die korrekte räumliche Anordnung der Monumente an Bedeutung, wie sie dem topographischen Interesse der zeitgenössischen Wissenschaft entspricht. Die phantastische Rekonstruktion des kaiserlichen Mausoleums gab ihm auch reichlich Gelegenheit, sich als Kenner antiker Architektur in Szene zu setzen.

Seinen künstlerischen Maßstab suchte Filarete in den beiden reliefgeschmückten Bronzetüren Lorenzo Ghibertis für das Florentiner Baptisterium. Die berühmte ‹Porta del Paradiso› war noch nicht vollendet, als Filarete die Arbeit an der römischen Tür aufnahm; gerade mit ihr wollte er aber in Wettbewerb treten, folgte er doch Ghiberti im neuartigen Einsatz von Reliefs als erzählendem Bildmedium. Mag Ghibertis Formulierung im Vergleich auch als die reifere erscheinen, so geht Filaretes Anspruch auf *variatio*, auf Verarbeitung einer geradezu enzyklopädischen Stoff- und Motivfülle, doch weit über die Ambitionen des Florentiner Zeitgenossen hinaus. Nicht nur die Zitate nach antiker Architektur tragen diesen Ehrgeiz vor, auch die rahmende Blattgirlande bereichert Filarete mit einer unübersehbaren Anzahl antikisierender Porträtköpfe und erzählender Nebenszenen, meist nach Stoffen der antiken Mythologie. Zwischen die großen Reliefs sind außerdem Bildstreifen einmontiert, in denen aktuelle Ereignisse aus der Regierung Papst Eugens darstellungswürdig werden wie das erst 1439 einberufene Unionskonzil von Ferrara, das kurzzeitig zur Vereinigung von West- und Ostkirche führte. Dieser Auftraggeberpropaganda entspricht auf der anderen Seite eine gesteigerte Künstlerwerbung: In sonst unbekannter Häufung stattete Filarete sein Werk mit insgesamt vier Signaturen, dazu einem Selbstbildnis und den Porträts seiner Gehilfen aus.

Der Beitrag der Maler

«*Restauratio*» wie «*renovatio*» hießen die Ziele, die sich die päpstliche Kunstpolitik zu Beginn der Renaissance steckte. Dringlicher als die Errichtung neuer Bauten war zunächst die Sicherung und Modernisierung des Bestehenden. Als wichtigstes künstlerisches Medium trat die Malerei in den Dienst dieses Programms. Schon unter Martin V. kamen prominente Florentiner Maler wie Gentile da Fabriano, Pisanello, Masaccio nach Rom, ihnen folgten Fra Angelico und sein Gehilfe Benozzo Gozzoli. Umfangreiche Zyklen in den Hauptkirchen Roms gingen durch spätere Eingriffe verloren, so die Fresken, die Gentile und Pisanello im Langhaus von San Giovanni in Laterano ausführten. Erhalten blieben vor allem Nebenprodukte dieser großen Aufträge wie Masaccios Madonnentafel aus Santa Maria Maggiore (heute in Neapel) oder eine Reihe von Antikenstudien, wie sie schon die erste Generation der in Rom tätigen Renaissancemeister hinterlassen hatte. Diese Zeichnungen nach Denkmälern des Altertums sind in aller Regel ohne Auftrag, aus eigener Initiative der Künstler entstanden. Frühe Blätter wie Gozzolis Aufnahme eines der Rossebändiger vom Quirinal – die kolossale Statuengruppe galt im 15. Jahrhundert als eigenhändiges Werk der griechischen Bildhauer Phidias und Praxiteles – begründen jenes umfassende zeichnerische Inventar, das kommende Künstlergenerationen vom Erbe der antiken Kunst Roms anlegen sollten.

Als seltenes Beispiel einer kompletten Raumdekoration dieser Zeit hat die Ausmalung der Katharinenkapelle in San Clemente überlebt, die Masolino – vorher neben Masaccio an der Ausmalung der Brancacci-Kapelle in Florenz beteiligt – ab 1427 für den lombardischen Kardinal Branda da Castiglione ausführte. Nach dem Vorbild toskanischer Familienkapellen füllt intensiv leuchtende Freskomalerei lückenlos die Wand- und Gewölbeflächen des kleinen Raums; die Legenden der hl. Katharina und des hl. Ambrosius werden unter Einsatz moderner, raumschaffender Mittel erzählt. Auf der Altarwand breitet sich eine belebte Kreuzigungsszene vor landschaftlichem Hintergrund aus, ein sogenannter volkreicher Kalvarienberg. Weder die Florentiner noch die römische Kunst, die realistische Darstellungen der Kreuzigung stets gemieden hatte, kannten bis dahin diesen Typus der

Kreuzigungsdarstellung, die besonders in der nordalpinen Spätgotik und auch in Oberitalien verbreitet war. Der Ehrgeiz des Kardinals, durch Zitieren einer ausgefallenen Bildformel Distanz gegenüber der römischen Tradition zu demonstrieren und auf die eigene – fremde – Herkunft zu verweisen, wird in der Folgezeit zu einem typischen Gestus der Auftraggeberschaft im internationalen Milieu der Kurie.

Mit Fra Angelico trat 1445 einer der angesehensten Florentiner Maler in päpstliche Dienste. Der Dominikanerbruder hatte zuvor in Florenz das Kloster San Marco, das sich großzügiger Förderung durch Cosimo de'Medici erfreute, mit Fresken und Tafelbildern ausgestattet. Papst Nikolaus V. (1447–1452) erteilte ihm den Auftrag, seine Privatkapelle im vatikanischen Palast mit den Legenden der hll. Stephanus und Laurentius zu schmücken (Abb. 17). Der Überlieferung nach soll Stephanus unter dem Apostel Petrus in Jerusalem gewirkt, Laurentius während des 3. Jahrhunderts in Rom sein Martyrium erlitten haben. Beide verehrte man als fromme Diakone, die sich auch in weltlichen Aufgaben bewährt hatten und insofern als Identifikationsfiguren für einen päpstlichen Auftraggeber in Frage kamen. Fra Angelico schildert ihr Leben in zwei fortlaufenden, übereinander abrollenden Registern: eine Anordnung, die erneut das Interesse an bildlicher Legitimation als Hauptmotiv eines päpstlichen Kunstauftrags erkennen läßt. In diesem Fall geht es darum, die frühe römische Kirche in die bruchlose Nachfolge der apostolischen Urkirche Palästinas zu stellen.

Diese eindrucksvollen Bilder sind der einzige erhaltene von insgesamt vier Freskenzyklen, die Fra Angelico mit seiner Werkstatt in Rom ausführte. Sie zeigen einen gänzlich anderen Stil als die zartfarbige, motivisch sparsame Wandmalerei des Florentiner Frühwerks, auf das die verbreitete Vorstellung von Fra Angelico als einem frommen, aber kraftlosen Maler zurückgeht. Die Figuren des römischen Angelico sind schwerer, die Kompositionen dichter, die Farben strahlender. Beeindruckende Architekturkulissen steigern ebenso wie die reichliche Verwendung von Gold die festliche Wirkung der Bilder. Sofort wird klar, daß es im vati-

17 Fra Angelico, Der hl. Laurentius verteilt Almosen, Fresko in der Cappella Niccolina im Vatikan, 1448

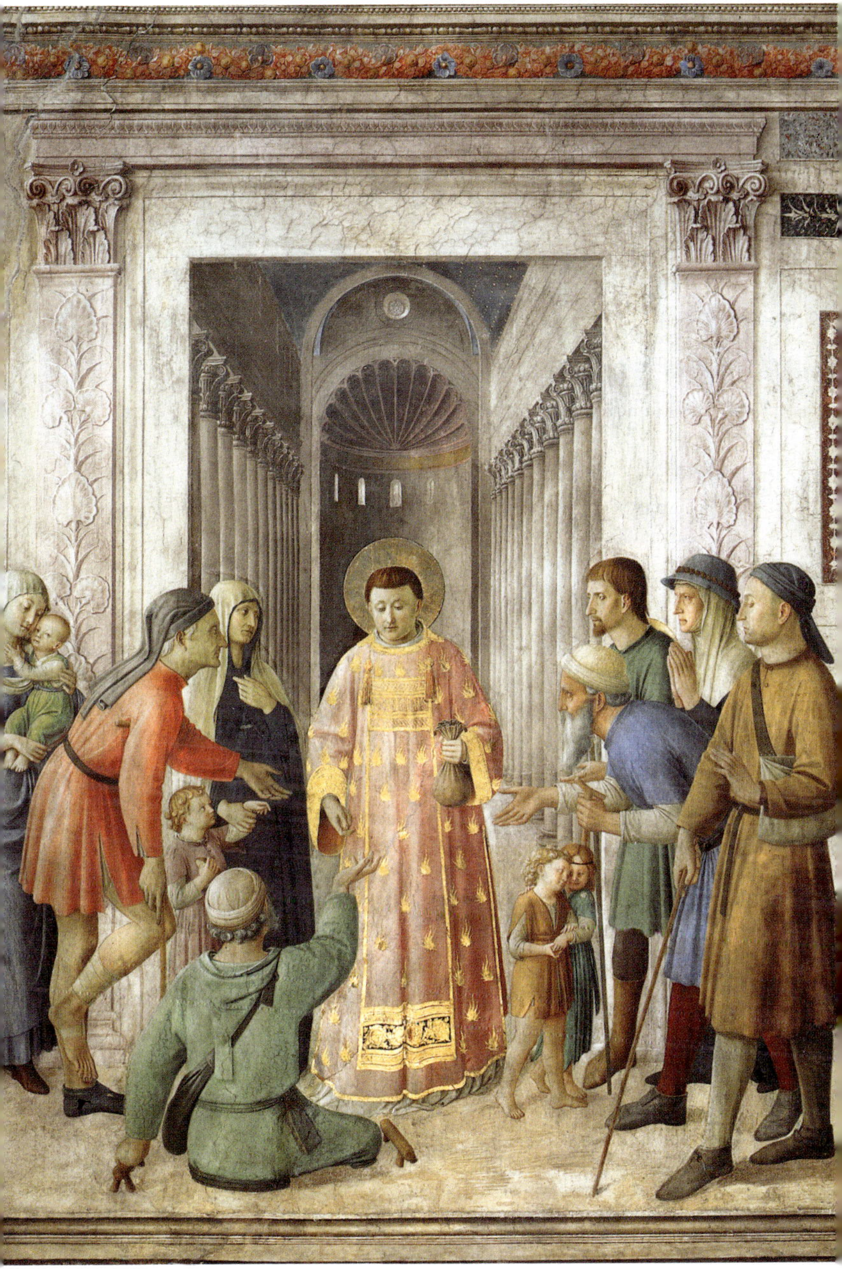

kanischen Palast ein anderes Publikum anzusprechen galt als die Florentiner Mitbrüder: Fra Angelico tritt in diesen Bildern als Begründer einer repräsentativen päpstlichen Hofkunst auf.

Architektur und Nepotismus im 15. Jahrhundert

Mit Nikolaus V. regierte seit über hundert Jahren der erste Papst, dessen Kunstpatronage sich nicht in Einzelaufträgen erschöpfte, sondern einem visionären, umfassenden Ziel folgte. Die Neudekoration seiner Privatkapelle war nur der Beginn eines großen Umgestaltungsprojekts: Sankt Peter, der Vatikanpalast und das alte Händlerviertel des Borgo sollten eine neue, monumentale Gestalt erhalten. Der Amtssitz am Lateran hatte seit der Rückkehr der Päpste aus Avignon seine alte Funktion eingebüßt. Als pontifikaler Residenzbezirk diente inzwischen der Vatikan, der freilich diesem Anspruch in Form und städtebaulicher Durchbildung noch kaum gerecht wurde. Obwohl in der Realisierung schon früh steckengeblieben, zeichnete das Bauprogramm Nikolaus' V. eine Aufgabenstellung vor, die sich bis zum Ende der Renaissance und noch darüber hinaus für das Papsttum als bindend erwies. Als «*ingeniere di palazzo*» verpflichtete Nikolaus Bernardo Rossellino aus Florenz. Von ihm stammen sowohl die Bauentwürfe für den neuen Wohnflügel des vatikanischen Palasts als auch für den geplanten Umbau von Sankt Peter. Der ehrwürdige Bau sollte ein neues, gewölbtes Querhaus und einen geräumigen Chorarm erhalten, wofür im Westen eine beträchtliche Erweiterung geplant und durch neue Fundamente auch in Angriff genommen wurde. Fra Angelicos Architekturstaffage in der ‹Almosenverteilung des hl. Laurentius›, die ein kolonnadengesäumtes Kirchenschiff mit halbrunder Apsis zeigt, scheint das räumliche Ergebnis dieser Planung bereits vorwegzunehmen.

Noch ehrgeiziger waren die Pläne Nikolaus' V. für die Sanierung des Borgo. Neue Stadtmauern sollten das vom Tiber nach Westen orientierte Wohngebiet absichern, drei parallel geführte Straßen und zwei neue Plätze eine völlig neue Erschließung des Vatikans gewährleisten. Der Humanist Giannozzo Manetti nennt in seiner Biographie Nikolaus' V. vier Ziele der Stadtreform: Militärische Sicherheit («*munitio*»), Schönheit und Angemessenheit («*ornamentum*»), Hygiene («*aeris salubritas*») und Förderung der Frömmigkeit (*«devotio»*). Als erwünschter Nebeneffekt der urbanistischen Neugestaltung wären massive Eingriffe in die bestehende Sozialstruktur des Borgo erfolgt. Die mittlere, von Arkaden eingefaßte Hauptstraße sollte dem privilegierten Geld- und Tuchhandel vorbehalten bleiben, weniger angesehene Gewerbe hätten in die Seitenadern ausweichen müssen. Möglicherweise wollte der Papst dem «großen Basar» (Richard Krautheimer), dem der Borgo damals geglichen haben muß, ein zünftisch geordnetes Gepräge nach dem Vorbild nord- und mittelitalienischer Städte geben. Manettis Beschreibung verrät darüber hinaus ein gesteigertes Interesse an der Schaffung sozialer Rangabstufungen, denen im Stadtbild räumliche Hierarchien entsprochen hätten.

Es ist vor allem dieser dirigistische Grundzug, der eine Mitwirkung Leon Battista Albertis an der Erstellung des Programms wahrscheinlich macht. Weiterhin mit einer Pfründe an der Kurie versehen, war Alberti damals mit der Abfassung seines Architekturtraktats ‹De re aedificatoria› beschäftigt. Das 1452 vollendete Werk – seit der Antike der erste Versuch, antikes und zeitgenössisches Wissen zur Baukunst zu bündeln und in systematischem Zusammenhang darzustellen – widmet städtebaulichen Fragen hohe Aufmerksamkeit. Eine Passage im VII. Buch läßt sich beinahe als Bauprogramm für den vatikanischen Borgo lesen: «Wir werden das Stadtgebiet so einteilen, daß nicht nur die Fremden ihre abgegrenzten Viertel erhalten, sondern daß auch die Bürger selbst in geeigneter und zweckmäßiger Weise unter sich wohnen, dem Geschäft und dem Stand (*«dignitas»*) eines jeden angemessen. Zur ansprechenden Gestalt einer Stadt gehört insbesondere, daß die verschiedenartigen Werkstätten der Handwerker in verschiedenen Stadtvierteln, je nach Eignung des Ortes, untergebracht sind. Am Forum wird man Bankiers, Maler und Goldschmiede finden, gleich darauf Gewürzhändler, Schneider und was sonst in höherem Ansehen steht, an den abgelegensten Orten die niederen und unreinen Gewerbe.»

Obwohl sich Leon Battista Alberti seit 1450 mit prominenten Projekten in Rimini, Florenz und Mantua auch als Architekt bewährte, hat er in Rom keinen eigenen Bau hinterlassen. Als architektur- und kunstverständiger Berater der Päpste dürfte er dennoch erheblichen Einfluß auf das Baugeschehen der Stadt gewonnen haben. Die neue Phase der Architektur, in die Rom unter Pius II. Piccolomini (1458–1464) und Paul II. Barbo (1464–1471) eintrat, zeigt sich von Albertis Wirken hinter den Kulissen vielfältig geprägt. Pius, obwohl in seiner Auftragstätigkeit weitgehend durch den Neubau seiner Geburtsstadt Pienza in der südlichen Toskana in Anspruch genommen, hegte auch für Rom städtebauliche Pläne. In seiner Regierungszeit wurde mit einer Neugestaltung des Petersplatzes begonnen: Eine mehrgeschossige Segensloggia vor der Eingangsseite der Peterskirche schuf erstmals die Möglichkeit, öffentliche Auftritte des Papstes auch im Vatikan spektakulär zu inszenieren. Das Urbild dieses spezifisch päpstlichen Architekturtypus' hatte im Jahr 1300 Bonifaz VIII. am Lateran formuliert. In ähnlichen Formen, wie sie der vatikanische Neubau des Amtsvorgängers zeigte, ließ dann Paul II. die Benediktionsloggia vor San Marco nahe dem Kapitol errichten (Abb. 18).

Durch gezielte Anleihen bei Bauten der lokalen Antike – in beiden Fällen zitiert eine Gliederung aus Pfeilerarkaden und vorgelegter Halbsäulenordnung das Vorbild des Kolosseums – entstand eine spezifisch römische Renaissancearchitektur, die sich durch Plastizität und Prägnanz ihrer Motivsprache auszeichnet. Auch das Material Travertin, aus Steinbrüchen in der Nähe der Stadt gewonnen und von jetzt an für die Renaissancebauten Roms bevorzugt, weckt gezielt Assoziationen zu antiken Bauten, an deren Größe und majestätischer Aura sich die zeitgenössischen Bauherren messen wollten. Der Entwurf für beide Segensloggien stammte von dem wenig bekannten Francesco del Borgo, Mitarbeiter der apostolischen Kammer, der nach dem Ausweis zeitgenössischer Quellen vielfach Verantwortung für päpstliche Bauvorhaben trug. Möglicherweise hatte er durch Alberti Zugang zum architektonischen Metier gewonnen. Ein Baufachmann ohne handwerklichen Hintergrund, aber mit verbürgten Bildungsinteressen, vertrat Francesco del Borgo wie dieser das Ideal des gelehrten Architekten.

Dem altehrwürdigen Bau von San Marco zeigte sich Paul II. deshalb verbunden, weil er vor seiner Wahl zum Papst Titelkardinal der Kirche gewesen war. Gemeinsam mit San Marco ließ er auch den Palast in unmittelbarer Nachbarschaft, den er bereits als Kardinalsresidenz errichtet hatte, nach 1464 durch Francesco del Borgo aufwendig umbauen. Die Kirche wurde gänzlich in den Palastkomplex einbezogen, nur die neue Vorhalle gab ihr nach außen ein eigenes Gesicht. Auch ein baulich umschlossener Geheimgarten – der sogenannte Palazzetto Venezia – gehörte von Anfang an zu der gewaltigen Baugruppe; im Jahr 1911 wurde er an die Rückseite des Palastes umgesetzt, weil er die Mündung der Via del Corso auf die Piazza Venezia verstellte.

Auf den ersten Blick wirkt die mächtige, zinnenbewehrte Masse des Palazzo Venezia zwar zweckmäßig und robust, aber gestalterisch kaum anspruchsvoll. Innen wird die Formensprache vor-

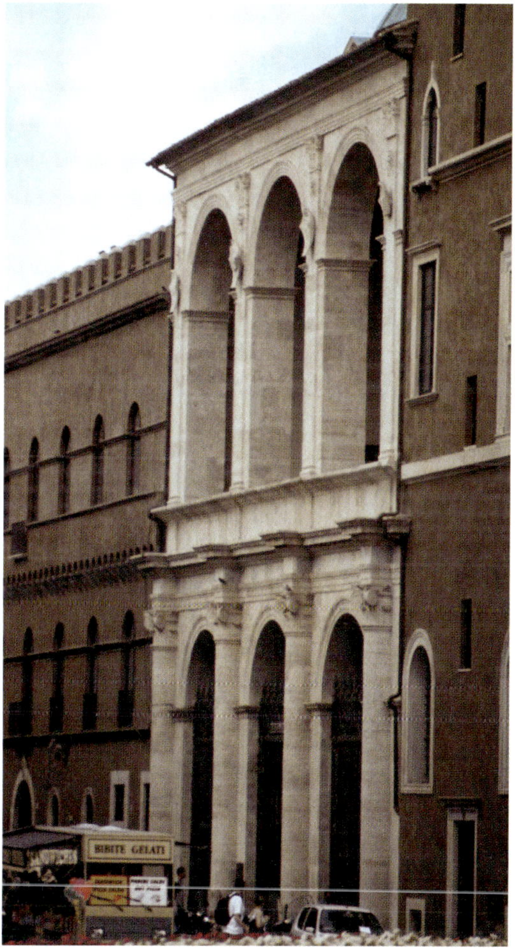

18 San Marco, Fassade zwischen Palazzetto und Palazzo Venezia, begonnen 1466

nehmer, so nimmt der Hof Material und Gliederung der Fassade von San Marco wieder auf. Das erste Obergeschoß ließ der Papst mit jener Folge von Zeremonialräumen ausstatten, die für eine Papstresidenz unverzichtbar war: Auf die Sala Regia, den großen Audienzsaal, folgen in abnehmender Größe Sala Ducale, Camera de' Paramenti und Camera del Papagallo – Räume, die sämtlich dem Verkehr mit hochgestellten Besuchern vorbehalten waren. Die Geheimgemächer des Papstes schlossen sich an. Entsprechende Raumfolgen gab es bereits im Vatikan und im Papstpalast von Avignon. Der Palazzo Venezia war also ein ‹privater Papstpalast›, eine Konkurrenz zum Vatikan mitten in Rom. Bis in die Zeit des Barock sollten sich einzelne Päpste beziehungsweise Papstfamilien – etwa die Farnese, Borghese oder Pamphilj – nach diesem Vorbild eigene Residenzen innerhalb der Stadt schaffen.

In seiner funktionalen Ausrichtung macht der Palazzo Venezia ein letztlich ungelöstes Dilemma des frühneuzeitlichen Papsttums sichtbar: Machtfülle und Status des päpstlichen Amtes konnten nicht auf künftige Generationen eines Hauses übertragen werden, dementsprechend war die päpstliche Repräsentation traditionell auf das Amt, nicht auf Person und Familie des Pontifex bezogen. Dieses Gesetz der Wahlmonarchie wurde von Päpsten, die sich in erster Linie als weltliche Herrscher verstanden und ihre Maßstäbe des Ruhmerwerbs an den Möglichkeiten fürstlicher Dynastien maßen, zunehmend als empfindlicher Nachteil empfunden. Ein Gegenmittel fand das Papsttum der Renaissance in der Entwicklung nepotistischer Regierungs- und Repräsentationsformen: Ämter, Pfründen und Privilegien wurden vom Papst gezielt an nahe Verwandte, insbesondere an Neffen (*nipoti*), verliehen. Aus seiner weiteren Umgebung, zum Beispiel seinen Landsleuten, rekrutierte der Papst darüber hinaus eine einflußreiche Klientel, die durch Gewährung materieller Vorteile dafür gewonnen wurde, die eigenen Interessen zu unterstützen. Pius II. Piccolomini, einer der eifrigsten Nepotisten der Frührenaissance, erfand sogar eine moralische Rechtfertigung für die Begünstigung seiner Verwandtschaft: Für ihn entsprach sie dem antiken Gebot der *pietas*, der Fürsorge für Götter und Familie, wie sie beispielhaft Vergils Protagonist Aeneas verkörperte. Zusammen mit den Bildern der Hausgötter hatte der mythische Held Vater und Sohn aus dem brennenden Troja gerettet.

Zweifellos gehörte der Nepotismus, so entschieden er seit der Reformation ins Visier von Kirchenkritikern geriet, zu den kulturell produktiven Praktiken der Renaissance; gerade Kunst und Architektur haben vom Familiensinn der Päpste reich profitiert. Sekundäre Papstresidenzen, die aus Mitteln der apostolischen Kammer bezahlt wurden, aber durch rechtzeitige Übereignung an Nepoten im Privatbesitz verbleiben konnten, boten geschützte Räume für die Entfaltung und Pflege der familialen Beziehungsnetze. Darüber hinaus eröffneten sie den Bauherren eine ungleich höhere Chance auf Nachruhm als die bloße Nutzung der offiziellen Residenz im Vatikan – liefen individuelle Erinnerungsträger wie Wappen oder Bilder doch stets Gefahr, durch Amtsnachfolger beseitigt oder entwertet zu werden. Die unausgesprochene Hoffnung jedoch, kraft nepotistischer Weichenstellung künftige Papstwahlen vorentscheiden und die Amtswürde auf lange Sicht in der Familie halten zu können, hat sich in keinem Fall erfüllt. Das regelmäßige Scheitern solcher Pläne war der entscheidende Grund, weshalb auch das neuzeitliche Papsttum seine in der Spätantike wurzelnde Amtsidentität letztlich behaupten konnte.

Neue Initiativen für die Stadt: Papst Sixtus IV.

Erst in den siebziger und achtziger Jahren des 15. Jahrhunderts konnte Rom allmählich die glanzvolle Aura einer Renaissancestadt gewinnen. Mit Sixtus IV. della Rovere (1471–1484) bestieg ein Mann den Stuhl Petri, der sich in erster Linie als Herrscher über Rom sah und aus diesem Selbstverständnis heraus neue Akzente in der Kunstpolitik setzte. Städtebaulich zählte Rom damals zu den rückständigsten Metropolen Italiens. So war im Heiligen Jahr 1450 die einzige funktionsfähige Verbindung zwischen den beiden Tiberufern, die Engelsbrücke, unter der Last des Pilgerverkehrs zusammengebrochen, und dieser Unglücksfall hatte Hunderte von Todesopfern gefordert. Genauso fehlte es an breiten wie überhaupt an gepflasterten Straßen, die den Erfordernissen des Verkehrs gewachsen waren. Um die öffentlichen Institutionen und ihre bauliche Unterbringung – in vielen mittel- und oberitalienischen Kommunen der Stolz vorausschauender Stadtpolitik – war es kaum besser bestellt. Amtssitz des römischen

Senats war nach wie vor das Kapitol, ein durch Tradition zwar geadelter, aber in jener Zeit schlecht erreichbarer, ungepflasterter, von unansehnlichen Bauten umgebener Platz. Als politischer Faktor waren Sixtus IV. die kommunalen Autoritäten Roms herzlich gleichgültig. Symbolisch zollte er ihnen allerdings Respekt, indem er gleich zu Beginn seines Pontifikats eine Anzahl antiker Bronzeskulpturen, die sich bis dahin im Lateran befunden hatten, auf das Kapitol übertragen ließ. Darunter waren so prominente Werke wie der ‹Dornauszieher› oder die ‹Wölfin›, die von altersher als Sinnbilder römischer Tradition und Bürgertugend, zum Teil auch als Gerichtssymbole galten und nun das Kapitol als jenen Ort kenntlich machten, an dem sich die Erinnerung an die antiken Wurzeln der Stadt legitimerweise bündelte.

Auf Sixtus' Initiative rückten öffentliche und im weitesten Sinne soziale Bauaufgaben gleichberechtigt neben die repräsentative Kirchen- und Palastarchitektur. Rom machte sich damit jenen Standard zu eigen, den Stadtrepubliken wie Florenz, Siena oder Venedig bereits 150 Jahre früher erreicht hatten – mit dem Unterschied, daß sich öffentliche Architektur in Rom nicht als gemeinsame Errungenschaft der Bürger, sondern als päpstliche Stiftung darstellte. Im Süden der Stadt ließ der Papst auf antiken Fundamenten eine neue Brücke, den Ponte Sisto, über den Tiber schlagen. Auch ein päpstliches Straßenbauamt wurde geschaffen. Dessen Präfekt, der französische Kardinal Guillaume d'Estouteville, erhielt weitreichende Vollmachten bis hin zur Enteignung von Privatpersonen. Eine neue Verbindungsader von der Piazza Navona zur Engelsbrücke, die Via del Governo Vecchio, erleichterte den Durchgangsverkehr während des Heiligen Jahres 1475, ebenso eine neue Straße im Borgo. Mit diesem praktischen und realitätsbezogenen Verständnis von Auftraggeberschaft, das zudem die ganze Stadt einbezog, ging Sixtus zu den städtebaulichen Ideen Nikolaus' V. deutlich auf Distanz. Eher stand ihm das Beispiel Pius' II. vor Augen, der sich beim Neubau der Stadt Pienza von der humanistischen Vorstellung des «guten Herrschers» hatte leiten lassen und – freilich in entlegener Provinz – als Stifter von Straßen, Plätzen und Bauten der öffentlichen Wohlfahrt in Erscheinung getreten war.

Sixtus' erstes großes Bauvorhaben war die Erneuerung des Ospedale Santo Spirito in Sassia am östlichen Rand des Borgo

(Abb. 19). Die Ausbreitung von Epidemien machte überall in Europa die stationäre Krankenpflege und damit den Krankenhausbau zum aktuellen Erfordernis. In Mailand stand schon seit 1456 ein Hospital im Mittelpunkt fürstlicher Bautätigkeit. Filaretes monumentaler, nie vollständig ausgeführter Mailänder Entwurf für das Ospedale Maggiore, eine Stiftung des Herzogs Francesco Sforza, umfaßte zwei quadratische Baukomplexe mit je vier Innenhöfen und insgesamt acht Krankensälen; im Zentrum sollte die Hospitalkirche stehen. Dieser Plan war vorbildlich für den Neubau Sixtus' IV., der ein älteres Pilgerspital an derselben Stelle ersetzte. Zwar sah der Entwurf nur drei T-förmig verbundene Säle mit zwei Kreuzgängen vor und blieb damit bescheidener als der Mailänder Prototyp; dafür konnte der Bau in kurzer Zeit fertiggestellt werden und war noch bis vor wenigen Jahren in Betrieb. Ein fortlaufender Bildzyklus in den Krankensälen ließ vor den Augen der Patienten die Wohltaten abrollen, die sie dem päpstlichen Stifter verdankten. Beide Saaltrakte öffnen sich in weiten Arkaden auf einen zentralisierten Altarraum unter achteckiger Kuppel, so daß auch die bettlägerigen Kranken von weitem der Messe folgen konnten. Die päpstliche Initiative zog in Rom weitere Bauten der Sozialfürsorge nach sich, so wurden etwa am Campo Santo Teutonico, dem deutschen Friedhof nahe der Peterskirche, im Jubeljahr 1475 durch die dort ansässige Bruderschaft ein Pilgerspital und eine neue Kirche errichtet.

Auch der römische Sakralbau erlebte unter Sixtus IV. einen merklichen Aufschwung. Vermögende Würdenträger wurden animiert, Kirchenbauten zu stiften und damit die geistliche Versorgung der wachsenden Bevölkerung zu verbessern. So übernahm Kardinal d'Estouteville die Kosten für den Neubau von Sant' Agostino im dicht bevölkerten Tiberbogen – eine dreischiffige Basilika, deren steile Raumproportionen an französische Kirchen der Gotik erinnern. Auswärtige Potentaten und Privatleute trugen auch sonst zur Errichtung von Sakralbauten bei: Seit 1481 etwa entstand auf dem Gianicolo unter finanziellem Engagement König Ferdinands IV. die spanische Konventskirche San Pietro in Montorio. Der Papst selbst stiftete 1482 zum Dank für einen Friedensschluß mit den oberitalienischen Mächten die Kirche Santa Maria della Pace unweit der Piazza Navona, eine architektonisch originelle Komposition aus Saal- und Zentralbau. Besonders leb-

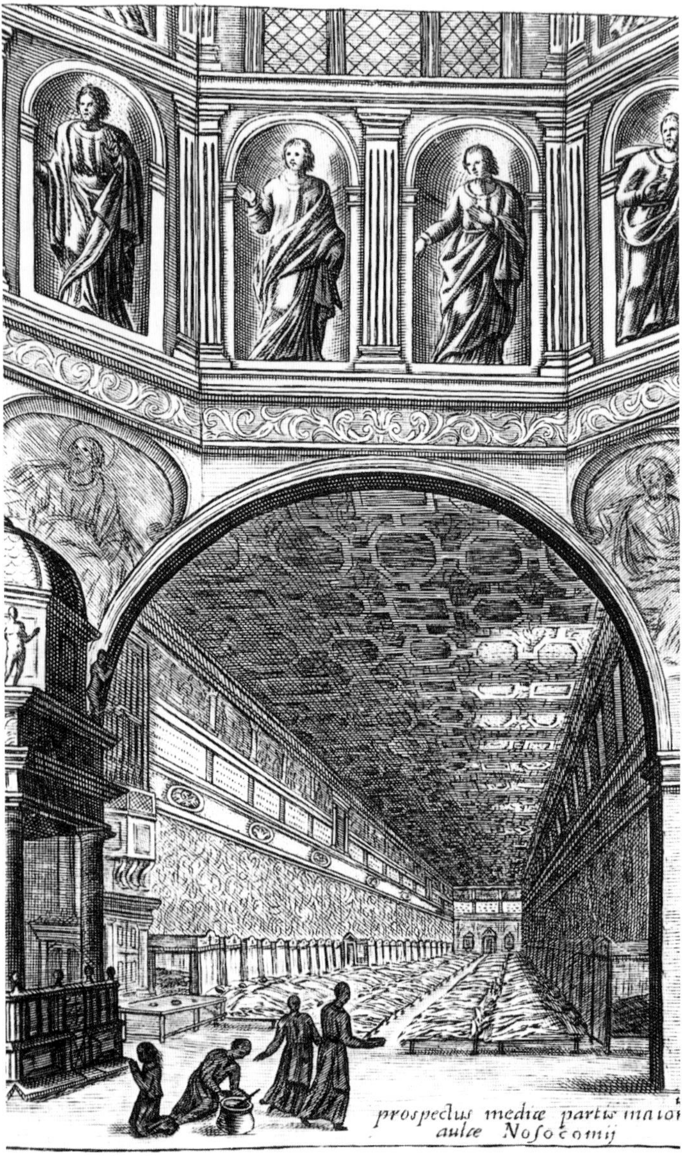

19 Ospedale Santo Spirito, Kapelle und Krankenflügel, erbaut unter Sixtus IV., 1473–1478. Kupferstich aus dem 17. Jahrhundert

haft engagierte er sich für den Neubau von Santa Maria del Popolo (1472ff.). Direkt einwärts der Porta del Popolo gelegen, war die von Augustiner-Eremiten betreute Basilika der erste Sakralbau, den von Norden kommende Pilger nach Überschreiten der Stadtgrenze vor sich sahen. Grabstätten von Verwandten des Papstes verliehen dem Bau besonderes Prestige: Durch Familienkapellen, für deren Ausstattung der Maler Pinturicchio (1452–1513) Sorge trug, wandelte sich der Kirchenraum Schritt für Schritt zum sakralen Zentrum der Familie della Rovere in Rom.

Vor einer Wiederaufnahme des Bauvorhabens für Sankt Peter – ein Torso seit den Tagen Nikolaus' V. – schreckte auch ein Bauherr vom Format Sixtus' IV. zurück. Wahrscheinlich ließ ihn sein praktischer Instinkt die unabsehbaren Schwierigkeiten ahnen, die das Vorhaben mit sich bringen würde. Priorität gab er dagegen der funktionalen Ausgestaltung der vatikanischen Residenz, die für die Abwicklung des Zeremoniells immer wichtiger wurde, sowie der planmäßigen Entwicklung der päpstlichen Behörden in Richtung auf einen modernen Verwaltungsapparat. Auf eine Initiative Sixtus' IV. geht etwa im Jahr 1476 die Neueinrichtung der vatikanischen Bibliothek zurück. Die Büchersammlung war bereits von Papst Martin V. angelegt worden; Sixtus sorgte für ihre angemessene Unterbringung in neu eingerichteten Räumen des vatikanischen Palasts, gewann Platina, einen renommierten Humanisten, als Bibliothekar und sorgte nach dem Vorbild der herzoglichen Bibliothek in Urbino für die Ausarbeitung von Statuten, die den Zugang zu den Beständen regelten.

Generell lag dem Interesse Sixtus' IV. am Vatikan die Absicht zugrunde, möglichst viele Zeremonien, die früher die regelmäßige Anwesenheit des Papstes in der Stadt erforderten, auf den Binnenbereich der Residenz zu konzentrieren: «Von der Entwicklung in Avignon geprägt, wurde vor allem seit Sixtus IV. der Vatikan immer mehr zum Zentrum päpstlicher Riten. Dort fand ... die Papstwahl statt; vom Palast aus zog der Gewählte in die benachbarte Petersbasilika... An die Stelle der Stationskirchen trat die große Palastkapelle; selbst die Petersbasilika wurde nur noch an wenigen großen Festen ... aufgesucht. Und wie in Avignon zogen in Rom die traditionellen Prozessionen nur noch durch den Palast». (Bernhard Schimmelpfennig) Nicht nur läßt sich hier in aller Deutlichkeit die Verlagerung der Feste von der Stadt auf den

Hof ablesen, wie sie die Entwicklung des Zeremoniells in der Renaissance auch in anderen Zusammenhängen kennzeichnet. Für die Entscheidung Sixtus' IV. dürften handfeste Sicherheitsinteressen den Ausschlag gegeben haben, war doch sein nach alter Tradition abgehaltener Triumphzug zum Lateran, die formelle ‹Inbesitznahme› der Stadt nach der Krönung (‹*possesso*›), durch Proteste steinewerfender Römer empfindlich gestört worden.

Schlichtheit des Materials, Verknappung des Dekors, Interesse für Wand- und Pfeilerbau statt für opulente Inszenierung von Säulenarchitektur – diese Züge deuten unter Sixtus IV. eine neue Richtung der römischen Baukunst an. Mit aller Klarheit kommen sie in der Sixtinischen Kapelle zum Ausdruck, dem umfangreichsten Bauvorhaben des 15. Jahrhunderts im Bereich des Vatikans. Dem Namen nach erinnert sie zwar nach wie vor an ihren Stifter, aber Michelangelos Freskierung aus der Zeit Julius' II. überstrahlt heute bei weitem den Ruhm des Bauwerks und seiner ursprünglichen Ausstattung.

Als *capella maior* des Vatikans diente die Sixtina in erster Linie der Abhaltung öffentlicher Konsistorien – Versammlungen des Kardinalskollegiums unter Vorsitz des Papstes – und wurde damit zum Repräsentationsort ersten Ranges innerhalb der Residenz. Wie bei Palastkapellen üblich, entspricht das Bodenniveau des Hauptraums dem des ersten Obergeschosses im Palast; der Raum war also vom päpstlichen Wohnappartement aus leicht zugänglich. Mit großer Sorgfalt wurden die Maße der Kapelle berechnet. Bei einer Breite von 60 römischen Spannen (13,41 Meter) ist der Raum genau 180 Spannen (40,23 Meter) lang und etwa 90 Spannen (20 Meter) hoch. Hier wird deutlich, wie beträchtlich nicht nur der äußere, sondern auch der symbolische Anspruch war, den der Papst in den Bau der Kapelle legte: Die Verhältnisse entsprechen exakt denen des Salomonischen Tempels in Jerusalem, wie sie unter anderem im 1. Buch der Könige beschrieben sind; danach war der Tempel 60 Ellen lang, 20 Ellen breit und 30 Ellen hoch. Nicht auszuschließen ist, daß sich mit dem Raumentwurf sogar der Ehrgeiz verband, das biblische Ellenmaß zu rekonstruieren und damit auf eine exakte Maßgleichheit des vatikanischen Baus mit seinem Jerusalemer Vorbild abzuzielen. Dem Papst jedenfalls bedeuteten diese Entsprechungen sicherlich mehr als nur gelehrte Zahlenspielerei – ihm ging es darum, den Vatikan als neues Zentrum des päpstlichen Rom, ja der gesamten Christenheit, in die legitime Nachfolge des alttestamentlichen Jerusalem zu stellen und dies nicht nur im Bildprogramm der Ausstattung, sondern auch im exakten Medium der Zahl zum Ausdruck zu bringen.

Die Malerei Roms, bis dahin eine Domäne zugewanderter Florentiner, weitete ihren stilistischen Radius unter Sixtus IV. beträchtlich. Die Einweihung der vatikanischen Bibliothek ließ der Papst 1476 durch ein repräsentatives Wandbild verewigen, das Melozzo da Forlì (1434–1494) aus Umbrien ausführte. Das Fresko, heute in der vatikanischen Pinakothek, zeigt den thronenden Papst umgeben von seinen Nepoten, wie er sich huldvoll dem vor ihm knienden Bibliothekar Platina zuwendet. Dieser war erst kurz zuvor durch Sixtus IV. rehabilitiert worden, nachdem ihn noch Paul II. wegen seiner bahnbrechenden ‹Papstgeschichte›, die gerade durch ihr Bemühen um historische Objektivität Anstoß erregte, ins Gefängnis hatte werfen lassen. Melozzos Bild gehört zu den frühesten Schilderungen eines zeitgenössischen Ereignisses in monumentalem Format und geht insofern über die entsprechenden Schilderungen auf Filaretes Sankt-Peter-Tür deutlich hinaus – angeregt offenbar durch kurz zuvor entstandene Malereien Andrea Mantegnas im Herzogspalast von Mantua, die Melozzo, einer der fortschrittlichsten Maler seiner Zeit, aus eigener Anschauung kannte. Wie das Bibliotheksfresko, so haben auch die weiteren römischen Arbeiten Melozzos im nachhinein den Platz gewechselt; verteilt auf Quirinalspalast und Vatikan sind etwa die beeindruckenden Gestalten Christi und der musizierenden Engel zu sehen, die der Umbrer um 1480 für die Apsis der Basilika Santi Apostoli geschaffen hat (Abb. 20).

Für die Ausstattung der Sixtina gab der Papst den umfangreichsten Zyklus von Wandmalereien in Auftrag, den Rom bis dahin kannte. Großformatige Bilder im oberen Bereich der Wand – die Decke blieb vorläufig ohne figürlichen Schmuck – zeigen in horizontaler Abfolge Szenen aus dem Leben Mose und Christi. Beide Gestalten geben sich als Verkörperung idealen Priestertums zu erkennen, wie es im Alten und im Neuen Testament beispielhaft Gestalt gewonnen hat. Gemalte Statuen heiliger Päpste im darüberliegenden Register verlängern die historische Perspektive bis in die Gegenwart und stehen für die Fortsetzung des bib-

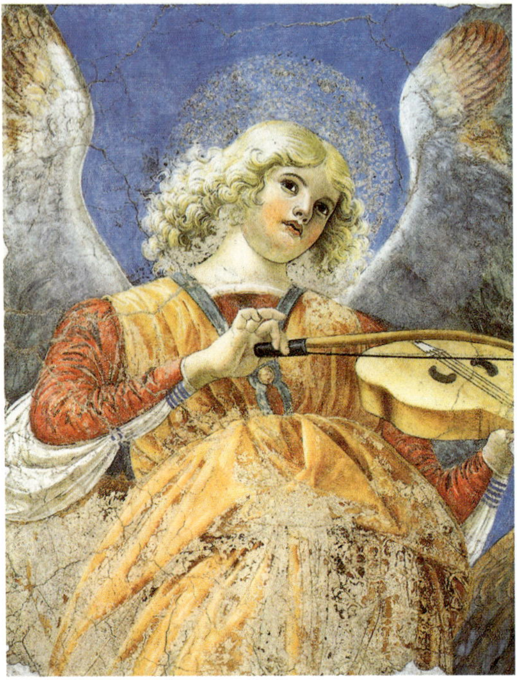

20 Melozzo da Forlì, Fresko einer Engelfigur aus Santi Apostoli, 1479–1480. Pinacoteca Vaticana

lischen Heilswerks durch das Papsttum ein. Auch diese Bilderfolge beschwört also eine Kontinuität, die durch die Ereignisse der jüngste Vergangenheit – das Exil der Päpste und die nachfolgende Kirchenspaltung – gerade noch schwersten Belastungsproben ausgesetzt war. Die restaurative, ja beschönigende Absicht der Themenwahl tritt offen zutage, besonders wenn man bedenkt, wie weit gerade Sixtus IV. die priesterlichen Pflichten hinter die weltlichen Interessen des Herrschers zurückgestellt hat.

Am Bilderzyklus der Sixtinischen Kapelle arbeiteten die renommiertesten Maler aus ganz Mittelitalien, derer der Papst habhaft werden konnte. Pietro Perugino (um 1450–1523), Hauptmeister der umbrischen Malerei, wurde mit der ‹Schlüsselübergabe› an Petrus, dem aus päpstlicher Sicht zentralen Programmbild, betraut. Ihm traten die Florentiner Sandro Botticelli, Domenico Ghirlandaio und Piero di Cosimo, ferner Pinturicchio aus Perugia und Luca Signorelli aus Cortona zur Seite. Bei näherem Hinsehen fallen immer wieder Unterschiede, ja Gegensätze zwischen den Bildern auf, sowohl was das erzählerische Temperament als auch was Farbigkeit und Malweise betrifft. Selbst Horizontlinie und Figurenmaßstab wechseln von Bild zu Bild. Die Maler arbeiteten offenbar nicht in einem Werkstattverbund und folgten keinem abgestimmten Gesamtentwurf.

Man hat darin einen Beleg für das Interesse des Papstes an rascher Ausführung gesehen. Grundgedanke der ungewöhnlichen Auftragsteilung scheint aber vor allem die Anregung eines Künstlerwettstreits mit offenem Ergebnis gewesen zu sein – eine Konzeption, die mit den damals üblichen Regeln der Kunstpatronage brach. Lediglich in Florenz war bis dahin ähnliches versucht worden. Die Sixtina wird auf diese Weise zur maßgeblichen Pinakothek ihrer Zeit: Im absichtsvollen Wechsel regionaler Stile und individueller Handschriften stellt sie das Leistungsvermögen der italienischen Malerei in größtmöglicher Breite zur Schau. Zweifellos sollte die Verfügung über die führenden Künstler der Gegenwart die überlegene ästhetische Urteilskraft des Papstes unter Beweis stellen. Die Malerei der Sixtina gewann damit einen repräsentativen Stellenwert, der über die Forderung nach wirkungsvoller Vergegenwärtigung der dargestellten Themen weit hinausreichte und das päpstliche Rom auf neue, prestigeträchtige Weise zur Hauptstadt der zeitgenössischen Kunst erklärte.

Parallel zu Architektur und Malerei kann auch die Skulptur seit der Mitte des 15. Jahrhunderts, insbesondere aber in der Regierungszeit Sixtus' IV., ihren Wirkungsradius deutlich steigern und sich in zahlreichen Werken ein eigenes, erkennbar römisches Profil verschaffen. Ihr wichtigstes Bewährungsfeld bleibt weiterhin das Grabmal. Verglichen mit den prachtvollen, skulptur- und mosaikgeschmückten Grabarchitekturen des 13. und 14. Jahrhunderts, die in vielen Kirchen Roms bewundert werden können, wirkt ein frühes Werk der römischen Renaissance wie Donatellos Grabplatte für Papst Martin V. in der Lateranbasilika noch beinahe bescheiden. Erst spätere Künstlergenerationen finden im Rückgriff auf schon vorhandene Prototypen zu jener Formulierung des Wandgrabmals, wie es für die römische Frührenaissance typisch wird und in ungezählten Exemplaren zur Ausführung kommt: das marmorne, architektonisch gerahmte Wandmonument in drei- bis viergeschossigem Aufbau, der über einer Sockelzone mit Inschrift und Familienwappen die Liegefigur des Verstorbenen zeigt und in eine halbkreisförmige Lünette mit Madonnenrelief mündet. Je nach Anspruch können Architektur und Ornament einfach oder formenreich ausfallen. Auch das Figurenrepertoire erlaubt Steigerungen, etwa durch Hinzufügung von Reliefs der Namenspatrone und anderer Heiliger. Seine Ausprägung erhielt dieser Grabmalstypus durch den gebürtigen Mailänder Andrea Bregno (1418–1503) und seine überaus produktive Werkstatt. Andere, meist toskanische Bildhauer kamen hinzu.

Sowohl dem römischen Klerus als auch einer weltlichen Klientel im Umfeld der Kurie stellte die Grabmalproduktion dieser Ateliers ein Angebot der Erinnerungsstiftung zur Verfügung, das auch für solche Auftraggeber erschwinglich war, die sich aufwendige Investitionen in den eigenen Nachruhm wie Paläste oder Familienkapellen nicht leisten konnten. In seiner gleichbleibenden Typenprägung, die dennoch viele Stufen gesteigerter Prachtentfaltung zuläßt, möchte man das römische Wandgrab der Frührenaissance als Spiegel der kirchlichen Ämterhierarchie dieser Zeit verstehen. Selbst päpstliche Ansprüche konnten innerhalb dieses Repertoires befriedigt werden, wie etwa die Grabmäler Pius' II. und Pauls II. (heute in Sant' Andrea della Valle) zeigen. Erst das Grabmal Sixtus' IV., 1484 von dessen ehrgeizigem Nepoten Giuliano della Rovere für die Chorkapelle von Sankt Peter gestiftet und bei Antonio del Pollaiuolo (um 1438–1498) in Auftrag gegeben, sollte als freistehendes Bronzemonument mit zahlreichen allegorischen Reliefs den bis dahin verpflichtenden Rahmen römischer Klerikergräber sprengen.

Umfang und konzeptionelle Breite der Kunstförderung, wie sie Sixtus IV. praktiziert hat, blieben während der nächsten hundert Jahre unerreicht. Einzelne Aspekte seiner Kunstpolitik gaben allerdings seinen unmittelbaren Nachfolgern Leitlinien vor, so daß man von einer gewissen Kontinuität päpstlicher Auftragspraxis im späten 15. Jahrhundert sprechen kann. Das gilt vor allem für den Ausbau des Vatikans und seine unmittelbare Umgebung. Innozenz VIII. (1484–1492) etwa läßt dreihundert Meter nördlich des vatikanischen Palasts – aber noch ohne geregelte Verbindung zu ihm – das Belvedere bauen: eine Villa in damals noch freier Umgebung, die heute vollständig in den Komplex der Vatikanischen Museen einbezogen ist. Der Bau bereicherte die päpstliche Residenz um die damals ebenso moderne wie exklusive

Komponente der *villegiatura*: jene aus der Lektüre antiker Autoren gewonnene Vorstellung, daß der geschäftigen, städtischen Existenz die kultivierte Muße des Landlebens zur Seite treten müsse. Auch Alexander VI. (1492–1503), der berüchtigte Borgia-Papst, der vor allem als gewalttätiger Herrscher und hemmungsloser Nepotist im Gedächtnis blieb, wurde in der Nachfolge Sixtus' IV. als Auftraggeber tätig. Für sein Appartement im vatikanischen Palast gab er bei Pinturicchio prächtige Fresken in Auftrag, im Borgo ließ er eine neue Straße, die Via Alessandrina, anlegen.

Das Jahrzehnt Julius' II.: der neue Vatikan

Das erste Drittel des 16. Jahrhunderts, beginnend mit der zehnjährigen Regierungszeit Papst Julius' II. (1503–1513), hat Rom eine unvergleichlich dichte Fülle an berühmten, stilprägenden Kunstwerken beschert. Bis heute nimmt unsere Vorstellung von römischer Kunst im Blick auf diese Zeit, für die das 19. Jahrhundert den Begriff «Hochrenaissance» erfand, die deutlichsten Konturen an: Der Neubau von Sankt Peter, die Sixtinische Decke oder die Vatikanischen Stanzen sind seit Jahrhunderten in jedes Bild, das man sich von Rom machen kann, als Fixpunkte eingeschrieben.

Grundlage der intensiven Zuwendung zur Kunst, wie sie den Pontifikat Julius' II. auszeichnet, war die hoch entwickelte Empfindlichkeit des Papstes für das Erbe der Antike. Schon als Kardinal hatte er die Statue des ‹Apoll vom Belvedere› erworben und im Garten seines Kardinalspalastes bei San Pietro in Vincoli aufgestellt. Als man dann, im Januar 1506, unweit von Santa Maria Maggiore die Laokoongruppe aus dem Boden eines Weinbergs barg und sofort als jene Skulptur erkannte, die bei Plinius dem Älteren als Werk dreier Künstler aus Rhodos beschrieben war (Abb. 45), ließ der Papst für diese Hauptbeispiele antiker Bildhauerkunst – ergänzt durch wenige andere Stücke – den ‹Statuenhof› beim Belvedere errichten.

Zwar hatte bereits Paul II. eine private Antikensammlung im Palazzo Venezia aufgebaut und an vielen Orten der Stadt für die Restaurierung antiker Bauten gesorgt, Sixtus IV. berühmte Werke der Antike vom Lateran auf das Kapitol übertragen lassen. Erst Julius II. aber machte den Vatikan zum Sammlungsort und begründete damit jene bildkräftige Zuordnung von Amtsgewalt und Kunstbesitz, die fortan aus der päpstlichen Repräsentation nicht mehr wegzudenken ist. Für Jahrhunderte sollte der quadratische Hof des Belvedere, dessen vier Ecknischen je ein Meisterwerk aufnahmen, die wichtigste Antikensammlung Roms, ja ganz Europas bleiben: Anziehungspunkt für zahlreiche Besucher, darunter auch für Künstler, die von Anfang an Zutritt zum Statuenhof erhielten. Ungezählte Kopien machten die dort versammelten Werke weithin bekannt und verschafften ihnen jenen kanonischen Rang, den sie bis an die Schwelle der Moderne behaupten konnten.

Welchen Eigenschaften verdankt die römische Kunst des beginnenden 16. Jahrhunderts, einer verhältnismäßig kurzen Zeitspanne also, ihre Wirkungsmacht? Der sogenannte Tempietto, ein kleiner Kuppelbau im Klosterhof von San Pietro in Montorio (Abb. 15), mag eine erste Antwort geben. Laut Bauinschrift 1503 fertiggestellt, zeichnet die Rotunde jenen Ort aus, an dem nach einer ebenso alten wie umstrittenen Legende die authentische Kreuzigungsstätte Petri vermutet wurde. Donato Bramante (1444–1514) gab ihr eine einfache, auf den ersten Blick überschaubare Form: Über niedrigem Stufenring erhebt sich auf rundem Grundriß eine dorische Säulenreihe mit geradem Gebälk. Sie umschließt eine kleine, ebenfalls runde Cella, die in eine halbkugelförmige Kuppel mündet. Nicht die architektonischen Details – so originell ihre Erfindung ist – bestimmen die prägnante Wirkung des Baus, sondern der zwingende Zusammenhang, den der Entwurf zwischen ihnen stiftet: Alle Einzelheiten leiten sich aus der Kreisfigur ab; harmonische Proportionen fügen sie scheinbar mühelos zum Ganzen. Stellt man dieser Formulierung den zwanzig Jahre früher gemalten Tempel auf Peruginos ‹Schlüsselübergabe› in der Sixtinischen Kapelle gegenüber, einen imposanten, aber vergleichsweise schwerfälligen und kompliziert zusammengesetzten Kuppelbau, so wird nicht nur die souveräne Formbeherrschung Bramantes, sondern auch die Kunst der lakonischen Verdichtung deutlich, die all seinen römischen Bauentwürfen ihre Überzeugungskraft verleiht.

Ursprünglich in Urbino zum Maler ausgebildet, hatte Bramante seit 1479 als Architekt für den Herzog von Mailand gearbeitet und war 1498, nach der Eroberung der Stadt durch französische Truppen, an den Tiber übergesiedelt. Gleich nach seiner Thronbesteigung nahm ihn Papst Julius II. in seine Dienste. Wie diese Entscheidung zeigt, war dem neuen Papst ein untrügliches Gespür für das individuelle Leistungsvermögen von Künstlern eigen. Kurze Zeit später bereits fiel seine Wahl auf den Bildhauer Michelangelo (1475–1564) und den Maler Raffael (1483–1520), die begabtesten Künstler der jüngeren Generation, die er beide aus Florenz nach Rom holte und denen er mit Großaufträgen ungeahnte Karrierechancen eröffnete. Waren die Künstlerengagements seines Onkels Sixtus IV. noch auf größtmögliche Stilvielfalt ausgerichtet und blieben fast ganz auf die Malerei beschränkt, so eröffnete Julius II. kraft weniger, gezielt alle Medien und Gattungen einbeziehender Berufungen Rom zum ersten Mal seit der Antike wieder die Chance, zum führenden Zentrum der zeitgenössischen Kunst aufzusteigen.

Künstlerischen Vorhaben maß Julius vor allem zu Beginn seines Pontifikats größtes Gewicht bei, wobei sich die Leitlinien seiner Kunstpolitik rasch abzeichneten: Die neue Peterskirche, sein Grabmal, der Belvederehof als räumliche Verbindung zwischen

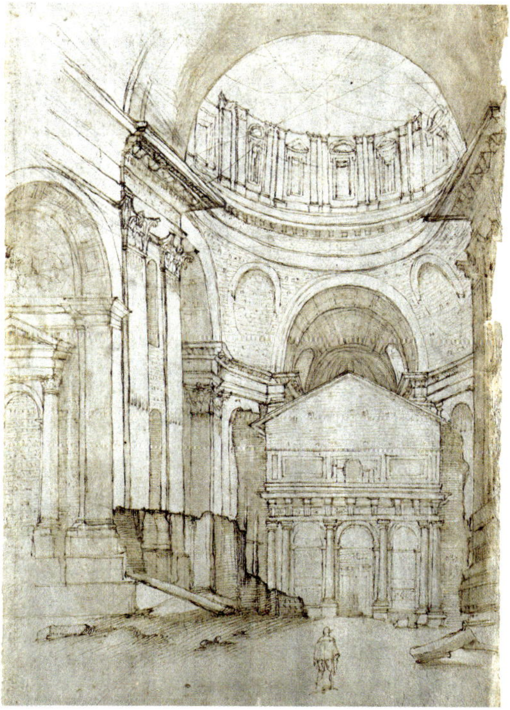

21 Battista Naldini (?), Kuppelraum von Neu-Sankt-Peter mit Bramantes Schutzhaus über dem Petrusgrab, Zeichnung, nach 1563. Hamburger Kunsthalle

vatikanischem Palast und der Villa Innozenz' VIII. sollten die künstlerischen Bemühungen seiner Vorgänger eindrucksvoll zusammenfassen und dem päpstlichen Machtzentrum erstmals ein einheitliches Gepräge verleihen. Zugleich waren diese Vorhaben unmißverständlich auf die Person des Papstes gemünzt, versprachen sie doch, ihn den bewunderten Herrschern der Antike an die Seite stellen, für alle Zukunft seinen persönlichen Nachruhm zu sichern und darüber hinaus der Autorität des päpstlichen Amtes neue Geltung zu verschaffen. Das Vertrauen in die Macht der Kunst, das sich in dieser Erwartung äußert, war ein typisches Motiv humanistisch orientierter Auftraggeberschaft, wie sie sich während des 15. Jahrhunderts durch Cosimo de'Medici in Florenz, Federico di Montefeltro in Urbino oder Papst Sixtus IV. ausgeprägt hatte. Julius suchte den Anschluß an diese Vorbilder, aber er wußte die Rolle des Auftraggebers noch einmal entscheidend zu modifizieren, indem er seinen bevorzugten Künstlern eine bis dahin beispiellose persönliche Aufmerksamkeit widmete. Unter Julius deutete sich bereits der Aufstieg des Künstlers vom ausführenden Organ der Macht zum persönlichen Gegenüber, Gesprächspartner, ja Vertrauten des Fürsten an – ein Wandel von größter Tragweite, der einem neuen Typus des Hofkünstlers erste Konturen verlieh. Beispielhaft illustriert wird die neue Hochschätzung des Künstlers durch die Beharrlichkeit, mit der Julius nach Michelangelos Flucht aus Rom um dessen Rückkehr warb.

Die Vorhaben des Papstes für den Vatikan wurden in den Jahren 1503 bis 1505 parallel in Angriff genommen. Wie komplex die Entscheidungen und Abläufe gewesen sein müssen, die dieser Beschluß nach sich zog, läßt am ehesten die Baugeschichte der neuen Peterskirche ahnen. In rasch aufeinander folgenden Schritten, über die eine Reihe von Grundrißzeichnungen aus dem Bestand der Petersbauhütte Auskunft gibt, entwickelte Bramante einen Plan, der allen Wünschen des Papstes Rechnung trug: Vermutlich von Anfang an durch ein Langhaus vorbereitet, sollte ein großer Zentralraum, durch mächtige Pfeilerarkaden begrenzt und mit einer weitgespannten Kuppel bekrönt, das Petrusgrab auszeichnen und zugleich den räumlichen Schwerpunkt der Kirche bilden. Dieser Gedanke blieb seit der 1506 erfolgten Grundsteinlegung über alle Planungsstufen der Folgezeit bestehen und läßt sich beim Besuch der Peterskirche noch heute nachvollziehen (Abb. 21). Um den Kuppelradius zu vergrößern, stehen die durch Nischen ausgehöhlten, mit kolossalen Pilastern korinthischer Ordnung besetzten Stützpfeiler schräg zum Raumzentrum. Gliederung und Formbehandlung scheinen neuen Gesetzen zu gehorchen: Den gewaltigen Dimensionen des Baus angemessen, ist es jetzt die bewegte Massenarchitektur der römischen Kaiserzeit, die Bramantes Entwurf den Duktus vorgibt; der Bauschmuck verliert an Eigenwert und beschränkt sich darauf, mit wenigen Akzenten die räumliche Komposition hervorzuheben.

Westlich anschließend plante Bramante einen neuen Chorarm, der die bereits vorhandenen, unter Nikolaus V. gelegten Fundamente berücksichtigen mußte. Hier, in der Achse des hochverehrten Apostelgrabs, aber inmitten des Chorgestühls plaziert und auf diese Weise dem Gebet der Kanoniker anvertraut, sollte das Grabmonument Aufstellung finden, das der Papst für sich selbst bei Michelangelo in Auftrag gegeben hatte. Michelangelos Schöpfung war also nicht für einen bereits vorhandenen Raum bestimmt, sondern wurde zum mitentscheidenden Faktor für die Errichtung der neuen Peterskirche. Vereinzelt waren schon während der Frührenaissance aus ähnlichen Aufgabenstellungen heraus beeindruckende Kuppelbauten entstanden, etwa die Grablegen der Familien Medici und Pazzi in Florenz. Verursacht durch jene doppelte, Skulptur und Architektur gleich gewichtende Prioritätensetzung, muß es zwischen Bramante und Michelangelo schon früh zum Kompetenzstreit gekommen sein, der spätestens dann in persönliche Verdächtigungen mündete und zur völligen Zerrüttung des gegenseitigen Verhältnisses führte, als der Papst von den anfänglichen Grabmalsplänen abrückte und der Bauausführung den Vorrang gab.

Es dürfte kaum ein Zufall sein, daß wir an diesem Punkt – unterrichtet vor allem durch die Michelangelo-Biographen des 16. Jahrhunderts – erstmals seit der Antike genaue Kenntnis über einen Künstlerstreit und seine Hintergründe gewinnen. Neben den schwierigen Bedingungen des Auftrags war es offenbar die auf beispiellose Weise personalisierte Kunstpraxis Julius' II., die das Verhältnis des Künstlers zu seiner Arbeit so sehr veränderte, daß aus Konkurrenten Rivalen werden konnten. Bei den Beteiligten entstand eine nach den Maßstäben zünftischer Berufstradition unerhörte Konfliktbereitschaft, die sich aus heutiger Sicht als Symptom für die Entstehung eines modernen künstlerischen Selbstbewußtseins darstellt, für lange Zeit aber auch ein Signum gerade römischer Kunstpraxis bleiben sollte.

Die unglückliche Geschichte des Juliusgrabs, von Michelangelo als «*tragedia della sepoltura*» bezeichnet, führte dazu, daß Form und Umfang des ursprünglichen Projekts nur noch in Umrissen zu erschließen sind. Schon kurz nach der Auftragserteilung nahm der Papst, wohl von Kritikern beeinflußt, Abstand von der ehrgeizigen Vorstellung eines freistehenden Mausoleums mit umfangreichem Skulpturenprogramm, an dessen Ausführung Michelangelo seit 1505 intensiv arbeitete. Die Dimensionen des Projekts wurden noch zu Julius' Lebzeiten, erst recht aber unter seinen Nachfolgern schrittweise zurechtgestutzt, wobei Michelangelo stets bemüht blieb, die Kernelemente seines Entwurfs in die jeweils erreichte Reduktionsstufe zu retten. Erst 1547 erfolgte die Installation des noch immer imposanten, aber kompositorisch nur in Teilen geglückten Wandmonuments in San Pietro in Vincoli (Abb. 22).

Michelangelos Konzeption des Monuments war nicht nur durch den Wunsch nach Erinnerung und dauerhaftem Ruhm bestimmt, sie sah auch eine ungewöhnlich deutliche Vergegenwärtigung des Todes vor. Eine Bildnisstatue des sterbenden Papstes, in seiner Hinfälligkeit von Engeln gestützt, sollte den Aufbau krönen. Vier auf die Ecken des Mausoleums postierte Kolossalfiguren hätten die Gruppe umrahmt – ein Zyklus, von dem Michelangelo allein die Moses-Statue ausführte. Schon immer wurde sie als Rollenporträt des Papstes aufgefaßt. Zwar majestätisch thronend, stellt der Gesetzgeber des Alten Testaments dennoch nicht nur Würde zur Schau, sondern zeigt sich in bewegter Erregung begriffen und von höchster Aufmerksamkeit erfüllt. Große Bronzereliefs an den Wandfeldern des freistehenden Grabbaus sollten herausragende Ereignisse aus dem Leben Julius' II. schildern. Sie hätten keine sekundäre Zutat bedeutet, sondern den inhaltlichen Schlüssel zum Verständnis eines Bildprogramms geliefert, das die Regierung des Papstes als historisches Ereignis begriff. Stärker als der Rang des Toten wäre sein individuelles Verdienst betont worden. Viktorien, die als Nischenfiguren geplant waren, hätten den triumphalen Charakter des Programms unmißverständlich zum Ausdruck gebracht.

Als Gegenbild zu den Siegesgöttinnen waren die berühmten Statuen nackter, männlicher Gefesselter vorgesehen, die ursprünglich zwischen den Figurennischen Aufstellung finden sollten. Das hohe Pathos, das in den bewegten Aktfiguren zum Ausdruck kommt, reagiert unmittelbar auf die affektgeladene Motivsprache der Laokoon-Gruppe (Abb. 45). Im 16. Jahrhundert wurden Michelangelos Gefesselte übereinstimmend «*prigioni*» – Gefangene – genannt, die Bezeichnung «Sklaven» ist modern. Es verdeutlicht Michelangelos neuartigen, freien Umgang mit Sujets, daß die inhaltliche Funktion dieser Figuren schon unter den Zeitgenossen umstritten war. Der Michelangelo-Biograph Condivi sah in ihnen Personifikationen der Künste, die durch den Tod ihres größten Förderers in Fesseln gelegt worden seien. Dem ursprünglichen Programmentwurf näher kam vermutlich Giorgio Vasari in seiner einflußreichen, 1550 erstmals erschienenen Sammlung von Künstlerbiographien, wenn er die «*prigioni*» als unterworfene Provinzen deutete und auf diese Weise einen einleuchtenden Zusammenhang mit den Viktorien herstellte. Da Michelangelo auf eine eindeutige Identifikation durch Attribute verzichtete und den Gestalten statt dessen allgemeingültige Züge des Leidens, der Resignation und des Befreiungswillens verlieh, erscheint in seinen «*prigioni*» die enge, illustrative Bindung der Figur an ein gestelltes Thema aufgehoben. Auf gänzlich neue Weise gelingt es, dem Betrachter Freiräume für eine assoziative Deutung des Gesehenen zu eröffnen.

Raffael und Michelangelo: der Wettstreit der Maler

Das italienische Wort «*stanza*» bedeutet «Zimmer», und nichts anderes als eine Zimmerflucht sind die Stanzen im zweiten Stock des Vatikanischen Palastes: drei nicht allzugroße, etwa quadratische Räume, die Julius II. seit dem Jahr 1507 als seine privaten Wohngemächer ausstatten ließ. Ihren Weltruhm verdankt die Raumfolge der Malerei des jungen Raffael (1483–1520). Raffael stammte aus Urbino und war nach ersten Schritten in der Werkstatt seines Vaters, eines dortigen Hofmalers, bei Perugino in die Lehre gegangen. Frühe Erfolge als selbständiger Maler hatte er in Florenz errungen, bevor er durch Vermittlung seines Landsmanns Bramante den Ruf an den päpstlichen Hof erhielt. Die Ausma-

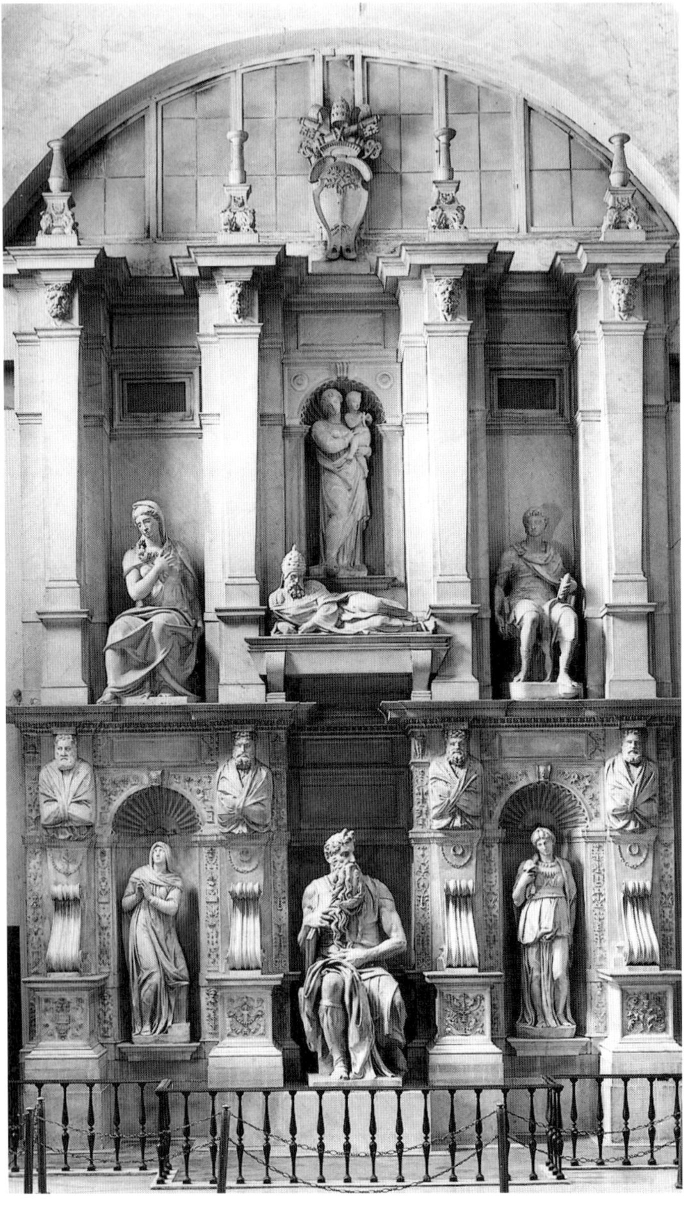

22 *Michelangelo, Grabmal Papst Julius' II., Auftrag 1505. Errichtet ab 1533 in San Pietro in Vincoli*

lung der päpstlichen Gemächer wurde ihm freilich nicht sofort allein anvertraut: Anfangs, 1508, war er lediglich Mitglied einer großen Künstlerequipe, die das Vorhaben unter der Leitung erfahrener Meister wie Pinturicchio und Perugino bereits in Angriff genommen hatte. Julius II. bewies ein weiteres Mal sein sicheres künstlerisches Gespür, als er – so Vasari in der Vita Raffaels – schon anhand erster Arbeitsproben die überragende Begabung des Vierundzwanzigjährigen erkannte, die bereits ausgeführten Wandbilder abschlagen ließ und ihm seit etwa 1509 die Verantwortung für die Kampagne übertrug.

Den überwältigenden Eindruck, den schon die Zeitgenossen angesichts der Malerei Raffaels empfingen, vollzieht bis heute wohl jeder Besucher der Stanzen nach. Mit bis dahin kaum vorstellbarer Suggestionskraft, über niedriger Sockelzone nah an den Betrachter herangerückt, beansprucht die Malerei in diesen Räumen nicht nur dekorativen Rang, sondern nimmt die Sinne des Betrachters restlos in Beschlag. Als erster Raum wurde die Stanza della Segnatura ausgestattet (Abb. 23). Raffael öffnete die halbrund abschließenden, lünettenförmigen Wände in grandiose Landschafts- und Architekturpanoramen, deren luftige Weiten das kleine Format des Raums vergessen lassen. In vollendeter Ordnung und trotzdem lebendig einander zugewandt, schreiten in der ‹Schule von Athen› berühmte Denker der Antike von fern auf den Betrachter zu. In die Mitte des Bildfelds und zugleich an das Ende der perspektivischen Bildachse plazierte Raffael Platon und Aristoteles mit ihren Begleitern. Unterstützt von der Bildarchitektur – einer majestätischen Wandelhalle, die unverkennbar auf Bramantes Planung für die Peterskirche anspielt – strahlt die Gruppe höchste Autorität und Würde aus.

In den Augen Raffaels und seiner Zeitgenossen gehorchte das antike Denken einem folgerichtig gestuften Modell, das zwischen den einzelnen Wissenschaften einen engen Zusammenhang stiftete. Es war unvorstellbar, zu den philosophischen Leitdisziplinen Erkenntnislehre und Ethik vorzudringen – für sie stehen Platon und Aristoteles –, ohne zunächst einen Kanon natur- und geisteswissenschaftlicher Fächer durchlaufen zu haben. Entsprechend verbietet es die perspektivische Bildregie der ‹Schule von Athen›, sich unmittelbar den Hauptpersonen im Bildzentrum zuzuwenden. Zahlreiches Nebenpersonal lenkt den Blick in einzelnen

Schritten von vorn nach hinten, von den Seiten zur Mitte, von unten nach oben. Vergleichsweise locker gruppiert, in angeregte Gespräche vertieft, schreibend oder sinnierend, repräsentieren die Gestalten des Vorder- und Mittelgrunds «die Entfaltung der Philosophie in all ihren Aspekten und Formen.» (Konrad Oberhuber) Die Posen der Schülerschaft, die sich um ältere Lehrer versammelt, drücken gespannte Aufmerksamkeit aus. In der Peripherie des Raums schafft eilige Bewegung einen Kontrapunkt zum ruhigen Schrittempo der Mittelgruppe, so scheinen links zwei Schüler eilig in die Halle zu stürmen. Alle diese einzelnen Motive, in denen das Bildgeschehen Anschaulichkeit und Plastizität gewinnt, faßt Raffael in einem einzigen großen Spannungsbogen zusammen. Von den intensiv agierenden Gruppen des Vordergrunds gelangt man über immer ruhiger gestaltete Handlungsabläufe zum zentralen Punkt der Komposition, der zugleich den Höhepunkt der Bildhierarchie markiert.

In manchen seiner Nebenfiguren hat Raffael, wie Vasari überliefert, bekannte Zeitgenossen dargestellt, so können wir in der Gestalt Euklids, der sich vorn rechts im Bild niederbeugt, um auf eine Tafel zu zeichnen, das Porträt Bramantes erkennen. Ein Jünglingsgesicht unter schwarzer Mütze, das vom rechten Bildrand her – eine überlieferte Formel des Autorenporträts aufgreifend – direkt auf den Betrachter schaut, stellt Raffael selbst dar. Dank dieser Vergegenwärtigung dürfte dem zeitgenössischen Publikum das Bildgeschehen sehr viel weniger distanziert erschienen sein als heute. Allerdings hat Raffael seinem Bemühen um Aktualisierung genau kalkulierte Grenzen gesetzt: Nichts wäre verfehlter, als – wie immer wieder geschehen – jeden Kopf der ‹Schule von Athen› mit einer Persönlichkeit des 16. Jahrhunderts identifizieren und hinter Raffaels Schilderung antiker Gelehrsamkeit einen zweiten, ganz auf die Gegenwart bezogenen Bildsinn aufdecken zu wollen.

Zahlreiche Zeichnungen gewähren Einblicke in Raffaels Entwurfspraxis, die auf reibungslose Abstimmung der Arbeitsabläufe in einem vielköpfigen Atelier ausgerichtet war und einen hohen Qualitätsstandard selbst dann noch garantierte, wenn der Meister – wie in späteren Jahren immer häufiger – an der Ausführung nur am Rande beteiligt war. Größte Sorgfalt galt den einzelnen Stufen der Bildvorbereitung: Ausgehend von Kompositionsskizzen, die das Bildganze ins Auge fassen, wurde jede Einzelfigur genau studiert, in vielen Fällen am lebenden Modell. Am Schluß stand der große Karton, ein detaillierter Gesamtentwurf, der in maßstäblicher Vergrößerung auf die Wand übertragen werden konnte. Diese ausgefeilte Entwurfstechnik gehört zu den Voraussetzungen der oft bewunderten, aber immer wieder auch beargwöhnten Kompositionskunst Raffaels, seiner nie versagenden Kontrolle über das Bild, die alle figürlichen Erfindungen überlegt dem Ganzen einordnet.

Nicht eindeutig zu bestimmen ist die ursprüngliche Raumfunktion der Stanza della Segnatura – eine Bezeichnung, die erst auf eine spätere Epoche zurückgeht, als hier ein päpstliches Gericht tagte und entsprechende Dokumente ausfertigte. Möglicherweise diente sie Julius II. als Privatbibliothek, wobei man sich die Bücher in niedrigen Schränken vor der Sockelzone, die erst im nachhinein bemalt wurde, untergebracht zu denken hat. Zu dieser Bestimmung würde die außergewöhnliche Thematik passen, die nicht nur die ‹Schule von Athen›, sondern das gesamte Bildprogramm des Raums bestimmt. Dargestellt ist der Kosmos des menschlichen Wissens, wie er sich unter göttlicher Inspiration von der Antike bis zur Gegenwart geformt hat. Daß Raffael die Verbildlichung wenn nicht eines historischen Ablaufs, so doch eines zeitlich zu denkenden Prozesses im Sinn hatte, verdeutlicht die Gegenüberstellung der ‹Schule von Athen› mit der ‹Disputa›, jener kunstvollen Komposition himmlischen und weltlichen Personals, das sich um das in einer Monstranz ausgestellte Altarsakrament sammelt. Daß christliche und heidnische, antike und zeitgenössische Wissenschaft überhaupt in gleichrangigen Bildern – den größten des Raumes – einander gegenübertreten konnten, macht schlaglichtartig die neue Freiheit bewußt, zu der die Renaissance in ihrem Verhältnis zur Antike und damit in ihrem Urteil über Geschichte gelangt war.

Zugleich geht es in der Stanza della Segnatura aber auch um eine systematische Gliederung des Wissens, wie sie damaliger Vorstellung entsprach. Den Schlüssel zu dieser Verständnisebene liefert die Deckenmalerei. Raffael hat hier, eingebunden in ein dekoratives Rahmengeflecht nach antikem Muster, in allegorischen Frauengestalten vier Wissenschaften beziehungsweise Künste dargestellt, denen sich die einzelnen Wandbilder zuordnen: über der ‹Schule von Athen› die Philosophie, über der ‹Disputa› die Theologie, ferner die Jurisprudenz und die Poesie, die ihr Pendant im Wandbild des ‹Parnass› findet. Zu Recht hat man auf Fakultätenbilder als die wichtigste Quelle für diese Anordnung verwiesen. Von der traditionellen Gliederung, der die Universitäten der damaligen Zeit noch gehorchten, weicht die Darstellung aber mit deutlich reformerischer Tendenz ab. Von den eigentlichen Fakultäten fehlt die Medizin, dagegen fordern Dichtkunst und Philosophie, die wichtigsten Bewährungsfelder des modernen Humanismus, ihre keineswegs selbstverständliche Gleichrangigkeit mit den etablierten Wissenschaften ein: Disziplinen, denen auch die Hochschulen der Renaissance nach mittelalterlicher Gepflogenheit allenfalls in der propädeutischen Ausbildung ein gewisses Lebensrecht zugestanden und die sich deshalb ihre wichtigsten Foren außerhalb der akademischen Sphäre erschließen mußten. In der Stanza della Segnatura gewinnt also eine Konzeption geistiger Tätigkeit Gestalt, die den gesellschaftlichen Gegebenheiten, unter denen Gelehrte der Renaissance wirkten, ein noch längst nicht erreichtes Ideal entgegensetzt.

Der hohe gedankliche Anspruch und die vielen gelehrten Verweise, die das Bildprogramm nicht nur den Stanza della Segnatura, sondern auch der später ausgemalten Räume des Appartements von der ‹Stanza dell'Incendio› bis zur ‹Sala di Costantino› kennzeichnen, hat immer wieder zu der Frage geführt, welche zeitgenössischen Intellektuellen an der Formulierung der Themen mitgewirkt haben könnten. Im Gegensatz zu solchen Überlegungen steht das Zeugnis des Humanisten Paolo Giovio. Er stellt ausdrücklich fest, der Papst selbst habe bestimmt, was Raffael malen solle. Wahrscheinlich trifft beides nicht die ganze Wirklichkeit. Wie in vergleichbaren Fällen auch, wird man sich vielmehr einen intensiven Austausch unter Beteiligung von Humanisten, Theologen, des Papstes selbst und schließlich Raffaels vorstellen müssen, in dem die Pläne für die Ausmalung der Stanzen nach und nach zur Reife gediehen. Bezeichnenderweise ist es nicht gelungen, in zeitgenössischen oder älteren Schriftquellen mehr als nur einzelne Motive, Gedanken und Verknüpfungen aufzuspüren, die dann in Raffaels Malerei Eingang fanden. Um so höher ist der Anteil des

23 Blick in die Stanza della Segnatura mit Raffaels ‹Schule von Athen›, 1508–1512. Vatikanpalast

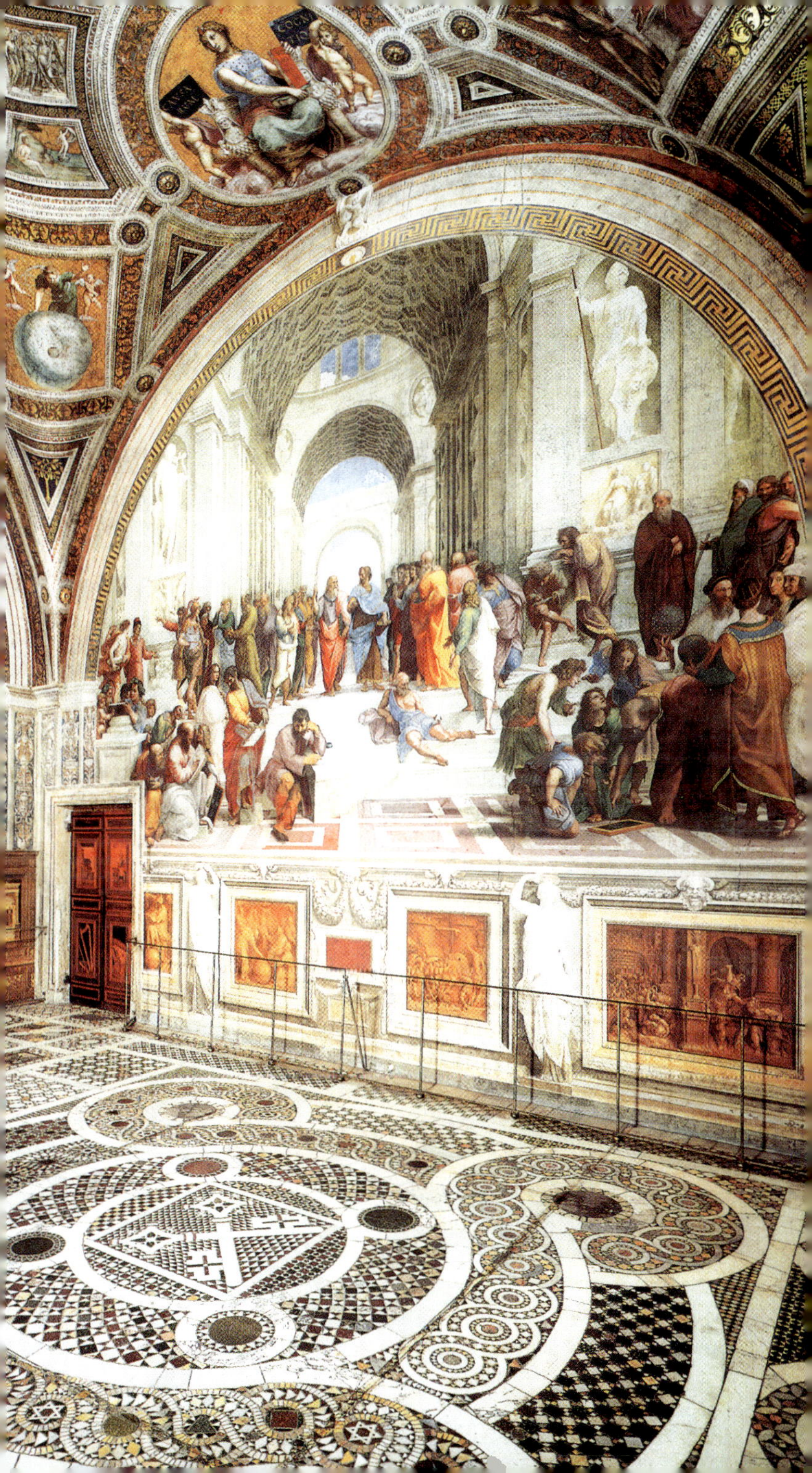
COGNI
TIO

Malers nicht nur an der formalen, sondern auch der intellektuellen Konzeption der Bilder zu veranschlagen, lassen sich doch im Blick auf die Abläufe künstlerischer Arbeit beide Aspekte viel schwerer trennen, als es die Vorstellung der Malerei als einer lediglich illustrierenden – das hieße dienenden – Kunst erlaubt.

Gleichzeitig mit der Berufung Raffaels sah sich auch Michelangelo von Julius II. vor die Herausforderung gestellt, seine Fähigkeiten als Maler an einer großen Aufgabe zu erproben. Bekanntlich hat Michelangelo den 1508 erteilten päpstlichen Befehl, die Arbeit am Grabmal wiederum zurückzustellen und statt dessen das Gewölbe der Sixtinischen Kapelle mit Szenen aus der Genesis zu freskieren, als persönliche Kränkung aufgefaßt. In späteren Äußerungen betonte er, wie sehr er sich zum Bildhauer, nicht zum Maler berufen fühle und wie unwillig er sich deshalb dem Willen des Papstes gefügt habe. Diese subjektive, das persönliche Verhältnis zu der gestellten Aufgabe beleuchtende und schon deshalb höchst moderne Sicht des Künstlers auf den wohl berühmtesten Prioritätenwechsel der Kunstgeschichte hat viele Anhänger gefunden und ist heute Allgemeingut, auch wenn sie das Verständnis des Geschehens keineswegs erleichtert.

Aus der Sicht Julius' II. gab es durchaus rationale Gründe für seine Entscheidung: Einerseits war sie – flankiert durch den an Raffael erteilten Auftrag zur Ausmalung der Stanzen – ein Votum des alternden Papstes für die Malerei als jene Kunst, die im Unterschied zu Architektur und Skulptur auch große Vorhaben in begrenzter Zeit zu bewältigen versprach. Zum anderen sollte ihn das Engagement für die Sixtinische Kapelle, ähnlich wie die zur selben Zeit in Rom verfolgten städtebaulichen Reformvorhaben, in seinen letzten Regierungsjahren erkennbar in die Nachfolge seines Onkels Sixtus IV. rücken, also familiäre Kontinuität in der Kunstpatronage sicherstellen. Schließlich wurde mit der nicht nur gleichzeitigen, sondern auch gleich gearteten Beschäftigung zweier Künstler von höchstem Rang ein Künstlerwettbewerb eröffnet, wie es ihn seit vordenklichen Zeiten nicht gegeben hatte. Nicht einmal die antike Kunstliteratur, in der die Renaissance ihre Vorliebe für derartige Konkurrenzen begründet sah, wußte Vergleichbares zu berichten. Schauplatz des Wettstreits war jetzt nicht mehr – wie noch unter Sixtus IV. – allein die Sixtinische Kapelle; dort wurde Michelangelo im Gegenteil erlaubt, alle schon vorhandene Malerei durch sein Werk zu überschatten. Die Konkurrenz, wie sie sich jetzt darbot, hatte vielmehr einen neuen Größenmaßstab erreicht: Zur Arena war der gesamte Bereich der päpstlichen Residenz geworden, die Julius in neuer Weise als funktionale und potentiell auch als gestalterische Einheit sah.

Schenkt man einem Brief Michelangelos Glauben, den er allerdings erst 1523, also mehr als ein Jahrzehnt nach Abschluß der Arbeiten in der Sixtina, verfaßte, dann war er selbst der Erfinder des höchst gedankenreichen Programms nach dem Alten Testament, dem die Ausmalung der Decke folgt. Sein Auftrag habe sich zunächst auf eine Darstellung der zwölf Apostel sowie auf dekorative Füllmalerei beschränkt; auf seine Kritik, daraus könne nur eine «ärmliche Sache» entstehen, habe der Papst aber eingelenkt und ihm bei der Themenwahl freie Hand gelassen.

Am Gewölbe der Sixtinischen Decke hatte das 15. Jahrhundert lediglich eine Darstellung des gestirnten Firmaments hinterlassen. Um die vielen Figuren und Themen, die Michelangelo statt dessen vorsah, übersichtlich zu ordnen, entwickelte er eine Scheinarchitektur, die nicht nur der flachen Wölbung eine klare Struktur verleiht, sondern vor allem zahlreiche Orte für Bilder – das heißt bei Michelangelo Figuren in größter Fülle – bereitstellt. «Die vegetabilisch-lineare Flächendekoration ist hier prinzipiell negiert, und wo man eine Rankenschlingung erwartet, bekommt man menschliche Leiber und nichts als menschliche Leiber. In der durchgängigen Besetzung der Fläche mit menschlicher Figur liegt eine Art von Rücksichtslosigkeit, die nachdenklich machen muß», hat Heinrich Wölfflin konstatiert. Auf dem untersten Abschnitt, den halbkreisförmigen Lünetten und dreieckigen Stichkappen oberhalb der Fenster, die den Übergang von der Wand zur Decke bilden, sind die Vorfahren Christi dargestellt. Für das Thema hatte die mittelalterliche Kunst den stammbaumartigen Bildtypus der ‹Wurzel Jesse› entwickelt, den Michelangelo aber in eine Sequenz von bewegten Einzelgestalten und szenischen Gruppen verwandelt. Vorbereitet und flankiert von weiteren Nebenfiguren, gipfelt das Programm in einer Folge von neun erzählenden Bildern abwechselnden Formats auf dem Gewölbespiegel, von denen sich die größeren als Durchblicke durch das architektonische Gerüst, die kleineren als gerahmte, scheinbar vor die gliedernden Querbögen gestellte Bildtafeln darstellen. Diese komplexe Bildfolge breitet Szenen aus der Genesis von der Erschaffung der Welt bis zur Geschichte Noahs aus und ergänzt damit den typologischen Zyklus der Wandbilder aus der Zeit Sixtus' IV. um eine weitere, wichtige Dimension: Nicht nur die Zeitalter nach Moses (*sub lege*) und nach dem Erscheinen Christi (*sub gratia*), sondern auch die Anfänge der Weltgeschichte – *ante legem*, vor dem Erlaß des mosaischen Gesetzes – sind jetzt dargestellt, so daß sich die Malereien der Kapelle zu einem umfassenden Bild der Menschheitshistorie aus christlicher Sicht zusammenfügen.

Darf man den thematischen Wurf dieses Programms tatsächlich dem Künstler Michelangelo allein zutrauen, und sei es auch nur im Sinne anfänglicher Skizzierung und Erfindung? Moderne Interpreten haben die Glaubwürdigkeit seiner Darstellung angezweifelt und auch hier – ähnlich, wie man Julius II. die gedankliche Konzeption der Stanza della Segnatura streitig machen wollte – eine Schar theologischer Ratgeber und gelehrter Programmgestalter am Werk gesehen. Sie hätten Michelangelo die Stoffe und Themen seiner Malerei mehr oder weniger vorgegeben. Ein weiteres Mal erlaubt es die schmale Überlieferung von Quellen nicht, in dieser Frage die volle Wahrheit zu ermitteln. Doch wird Michelangelo – wie Raffael in den Stanzen – zweifellos nicht nur eine Statistenrolle in den Überlegungen gespielt haben, die am Hof Julius' II. zu Programm und Thematik der Sixtinischen Dekke angestellt wurden. Zu selbständig ist sein Zugriff auf die Stoffe, zu originell deren bildliche Verknüpfung, als daß auch hier die intellektuelle Entmündigung des Künstlers durch die Kunstgeschichte statthaft wäre.

Am 31. Oktober 1512, zur Feier der Vigil von Allerheiligen, konnte die Sixtinische Decke erstmals besichtigt werden: Innerhalb von vier Jahren, mit dem Furor dessen, der fertig werden will, hatte Michelangelo sein Werk vollendet. Zwar arbeitete er nicht, wie früher angenommen, allein, sondern beschäftigte eine Reihe von Gehilfen. Dennoch zeugt die rasche Ausführung der Malerei von einer handwerklichen wie erfinderischen Meisterschaft, die den früheren Schüler Domenico Ghirlandaios entgegen eigenen Äußerungen als genuinen Maler ausweist. Genauere Einsichten in Michelangelos Malweise hat die Restaurierung der Decke erbracht, die von 1981 bis 1993 durch die Vatikanischen Museen vorgenommen wurde. Ans Licht kam eine vollendete

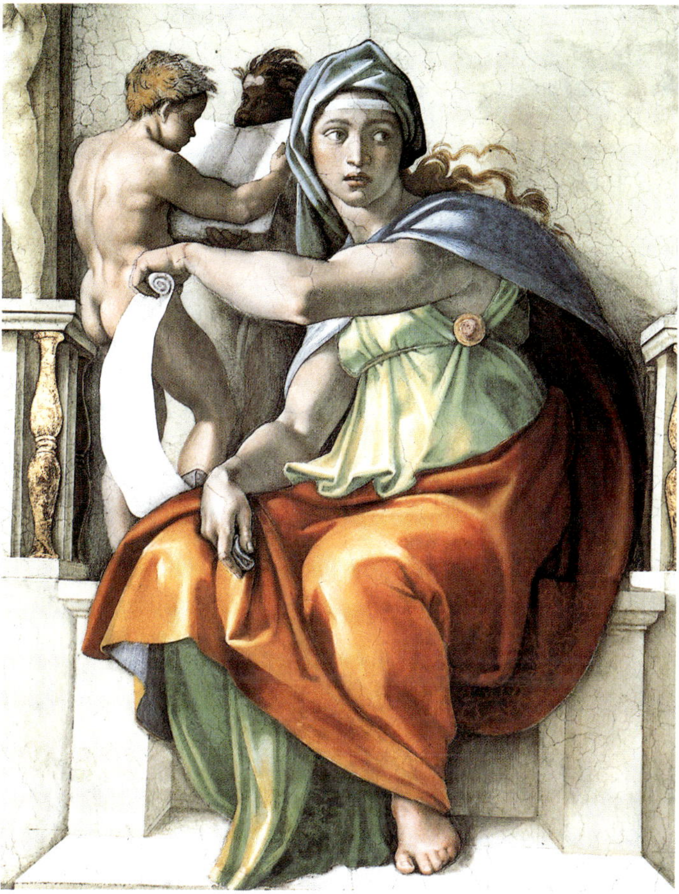

24 Michelangelo, Deckenfresko der Sixtinischen Kapelle, 1508–1512. Die Delphische Sibylle

Beherrschung der Freskotechnik, des *buon fresco*, das spontanes Arbeiten auf zuvor präparierten, nassen Putzflächen verlangt. In aller Regel konnten die Tagwerke (*giornate*) unverändert stehenbleiben, nur selten mußte auf der getrockneten Malerei mit Temperafarben (*a secco*) nachgebessert werden. Ein wesentlicher Vorzug fachgerechter Freskomalerei ist ihre Beständigkeit. Als entsprechend gut, wenn auch unter dicken Schichten von Kerzenruß kaum mehr erkennbar, erwies sich der Erhaltungszustand der

Bilder. Die Reinigung gab den Farben ihre volle Frische und Leuchtkraft zurück (Abb. 24): Erst jetzt lernt man Michelangelos helle, kühl abgetönte Palette kennen, in der Grün, Orange und Violett den Ton angeben und die durch feinste chromatische Übergänge besticht. Kontrastierende Licht- und Schattenpartien, schillernde Glanzlichter beleben zusätzlich die Oberfläche.

Bei nahsichtiger Betrachtung frappiert Michelangelos dynamische, breit ansetzende Pinselführung. Sie erlaubte großflächige Tagwerke und trug dadurch entscheidend zum schnellen Fortschritt der Arbeiten bei. Darüber hinaus macht sie aber auch eine neue Wertschätzung des malerischen Duktus, der individuellen künstlerischen ‹Handschrift› sichtbar, die bei Michelangelo das fertige Produkt des Bildes erstmals entscheidend bestimmt. Verglichen damit wirken die zwanzig Jahre älteren, in viel kleineren Abschnitten gemalten Bilder aus der Zeit Sixtus' IV. wie Werke sorgfältiger Miniaturisten. Aber auch Raffaels frühe Bilder in den Stanzen (Abb. 23), etwa die ‹Schule von Athen›, sind von Michelangelos kraftvoller Malweise weit entfernt. Zu verschieden war nicht nur das individuelle Temperament beider Künstler, zu sehr hob sich auch die systematische Bildvorbereitung Raffaels mit ihren zahlreichen Entwurfsschritten von der sehr viel großzügigeren, auf den inspirierten Augenblick setzenden Praxis Michelangelos ab. Möglicherweise sah Michelangelo in der Kultivierung seiner Spontanmalerei, jener *prontezza*, wie sie bald zu den gesuchtesten Qualitäten der Renaissancemaler gehören sollte, sogar die beste Chance, sich in der Konkurrenz zu Raffael einen Vorteil zu verschaffen: Hatte dieser doch gerade erst die Arbeit an der zweiten Stanze aufgenommen, als 1512 das Riesenwerk der Sixtina bereits enthüllt werden konnte.

All diese – früher nicht sichtbaren – Resultate der jüngsten Restaurierungen und technischen Untersuchungen erzwingen geradezu ein neues Nachdenken über die stilgeschichtliche Position der Sixtinischen Decke. In Farbigkeit und Malweise scheint Michelangelo kaum den Harmonievorstellungen der «Hochrenaissance» zu folgen, jener Stilphase, der das 19. Jahrhundert in idealtypischer Orientierung an Raffaels römischem Werk ihren Namen gab. Vielmehr lassen die Experimentierfreude und der virtuose Ehrgeiz seiner Malerei einen künstlerischen Standpunkt erkennen, der die Sixtinische Decke zum Gründungsakt des

Manierismus in der Malerei erklärt. Gemeint ist jene Stilprägung der Renaissance, die den tradierten Geboten der Natur- und Antikennachahmung mit Nachdruck die Forderung nach Originalität und Erfindung entgegensetzt und die der Spätphase der Epoche ihre entscheidenden Akzente verleiht. Daß die Sixtinische Decke in diesem Prozeß eine Schlüsselrolle spielt, zeigt nicht zuletzt die vorbildliche Wirkung, die von Michelangelos Chromatik schon bald auf die Malerei Jacopo Pontormos und anderer Florentiner Maler der jüngeren Generation ausgehen wird.

Manieristische Orientierung, wie sie in der italienischen Kunst erst nach 1520 die Oberhand gewinnen sollte, verrät in kaum geringerem Maß auch der eigenwillige Umgang Michelangelos mit dem erzählerischen Kern des Bildprogramms. Zwar bilden die Genesis-Szenen auf dem Gewölbespiegel unangefochten das thematische Rückgrat des Bilderzyklus. Große Schwierigkeiten bereitet es dagegen, eine inhaltliche Rechtfertigung für die nackten Jünglingsgestalten zu finden, die in kunstvoll bewegten Sitzpositionen das Rahmengerüst bevölkern. Mit der Szenenfolge auf dem Gewölbespiegel haben diese *«ignudi»* offenbar nichts zu tun. Schon die eindeutige Benennung der sich eindrucksvoll zur Schau stellenden Athleten fiel von Anfang an schwer – moderne Deutungen versuchen sie als «flügellose Engel» zu verstehen, ohne daß sich diese Deutung an den Figuren selbst auch nur annähernd nachvollziehen ließe. Der funktionale Sinn der Jünglinge erschöpft sich darin, dem Betrachter gemalte Bronzemedaillons mit Darstellungen aus den Büchern der Könige zu präsentieren, die sich ihrerseits als theologischer Kommentar zu den Genesis-Szenen zu verstehen geben. Von Michelangelo effektvoll in den Vordergrund gespielt, nehmen die posierenden Aktfiguren die Aufmerksamkeit des Betrachters freilich viel entschiedener in Anspruch als diese biblischen Erzählungen, die immerhin zur theologischen Aussage der Decke beitragen.

Noch deutlicher spricht sich das Mißverhältnis zwischen thematischem und bildlichem Status, das viele der figürlichen Erfindungen Michelangelos kennzeichnet, in den Propheten- und Sibyllengestalten der Sixtinischen Decke aus. Die monumentalen Figuren thronen in fingierten Nischen, die auf den Zwickeln zwischen den Stichkappen Platz finden (Abb. 24). Ihr Maßstab erscheint gegenüber den handelnden Gestalten der zentralen Bilderfolge deutlich gesteigert, Alter und Geschlecht wechseln von Gestalt zu Gestalt. Unter den Propheten zieht Jonas, axial über dem Altar und damit an der würdigsten Stelle plaziert, sofort den Blick auf sich: Fast unbekleidet, in breitbeinigem Sitzmotiv, beugt sich die jugendliche Gestalt jäh zurück und wendet zugleich den Oberkörper zur Seite, was höchste Ansprüche an die Beherrschung der Perspektive stellt. Es scheint, als habe Michelangelo die Prophezeiung anderer Künstler, er könne wegen seiner geringen malerischen Erfahrung dem Problem figürlicher Verkürzungen nicht gerecht werden, mit dieser virtuosen Bilderfindung Lügen strafen wollen.

Aber nicht nur durch spektakuläre Effekte fesseln die Seher und Seherinnen des Judentums und der antiken Mythologie, denen Michelangelo eine in älterer Malerei nicht gekannte Beachtung schenkt, die Aufmerksamkeit des Betrachters in besonderem Maß. Auf verschiedenste Weise mit ihren Schriftrollen und Büchern beschäftigt – lesend, schreibend, sinnierend, agierend –, fügen sie sich zu einer Folge unverwechselbarer Charaktere, die das über ihnen abrollende Bildgeschehen nach Maßgabe ihres jeweiligen Temperaments weniger vorherzusagen als auszudeuten scheinen. Auch die Propheten und Sibyllen erscheinen in der bildlichen Rangfolge der Sixtinischen Decke kaum als jene Nebenfiguren, die sie ihrem Status nach sind, sondern als Hauptakteure. Michelangelos Malerei verleiht ihnen eine künstlerische Priorität, die durch das theologische Programm des Zyklus keineswegs gedeckt ist.

Während der Arbeit am Juliusgrab hatte sich Michelangelo mit höchster Intensität der Statue als seiner bildhauerischen Hauptaufgabe gewidmet. Von hier aus wird erklärlich, weshalb sich der Maler Michelangelo mit so viel größerem Nachdruck dem Problem der bewegten Einzelfigur zuwandte als den erzählerischen Forderungen des Historienbildes. Vergleicht man das Gewicht, das in der Stanza della Segnatura auf handelnde beziehungsweise repräsentative Figuren gelegt ist, so kommt man im Blick auf die Sixtinische Decke zu dem genau entgegengesetzten Resultat. Raffael war derjenige, der dem Vorrang des Historienbildes unter den zeitgenössischen Bildaufgaben – wie sie seit Albertis Traktat über die Malerei unbestritten war – stets Respekt zollte. Michelangelos eigenmächtige Aufwertung der Randfigu-

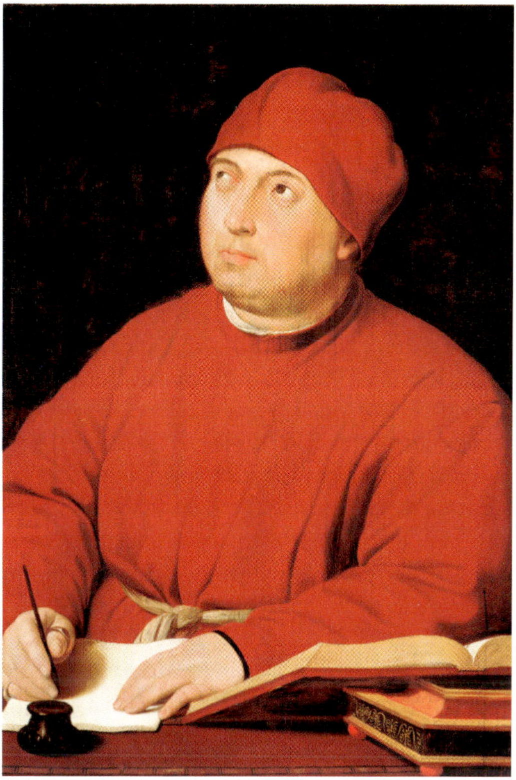

25 Raffael, Porträt des Kardinals Fedra Inghirami, nach 1510. Boston, Isabella Stewart Gardener Museum

ren dürfte den Zeitgenossen als schwerer Regelverstoß erschienen sein. Um so höher muß der Stellenwert der Sixtinischen Decke unter jenen Werken der Renaissance veranschlagt werden, die nicht nur den Blick auf bestimmte Aufgaben oder Formen, sondern auf die Kunst selbst veränderten: Mit großer Konsequenz entwickelt Michelangelo hier ein neues, im Kern manieristisches Bildprinzip, das den gestalterischen Rang einer Darstellung konsequent gegen ihren thematischen ausspielt.

Raffaels römische Karriere

Wenn von Zeitgenossen immer wieder die Liebenswürdigkeit Raffaels, seine besondere Höflichkeit und Großzügigkeit gerühmt werden, dann ist damit nicht nur ein individueller Charakterzug beschrieben, sondern ebenso die Mühelosigkeit, mit der sich gerade dieser Künstler den gesellschaftlichen Spielregeln seiner Zeit anzupassen wußte. Neben dem professionellen Können Raffaels war es sicher seine Fähigkeit, sich weder als Handwerker noch als exzentrischer Künstler, sondern als Höfling par excellence zu geben, die ihm seine glänzende Karriere in Rom ermöglichte.

Mehr als alle Künstler der Renaissance verdankte Raffael seinen frühen Ruhm – er starb bereits 1520 mit 36 Jahren – der Gunst der Päpste. Leo X. (1513–1521), der Sohn des Lorenzo de'Medici und Nachfolger Julius' II., machte ihn zu seinem bevorzugten Künstler. Er ließ ihn nicht nur die Stanzen zu Ende führen und die vatikanischen Loggien, die Leos Skulpturensammlung aufnehmen sollten, mit einem großen Bibelzyklus ausmalen, sondern setzte ihn trotz fehlender Erfahrung als Architekt 1516 auch in das Amt des Petersbaumeisters ein und vereinte damit in seiner Person eine Autorität, die kein Künstler zuvor besessen hatte. Zugleich übertrug er ihm die Aufsicht über die stadtrömischen Altertümer, ein Amt, das Raffael offenbar verantwortungsvoll wahrnahm: 1520 richtete er gemeinsam mit seinem Freund, dem Humanisten Baldassare Castiglione, ein Memorandum an Leo, das den Umgang mit dem erhaltenen Bestand antiker Kunst betrifft.

Wären Raffaels Empfehlungen umgesetzt worden, hätten sie die archäologische Praxis der Epoche auf eine neue Grundlage gestellt. Nicht nur eine komplette Dokumentation der noch vorhandenen Bau- und Kunstwerke wollte Raffael in Angriff nehmen, auch die materielle Erhaltung des antiken Erbes war ihm ein ernsthafteres Anliegen als den meisten Zeitgenossen. Seine Kritik an mutwilliger Zerstörung traf nicht allein Goten und Vandalen, sondern sparte auch die Amtsvorgänger Leos nicht aus: «Wie viele Päpste, Heiliger Vater, die Euer Amt innehatten, es aber mit weniger Weisheit und Großmut ausübten, wie viele von ihnen haben nicht alles getan, um antike Tempel, Statuen, Bögen und andere großartige Bauten zu vernichten! Wie viele haben – nur um Puzzolanerde zu gewinnen – Fundamente ausgehöhlt, so daß erhaltene Bauten in kurzer Zeit zusammenstürzten! Wie viel Kalk wurde aus Statuen und anderen antiken Kunstwerken gebrannt! Am liebsten würde ich sagen: Dieses ganze neue Rom, wie man es heute sieht, so groß und schön es auch sei, mit wie vielen Palästen,

Kirchen und anderen Bauten geschmückt – all das ist aus dem Kalk erbaut, den man aus antikem Marmor gewann.»

Ämterfülle und weitreichender Einfluß auf alle Bereiche der päpstlichen Kunstpolitik, den er durch die Protektion des Papstes gewann, machten Raffael zum Prototyp des modernen Hofkünstlers, wie er im Europa der Renaissance bald zur Regel werden sollte. Aber auch die disziplinierte Arbeitsweise seines großen Ateliers, die dem Meister völlige Kontrolle über alle Vorhaben garantierte, ihn zugleich von praktischen Aufgaben entlastete und es ihm erlaubte, seine eigene künstlerische Tätigkeit auf den Entwurf zu konzentrieren, gab der höfischen Kunstpraxis der Epoche Leitlinien vor. Trotz enger Bindung an das Machtzentrum des Vatikans blieb Raffaels Wirken in Rom keineswegs auf die Ausführung päpstlicher Aufträge beschränkt. Kennzeichnend für das Milieu, in dem Raffael arbeitete, war vielmehr ein relativ großer Kreis von Personen, die ihre Karriere dem Papst verdankten, ihm persönlich nahestanden und als Gegenleistung seine politischen Interessen unterstützten. Ihre Ergebenheit stellten sie nicht zuletzt auch durch Parteinahme für dessen kulturelle Projekte unter Beweis, indem sie etwa bevorzugte Künstler des Papstes für eigene Vorhaben zu gewinnen suchten. Die überragende Wirkung, die Raffael auf die römische Kunst seiner Zeit ausüben konnte, ist wesentlich solchen Privataufträgen geschuldet – waren sie es doch, die seinem Werk auch außerhalb der vatikanischen Mauern zu breiter Präsenz in der Stadt verhalfen.

Für eine Reihe römischer Gelegenheits- oder auch Gefälligkeitswerke Raffaels steht sein Porträt des Humanisten Tommaso (‹Fedra›) Inghirami, den Julius II. im Jahr 1510 zum Präfekten der Vatikanischen Bibliothek ernannte und zum Kardinal erhob (Abb. 25). Vielleicht ist das Bild aus diesem Anlaß entstanden. Inghirami erscheint auf Raffaels Tafel nicht als Würdenträger, sondern als Gelehrter. Sein purpurrotes Gewand ist kaum mehr als eine Kutte, die nachlässig um den mächtigen Leib geknotet scheint und am Hals das Unterhemd sehen läßt; eine zerdrückte Kappe bedeckt den Kopf. Mehr als allen Äußerlichkeiten, das signalisiert das Porträt dem Betrachter, lebt der Dargestellte seiner geistigen Arbeit. Ein Buch, auf andere Bücher gestützt, liegt aufgeschlagen vor ihm, daneben Tintenfaß und weißes Papier. Einem alten Inspirationsgestus folgend, wendet Inghirami den Kopf nach oben, während die Rechte mit dem Federkiel über dem Papier schwebt – im Begriff, die ersten Worte eines Textes niederzuschreiben. Raffael zeigt hier nicht nur seine Fähigkeit, das Charakteristische einer Person in einer lebendigen Momentaufnahme zu fassen; er zeichnet zugleich das soziale Profil eines Berufsstandes, der wie kein anderer die kulturelle Physiognomie der Renaissance geprägt hat.

Nach den Päpsten wurde Agostino Chigi Raffaels wichtigster Auftraggeber. Der Bankier aus Siena verdankte seinen gesellschaftlichen Aufstieg in Rom der Gunst Julius' II. Obwohl von bescheidener Herkunft, hatte er es zu Beginn des 16. Jahrhunderts als Finanzier des Papstes zu einem legendären Vermögen gebracht. Und anders als das Klischee des Aufsteigers dies vermuten läßt, verstand er es zudem, seinen prekären gesellschaftlichen Status durch eine überlegte Kunstpolitik zu festigen. 1504 ließ er sich inmitten eines Gartenquartiers am linken Tiberufer einen repräsentativen Wohnsitz, die sogenannte Farnesina, errichten, der die Vorteile von Stadtresidenz und Landhaus in einem einzigen Bau vereinte und als *villa suburbana* einen neuen, hochkultivierten Wohntypus prägte. Berühmt waren Chigis luxuriöse Feste, auf denen er sich mit den Spitzen der römischen Gesellschaft umgab; sogar der Papst nahm an ihnen teil. Die Überlieferung berichtet von Soiréen, auf denen Chigi von goldenen Tellern servieren ließ, die das Familienwappen jedes einzelnen Gastes trugen, also sichtlich zu diesem Anlaß gefertigt waren. Nach dem Mahl hätten alle, vom Hausherrn ermutigt, die Teller in den Tiber geworfen. Was man nicht sehen konnte, waren die Netze, die Chigi angeblich hatte auslegen lassen, um die kostbaren Stücke später wieder einzusammeln.

Hatte Chigi als Architekten des Wohnhauses seinen Landsmann Baldassare Peruzzi (1481–1536) gewonnen – erst später kam ein Pferdestall nach eigenhändigem Entwurf Raffaels hinzu –, so vertraute er die malerische Ausstattung des Neubaus von vornherein einer Vielzahl von Künstlern an: Nicht nur Peruzzi, sondern auch Raffael, der Sienese Sodoma und Sebastiano del Piombo, ein Schüler Giovanni Bellinis aus Venedig, wirkten in mehreren Etappen an der glanzvollen Dekoration der Innenräume mit.

Raffaels prominentestes Werk in der Farnesina ist der große Freskenzyklus mit der Geschichte von Amor und Psyche, mit dem er und sein Atelier zwischen 1517 und 1519 das Gewölbe der Eingangsloggia schmückten. Schon früher hatte er jedoch in einer weiteren Loggia, dem Sommerspeisesaal der Villa, ein einzelnes Wandbild ausgeführt: die ‹Galatea›, die vermutlich 1511, nach Vollendung der Stanza della Segnatura, als gänzlich eigenhändiges Werk entstand (Abb. 26). Raffael gestaltete hier erstmals in großem Format einen Stoff der antiken Mythologie. Zwei Delphine am Zügel führend, lenkt die Nymphe einen Muschelwagen über das Meer. Galatea stellt ihre Schönheit unbewußt zur Schau. Hoch aufgerichtet steht sie im Zentrum des Bildes, das Standbein gestreckt, das Spielbein angewinkelt, den Oberkörper nach links, den Kopf nach rechts gewendet; Haar und Mantel flattern im Fahrtwind. Raffaels Galatea ist das vollkommene Beispiel eines bewegten Kontraposts nach dem Vorbild antiker Figurenbildung. Allerdings hatte schon Alberti in seinem Buch über die Malerei geschrieben, körperliche Bewegung dürfe in der «*istoria*», dem erzählenden Bild, kein Selbstzweck sein, sie solle vielmehr die innere Bewegtheit der Figur anzeigen. In Raffaels Nymphe gewinnt diese Empfehlung greifbare Gestalt: scheint sie doch von zwei auseinanderstrebenden Kräften angezogen, von denen die eine ihre physische, die andere ihre psychische Aufmerksamkeit beansprucht. Aus diesem Konflikt bezieht die Figur ihre Spannung. Von dem verliebten Tumult, den andere Seegötter um sie herum veranstalten, nimmt Galatea keine Notiz; auch die geflügelten Amoretten, im Begriff, von oben Pfeile auf sie abzuschießen, entgehen sichtlich ihrer Aufmerksamkeit.

Raffaels Bild ist nicht nur Musterbeispiel einer dramatischen und dennoch ausgewogenen Komposition im Sinne der Hochrenaissance, es muß den Zeitgenossen auch als Inbegriff jener «poetischen Malerei» erschienen sein, die den künstlerischen Ehrgeiz der Epoche so sehr bestimmte. Im Bild zu erzählen bedeutete, stets von neuem den Wettbewerb zwischen Malerei und Dichtung zu eröffnen. Für die Malerei besonders attraktiv waren deshalb Sujets, die auch in literarischer Bearbeitung vorlagen. Im Fall der Galatea stützte sich Raffael, wie Christof Thoenes zeigen konnte, insbesondere auf ein Gedicht aus der ‹Giostra› des Renaissanceautors Polizian: Selbst eine fiktive Bildbeschreibung (*ekphrasis*), schildert es die Vorbeifahrt der Nymphe an Polyphem, einem einäugigen Riesen, der vorher ihren Geliebten Acis getötet hatte. Im

Bildfeld links der Galatea sieht man von der Hand Sebastiano del Piombos die ungeschlachte Gestalt des Zyklopen, wie er – mit unfreiwilliger Komik um Galatea werbend – vor seiner Höhle die Panflöte spielt. Als Liebender ist Polyphem freilich nicht bei Polizian, sondern bei Ovid geschildert, dessen Version des Stoffs in der thematisch aufeinander abgestimmten Folge beider Bilder also gleichfalls eine Rolle spielt. Zweifellos hatten die Maler und ihr Auftraggeber, indem sie auf zwei unterschiedliche Fassungen Bezug nahmen, ein literarisch geschultes Publikum im Blick, das die Finesse des doppelten Zitats zu würdigen wußte. Bezogen auf den Paragone, den in der Renaissance stets präsenten Wettstreit zwischen den Künsten, triumphiert hier eindeutig die Malerei über die Dichtung: Zeigt sie sich doch in der Lage, beide Versionen des Mythos nicht nur nebeneinander darzustellen, sondern auch einen erzählerischen Zusammenhang zwischen ihnen zu stiften.

Formal weisen die Bilder Raffaels und Sebastianos allerdings denkbar große Unterschiede auf. Wird der Eindruck bei Raffael wie gewohnt durch virtuose Kompositionskunst und konturbetonte Figurenzeichnung bestimmt, so besticht Sebastiano durch atmosphärische Landschaftsschilderung und raffiniertes Kolorit, die Haupterrungenschaften der modernen venezianischen Malerei. Deutliche Differenzen in Maßstab und perspektivischer Bildanlage machen es auf den ersten Blick schwer, die benachbarten Szenen überhaupt als zusammengehörig zu verstehen, zumal sich die Bilder nicht – wie es angesichts leer gebliebener Wandfelder jenseits der ‹Galatea› ohne weiteres möglich gewesen wäre – in einem größeren Zyklus fortsetzen. Auch andere Merkmale der Raumausstattung tragen den Stempel des Unfertigen und Improvisierten: So blieb in einer der sonst sorgsam ausgemalten Lünetten zwischen Wand- und Gewölbezone eine monumentale, mit Kohle auf die Wand geworfene Kopfstudie Baldassare Peruzzis wie zufällig stehen. Solche Merkmale machen bewußt, daß der Malerei in der Farnesina mehr als nur die rollentypische Aufgabe zugedacht ist, vorgegebene Erzählstoffe zu vermitteln oder einen Festraum einheitlich zu dekorieren. Ins Blickfeld rückt statt dessen die Liberalität eines Auftraggebers, der damit einverstanden war, daß in seinem Speisesaal Künstler unterschiedlicher Herkunft ihre Stildifferenzen austrugen oder eine gelungene Skizze

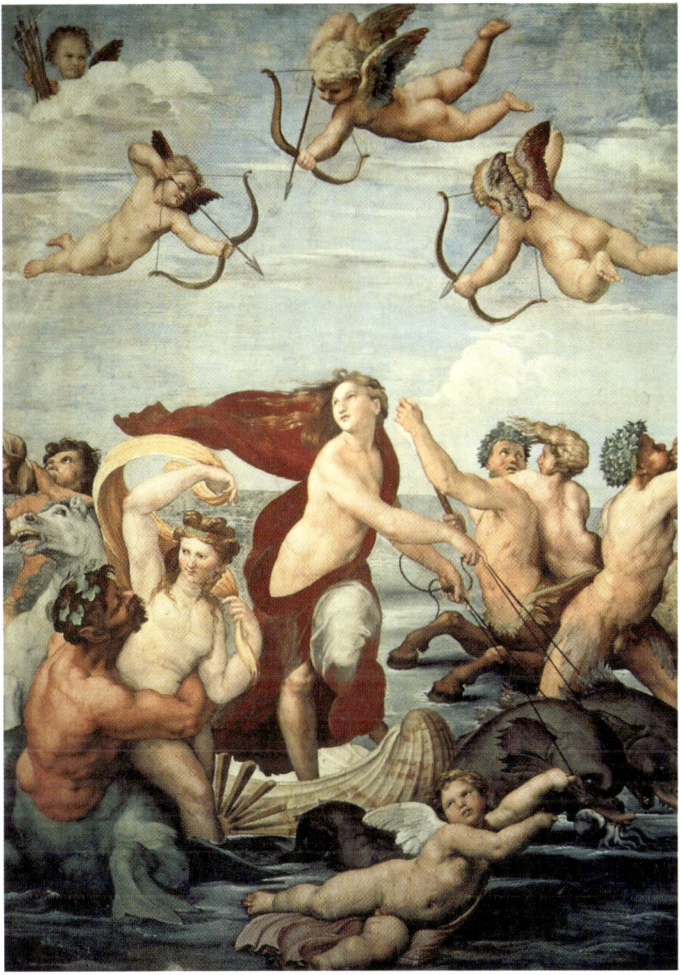

26 Raffael, Triumph der Galatea, Fresko, 1511. Villa Farnesina, Sala di Galatea

den Rang eines Wandbildes erhielt. Auf Kosten konventioneller Ansprüche, so scheint es, wird der Malerei hier ein neuer Weg eröffnet, ihre schöpferischen Kräfte ungehindert zur Schau zu stellen, sich nicht als harmonisches Ganzes, sondern als konfliktträchtiger Schaffensprozeß zu inszenieren.

Wenn Agostino Chigi sein Haus in dieser Weise zum Freiraum der Künste und zur produktiven Arena der Maler erklärte, dann knüpfte er an eine Strategie der Auftraggeberschaft an, der zur selben Zeit auch Julius II. im Vatikan folgte. Den Ehrgeiz, sich als Kunstförderer im päpstlichen Rom ein unverwechselbares Profil zu schaffen, verrät darüber hinaus eine Vielzahl subtiler, keineswegs eindeutiger Anspielungen, mit denen die Fresken der Farnesina auf Chigis eigene Biographie Bezug nehmen. So mag mancher Besucher angesichts von Polyphem und Galatea spontan daran gedacht haben, daß Chigi selbst es war, der just zu jener Zeit, als er die unglückliche Liebesgeschichte malen ließ, ein schwieriges Heiratsprojekt verfolgte. Seit einigen Jahren verwitwet, suchte er in langwierigen Verhandlungen die Hand Margherita Gonzagas, einer mantuanischen Prinzessin, zu gewinnen. Wie der unansehnliche Polyphem gegenüber der Nymphe, so führte auch Chigi, dem seinerseits der Makel des Bürgerlichen anhaftete, in den Verhandlungen mit dem Brautvater seinen großen Reichtum ins Feld – letztlich vergebens, wie sich 1512 herausstellte, als seine Pläne endgültig scheiterten. Mögliche Zweifel, ob der Hausherr tatsächlich jenes Maß an Selbstironie aufbrachte, die eigene Niederlage vor seinen Gästen zu persiflieren, werden durch einen Blick auf die Gewölbemalerei ausgeräumt, die in einer Reihe von Sternbildern Chigis Horoskop darstellt und auf diese Weise den Bezug zum Hausherrn und seinem Schicksal unverkennbar nahelegt. Als Raffael Jahre später die Eingangsloggia der Farnesina mit der Geschichte von Amor und Psyche ausmalte, sah er sich noch einmal vor die Aufgabe gestellt, eine erneute Wendung in der Vita Chigis durch den Griff zum passenden Mythos zu kommentieren: Anläßlich der Hochzeit Chigis mit seiner langjährigen Geliebten, einer jungen Frau aus einfachen Verhältnissen, malte er jene berühmte Erzählung des Apuleius, in der Venus durch nachsichtiges Eingreifen dafür sorgt, daß die standeswidrige Liebe einer Sterblichen zu einem Gott ein glückliches Ende finden kann.

Paläste und Villen der Hochrenaissance

Zur Konjunktur der Künste, die Rom in den ersten Jahrzehnten des 16. Jahrhunderts erlebte, trug eine reich differenzierte Wohnarchitektur wesentlich bei. Anspruchsvolle Stadtpaläste, während der römischen Frührenaissance noch die Ausnahme, verwandelten den städtischen Raum binnen weniger Jahre in einen Parcours privater Repräsentation. Auftraggeber des privaten Bausektors waren weiterhin meist Kleriker, aber – wie das Beispiel Agostino Chigis zeigte – auch Laien, die auf die eine oder andere Weise mit der Kurie in Verbindung standen. Das Bedürfnis dieser Klientel nach gegenseitiger Konkurrenz und Überbietung schlug sich zunehmend nicht nur im Format der Bauten, sondern in einer bis dahin ungekannten Vielfalt der künstlerischen Konzepte und Lösungen nieder. Zunehmend nutzte man die Raffinesse der architektonischen Formensprache, das exquisite Niveau der Raumausstattung, um gesellschaftlichen Wettbewerb auf das Feld urbaner Selbstdarstellung zu übertragen. Mit Bramante, Raffael, Baldassare Peruzzi, Antonio da Sangallo dem Jüngeren, Giulio Romano und Michelangelo engagierten sich beinahe alle führenden Künstler Roms, soweit sie überhaupt als Architekten tätig wurden, für Aufgaben des Palast- und Villenbaus. Bevorzugtes Palastquartier wurde neben der Altstadt im Tiberbogen der Borgo zwischen Engelsbrücke und Vatikan: Während sonst die Zahl der erhaltenen Bauten hoch ist, führten hier die großen städtebaulichen Eingriffe des 17. und 20. Jahrhunderts – die Anlage des Petersplatzes und der Via della Conciliazione – zu empfindlichen Verlusten im Baubestand.

Eindrucksvoller Vorbote der neuen privaten Baugesinnung ist die Cancelleria in der Nähe des Campo de'Fiori, deren Name sich von der späteren Nutzung des Baus als Sitz des päpstlichen Vizekanzlers ableitet. Seit 1489 als Residenz des Kardinals Raffaele Riario errichtet, steht sie in einer für Rom typischen Nutzungstradition. Ihr architektonischer Anspruch hebt diese Kardinalsresidenz aber weit aus der Masse vergleichbarer Bauten heraus. Riarios aus frühchristlicher Zeit stammende Titelkirche, San Damaso, wurde nach dem Vorbild des Palazzo Venezia vollständig in den Neubau integriert, der damit gewaltige Dimensionen erreichte. Das Vorbild des Palazzo Venezia überbietend, verkleidet die Fassade der Cancelleria sowohl den Wohntrakt als auch die Kirche, die am Außenbau nicht in Erscheinung tritt. Die Cancelleria ist der erste vollkommen ‹zivile› Palastbau Roms, der auf Verteidigungselemente wie den bis dahin üblichen Zinnenkranz verzichtet und statt dessen auf die Eleganz antikisierender Fassa-

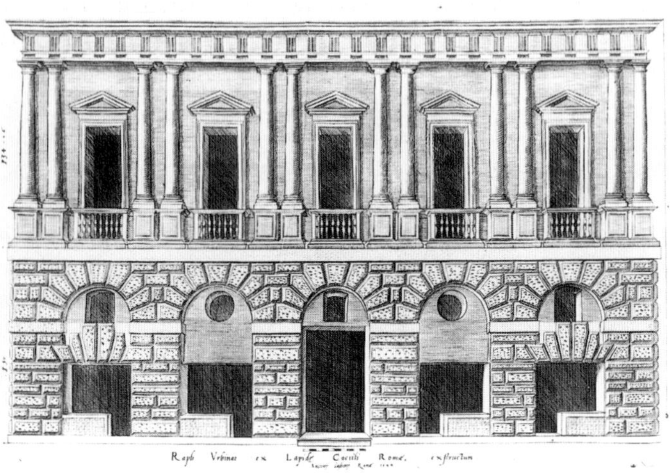

27 Bramante, Palazzo Caprini, um 1500, zerstört, Stich von Antoine Lafréry, 1549

denarchitektur setzt. Eine folgenreiche Neuerung, die den Bau schon farblich von seiner Umgebung abhob, ist bereits die repräsentative Verkleidung aller Fassadengeschosse mit Travertin. Zudem erhalten die oberen Wohngeschosse nobilitierende Pilasterordnungen nach dem Vorbild toskanischer Paläste. Ein typisch römisches Element sind die zahlreichen Ladeneinbauten im Erdgeschoß der Seitenflügel. Sie wurden samt einem bescheidenen Wohnraum im darüberliegenden Halbgeschoß an Geschäftsleute vermietet und garantierten so eine Rendite. Anspruchsvolle Bauherren in anderen Städten Italiens, zum Beispiel Florentiner Bankiers, scheuten sich stets, kommerzielle Funktionen an ihren Palastbauten derart offen zur Schau zu stellen.

Privatpaläste setzten seit dem Pontifikat Sixtus' IV. nicht nur architektonische Akzente im Stadtbild, sie führten in vielen Fällen auch zur Neuordnung der urbanen Umgebung, in manchen Fällen sogar zur Öffnung neuer Straßen und Plätze. Auch in dieser Hinsicht wirkte die Cancelleria vorbildlich. Eine ganze ‹Insel› zwischen den begrenzenden Straßenzügen besetzend, folgt der Bau in seinen seitlichen und rückwärtigen Fluchten pragmatisch dem vorgegebenen Straßenverlauf; die Hauptfassade dagegen wurde mit Lot und Schnur begradigt und erhebt damit nicht nur für sich selbst Anspruch auf das Privileg der Geometrie, sondern gibt auch dem neu geschaffenen Vorplatz eine regulierte Grundlinie vor. Im 16. Jahrhundert kommt es auf Betreiben der päpstlichen Straßenbehörde mehrfach zu jener Verzahnung öffentlicher Bauvorhaben mit planerischen Eingriffen in die Stadtstruktur, die vielen Kommunen Nord- und Mittelitaliens schon im Spätmittelalter ihr städtebauliches Gesicht gegeben hatte. Das bekannteste Beispiel ist die nach 1538 begonnene Neubebauung des Kapitolsplatzes. Den Anfang macht aber schon Papst Julius II., der um 1508 parallel zum rechten Tiberufer die Via Giulia anlegen läßt, eine vornehme Wohnstraße, die mit dem Palazzo de' Tribunali den Neubau des päpstlichen Gerichts – von Bramante in monumentalem Format geplant, aber über Anfänge nicht hinausgediehen – aufnehmen sollte.

In den ersten Jahren des 16. Jahrhunderts schuf Bramante mit dem Palazzo Caprini den Prototyp für eine neuartige, der antiken Form verpflichtete Wohnarchitektur. Sein Entwurf setzte sich – nicht nur auf Rom bezogen – sofort an die Spitze entsprechender Lösungsversuche (Abb. 27). Den später zerstörten, nur zweigeschossigen und in den Dimensionen bescheidenen Bau ließ ein päpstlicher Kammerkleriker in der Via Alessandrina, der von Papst Alexander VI. neu angelegten Straße im vatikanischen Borgo, errichten; wenig später diente er als Wohnhaus Raffaels. Daß der Palazzo Caprini im äußeren Sinn nicht zu den Prunkbauten Roms zählte, zeigte sich in den wenig anspruchsvollen Materialien: An der Fassade kam statt Haustein größtenteils verputztes Ziegelmauerwerk zum Einsatz. Auf die wuchtige, mit künstlichen Bruchsteinen verkleidete Sockelzone setzte Bramante ein regelmäßig durchfenstertes Wohngeschoß: ein *piano nobile* im wörtlichen Sinn, verlieh ihm doch eine rhythmisierte Gliederung aus dorischen Halbsäulen Würde und Eleganz. Damit vermochte der Entwurf zwischen unten und oben nicht nur in der Form, sondern auch im sozialen Sinn zu unterscheiden. Eine neu errungene Sprachfähigkeit der Architektur erlaubte es, die Schaufront eines Palastes tatsächlich zur *facciata*, zum ‹Gesicht› des Bauherrn zu machen: «Alles war auf den Kontrast zweier beherrschender Geschosse abgestimmt. Jede Form hatte atmendes Leben und plastische Fülle gewonnnen. Die Ädikulen und die Säulenpodeste ruhten auf den mächtigen Substruktionsbögen des Sockelgeschosses, das schwere dorische Gebälk auf den gekoppelten Halbsäulen. Die ganze Fassade war so organisiert, daß sich die tektonischen Elemente zu einem Gerüst zusammenschlossen, während der Wand lediglich eine passive Rolle zufiel. Die Fassadenfläche, der im Quattrocento die Gliederungselemente aufgelegt wurden, war in aktive und passive Elemente aufgelöst.» (Christoph Luitpold Frommel)

Das Beispiel Bramantes, der kurze Zeit später den Tempietto bei San Pietro in Montorio errichten und dann im Auftrag Papst Julius' II. die neue Peterskirche planen sollte – in der Formulierung beider Bauten spielt die dorische Ordnung weiterhin eine wichtige Rolle –, wirkte in der römischen Architektur der Folgezeit vielfach weiter, rief aber auch solche Projekte auf den Plan, die sich als künstlerische Alternativen zu empfehlen suchen. So nähert Antonio da Sangallo (1484–1546) den Palazzo Farnese, einen Bau von gewaltigen Dimensionen und kubischem Format, Vorbildern wie dem Palazzo Strozzi in Florenz oder auch der Cancelleria an. Bauherr ist Kardinal Alessandro Farnese, der später als Paul III. den Papstthron besteigen wird. Als Residenz eines Kirchenfürsten konzipiert, beeindruckt der Palazzo Farnese zunächst durch Größe, sucht weniger als Bramantes Palazzo Caprini durch Beredsamkeit der Form Aufmerksamkeit zu wecken. Vor der Hauptfassade legte man unter größtem Aufwand ein vorher dicht bewohntes Quartier nieder, um – dem Beispiel der Cancelleria folgend – einen regelmäßigen Platz und damit eine angemessene Perspektive auf den Bau zu gewinnen. Von ausgefeilter Systematik und Funktionsgerechtigkeit ist der Grundriß geprägt. Neben dem Kardinal bezog auch dessen vielköpfige Familie samt Hofstaat den Palast, was die hohe Zahl der Räume erklärt.

Anders als am Außenbau häufen sich im Inneren Formzitate aus der Antike. Schon der feierliche Eingangsraum, durch dorische Kolonnaden in drei parallele Schiffe unterteilt, ist – so Christoph Luitpold Frommel – als Rekonstruktion eines römischen Atriums nach der Beschreibung in Vitruvs Architekturtraktat gedacht. Der Griff zur antiken Raumform verrät hohen Anspruch ungeachtet der Tatsache, daß Sangallo die entsprechenden Passagen bei Vitruv offensichtlich mißverstanden hat. Das ‹Theatermotiv› des Kolosseums, seit dem Palazzo Venezia in der römischen Renaissance präsent, prägt in der charakteristischen Verschränkung von Pfeilerarkaden und vorgelegter Halbsäulengliederung die Architektur der Hoffassaden (Abb. 28). Auch die im Sinne einer Steigerung verstandene Superposition von dorischer und ionischer Ordnung verdankt sich dem Beispiel des Kolosseums. Mit dem ihm eigenen Sinn für Korrektheit achtete Sangallo penibel auf die formale Instrumentierung der Ordnungen, wobei er sich für die Ausformung der Dorica mit ihrem komplexen Gebälk die jüngsten Errungenschaften Bramantes zunutze machte. Michelangelo sollte erst in den 1540er Jahren das dritte,

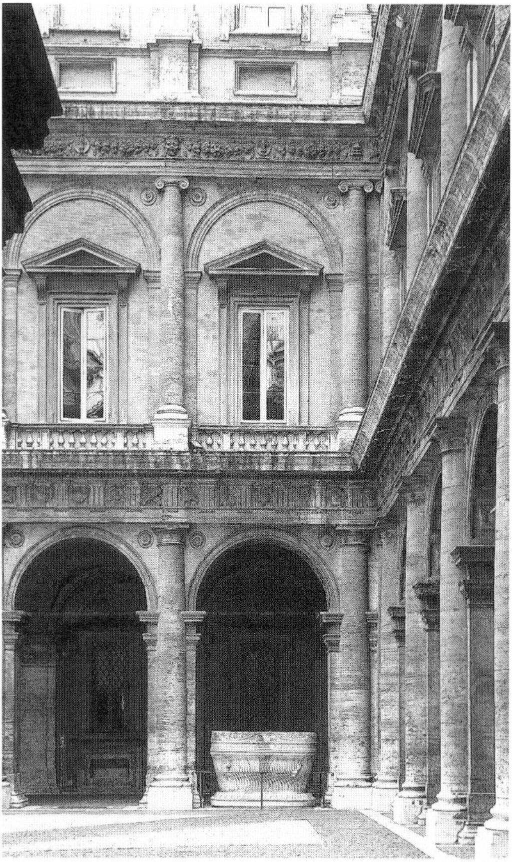

28 Palazzo Farnese, ab 1516. Blick in den Innenhof

korinthische Geschoß hinzufügen, das die klassische Formulierung Sangallos virtuos verfremdet, ohne den Zusammenhang mit ihr zu leugnen.

Raffael reihte sich erst in seinen letzten Lebensjahren unter die römischen Architekten ein: Anlaß war der Tod Bramantes im Jahr 1516 und der Befehl Papst Leos X., von jetzt an unter der fachkundigen Assistenz Antonio da Sangallos die Leitung der Petersbauhütte zu übernehmen. Ohne jemals tiefer in die technisch-handwerklichen Seiten des Metiers einzudringen, gelingen Raffael in der Folge Bauentwürfe von großer Überzeugungskraft. Besonders in der Palast- und Villenarchitektur beweist er seine Fähigkeit, das antike Formenrepertoire experimentell zu erweitern und stets von neuem auf die jeweilige Bauaufgabe abzustimmen. Für den Palazzo Alberini etwa, den ein geschäftstüchtiger Investor im römischen Bankenviertel als Vermietungsobjekt plant, entwickelte er eine Fassadenarchitektur, die pompöse Gebärden meidet und statt dessen mit einem fein abgestuften Relief von Wandvorlagen überrascht: Anders als es der Kanon der Säulenordnung verlangt, kommen die Pilaster hier ohne Kapitelle aus, während sich die Folge der Gebälkprofile um den Fries reduziert. Raffael, so scheint es, verleiht dem Palast ein Gesicht, das auf die letzte Stufe physiognomischer Feinzeichnung verzichtet und so dem ungewöhnlichen, gewissermaßen anonymen Nutzungsspektrum des Baus entspricht.

Zum anspruchsvollsten Architekturentwurf Raffaels wurde die Villa Madama, unweit der Stadtgrenzen am Abhang des Monte Mario gelegen und im Auftrag Kardinal Giulio de' Medicis, des späteren Papstes Klemens VII., ab 1519 als Empfangs- und Repräsentationsbau für hochgestellte Besucher errichtet. Obwohl nur in Teilen ausgeführt – ein Amphitheater etwa, dessen ansteigendes Zuschauerrund Raffael in den Berg hineinbauen wollte, blieb auf dem Papier –, spiegelt sie die besonderen Erwartungen, die Bauherren und Architekten der Renaissance in den Bautyp Villa setzten, unmittelbarer wider als alle vergleichbaren Bauten Roms. Hatte etwa die zinnenbewehrte Villa Belvedere Innozenz' VIII. aus den 1480er Jahren noch deutliche Anklänge an überlieferte Formen des ländlichen Festungsbaus gezeigt, so teilt sich dem Besucher der Villa Madama auf den ersten Blick die Faszination durch ein Zivilisations- und Lebensmodell mit, wie es

Raffael und seine Zeitgenossen aus der Lektüre römischer Autoren kannten. «*Otium litteratum*» sollte laut Cicero die Villa ihrem Besitzer gewähren. Gemeint war damit ein Programm der stilisierten Muße, die Zerstreuung durch Lektüre, Landschafts- und Kunstgenuß bot. Bildungsinteressen, aber auch eine neue Empfänglichkeit für die Schönheit der Natur bestimmen also in starkem Maße die Entwicklung eines Bautypus, der den Eliten der Renaissance als willkommene, ja notwendige Ergänzung des von Geschäften und Amtspflichten bestimmten Stadtlebens galt.

In Umfang und bewegter Gruppierung der Baukörper, in der reichen Ausstattung von Architektur und Garten wie der engen Beziehung zur Natur machte sich die Villa Madama als erster Bau der Renaissance antike Maßstäbe der Villenarchitektur wirklich zu eigen. Einziger erhaltener Innenraum ist die Gartenloggia: eine gewölbte Halle von majestätischer Wirkung, für deren räumliche Struktur römische Thermensäle Pate standen. Der Wand- und Gewölbeschmuck, von Künstlern der Raffael-Werkstatt ausgeführt, verzichtet auf die monumentale Wirkung szenischer Bilder zugunsten einer kleinteiligen Assemblage aus Stuck und Malerei, die sich im Licht der Bogenöffnungen zu flirrendem Farbenspiel verdichtet. Mit großer Erfindungskraft ist hier das Repertoire der Grotesken ausgespielt, jenes besonders prunkvollen Typus' antiker Raumdekoration, der sich durch elegantes Ineinandergreifen von Relief und Malerei auszeichnet und seinen artifiziellen Reiz aus der Verschmelzung pflanzlicher und tierischer Ornamentmotive bezieht. Erst durch die Entdeckung der Domus aurea des Nero war die Groteske als unverwechselbare Schöpfung der römischen Antike ins Bewußtsein der Zeitgenossen getreten. Ihre Wiederbelebung bei Raffael zeigt, wie wenig in seinem römischen Werk die Tätigkeiten des Künstlers und Archäologen zu trennen sind.

Papst Paul III. und Michelangelo

Seit dem Tod Leos X. im Jahr 1521 gerieten das Papsttum und mit ihm Rom in eine Krise, die mit der Besetzung der Stadt durch die Truppen Kaiser Karls V. im Jahr 1527, dem *Sacco di Roma*, ihren Höhepunkt erreichte. Das für die Römer traumatische Ereignis führte nicht nur zur Gefangensetzung des Papstes in der Engelsburg und zur Plünderung der Stadt, sondern besiegelte auch das Exil ihrer führenden Künstler. Schon einige Zeit vorher war Michelangelo nach Florenz zurückgekehrt, Giulio Romano als Hofmaler nach Mantua berufen worden; der Bildhauer und Architekt Jacopo Sansovino ging nach Venedig, ebenso der Bramanteschüler Sebastiano Serlio, der von dort aus an den französischen Königshof wechseln und die ‹Schule von Fontainebleau› mitbegründen sollte. Neu entstehende Kunstzentren in den Städten Italiens und an den Höfen Europas speisten nach dem *Sacco di Roma* also ihre Kräfte aus den Erträgen der römischen Hochrenaissance, die auf diesem Umweg ihre weltweite Wirkung entfalten konnte.

Erst knapp ein Jahrzehnt später rückte Rom wieder in den Rang einer international beachteten Metropole auf. Durch die Reformation im fernen Deutschland war dem Papsttum – spät genug erkannt – inzwischen eine ernste Herausforderung erwachsen. Mit Paul III. Farnese († 1549) bestieg 1534 ein Mann den Stuhl Petri, der zwar in Lebensführung und kultureller Prägung ein Renaissancepapst war, im Unterschied zu seinen Vorgängern aber die Herausforderung durch die Glaubensspaltung annahm und den Reformkräften innerhalb der katholischen Kirche zum Durchbruch verhalf. Während seines Pontifikats wandelte sich Rom zum Zentrum der Gegenreformation; herausragende Ereignisse wie die Approbation des Jesuitenordens (1540) und die Eröffnung des Konzils von Trient (1545) verschafften dem päpstlichen Amt auch im nördlichen Europa neues Ansehen.

Mit der gestärkten Stellung des Heiligen Stuhls, der seinen Anspruch auf Autorität nicht mehr allein auf die Tradition, sondern auf ein geistiges und politisches Programm gründete, wuchs auch der bildenden Kunst und Architektur Roms eine neue Vorbildfunktion zu. Ähnlich Julius II. und den Medici-Päpsten gab Paul III. der Förderung der Künste großes Gewicht, aber kennzeichnend für seine Aufträge und sein Verhältnis zu den großen Künstlern seiner Zeit wurde nicht das liberale Mäzenatentum seiner Vorgänger, sondern ein zielbewußter Einsatz der künstlerischen Medien für kirchliche, politische und familiäre Interessen.

1537 beschloß Paul III. die Überführung der antiken Reiterstatue des Marc Aurel, die bis dahin vor der Lateranbasilika stand, auf den kapitolinischen Hügel und schuf damit den Anlaß für die städtebauliche und architektonische Neugestaltung des Kapitolsplatzes (Abb. 29). Ein Jahr zuvor hatte Kaiser Karl V. Rom besucht; zwischen ihm und dem Papst war eine Verständigung über die Wiederherstellung der Glaubenseinheit erreicht und öffentlich bestätigt worden. Die Besiegelung dieser aktuellen, für die Sache der Kirche entscheidenden Allianz dürfte neben anderen Gesichtspunkten zum Anlaß für den Plan gedient haben, dem antiken, während des Mittelalters verfallenen und im 15. Jahrhundert durch die Statuenstiftung Sixtus' IV. erstmals wieder aufgewerteten Sitz der städtischen Administration seine frühere Bedeutung zurückzugeben.

Dabei handelte es sich allerdings um einen rein symbolischen Akt: Daß der Papst der Imperatorenfigur die zentrale Position auf dem neuen Platz einräumte, konnte allenfalls als Geste des Respekts vor der kaiserlichen Würde, aber kaum als Zurücknahme des päpstlichen Primatsanspruchs gedeutet werden. Durch eine Inschrift auf dem Statuensockel wird die Neuaufstellung der Figur denn auch ausdrücklich als Stiftung Pauls III. kenntlich gemacht – es ist der Papst, der dem Kaiser seine Präsenz an diesem Ort zugesteht. Und dem römischen Senat verschaffte die Aufwertung seines Amtssitzes allenfalls äußerliches Prestige; an seiner Abhängigkeit vom Papst änderte sich durch die städtebauliche und künstlerische Neustrukturierung des Kapitols nichts. Ein umfangreiches, die Reiterfigur begleitendes Skulpturenprogramm, das neben der Aufstellung weiterer Antiken auch eine Sitzstatue Pauls III. im Senatorenpalast umfaßte – jenen Typus des Papstporträts, den zu Beginn des 14. Jahrhunderts Bonifaz VIII. begründet hatte , ließ keinen Zweifel daran, daß das Kapi tol nun endgültig zum Schauplatz päpstlicher Repräsentation geworden war.

Gleich nach seiner Thronbesteigung beruft Paul III. Michelangelo erneut in päpstliche Dienste und gibt zunächst das Fresko des Jüngsten Gerichts an der Altarwand der Cappella Sistina bei ihm in Auftrag. Damit ergreift er die Chance, sich als Vollender in die Geschichte dieses wichtigsten Schauplatzes päpstlicher Kunstförderung einzuschreiben: Der Ehrgeiz, erneut Anschluß an die große Epoche der Hochrenaissance zu gewinnen, kennzeichnet seine Kunstpolitik ebenso wie das Interesse der Gegenwart an religiöser Reform. Michelangelos monumentales Fresko erweitert das heilsgeschichtliche Programm der Palastkapelle um die Vorstellung des Weltenendes, die Dimension ewiger Erhöhung und Verdammung, wie sie zuletzt in der Bildkunst des Mittelalters ähnlich eindrucksvoll zum Tragen gekommen war. Die Konzentration auf die menschliche Figur, schon in der Sixtinischen Decke zentrales Moment für Michelangelos Bildkonzeption, erscheint hier nochmals auf eine neue Stufe geführt: Michelangelo verzichtet jetzt gänzlich auf ein gliederndes Gerüst und errichtet statt dessen eine kolossale Architektur der Körper, die in bewegtem Pathos die Dramatik des Geschehens unmittelbar einsichtig macht.

Während des folgenden Jahrzehnts wurde Michelangelo vor allem zum päpstlichen Architekten – seit 1538 durch den Neubau des Kapitols, ab 1546 durch sein Amt als Petersbaumeister. Beide Aufgaben akzeptierte er nur widerwillig, da er sich nach wie vor in erster Linie als Bildhauer sah. Dessen ungeachtet gehört seine Planung für das Kapitol, deren praktische Ausführung zu Lebzeiten Pauls III. über erste Anfänge nicht hinauskam und erst lange nach seinem Tod vollendet wurde, zu den großen städtebaulichen und architektonischen Leistungen des Jahrhunderts. Bereits die scheinbare Selbstverständlichkeit, mit der Michelangelo den unregelmäßigen Zuschnitt des mittelalterlichen Platzes in die gestaltete Form von Trapez und Oval umdeutet, zeigt sein intuitives Verständnis der Bauaufgabe. Die Schaufronten der kapitolinischen Paläste – im Zentrum der mittelalterliche, von Michelangelo mit einer neuen Fassade verblendete Senatorenpalast, rechts der Konservatorenpalast, dessen Ergänzung durch den gegenüberliegenden Palazzo Nuovo von Anfang an vorgesehen ist – machen eine Umkehr in Michelangelos Architekturauffassung deutlich. Einerseits erschließen die großen, mehrere Geschosse umgreifenden Kolossalordnungen ein neues, der Antike unbekanntes Vokabular des Bauens, das bis weit in den Barock hinein fortwirken wird. Andererseits greift der Detailentwurf auf klassische Vorbilder zurück und umgeht fast vollständig die manieristische Maxime der freien Formerfindung, die frühere Bauentwürfe Michelangelos entscheidend geprägt hatte.

Möglicherweise kommt hier eine Reverenz vor dem antiken Ort zum Ausdruck, der nun, unter dem Vorzeichen neuer Führungsansprüche, zum Schauplatz einer *renovatio urbis* werden sollte. In dieser Vorstellung sah nicht nur der Papst, sondern auch sein Architekt ein verpflichtendes Ziel. Eines der letzten Architekturprojekte Michelangelos, der Einbau der Kirche Santa Maria degli Angeli in die erhaltenen Reste der Diokletiansthermen (Abb. 30), wird ab 1561 noch einmal eindrucksvoll unter Beweis stellen, wie weit die produktive Auseinandersetzung mit dem Erbe der Antike sein römisches Werk über weite Strecken bestimmt.

An der Fassade des Konservatorenpalasts bringt Michelangelo das leitende Thema all seiner Bauentwürfe, die prinzipielle Auseinandersetzung mit Grenzen und Möglichkeiten der Säulenarchitektur, mit großer Konsequenz zum Ausdruck: Im Gegensatz zum primär dekorativen Verständnis der Säulenordnungen, wie es sich in der Baupraxis der Renaissance bis dahin durchgesetzt hatte, ordnet Michelangelo den Vokabeln der antiken Architektur wieder ihre ursprüngliche Funktion des Tragens und Lastens zu.

Trotz der Intensität, mit der sich Michelangelo der Gestaltung des Areals und der Paläste widmet, ist das charakteristische Merkmal des Kapitolsplatzes die fehlende Autonomie seines Architekturentwurfs. Platzfläche und Bebauung finden ihren gedanklichen und gestalterischen Bezugspunkt im Reiterbildnis des Marc Aurel,

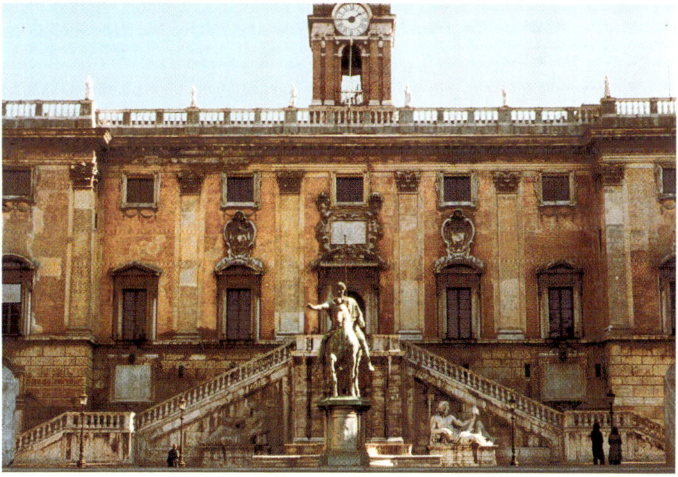

29 Kapitolsplatz mit antiker Reiterstatue des Marc Aurel

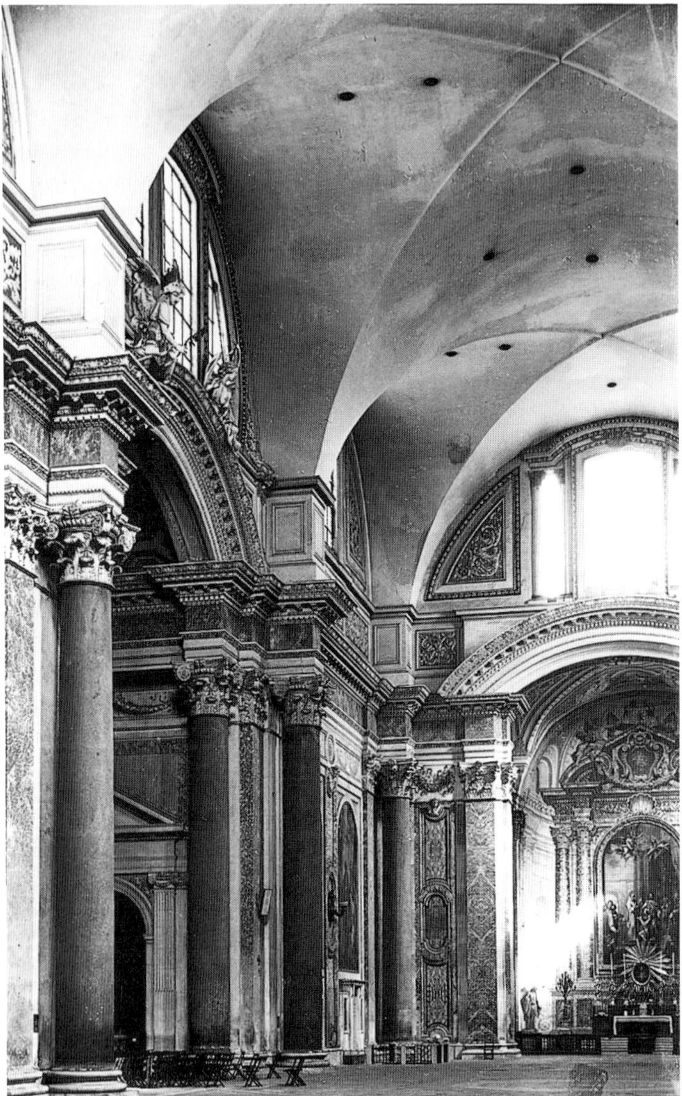

30 Santa Maria degli Angeli. Umbau der Diokletiansthermen durch Michelangelo, 1561–1566

das Michelangelo in die Mitte des Areals plaziert und in jeder Hinsicht zur Richtschnur seiner Planung macht. Statt die relativ geringe Größe der Figur durch einen hohen Sockel auszugleichen und den Reiter so den Augen des Betrachters zu entziehen, schöpft Michelangelo alle Mittel der architektonischen Suggestion aus, um die visuelle Vorherrschaft des Standbilds zu gewährleisten. Das den Reiter umgebende, eingetiefte Bodenoval überführt den trapezförmigen Umriß des Platzes in eine zentrierte Form und lenkt mit seinem komplizierten Sternmuster – von Michelangelo entworfen, aber erst im 20. Jahrhundert ausgeführt – den Blick unwillkürlich auf die Skulptur; deren Position wird durch die subtile Wölbung der Bodenfläche unmerklich angehoben. Auch die Architektur trägt dazu bei, die Wirkung der Skulptur auf den Betrachter zu steigern: Erst die Maßabstufung zwischen dem aufgesockelten Senatorenpalast und den verhältnismäßig niedrigen Flankenbauten gibt dem Platz jenen räumlichen Maßstab, der dem Standbild seine beherrschende Stellung ermöglicht.

Das Interesse an straff organisierten Gestaltungszusammenhängen und bildlicher Eindeutigkeit, das den Entwurf für das Kapitol auszeichnet und vom Skeptizismus seiner früheren Bauten in Florenz abrückt, offenbart Michelangelos sicheres Gespür für die veränderten Forderungen der Zeit. Erst recht zeigt sein architektonisches Hauptwerk, der Bauentwurf für Sankt Peter, wie weit Michelangelo sich mit dem Reformprogramm und der Person Pauls III. identifizierte.

Als Nachfolger Bramantes, Raffaels und schließlich Antonio da Sangallos im Amt des Petersbaumeisters übernahm der Siebzigjährige ein schwieriges Erbe. Das riesige, hölzerne Gesamtmodell, von Sangallo während seiner letzten Lebensjahre entworfen und gebaut, war die letzte Konsequenz des utopischen Plandenkens, das den Bau spätestens seit der Zeit Leos X. bestimmt und die Frage nach der Ausführbarkeit immer stärker verdrängt hatte. Michelangelos vehemente Kritik an der räumlichen Verschränkung und schlechten Belichtung des Sangallo-Modells ist in einem Brief aus dem Jahr 1546 überliefert – für ihn sind die vielen Nebenräume der Kirche «lauter dunkle Verstecke, die zu zahlreichen Untaten verleiten wie gesuchte Verbrecher zu verbergen, Falschgeld herzustellen, Nonnen zu schwängern und vieles andere mehr». Trotz sarkastischer Übertreibung ist der ernste Unterton der Äußerung nicht zu überhören; Michelangelo macht sich wesentliche Standpunkte der moralischen St.-Peter-Kritik zu eigen, die in der Propaganda der Reformation von Anfang an eine Rolle gespielt hat und inzwischen auch in Italien zunehmend laut wird.

Daß uns der Plan, den Michelangelo in den Jahren 1546/47 für die Vollendung der Peterskirche ausarbeitete, in keiner eigenhändigen Zeichnung, geschweige denn in einem Modell als Ganzes vor Augen steht, sagt einiges über den Prioritätenwechsel aus, den der neue Chefarchitekt gegen viele Widerstände im Baubüro von Sankt Peter durchsetzte. Statt sich selbst genügender Planung, die sich vor künftiger Veränderung durch vermeintlich verpflichtende Gesamtplanungen zu schützen suchte, bestimmte von jetzt an die praktische Ausführung in überschaubaren Zeiträumen und rational kalkulierten Schritten das Interesse an dem Neubau. Tatsächlich wurde unter Michelangelos Leitung (1546–1564) der materiell größte Teil des Baus ausgeführt. Zwar sollte es später noch zu schwerwiegenden Eingriffen in seine Konzeption kommen – vor allem durch den Anbau des Langhauses durch Carlo Maderno zu Beginn des 17. Jahrhunderts – , aber es war Michelangelos Entwurf, der den Sprung von der Utopie zur Vollendbarkeit bewirkte und dem Bau auch in künstlerischer Hinsicht auf Dauer seinen Stempel aufdrücken konnte.

Michelangelos Plan, wie er in den Stichen Étienne Dupéracs von 1569 am anschaulichsten faßbar ist, folgt einem radikalen Programm: Verminderung der Baumasse, statische Stabilisierung, Verbesserung der Belichtung, einheitliches Erscheinungsbild und räumliche Überschaubarkeit heißen die wichtigsten Ziele. Auf eine Äußerung Michelangelos selbst geht die Meinung zurück, sein Reduktionsplan für Sankt Peter bedeute eine Rückbesinnung auf die Ideale Bramantes, die den Bau in seinen Anfängen bestimmt hätten. Diese Vorstellung trifft insofern zu, als Michelangelo im Anschluß an frühe Planungen Bramantes einen Kuppelbau über griechischem Kreuz vorsah und damit den Zentralbaugedanken der Renaissance noch einmal aufgriff. Dennoch vertritt Michelangelos Entwurf in funktionaler und räumlicher Hinsicht ein neues Ideal des Kirchenbaus, das den gewandelten Architekturvorstellungen der Gegenreformation zum Durchbruch verhilft und eine Absage an die Tradition der Renaissance bedeutet. Michelangelos Kritik an der räumlichen Verschachtelung des Sangallo-Modells traf letztlich auch Bramante: Auf ihn, nicht auf seine Nachfolger ging die ausgreifende, um eine Vielzahl abgestufter Zentren gruppierte Grundrißdisposition zurück, die in Sangallos Plan lediglich ihre äußerste Steigerung erfahren hatte. Erst Michelangelo nimmt den Nebenzentren in den Zwikkeln der Kreuzarme ihre räumliche Selbständigkeit und bindet sie in den Zusammenhang des Hauptraums ein; durch den Verzicht auf die äußere, um Kreuzarme und Nebenzentren gelegte Raumschicht erreicht er zugleich, daß die Vierung, die mit Apostelgrab und Papstaltar das theologische Zentrum Sankt Peters beherbergt, die Geometrie des Baus erstmals unangefochten beherrschen kann.

Der Wunsch nach Vereinheitlichung und hierarchischer Straffung des Baugefüges bestimmt als neuer architektonischer Leitgedanke auch das äußere Erscheinungsbild der Kirche, das in den westlichen Partien noch weitgehend den Vorstellungen Michelangelos entspricht. Mächtige Kolossalpilaster korinthischer Ordnung fassen in dynamischem Rhythmus die komplizierte Geschoßfolge bis zum Kranzgesims zusammen; der Kuppeltambour nimmt mit seinen paarweise gebündelten, vor die Mauer gesetzten Säulen diese Gliederung auf und stärkt damit den vertikalen Zusammenhang des Bauganzen, der für Michelangelo im Gegensatz zu allen früheren Planungsstadien ein Entwurfskriterium ersten Ranges darstellt. Für Konstruktion und Umriß der Kuppelschale hat Michelangelo in seiner mehr als achtzehnjährigen Tätigkeit als Petersbaumeister mehrere Alternativen erwogen. Giacomo della Porta, der 1588 mit der Ausführung der Kuppel beginnen wird, folgte keinem dieser Entwürfe exakt, behielt aber wesentliche Elemente der Michelangelo-Planung bei, so die Trennung zwischen innerer und äußerer Schale und die außen sichtbare Rippenkonstruktion. Sein anfängliches Vorhaben, die Peterskuppel durch einen gestelzten Außenumriß dem Florentiner Vorbild weiter anzunähern, hatte schon Michelangelo im Verlauf der Planungen zugunsten eines halbkugelförmigen Entwurfs in der Tradition Bramantes fallenlassen. Erst della Porta wird wieder auf Michelangelos Überlegungen zurückgreifen und sich für eine dynamische Kurvierung der Außenschale entscheiden, die den Vertikalschub der unteren Partien ungebrochen in die Bekrönung des Baus überführt (Abb. 40).

Seit etwa 1550 wurde erstmals seit Beginn des Jahrhunderts auch wieder konkret über die Innenausstattung des Neubaus von Sankt Peter nachgedacht. Guglielmo della Porta (um 1515–1577) begann um diese Zeit seine Arbeit am Grabmal Papst Pauls III., das in Analogie zu den früheren Plänen Julius' II. zunächst als freistehendes Monument in der Peterskirche plaziert werden sollte. Nach einer wechselvollen Geschichte fand das Werk in der Westapsis der Peterskirche einen weniger exponierten Aufstellungsort. Selbst im heutigen, gegenüber della Portas Entwurf stark veränderten Arrangement wird deutlich, wie eng sich das Sitzmotiv der Papststatue und die schräg gelagerten allegorischen Figuren auf Michelangelos Medici-Gräber in der Neuen Sakristei von San Lorenzo in Florenz beziehen. Besonders die Statue Pauls III. (Abb. 31) stellt eine eindrucksvolle Leistung della Portas dar. Gestik und Gewandung entfernen sich von der herkömmlichen Ikonographie der Papststatuen; sie betonen mit gesuchter Präzision die doppelte, weltliche und geistliche Dimension des päpstlichen Amtes. Statt des üblichen Segensgestus' vollzieht der rechte Arm jene Grußgebärde, die der Reiterstatue des Marc Aurel auf dem Kapitol entlehnt ist. Kommt darin der Anspruch des Papstes auf politische Autorität zum Ausdruck, so sind die barhäuptige Darstellung und der nackte, nur mit einer Sandale bekleidete Fuß eher als Demutsformeln zu deuten. Hier wird bereits das neue Amtsverständnis der gegenreformatorischen Päpste erkennbar.

Paul III. fand sich 1540 zur Bestätigung des Jesuitenordens als effektives, dem Papst unmittelbar verfügbares Instrument der kirchlichen Reform bereit, aber unter seinen Nachfolgern standen dem Orden zunächst schwere Zeiten bevor. So kam es erst 1568 zum Bau von Il Gesù, der römischen Hauptkirche der Jesuiten, die neben Michelangelos Sankt Peter zum wichtigsten Monument gegenreformatorischer Architektur in Rom werden sollte. Treibende Kraft des Neubaus war Alessandro Farnese, Kardinalnepot Pauls III., Förderer der Jesuiten seit der ersten Stunde und schließlich auch wichtigster Finanzier des Bauunternehmens, für das seit 1550 erste Planungen vorlagen. Auf Alessandro Farnese ging auch die Wahl des Architekten zurück: Er berief Jacopo Barozzi «il Vignola» (1507–1573), der seit 1546 als Hausarchitekt in Diensten der Farnese stand und 1564, nach dem Tod Michelangelos, auch die Bauleitung von Sankt Peter übernommen hatte.

Im Unterschied zu Michelangelo, der für Sankt Peter einen Bautypus der Renaissance reduziert, für seinen Bau von Santa Maria degli Angeli hingegen einen antiken Raum überformt und neu gedeutet hatte (Abb. 30), formulierte Vignola mit Il Gesù einen originellen Prototyp des Sakralbaus, der lediglich in Einzelheiten durch Antonio da Sangallos römische Hospitalkirche Santo Spirito in Sassia von 1537 vorbereitet war. Erst Vignola fand zu der zwingenden Verbindung des einschiffigen, gewölbten, von Seitenkapellen begleiteten Saals mit Vierungskuppel, flachen Querarmen und Apsis – jenem einfachen, die Raumwirkung vom Eingang zum Sanktuarium steigernden Längsbauschema, das für rund zwei Jahrhunderte den erfolgreichsten Prototyp für die katholische Sakralarchitektur Europas abgeben sollte (Abb. 32).

In mehrfacher Hinsicht kann man Vignolas Schöpfung als Ergebnis kritischer Auseinandersetzung mit der Architektur der Renaissance, vor allem mit der Geschichte von Sankt Peter, verstehen. Die Gerichtetheit des Raumes stellt bereits im Grundrißbild eine Antithese zum Zentralbautypus auf, der wegen seiner mangelnden liturgischen Funktionsfähigkeit schon immer im Kreuzfeuer theologischer Kritik gestanden hatte. Die durch die Tradition sanktionierte Kuppel behielt Vignola bei – allerdings vornehmlich als festlichen Akzent des Außenbaus. Ihr Radius greift nicht über die Breite der Kreuzarme hinaus, so daß sie den räumlichen Tiefenzug des Inneren kaum unterbricht. Praktische Vorteile sprachen für einen weiträumigen Zuschnitt des Langhauses und gaben den Ausschlag, auf Seitenschiffe zu verzichten – im Gesù wurden sie durch eine Reihe selbständiger Kapellen ersetzt. Vignola erreichte so eine Kontinuität des Raumes, die auch den Laien beste Sicht auf den Hochaltar bot und die Aufmerksamkeit des Kirchenvolks für das sakrale Geschehen nicht nur ermöglichte, sondern geradezu erzwang.

Die optische Hervorhebung des Meßopfers war das große Ziel, das die römische Jesuitenkirche der Architektur als zeitgemäß vorgab. Ihm dienen die Grundrißbildung, die Gewichtung und Zuordnung der räumlichen Komponenten und die Belichtung des Innenraums, auf die Vignola besonderen Wert legte.

Damit entspricht der Entwurf des Gesù der Prioritätensetzung des Tridentinischen Konzils: Die liturgischen Funktionen, nicht formale Erwägungen sollen den Kirchenbau der neuen Epoche bestimmen. Es war Vignolas besondere Leistung, diese nutzungsbetonte Maxime in ein ästhetisches Konzept umgesetzt zu haben. Dabei diente offenbar die jesuitische Auffassung der Liturgie als Leitfaden für den Bauentwurf. Die perfekte Übersichtlichkeit des Innenraums, seine suggestive, auf den Hochaltar zielende Achsenbindung schuf eine bauliche Entsprechung zu den theaterhaft inszenierten Meßfeiern, die der Orden als Medium seines öffentlichen Wirkens einsetzte und die etwa Michel de Montaigne in seinem Reisebericht aus Rom beschreibt. Die wesentlich neuen Züge der Architekturauffassung Vignolas, die Sixtus V. wenig später auf eine städtebauliche Ebene übertragen sollte, gingen im Ursprung also auf veränderte funktionale Forderungen zurück.

Zugleich fand die anspruchsvolle Intellektualität der jesuitischen Theologie, die neben dem Gebot sinnlicher Eindringlichkeit von Anfang an das Profil des Ordens bestimmte, im Gesù ihren gültigen Ausdruck. Statt der heutigen, farbintensiven und kostbaren Wandverkleidung gaben ursprünglich heller Verputz und schlichte Materialien den Ton an; chromatische Akzente setzten allein die Bilder. Möglicherweise ging das Programm der ursprünglichen Bildausstattung auf den spanischen Jesuiten Francisco Borja zurück. Jedenfalls unterlag die Wahl der Bildthemen nicht nur für die großen Altäre in Apsis und Querarmen, sondern auch für die kleinen Seitenaltäre einer einheitlichen Regie, die entgegen der bis dahin gültigen Praxis den privaten Stiftern der Kapellen keinen Einfluß auf die Bildgegenstände zugestand. Auf diese Weise wurde es möglich, den räumlichen Aufbau der Kirche vom Langhaus über die Vierung bis zu Querarmen und Apsis mit einem klar strukturierten Bildprogramm zu begleiten. In kalkulierter Steigerung schreitet es von den irdischen über die himmlischen Offenbarungen der göttlichen Lehre zu den zentralen Themen der Christologie, Kreuzigung und Auferstehung, fort. Den krönenden Abschluß bildete ursprünglich Girolamo Muzianos Hochaltarbild mit der Beschneidung Christi, einem Thema, das auf das Patrozinium der Kirche – den «heiligsten Namen Jesu» – abgestimmt war.

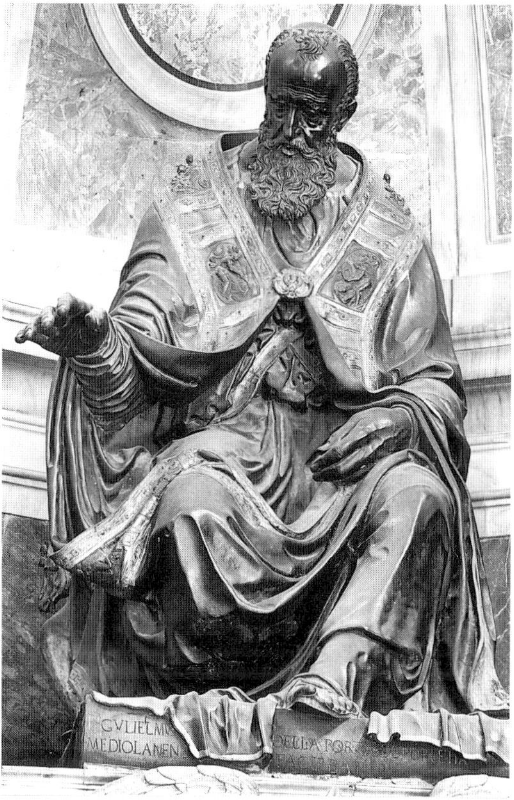

31 Guglielmo della Porta, Grabmal Papst Pauls III., 1550–1574. Sankt Peter. Die thronende Papstfigur

Absichtsvoll umging das ikonographische Programm die populären Marienthemen, die in der Bildpropaganda anderer Reformorden, etwa der Oratorianer, eine beherrschende Rolle spielen – ein Hinweis darauf, daß die hochmodern erscheinende, mediale Bewußtheit jesuitischer Kunstpraxis keineswegs der Bestätigung religiöser Publikumserwartungen dienen sollte, sondern im Gegenteil als Mittel theologischer Umerziehung gedacht war. Die römische Jesuitenkirche wurde zum Forum bildlicher Belehrung und nahm damit in der Laienmission des Ordens jene Aufgaben wahr, die das Ausbildungsinstitut des Collegio Romano für den Priesternachwuchs erfüllte. In bruchloser Integration unterstreichen Bildausstattung und Architektur den lehrhaften Anspruch, der zugleich in der Predigttätigkeit des Ordens seinen

Ausdruck fand. Dieser ideologischen Zielsetzung ist zu verdanken, daß mit dem römischen Gesù das früheste ‹Ensemblekunstwerk› Europas entstand: Architektur, künstlerische Form des Raumschmucks sowie die Ikonographie der Ausstattung waren nun einer verbindlichen Gesamtordnung unterworfen. Schon wenig später sollte diese ebenso autoritäre wie wirkungsvolle Regie der katholischen Barockkunst die Maßstäbe ihrer religiösen Propaganda liefern.

Mit seinem Fassadenprojekt für den Gesù konnte sich Vignola nicht gegen den jüngeren Konkurrenten Giacomo della Porta, den erfolgreichsten Architekturschüler Michelangelos, durchsetzen. Vignolas subtil rhythmisierter Aufriß, der mit geduldigem Studium durch den Betrachter rechnete, entsprach nicht mehr den Bedürfnissen einer gewandelten Gegenwart. Obwohl della Porta viele Elemente aus Vignolas Planung übernahm, bot er die ungleich kraftvollere, wenn auch weniger differenzierte Lösung an: Der kompakte Umriß, die energische Koppelung der Pilaster und Halbsäulen, die klare Akzentuierung der Mitte – all diese

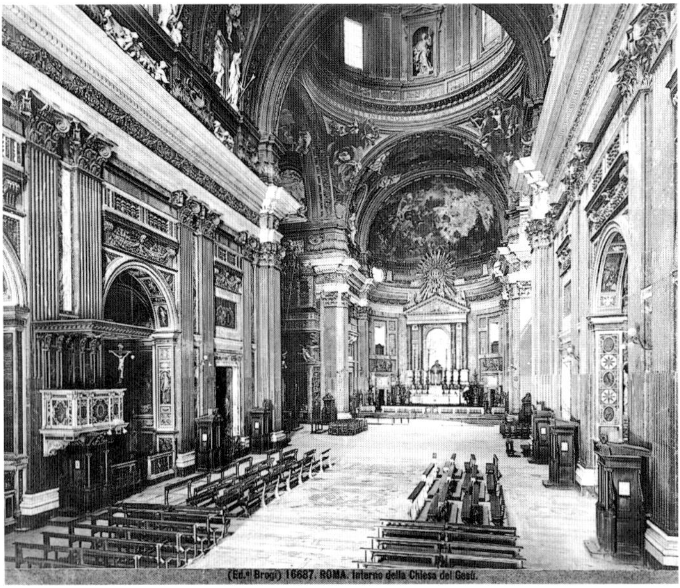

32 Il Gesù, 1568–1584. Blick in den Innenraum

Züge verleihen dem ausgeführten Entwurf della Portas seine unvergleichliche Beredsamkeit, die viele andere Architekten Roms bis weit in die Barockzeit hinein durch ähnliche Fassaden nachzuahmen suchten.

Papst Pius IV. aus dem mailändischen Haus Medici (1559 bis 1565), einer der eifrigsten Verfechter der Kirchenreform, prägte durch strenge Religiosität und asketische Lebensführung ein neues Ideal der Nachfolge Petri. Der Aspekt seiner Amtsführung, der ihn ungebrochen in die Tradition der Renaissance-Päpste stellte, war sein hohes, wenn auch oft unterschätztes Engagement für die Künste. Pius trieb nicht nur die Arbeiten an Sankt Peter und dem Kapitolsplatz energisch voran, durch ihn wurde Michelangelo während seiner letzten Lebensjahre außerdem in eine weitere städtebauliche Kampagne von großer Tragweite eingebunden. Pius' Vorhaben, die antike Via Nomentana von der nordöstlichen Stadtgrenze geradlinig bis zum Palazzo Venezia nahe dem Kapitol zu verlängern, kam nicht vollständig zur Ausführung; vom Quirinal bis zum nordöstlichen Abschnitt der Aurelianischen Mauer entstand jedoch die Via Pia als planmäßig angelegte Trasse von über 1500 Meter Länge, als deren Ziel Michelangelo ein neues Stadttor, die Porta Pia, entwarf. Dem üblichen, verteidigungstechnischen Zweck von Stadttoren zeigt sich die seit 1561 errichtete Porta Pia mit ihrer dünnwandigen Architektur kaum gewachsen. Ihre wichtigste Aufgabe wird eine ästhetische: Wie in einem Bühnenbild des 16. Jahrhunderts hat sie als zentraler Fluchtpunkt den perspektivischen Tiefenzug der Straße zu begrenzen. Die Tatsache, daß die Porta Pia ihre einzige gestaltete Fassade der Stadt zukehrt, unterstreicht den auffälligen Funktionswandel vom Wehrbau zur theatralischen Schauarchitektur.

Mit der Erschließung der Via Pia hatte Pius IV. die städtebauliche Erneuerung Roms zum Hauptthema der päpstlichen Baupolitik erhoben und so ein Zeichen für seine Nachfolger gesetzt. Schon zum Heiligen Jahr 1575 wurde als direkte Verbindung zwischen Santa Maria Maggiore und Lateran die Via Merulana angelegt. Dann bestieg mit Sixtus V. Peretti (1585–1590) ein energischer Franziskaner den Papstthron, der trotz seiner kurzen Amtsdauer die städtebauliche Struktur Roms stärker verändern sollte als alle seine Vorgänger. Sixtus machte die Hauptkirchen Roms zum Ausgangspunkt einer systematischen Straßenbaukampagne: Schon um die zunehmenden Pilgerströme zu kanalisieren, leitete er die Verknüpfung der Patriarchalbasiliken durch gerade, viele Kilometer lange Verkehrsachsen ein. Dem selben Ziel diente die Öffnung großer Platzanlagen in der Umgebung der religiösen Stätten.

Als nüchterner Politiker, der sich unter anderem um eine durchgreifende Reform der Kurialverwaltung und die Sanierung des päpstlichen Haushalts bemühte, war sich Sixtus über den praktischen Wert städtebaulicher Maßnahmen im klaren. Darüber hinaus – das macht ihn zum größten Städtebauer unter den Päpsten – entdeckte er erstmals seit Jahrhunderten wieder das unvergleichliche Potential, das der Stadt Rom als Schauplatz päpstlicher Auftritte und Zeremonien innewohnt. Die im Ursprung mittelalterliche Praxis der Stationsmessen, die Sixtus V. aufgriff und zu einem Instrument päpstlicher Repräsentation ausgestaltete, rückte entschiedener als je zuvor den Pontifex selbst ins Zentrum des römischen Pilgerwesens: Seit 1586 hatten die Päpste gemeinsam mit dem Stadtklerus und den Bischöfen der stadtnahen Diözesen zu bestimmten Zeiten Präsenzpflichten in den Hauptkirchen Roms zu erfüllen. Die neuen Straßen dienten also nicht zuletzt dem Papst als Prozessionswege und erfuhren dementsprechend eine zeremonielle Aufwertung. Aber auch wenn der Papst persönlich nicht zugegen war, sollten sich die Römer auf Schritt und Tritt seine Nähe bewußt machen, sollte die Stadt als gestalteter Raum pontifikaler Amtsgewalt in Erscheinung treten. So erklärt sich das Bedürfnis, die praktischen Zwekke der Verkehrsadern ästhetisch zu überhöhen. Die Verknüpfung langer, distanzüberwindender Perspektiven mit spektakulären optischen Zielen, wie sie durch Via Pia und Porta Pia erstmals Eingang in die städtebauliche Praxis fand, wurde unter Sixtus V. zum regulären Mittel der urbanistischen Planung. Von hier aus wirkt sie als Organisationsprinzip des Städtebaus – einmal mehr läßt sich das von einer künstlerischen Errungenschaft aus dem Rom dieser Tage sagen – bis in den europäischen Barock weiter.

«Sixtus V PM Viam Aperuit Religioni Ornamento Commoditati» (Sixtus V., Pontifex Maximus, hat die Straße der Religion, dem Schmuck und der Bequemlichkeit erschlossen): In dieser Inschrift an der neu geschaffenen Via Felice spricht sich die Verbindung von religiöser Ideologie, künstlerischem Ehrgeiz und nüchternem Organisationssinn aus, die den Papst als typischen Exponenten seiner Zeit erscheinen läßt. Alle seine städtebaulichen Aktivitäten ließ der Papst penibel durch Inschriften belegen, wie man noch heute beim aufmerksamen Durchqueren der Stadt feststellt. Über der Acqua Felice etwa, dem Wandbrunnen, den Sixtus unweit der Diokletiansthermen anlegen ließ, verkünden Lettern von solcher Größe den Ruhm des Stifters, daß darunter das Brunnenmonument mit der mächtigen Moses-Statue beinahe zur Nebensache schrumpft.

Von besonderer Bedeutung waren für Sixtus V. die Obelisken Roms, zu antiker Zeit als hochbegehrte Importstücke aus Ägypten in die Hauptstadt gelangt und schon von den römischen Kaisern systematisch als Herrschaftssymbole eingesetzt. An diese Tradition suchte Sixtus erneut Anschluß zu gewinnen, indem er den Monumenten – deren archäologische Erforschung er zugleich entschieden förderte – innerhalb der Stadt neue Standorte zuwies. Zahlreiche Obelisken wechselten nun an die Schlüsselstellen des neu angelegten Straßennetzes (Abb. 33), wo sie bis heute als weithin sichtbare perspektivische Zielmarkierungen wirken. Die heidnischen Denkmäler erfuhren durch ihre Einbindung in den christlichen Kontext der *Roma restaurata* eine religiöse Umdeutung, wie sie für den Umgang der Epoche mit überkommenen Altertümern kennzeichnend ist. Aufsehen erregte insbesondere der Umzug des Vatikanischen Obelisken von seinem Standort südlich der Petersbasilika, wo er einst den Neronischen Zirkus schmückte, auf den architektonisch noch ungegliederten Petersplatz vor der Westfassade der Basilika. Der päpstliche Architekt Domenico Fontana, den Sixtus 1584 mit der Planung und Durchführung des Transports beauftragte, hielt in einem eigens publizierten Buch jeden Schritt des Unternehmens fest, dessen technisch perfekte Bewältigung er zu seinen größten Ruhmestaten zählte.

Römischer Manierismus

Die römischen Fresken Michelangelos, die späten Bauten und Bilder Raffaels haben zu Beginn des 16. Jahrhunderts die Maßstäbe und Vorbilder der *maniera* geschaffen und damit eine neue Positionsbestimmung der Kunst vorbereitet. Durch Giorgio Vasari auf den Begriff gebracht, wird der Manierismus in der Spätphase der

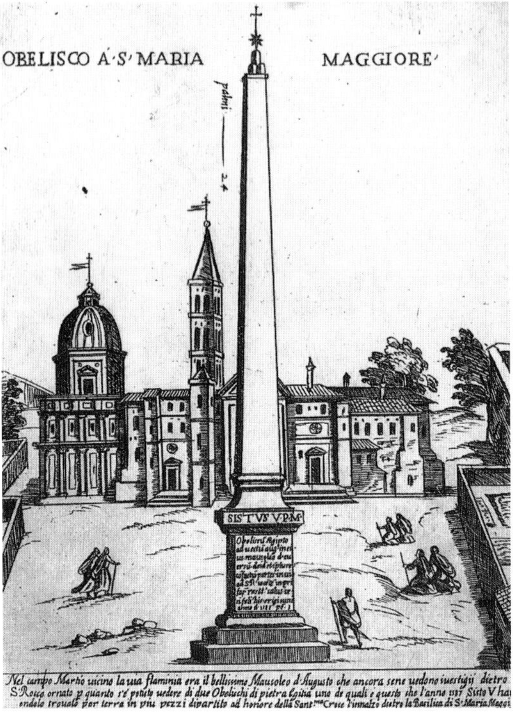

33 Obelisk vor Santa Maria Maggiore, Kupferstich, um 1600

Renaissance allgemein tonangebend. Sein Aufstieg vollzieht sich an den Höfen von Mantua, Florenz oder Parma: Hier wird das manieristische *l'art pour l'art*, die radikale Konzentration der Kunst auf sich selbst, nicht nur von Künstlern betrieben, sondern auch von Auftraggebern geschätzt; paradoxe Wirkungen und virtuose Einfälle stehen bald nicht mehr für Oppositionsgeist und Zeitkritik einzelner Künstler, sondern gehören zu den Qualitäten, die ein höfisches Publikum vom Kunstwerk erwarten darf. Im Rom der Gegenreformation hat sich das kulturelle Klima, einst jeder Neuerung aufgeschlossen, jedoch gründlich gewandelt. Das gilt vor allem für die offizielle päpstliche Auftragskunst: Zu eng bleibt sie in geistliche Funktionen und politische Programme eingebunden, zu sehr wird sie vom stets beherrschenden Interesse an der Legitimation des Petrusamtes beansprucht, als daß sie sich jene Freiräume erschließen könnte, die sie in den führenden Zentren des Manierismus genießt.

Unterhalb der Stufe päpstlicher Kunstpatronage öffnen sich jedoch auch in Rom Entfaltungsmöglichkeiten für experimentelle Strömungen, die das Spektrum manieristischer Stilfindung entschieden bereichern. Das gilt vor allem für die Malerei, wobei sich die gegenläufigen Tendenzen der Zeit in ein und demselben Künstlerœuvre niederschlagen können. Daniele da Volterra (1509–1566) zum Beispiel entwickelt 1541 in einem privaten Auftragswerk, der ‹Kreuzabnahme› in Santissima Trinità de' Monti, einen höchst expressiven Figurenstil, der in verehrender Haltung an Michelangelos frühe Skulpturen für das Juliusgrabmal anknüpft. Zwanzig Jahre später findet sich derselbe Maler bereit, auf Geheiß Papst Pauls IV. die Nuditäten in Michelangelos ‹Jüngstem Gericht›, die von einer rigorosen kirchlichen Moral inzwischen als anstößig empfunden werden, zu übermalen und sich so zum ausführenden Organ einer reaktionären Kunstpolitik zu machen. Schon 1538 war Perino del Vaga (1501–1547), einst in der Nachfolge Raffaels geschult, aber nach dem *Sacco di Roma* in Genua zu Erfolg gelangt, in das Rom Pauls III. zurückgekehrt. Nach einigen Mühen gelingt es ihm, zum päpstlichen Hofmaler aufzusteigen, aber sein berühmtestes Werk, die Freskierung der Sala Paolina in der Engelsburg von 1545, entsteht nicht auf Bestellung des Papstes, sondern im Auftrag des Kastellans Tiberio Crispi, der sie seinem Brotherrn Paul III. widmet. Schon die Parallelführung zweier biographischer Themen, der Vita Alexanders des Großen und des Apostels Paulus, ist eine Erfindung von manieristischer Gesuchtheit, hängen doch beide Sujets historisch nicht zusammen, sondern ergeben nur als Anspielung auf den Tauf- und den Papstnamen Pauls III. einen gemeinsamen Sinn. Durch fast beiläufige Verschränkung mehrerer Realitätsebenen versteht es Perino del Vaga überdies, den Besucher effektvoll zu überraschen: Zwischen die Wandfresken malt er fingierte Türöffnungen, durch die man imaginäre Personen in natürlichem Maßstab den Raum betreten und verlassen sieht (Abb. 34).

Zu glänzenden Schauplätzen profaner Malerei werden währenddessen Villen und Privatpaläste römischer Familien. Die antike Mythologie findet hier ebenso wie die Aktdarstellung Zuflucht vor den Forderungen kirchlicher Kunstdoktrin. Ein hervorragendes Beispiel ist der Audienzsaal des Palazzo Sacchetti, den Jacopo Salviati kurz nach 1550 mit virtuosen manieristischen Kompositionen und freizügig enthüllten Figuren dekorierte. Besonders raffinierten Geschmack, aber auch eine ungewöhnliche Welterfahrung legte der Kardinal Girolamo Capodiferro an den Tag, als er in den Jahren ab 1548 sein römisches Stadthaus, den heutigen Palazzo Spada, verschwenderisch mit Stuck und Malerei ausstatten ließ. An der Fassade zeigt sich der Kardinal als prinzipienfester Römer: Fides und Caritas, überlebensgroße Verkörperungen christlicher Tugenden, halten das Familienwappen über dem Por-

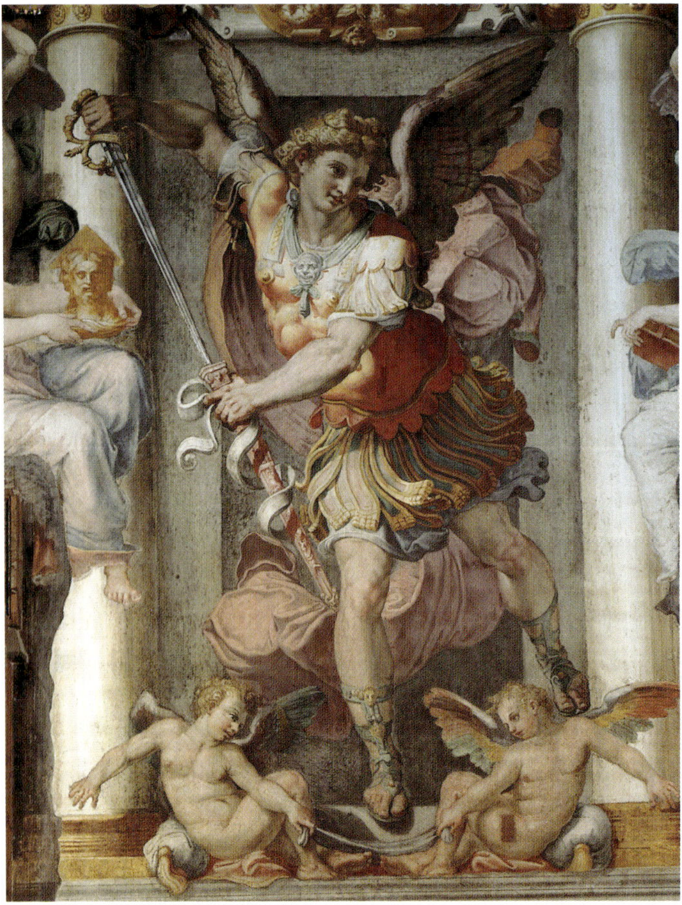

34 Perino del Vaga, Hl. Michael. Fresko in der Sala Paolina, 1545–1548. Engelsburg

tal; ergänzend treten patriotisch-fromme Inschriften sowie Helden der römischen Geschichte hinzu, die sich als Nischenfiguren die ganze Fassade entlangziehen und unter denen Numa Pompilius, der Begründer der römischen Religion, einen Ehrenplatz erhält. Schon im Innenhof wandelt sich das Bild völlig. Nackte, grazile Jünglingsgestalten des Stukkateurs Giuliano Mazzoni weisen hier die Wappenschilde vor – neben den Insignien des Hausherrn sieht man auch jene des französischen Königs, an dessen Hof der Kardinal lange Jahre als Diplomat gewirkt hat. Im Piano Nobile schließlich gelangt man über Umwege in einen kleinen, längsgerichteten Raum, der schon in zeitgenössischen Beschreibungen den Namen «*gallaria*» erhält. Es handelt sich um das erste Beispiel einer Galerie in Italien und damit um einen Innenraum, der sich nicht an römischer Tradition, sondern an französischer Mode orientiert: Die Grande Galerie König Franz' I. in Schloß Fontainebleau bot das berühmteste Beispiel für einen Raumtypus, der Empfangs- und Schauzwecken dient. Zwar kann die Galleria Capodiferro im Format mit Fontainebleau nicht wetteifern, aber ihre kostbare Ausstattung mit wandfest installierten Bildern, die sich in ein reiches Dekorationssystem aus Stuck einfügen, bezieht sich unzweifelhaft auf das prominente Vorbild. Der Gewölbeschmuck gipfelt in einer Darstellung Ganymeds, der von Jupiter in Adlergestalt entführt wird, legt also besonderes Gewicht auf ein homoerotisches Sujet. Mit diesem prekären Bekenntnis mag zusammenhängen, daß die Galerie Capodiferros so auffällig aus dem öffentlichen Raumprogramm des Palastes ausgegliedert wird und sich im hinteren Gebäudeflügel, weit von den Repräsentationsräumen entfernt, geradezu versteckt.

Inoffiziellen Charakter zeigt auch ein Meisterwerk manieristischer Skulptur, Taddeo Landinis Schildkrötenbrunnen, der zwischen 1581 und 1584 auf der kleinen Piazza nahe des Palazzo Mattei Aufstellung findet (Abb. 35). Mit ihm setzt jene imposante Folge römischer Figurenbrunnen ein, die im Barockzeitalter ihren Höhepunkt erleben wird. Schon ein Jahrzehnt früher ist mit der Acqua Vergine einer der antiken Aquädukte Roms neu erschlossen worden; eine eigens berufene päpstliche Brunnenkommission bemüht sich darum, die Versorgung der Altstadt mit Frischwasser zu verbessern. Der Schildkrötenbrunnen speist sich aus der Acqua Vergine, doch gehört er nicht in das Programm von 18 öffentlichen Brunnen, deren Errichtung die Kommission 1570 beschloß. Erst der Einfluß Muzio Matteis, des führenden Anwohners der Piazza, und wohl auch seine finanzielle Beteiligung an dem Projekt führten zum Baubeschluß.

In Landinis Brunnen auf der Piazza Mattei besitzt Rom eine elegante, erotisch akzentuierte Schöpfung florentinisch-höfischer Prägung, die man eher im Innenhof des Palasts als auf dem Platz davor vermuten würde; sie ist die vollkommene Antithese zur wenig späteren, monumentalen Brunnenstiftung Sixtus' V., der

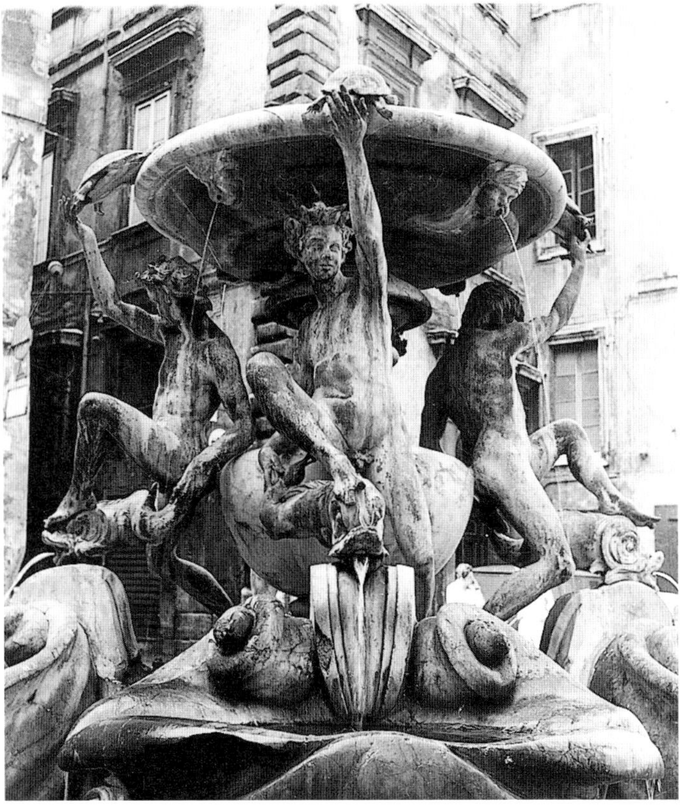

35 Taddeo Landini, Schildkrötenbrunnen auf der Piazza Mattei, 1581–1594. Ergänzung der Schildkröten um 1658

Acqua Felice, mit ihrem religiösen Statuenprogramm. Freizügig ihre Nacktheit zur Schau stellend, sind vier Bronzeknaben damit beschäftigt, vom Brunnensockel aus die Köpfe delphinartiger Wasserwesen zu erklimmen; in scheinbar stützender Gebärde strecken sich die Jünglinge der oberen Brunnenschale entgegen, ohne sie wirklich zu berühren. Fällt es bereits schwer, die Figuren eindeutig zu benennen – eine Identifizierung mit den vier Winden scheint immerhin möglich, doch ist die unbestimmte Ikonographie die manieristische Pointe des Entwurfs –, so sollte auch das Bewegungsmotiv der Figuren ursprünglich frei von zweckhafter Rechtfertigung bleiben. Erst nachträglich, im 17. Jahrhundert, wird man die vier Schildkröten hinzufügen, die so auf dem Rand der Schale balancieren, als seien sie in spielerischer Laune von den Jünglingen dort hinaufbefördert worden.

Einen spürbaren Aufschwung erlebt im späteren 16. Jahrhundert der römische Villenbau. Die *villegiatura* bietet – so scheint es – den vornehmen Bauherren der Zeit eine willkommene Alternative zu den Zwängen religiöser und moralischer Anpassung, die das städtische Leben der Eliten zunehmend einengen. Gerade hohe Kleriker entdecken neben den Innenbezirken ihrer Paläste zunehmend die Villa als kulturellen Zufluchtsort. Prominente Neubauten wie das Casino Papst Pius' IV. in den vatikanischen Gärten, von Pirro Ligorio entworfen, oder die nach Plänen von Giovanni und Annibale Lippi für einen toskanischen Kardinal errichtete Villa Ricci – dann Villa Medici – auf dem Pincio illustrieren in erster Linie das antiquarische Interesse der Auftraggeber. Die Fassaden verzichten auf raffinierte architektonische Gestaltungsmittel, statt dessen werden sie zu musealen Schauwänden, die dem Betrachter in beeindruckender Fülle Inschriften, Reliefs und Prunkstücke aus den Antikensammlungen der Hausherren darbieten. Auch die Gärten bleiben ein bevorzugter Ort, um Antiken wirkungs- und stimmungsvoll zu präsentieren.

Vergessen scheint jedoch die weitläufige Grandezza der Gartenanlagen, die zwanglose Fügung der Baukörper, die noch Raffaels Villa Madama in die Nähe antiker Villen gerückt hatte. Ein moderner Bau wie die Villa Medici kultiviert statt dessen eine Sprache der Abschließung (Abb. 36). Der Garten, nach Mustern der Frührenaissance in geometrische Karrees geteilt, verschwindet hinter einer hohen Mauer, der blockhafte Baukörper nimmt dank angefügter Ecktürme festungsartige Züge an. Auch manche Stadtpaläste jener Zeit, etwa der Palazzo Altemps im dicht besiedelten Tiberknie, greifen in respektheischender Geste wieder auf das alte Herrschaftszeichen von Türmen zurück, in dem die Tradition der Militärarchitektur freilich nur noch symbolisch überlebt. Der praktische Zweck hat sich unterdessen gewandelt: Das oberste Turmgeschoß wird jetzt zum Belvedere, jener großzügig geöffneten Aussichtsloggia, die dem Hausherrn das Privileg des weiten Blickfelds gewährt, ohne daß er die schützenden Mauern des Hauses verlassen muß.

1589 nahm der Maler Federico Zuccari (um 1540–1609), nachdem er vier Jahre in spanischem Hofdienst verbracht hatte, seinen Wohnsitz in Rom. An der Piazza Trinità dei Monti, die im Zuge der Stadtreform Sixtus' V. eben erst erschlossen worden ist, erwarb er ein Grundstück, um dort sein Atelier- und Wohnhaus zu errichten. Es lag in bevorzugter Nähe zum Villen- und Gartenquartier auf dem Pincio, blieb aber eben noch in die städtische Bebauung eingebunden. Zuccari ist einer der ehrgeizigsten Künstler seiner Zeit. Sein Haus – ein von ihm selbst entworfener Bau, in dem sich Züge von Palast und Villa mischen – soll nicht nur den königlichen Maler als großen Herrn ausweisen, sondern zugleich seine persönliche Auffassung von der unverwechselbaren Existenz des Künstlers zum Ausdruck bringen. Schon der Außenbau erhält aus diesem Beweggrund heraus ein einzigartiges Gepräge, das ihn trotz späterer Überformung noch heute als originellsten Bau des Manierismus in Rom erscheinen läßt. Drei Bereiche werden durch wechselnde Gesimshöhen und Formen voneinander unterschieden, wobei Zuccari die trapezförmige Grundfläche zwischen Via Gregoriana und Via Sistina virtuos ausnutzte: der schmale und hohe, zum Platz gewandte Atelierbau, der ursprünglich niedrigere Wohntrakt in der Mitte und der von einer eingeschossigen Mauer abgeschlossene Garten im rückwärtigen Bereich. Das Ideal einheitlicher Gestaltung gibt Zuccari in der vielgliedrigen Komposition seines Hauses auf, statt dessen setzt er auf anschauliche Differenzierung jener Nutzungsbereiche, denen bereits die räumliche Rangordnung des Gebäudes Rechnung trägt – an der Spitze die Arbeit, durch rahmende Säulenarchitektur geadelt, dann das geordnete Familienleben, das in der schlich-

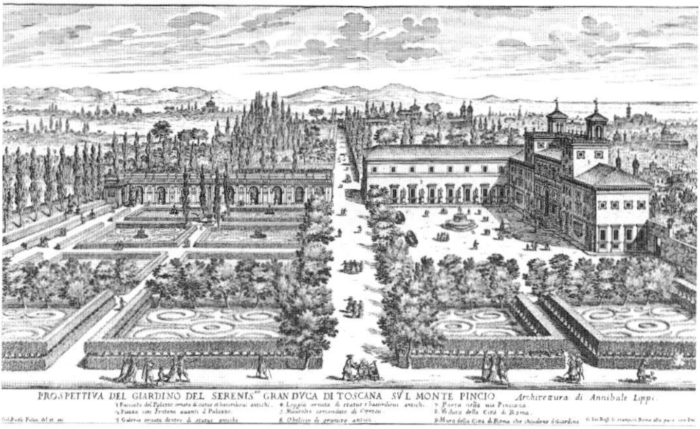

36 Giovanni Battista Falda, Ansicht der Villa Medici. Aus: Giardini di Roma, 1670

ten Symmetrie des mittleren Fassadenabschnitts seine Entsprechung findet, zum Schluß die elementare Sphäre der Natur. Sie hält dem Künstler ein unermeßliches und unverzichtbares Feld der Anschauung bereit, bleibt aber dem Nichteingeweihten stets bedrohlich und geheimnisvoll, wie Zuccari in einer inszenierten Schreckensvision, dem aufgerissenen Höllenmaul des Gartentors, kunstvoll zum Ausdruck bringt (Abb. 37).

1593 gehörte Zuccari zu den Gründern der Accademia di San Luca, der ersten Kunstakademie in Rom. Sie war zunächst noch keine reine Ausbildungsstätte, sondern griff mit ihrem wichtigsten Ziel, dem theoretischen Studium und gelehrten Austausch der Künstler, eine spezifisch römische Tradition wieder auf. Schon in der Umgebung Klemens' VII., des zweiten Medici-Papstes, waren um 1520 ähnliche Gesprächszirkel zwischen Künstlern gang und gäbe gewesen, und der Florentiner Bildhauer Baccio Bandinelli hatte im Statuenhof des Vatikans eine informelle Zeichenschule für den Künstlernachwuchs betrieben. Zuccaris Akademie war allerdings im Unterschied zu diesen Vorläufern eine reguläre Institution. Sie genoß – neuen Bedürfnissen im Zeitalter früher Staatlichkeit entsprechend – das Ansehen einer öffentlichen Einrichtung, stand im Schutz des Papstes und definierte durch Statuten Zweck und Umfang ihrer Arbeit.

Über einen festen Sitz verfügte die Akademie zunächst noch nicht; während ihrer Frühzeit tagte sie häufig im Palazzo Zuccari. Auf diese sekundäre Nutzung scheint nun das zugespitzte Programm, dem der Maler Bau und Ausstattung des Hauses folgen ließ, maßgenau abgestimmt. Vor allem die Dekoration der Innenräume wird zur Mittlerin anspruchsvoller Botschaften, die stets das Thema Kunst und Künstler umkreisen. Nicht nur antike Geistesgrößen, auch Herkules, der sonst regierenden Fürsten als Leitbild vorbehalten bleibt, weisen dem Künstler den Weg zu Wissen und Tugend. Der Heros der Malerei, gestützt von Minerva und Apoll, triumphiert sodann über Neid und Verleumdung, während Fama mit Trompetenschall seinen Ruhm in die Welt trägt und Chronos seine Taten in das Buch der Zeit einträgt. In einem anderen Deckenbild sieht man *Disegno*, die Allegorie der Zeichnung: einen bärtigen Greis mit dreifachem Heiligenschein, umringt von seinen Töchtern Malerei, Skulptur und Architektur. Gottvatergleich blickt die Gestalt aus himmlischen Sphären herab. «*Disegno*» ist der Schlüsselbegriff in Zuccaris eigener Kunsttheorie, die er 1607 in einem umfangreichen Werk darlegte. Nicht nur das

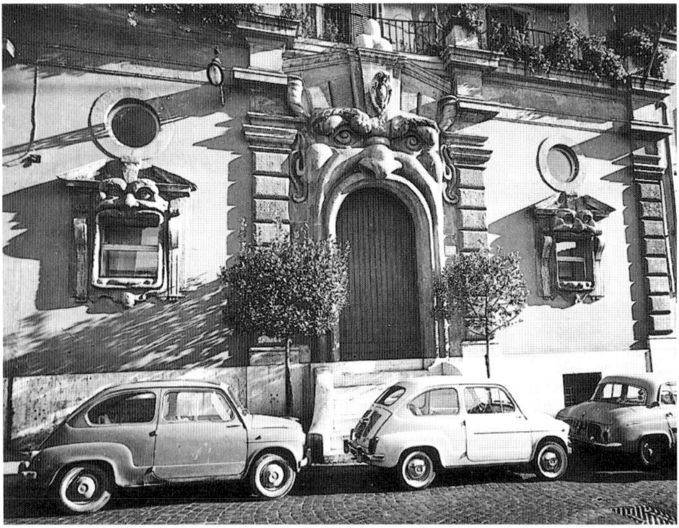

37 Federico Zuccari, Palazzo Zuccari, um 1590. ‹Mascherone› an der ehemaligen Gartenfassade

Zeichnen als manueller Vorgang ist damit gemeint, vielmehr stehen Gestalt und Wort für das schöpferische Prinzip, das Tätigkeit und Existenz des Künstlers in umfassendem Sinn bestimmt.

Hätte Zuccari in die Randzonen der Deckenfresken nicht lebensnahe Porträts von sich und seiner Familie eingeflochten und damit seinem Haus auch eine anrührende persönliche Prägung verliehen, seine gedanklich hoch befrachteten Allegorien liefen Gefahr, die sinnliche Überzeugungskraft der Kunst aus dem Auge zu verlieren, kaum daß sie die Würden der Gelehrsamkeit errungen hat. Dennoch: Keine andere Gemäldefolge hatte sich bis dahin in ähnlicher Ausführlichkeit mit Angelegenheiten der Kunst befaßt, kein Gebäude die besondere Lebensform des Künstlers so prägnant zum Thema erhoben. Wie sicher Zuccaris Konzept den Nerv der Zeit traf, zeigt schon die Tatsache, daß andere römische Maler und Architekten auf lange Sicht seinem Beispiel folgten und sich von jetzt an bevorzugt in der Umgebung des Pincio niederließen.

Frühere Künstlerdomizile der Renaissance wie die Häuser Mantegnas und Giulio Romanos in Mantua oder Vasaris Residenz in Arezzo hatten einer neuen Repräsentation des Metiers bereits vorgearbeitet, sich aber noch vergleichsweise bescheiden gezeigt. Erst nach und nach war das Gespür dafür aufgekommen, daß Architektur und Bildausstattung des eigenen Hauses dem Künstler gleichermaßen zur Werbung dienen wie seinem besonderen gesellschaftlichen Status Ausdruck verleihen konnte. Hier zeigte sich Federico Zuccari noch anspruchvoller als sein Vorgänger. Das Künstlerhaus steigt mit seinem Palast von der bloßen Bauaufgabe zum gestalterischen Thema eigenen Rechts auf. So macht Zuccaris Haus den großen Terraingewinn bewußt, den Künstler und Künste im Rom der Renaissance erzielen konnten. Nicht nur hat der Maler selbstbewußt seinen Platz im sozialen Gefüge der Stadt eingenommen. Indem er sich zum eigenen Auftraggeber erhebt und seine Tätigkeit im Kunstwerk reflektiert, plädiert er auch für eine Selbstbestimmung der Kunst, die damals noch weit davon entfernt ist, Wirklichkeit zu sein.

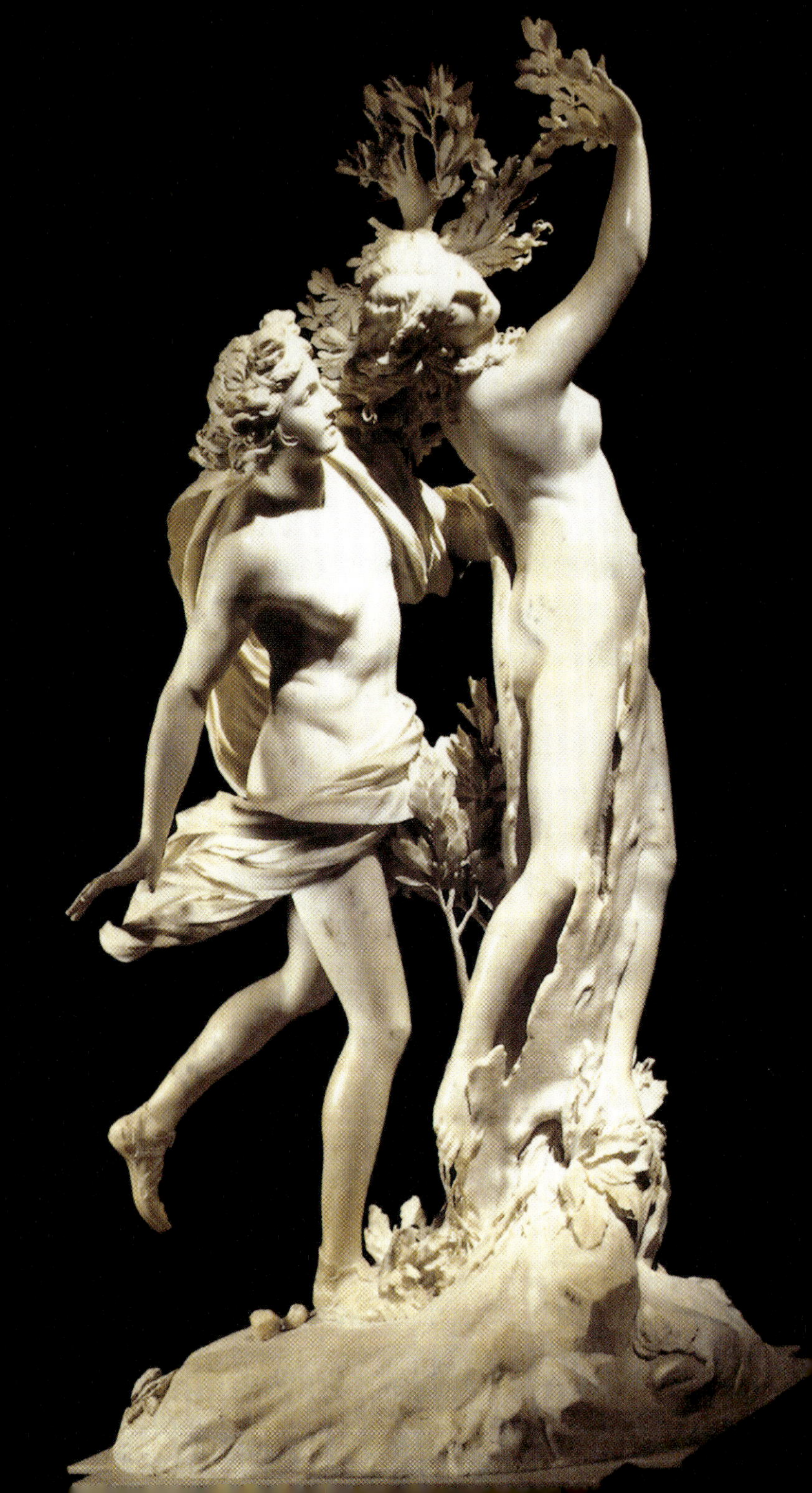

Belehrung der Sinne – Römischer Barock

Die Suche nach der *Roma christiana*

Während des Heiligen Jahrs 1600 wurde in Trastevere, abseits der großen Kultzentren Roms, ein erstaunliches, ja bahnbrechendes Kunstwerk enthüllt: die Liegefigur der hl. Cäcilie, die der junge Bildhauer Stefano Maderno (1575–1636) auf Bestellung von Paolo Emilio Sfondrato, Titelkardinal der Kirche Santa Cecilia, für den neu eingerichteten Altarraum der Kirche gearbeitet hat (Abb. 39). Ein Publikum, für das die erhebende, festliche Präsentation von Heiligenbildern eine Selbstverständlichkeit war, muß hier die Umkehrung hartnäckig eingeübter Seherwartungen erlebt haben. An ungewöhnlichem Ort, in einem Schaukasten unterhalb des Hauptaltars, bietet sich die Figur den Blicken der Gläubigen gleichsam ungeschützt dar. Scharf setzt sich der blendend weiße Marmor der Skulptur gegen die verschwenderische Farbenfülle der Umgebung ab: Der Kardinal hatte die neue, vor dem Hochaltar in den Boden eingesenkte Confessio mit kostbaren Buntsteinsorten und Bronzeapplikationen auskleiden lassen, ohne den mittelalterlichen Schmuck des Altarraums – das Ciborium Arnolfo di Cambios, das Mosaik aus der Zeit Paschalis' I. – anzutasten.

Auf einer schlichten Steinplatte liegend, die Beine wie im Schlaf angezogen, die Hände wie in beiläufigem Zeigegestus zum Betrachter hingestreckt, hat die Heilige ihr Gesicht vom Betrachter abgewandt; sogar das Haar ist durch ein Tuch verhüllt. Unter fließendem Faltenwurf läßt die dünne Tunika einen zarten Körper ahnen: Cäcilie, der Legende nach eine verheiratete Frau, die sich in der Ehe ihre Jungfräulichkeit bewahrt hat, scheint kaum das Erwachsenenalter erreicht zu haben, was die Brutalität des erlittenen Martyriums desto schärfer ins Bewußtsein rückt. Zwischen Gewand und Kopftuch legt Maderno den Hals der Heiligen bloß.

38 Gianlorenzo Bernini, Apoll und Daphne, 1622–1625. Galleria Borghese

Mit äußerster, kalter Präzision zeigt er die Wunde, an der die Märtyrerin – so die Überlieferung – nach drei vergeblichen Schwerthieben ihres Henkers verblutet ist.

Gleich in mehrfacher Hinsicht erscheint Madernos ‹Cäcilie› als Initialwerk einer neuen Epoche, des römischen Barock. Der auf den ersten Blick entwaffnende, bei näherem Hinsehen raffiniert in Szene gesetzte Realismus führt den frommen Besucher der Kirche dicht an die Figur heran, macht ihn zum Teilhaber eines Geschehens, das er als Legende kennt, jetzt aber als Vision erfährt. So sehr das Werk auf die spontane Reaktion des Betrachters setzt, so unlösbar ist es in ein Geflecht historischer Begründung eingebunden – ging doch dem Auftrag an Maderno eine archäologische Grabung im Altarbereich der Kirche voraus, bei der überraschend der unversehrte Leichnam der Titelheiligen ans Licht gekommen war. Mitten in der Rechtfertigungskrise, in die der katholische Heiligenkult durch die Reformation geraten war, bot dieses Ereignis dem Stifter eine willkommene Gelegenheit, die Legitimität der kirchlichen Verehrungspraxis scheinbar unumstößlich zu beglaubigen. Der lückenlosen Übereinstimmung aller Zeugnisse wuchs dabei entscheidende Beweiskraft zu: Madernos Werk war Teil einer minutiös geplanten Wort- und Bildpropaganda, die sofort die Kunde von dem sensationellen Fund verbreitete. Ein populärer Kupferstich, der den Blick auf den gemarterten Körper protokollierte, diente Maderno möglicherweise als Vorbild – wenn es sich nicht sogar umgekehrt verhielt. Wie das graphische Blatt, so übernahm jedenfalls auch die Statue eine dokumentierende Funktion. Absichtsvoll unter den Altar plaziert, ruft sie die kultischen Ursprünge eines Ortes ins Gedächtnis, dessen ehrwürdige Tradition zusätzlich in einem beeindruckenden Ensemble überkommener Kunstwerke Ausdruck findet. Zugleich hält sie die Erinnerung an das verblüffende Wunder wach, das den unversehrten Leib der Märtyrerin rechtzeitig zum Heiligen Jahr zutage treten ließ.

Eine Kunst, die sich der katholischen Sache bedingungslos verschrieb, war im Rom Papst Klemens' VIII. (1595–1607) dringlicher erwünscht als jemals zuvor. Aus bescheidener Florentiner Familie stammend und als vormaliger Kurienfunktionär überraschend in das höchste Amt der Kirche aufgerückt, setzte Ippolito Aldobrandini allen Ehrgeiz darein, seine strenge Orthodoxie zu beweisen und das Papsttum zur Speerspitze einer rigoros verstandenen Gegenreformation zu machen. Mit Argwohn unterdrückte er die Regungen einer ihm unzugänglichen weltlichen Kultur, die er zu Recht verdächtigte, Erbe der libertinären römischen Renaissance zu sein. In seinen wenigen Kunstaufträgen, vor allem Altarbildern für Sankt Peter, zeigte sich der Papst auf strenge Wahrung der Konvention bedacht. Dank seinem Drängen wurde noch vor der Jahrhundertwende die Peterskirche zur archäologischen Grabungsstätte, hoffte er doch, unter der Confessio im Kuppelraum endlich den materiellen Beweis der apostolischen Tradition, das Petrusgrab, aufzudecken. Die päpstliche Erwartung erfüllte sich schon damals nicht, ähnlich wie dreieinhalb Jahrhunderte später, als Pius XII. den Versuch wiederholen ließ.

Zum Vorschein kam im Jahr 1596 immerhin der Sarkophag des Junius Bassus (Abb. 6), ein Fund, der zu den wenigen kulturellen Glanzpunkten im Pontifikat Klemens' VIII. geriet. Die Kirchen der Stadt durchforstete der Papst höchstpersönlich nach anstößigen Kunstwerken, um deren Blößen unverzüglich drapieren zu lassen. Noch heute sieht man den ungeschickt verhüllten weiblichen Allegorien, die das Grabmal Pauls III. in Sankt Peter flankieren, die Spuren der päpstlichen Zensur an. In diesem Fall dürfte es Klemens besondere Genugtuung bereitet haben, entsprechende Order zu erteilen, verkörperte Paul III. in seinen Augen doch die verpönte Renaissance-Tradition und stand zugleich für den Ruhm des Hauses Farnese, des früheren Förderers und Dienstherren der Aldobrandini. Einst hatte ihm ein Stipendium der Farnese das Studium ermöglicht. Selbst zu höchsten Würden gelangt, ließ er die Nachfahren seiner Wohltäter mit zähem Haß verfolgen und durch ungezählte Repressalien bedrängen.

Zugleich war Klemens ein eifriger Förderer moderner Wissenschaft, soweit sie seinen Vorstellungen von Rechtgäubigkeit entsprach. Der Jesuit und Dogmatiker Roberto Bellarmino, Erfinder des Katechismus und scharfzüngiger Agitator gegen alle Varianten protestantischer Theologie (‹Disputationes de controversiis christianae fidei›, 1586–1593), erhielt durch ihn den Kardinalspurpur. Aber auch ein stiller Gelehrter wie Cesare Baronio stieg jetzt zu höchsten Würden auf, Klemens machte ihn zum Präfekten der vatikanischen Bibliothek. Baronio war Anhänger des populären Reformtheologen Filippo Neri und Mitglied in dessen

Oratorianerorden, der sich in Rom durch engagierte Laienmission einen Namen gemacht hatte.

Durch seine ‹Annales ecclesiastici› ist Baronio zum Begründer einer quellengestützten, auf objektive Erkenntnis gerichteten Kirchengeschichte geworden, wobei er Spätantike und Mittelalter in den Mittelpunkt seiner Forschungen stellte. Zugleich revidierte er den römischen Märtyrerkalender und gehörte damit zu den ersten, die sich um eine kritische Historiographie der Heiligen bemühten. Baronio stellte der gleichzeitigen Neuorientierung der Bildkünste, wie sie in Madernos ‹Cäcilie› zum Ausdruck kommt, ihr gedankliches Fundament zur Verfügung. Rückte seine Wissenschaft mit großer Insistenz die bislang vernachlässigte Tradition der *Roma christiana* ins Zentrum zeitgenössischen Geschichtsbewußtseins, so erfuhr der römische Märtyrerkult in ungezählten Bildern und Statuen eine Wiederbelebung, die das neue Wissen in eine allgemeinverständliche, den Sinnen zugängliche Sprache übersetzte.

In Persönlichkeit und kultureller Orientierung war Baronio das Gegenteil des eifernden Bellarmin. Standen für diesen Bilder generell im Verdacht der Häresie, so zeigte Baronio aktives Interesse für Architektur und Malerei. Nach seiner Erhebung zum Kardinal ließ er sich einen frühchristlichen Bau, Santi Nereo ed

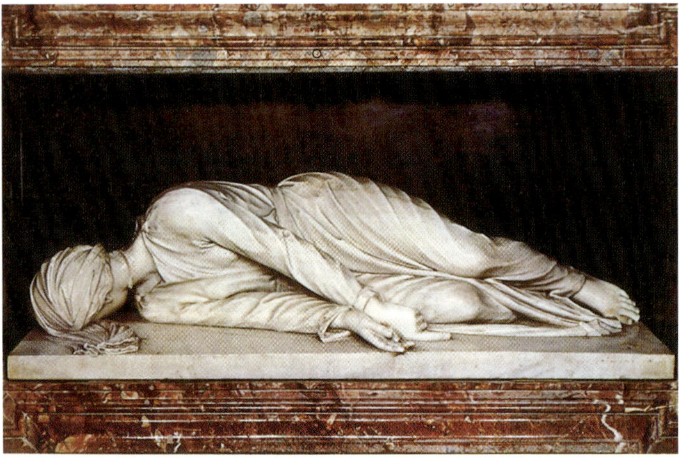

39 Stefano Maderno, Liegefigur der hl. Cäcilie, 1600. Santa Cecilia in Trastevere

Achilleo, als Titelkirche zuweisen, ihn unverzüglich instandsetzen und durch den Manieristen Cristofano Roncalli, genannt «Il Pomarancio», neu freskieren. Höher griff Baronio, wenn er sich für die Ausstattung der Chiesa Nuova – geistliches Zentrum der Oratorianer in Rom – mit exquisiten Bildern engagierte. Die Kirche besaß schon Werke von Federico Barocci, Caravaggio und Guido Reni, als 1606 auf Betreiben Baronios der junge Peter Paul Rubens, aus Mantuaner Hofdiensten für einen Romaufenthalt beurlaubt, den Auftrag für die Neuausstattung des Chors erhielt. Ganz im Sinne Baronios ging es bei diesem Unternehmen um die anschauliche Rechtfertigung der kirchlichen Bilderverehrung, wie sie durch Bellarmin und andere Theologen der Gegenreformation in Zweifel gezogen wurde.

Kern des Programms wurde das Altarbild. Rubens fügte seinem Gemälde eine ältere, wundertätige Marienikone ein, die sich – sonst durch eine bemalte Kupferblende verdeckt – an hohen Feiertagen wie eine Vision von unsichtbarer Hand enthüllt. Auf sie richten sich die Blicke jener frühchristlichen Heiligen, die Rubens nach dem Wunsch Baronios in den beiden flankierenden Bildern dargestellt hat. Angeführt von Papst Gregor dem Großen und der Märtyrerin Domitilla, werden Rubens' pathetisch bewegte Gestalten zu ergriffenen Zeugen der Erscheinung und geben sich damit als beispielhafte Akteure einer katholischen Bildpraxis zu erkennen, die das visuelle Erleben, ja die spontane Überwältigung durch Sinneseindrücke als legitime Glaubenserfahrung vor Augen führt.

Auch auf die Architektur sollte sich die neue Konjunktur der frühchristlich-römischen Tradition entschieden auswirken. Zwar ging das Erbe der Renaissance, die Orientierung an der klassischen Antike, auch jetzt nicht völlig verloren, im Leitbild der *Roma christiana* erwuchs ihm aber eine mächtige Konkurrenz. 1626 etwa ließ Kardinal Scipione Borghese, Antikenkenner von Rang und wichtiger Förderer frühbarocker Skulptur, die Kirche San Crisogono durch den Architekten Giovanni Battista Soria nach einem regelrecht puristischen Konzept in das Idealbild einer frühchristlichen Basilika zurückverwandeln.

Zur ernsten Herausforderung war unterdessen längst die Frage geworden, wie nach einem Jahrhundert fortwährender Bautätigkeit das kolossale Projekt von Sankt Peter zu Ende zu führen sei. Die Geschichte des Neubaus wurde längst nicht mehr nur als produktive Leistung, sondern in gleichem Maße als Prozeß der Zerstörung wahrgenommen, der den verehrungswürdigen Bau Konstantins schrittweise Abriß und Verfall preisgegeben hatte. Zu Anfang des 17. Jahrhunderts waren westlich des neuen Kuppelbaus noch Teile des konstantinischen Langhauses sowie das Atrium erhalten. Sie wurden einerseits mit religiösem Respekt, andererseits mit antiquarischem Ehrgeiz studiert und gezeichnet: Schon 1590 ist der rekonstruierte Grundriß von Alt-Sankt-Peter im Druck erschienen, den der Kleriker Tiberio Alfarano zusammen mit einer ausführlichen Beschreibung des Baus erarbeitet hat und der bis heute die wichtigste Bildquelle zur konstantinischen Basilika geblieben ist; hinzu kommen die dokumentierenden Zeichnungen Jacopo Grimaldis, Martino Ferraboscos und Domenico Tassellis (Abb. 3). Das Problem, das sich in dieser Lage zwangsläufig stellen mußte, liegt auf der Hand: Wie sollte man in einer radikal gewandelten Gegenwart mit den baulichen Reliquien der frühen Christenheit verfahren, wie Michelangelos Plan – der noch keine vollständige Überbauung des alten Grundrisses vorsah – in seinen bisher offenen Partien vollenden?

Papst Paul V. Borghese, als Nachfolger Klemens' VIII. 1605 auf den Thron gelangt, machte sich zum Anwalt einer selbstbewußten Ergänzung der Kirche, die bis dahin nach Michelangelos Plan als Zentralbau ausgeführt worden war. Die Lehren aus einer reformbewußten Sakralarchitektur ziehend, wie sie seit Vignolas Il Gesù in Rom Einzug gehalten hatte, ließ er den Petersbaumeister Carlo Maderno (1555–1629) ein neues Langhaus entwerfen, das an den westlichen Kreuzarm des Kuppelbaus anschließen sollte. Zwar wurden damit die noch vorhandenen Relikte der konstantinischen Kirche endgültig geopfert, aber der Neubau machte sich zumindest in Teilen deren basilikale Form zu eigen. Vor allem aber war nur auf diese Weise zu gewährleisten, daß der geweihte Boden der alten Basilika vollständig in den Neubau einbezogen wurde. Souveräne Bauentscheidungen waren allerdings inzwischen auch für den Papst nicht mehr leicht zu fällen; eine Kommission, in der sich deutliche Sympathie für eine Vollendung als Zentralbau abzeichnete, wurde mit der Sache befaßt. Am Ende siegte Paul V. jedoch über die Widerstände, die sein kühnes, zwischen Ehrerbietung und Respektlosigkeit auf schmalem Grat balancierendes Vorhaben auf den Plan gerufen hatte. 1608 wurde der Grundstein für den Neubau gelegt. Die Ausführung stand von Anfang an unter beispiellosem Druck: Selbst bei Nacht blieb die beleuchtete Baustelle in Betrieb, so daß nach vier Jahren die Fassade vollendet, nach weiteren zwei Jahren die Einwölbung geschlossen werden konnte.

Durch den späteren Anbau von Glockentürmen – deren obere Geschosse dann aus statischen Gründen nicht ausgeführt wurden – hat Madernos Sankt-Peter-Fassade viel von ihrer ursprünglichen Dynamik eingebüßt (Abb. 40). Das neue Prinzip, dem der Entwurf folgte, ist der majestätischen Schaufront aber nach wie vor abzulesen: Von den Seiten zur Mitte hin gelang Maderno nicht nur eine rhythmische Verdichtung der Achsenfolge, sondern auch eine effektvolle Steigerung des Bauvolumens: Flache Pilaster werden zu vollrunden Säulen, das Gebälk springt mehrfach vor, sogar die Inschrift ist so plaziert, daß die Stiftersignatur Pauls V. genau auf dem Mittelrisalit Platz findet. Erstmals hat hier jene rhetorische Wucht, jene Ästhetik des Crescendo Gestalt gewonnen, die sich in der römischen Architektur der folgenden Jahrzehnte zu größter Wirkungsfülle entfalten wird.

Versiert meisterte Maderno die schwierigen Bedingungen, denen sein Projekt gleich mehrfach Rechnung tragen mußte. So war er gezwungen, die Fassade einerseits möglichst niedrig zu halten, um den Blick auf die Kuppel nicht zu verstellen, sie andererseits aber zweigeschossig aufzubauen, um über der Mittelöffnung eine Segensloggia für den Papst zu schaffen. Indem er zwischen zurücktretender Mauerflucht und vorgelagerter Ordnung konsequent unterschied, gelang es ihm, die kleinteilige Horizontalgliederung der Wand buchstäblich in den Hintergrund zu drängen und die kraftvoll aufschießenden Kolossalsäulen zum Leitmotiv der Fassade zu erheben. Auch dem längst zeitgemäßen Gebot, Ehrfurcht vor dem verlorenen Vorgängerbau zu beweisen, ist Maderno auf subtile Weise gerecht geworden. Ein überliefertes Motiv römischer Baupraxis aufgreifend, fügte er einzelne, besonders schöne Säulenschäfte der konstantinischen Basilika als Spolien in die neue Fassade ein, wo sie – durch abweichende Färbung ihres Marmors gegen die neue Fassade aus Travertin abgegrenzt – bis heute als beredte Zeugen altchristlicher Tradition in Erscheinung treten.

Als Bauherr umriß Paul V. in mustergültiger Vollständigkeit jenes Programm, das für die Päpste der ganzen Epoche verbindlich bleiben sollte. Neben den Bau von Sankt Peter trat die Errichtung des Familienpalasts, von dessen Garten aus sich eine freie Aussicht auf den Tiber öffnete; hinzu kam die luxuriöse Villa, die er durch seinen Nepoten Scipione Borghese errichten ließ und die in der Folge zum vielbestaunten Sammlungsort wurde. Respekt der päpstlichen Tradition gegenüber demonstrierte er mit der Errichtung seiner Familienkapelle: Als Pendant zur älteren Kapelle Sixtus' V. ließ er sie an das rechte Seitenschiff von Santa Maria Maggiore anbauen. Und hatte schon Sixtus V. das eigene Grabmal durch ein Monument für Pius V. ergänzt, so wiederholte Paul V. diesen Gestus der Pietät, indem er seinem unmittelbaren Vorgänger Klemens VIII. dieselbe Reverenz erwies.

Das Rom der Maler

Spätestens 1593, im Gründungsjahr der Accademia di San Luca, trat Michelangelo Merisi (1571–1610) einen mehrjährigen Romaufenthalt an: ein junger Maler, der in Caravaggio bei Bergamo zu Hause war. Unter dem Namen seines Heimatdorfs sollte er als Begründer der Barockmalerei in die Kunstgeschichte eingehen. Bei Simone Peterzano in Mailand, der sich stolz als Tizianschüler bezeichnete, hatte Caravaggio eine solide Ausbildung erfahren, aber in Rom erwartete ihn große Konkurrenz, so daß es Jahre dauerte, bis er sich einen Platz unter den etablierten Künstlern der Stadt erkämpfen konnte. Anfangs produziert Caravaggio für den Kunstmarkt, wobei er auf solche Bildgattungen setzt, die in Rom noch unbekannt sind. Caravaggio gehört zu den ersten Künstlern, die Stilleben malen: neben der Landschaftsmalerei eine der neuen Bildaufgaben, die im frühbarocken Rom durch zugewanderte Maler ihre ersten Konturen erhalten.

Caravaggios Spezialität waren aber vor allem Halbfigurenbilder kleinen Formats. Zur Laute singend oder Wein kredenzend, finden sich auf seinen Leinwänden halbwüchsige Knaben zwischen Blumen- oder Früchtearrangements plaziert. Die Modelle machen sich ihre Rollen erkennbar halbherzig zu eigen; sie verraten selbst dann noch ihre Herkunft aus dem römischen Alltag, wenn sie in ausgefallenen Posen oder Verkleidungen auftreten.

Caravaggio setzt auf solche Verfremdungseffekte, um den artistischen Charakter seiner Kunst zu unterstreichen. Diese Bilder, signalisiert er dem Betrachter, sind keine Porträts, sondern Liebhaber- und Sammlerstücke. Teils als Genreszenen, teils als verfremdete Mythologien lesbar, widersetzen sie sich schon immer eindeutiger Zuordnung zu hohen oder niedrigen Bildaufgaben. Sich selbst porträtiert der Maler als ‹Kranken Bacchus›, hinter einen Tisch mit Früchten gekauert und dem Betrachter über die entblößte Schulter sein ungesund fahles Gesicht zukehrend (Rom, Galleria Borghese). Dennoch führt der Knabe eine Traube zum Mund. Triebhaftigkeit und Leiden sind die polaren Kräfte, denen Caravaggio in dieser Selbstdeutung Ausdruck verleiht. Immer wieder durchbricht er schon in seinem Frühwerk die gewohnte Schranke zwischen Bild und Publikum. Irritierend nah rücken Gegenstände und Figuren an die Bildoberfläche heran; manche seiner Szenerien öffnet Caravaggio so weit, daß der Betrachter regelrecht zum Komplizen der Akteure wird: «Die ‹indiskrete› Familiarität der Gestalten mit dem Betrachter ist zweifellos eine der größten Suggestionen in Caravaggios Malerei.» (Herwarth Röttgen)

Als Glanzstücke einer fremden, nördlich geprägten Kunst, die naturnahes Modellstudium mit geheimnisvollen Hell-Dunkel-

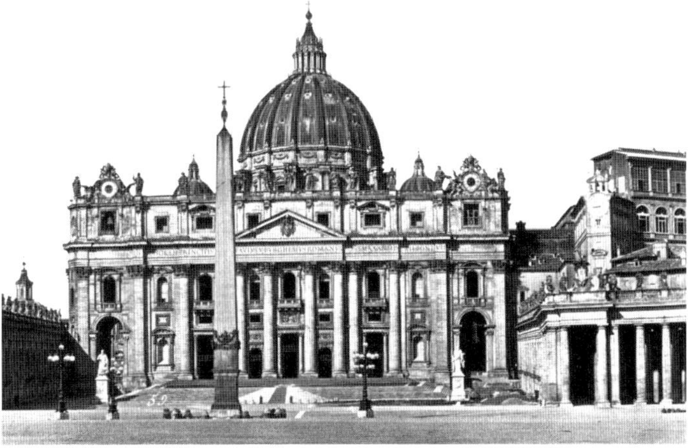

40 Carlo Maderno, Fassade von Sankt Peter, 1608–1612

Kontrasten, sinnliche Direktheit mit stillebenhafter Präzision verband, fanden diese Bilder bald Eingang in wichtige Sammlungen und weckten die Aufmerksamkeit einflußreicher Mäzene. Sie sollten Caravaggios allmählichen Aufstieg in der Malerhierarchie Roms begleiten. Entscheidende Förderung erfuhr er zunächst durch einen älteren Meister, Giuseppe Cesari, der unter dem Namen Cavaliere d'Arpino den römischen Markt unangefochten beherrschte. In der Werkstatt dieses virtuosen Manieristen konnte sich Caravaggio für einige Zeit sein Brot verdienen, er erwarb aber auch Fähigkeiten, die in Rom Erfolg versprachen: etwa mit großen Formaten umzugehen oder – noch wichtiger – religiöse Sujets sicher zu handhaben.

Mehrere Jahre lebte Caravaggio dann im vornehmen Palazzo Madama unweit der Piazza Navona. Er war Mitglied im Haushalt des Kardinals del Monte geworden, eines Kirchenfürsten, der sich als Geschäftsträger des Florentiner Hofs die Freiheit nehmen konnte, Distanz zur strengen Religiosität des offiziellen Rom zu wahren. Del Monte besaß mit etwa siebenhundert Bildern eine der größten Gemäldesammlungen der Stadt; Meisterwerke der zeitgenössischen Bologneser Schule, aber auch Stücke niederländischer Maler wie Gerard van Honthorst und David Teniers gehörten dazu. Mit gleicher Hingabe wie der Malerei widmete er sich der Musik und der Alchimie – Passionen, die auch Caravaggio in manchen seiner Frühwerke gezielt zu bedienen verstand, etwa in den ‹Musizierenden Knaben› (New York, Metropolitan Museum) oder in dem Deckenbild ‹Jupiter, Neptun und Pluto›, das er für del Montes alchimistisches Laboratorium am Pincio malte (heute Casino Ludovisi).

Umstritten ist, ob sich der homoerotische Unterton, der Themen und Atmosphäre vieler Bilder Caravaggios bestimmt, allein Käufer- und Auftraggeberwünschen verdankt oder zugleich der eigenen Neigung des Malers entsprach. Die Frage wird sich kaum je eindeutig beantworten lassen. Aber ein malerisches Glanzstück wie ‹Amor als Sieger›, das kurz nach 1600 für die Sammlung des Marchese Giustiniani entstand, zeigt deutlich, wie zielsicher Caravaggio die Reize seiner halbwüchsigen Modelle im Bild zur Geltung zu bringen wußte (Abb. 41). Ein etwa zwölfjähriger Knabe mit mächtigen Adlerschwingen setzt sich vor dem Betrachter in Positur. In labiler Haltung balanciert er sein abgespreiztes linkes Bein auf einem Tisch oder einer Konsole. Seine Nacktheit stellt er keineswegs unbewußt, sondern mit voller Absicht zur Schau, wie der freie Blick auf den Betrachter offenbart. Gelenktes Atelierlicht hebt die noch kindlich-weichen Gesichtszüge hervor, läßt aber schon die muskulöse Entwicklung ahnen, die der Körper demnächst nehmen wird. Nachlässig liegen Laute und Violine, Notenblätter und Zirkel, Rüstung und Krone um den Knaben verstreut: Es ist die sinnliche Liebe, die hier ihren lachenden Triumph über Wissenschaften und Künste, Krieg und Macht feiert.

Caravaggios provozierend unverstellter Blick auf den siegreichen Eros sollte nicht ohne Widerspruch bleiben. Giovanni Baglione, eng mit der Accademia di San Luca verbunden und der künstlerischen Ideenlehre Federico Zuccaris verpflichtet, malte wenig später für den Bruder des Sammlers, den Kardinal Giustiniani, als Gegenstück einen ‹Himmlischen Amor›. Wie ein rächender Erzengel unterwirft sich Bagliones gerüsteter Jüngling, der für die ideale und geistige Liebe steht, die zu Boden gekauerte Gestalt des Caravaggio-Knaben. Von dessen Frechheit ist nichts geblieben, seine Blöße erweckt allenfalls Mitleid. Wie das Publikum im frühbarocken Rom kann man heute noch beide Fassungen des Themas vergleichen, hängen die Bilder Caravaggios und Bagliones doch nebeneinander in der Berliner Gemäldegalerie – König Friedrich Wilhelm III. erwarb sie 1815 gemeinsam mit der gesamten Giustiniani-Sammlung für Preußen.

Schon während seiner ersten römischen Jahre hatte Caravaggio vereinzelt religiöse Historien gemalt, unter ihnen eine pastorale Szene wie die ‹Ruhe auf der Flucht› (Rom, Galleria Doria-Pamphilj). Als Rückenfigur beherrscht ein androgyner, flötespielender Engel das Bild. Nach venezianischem Geschmack im Querformat angelegt – schon darin zeigt sich das Sammlerstück im Unterschied zum Altarbild –, ist die Schilderung atmosphärisch dicht und reich an genau kalkulierten Details. Hingegen fehlt dem Bild die festgefügte Komposition, die sichere Herausarbeitung des Erzählverlaufs, die gerade in Rom von repräsentativer kirchlicher Malerei erwartet wurden.

Mit desto größerem Ehrgeiz ging Caravaggio seine Aufgabe an, als er 1599 erstmals die Chance erhielt, in einer römischen Kirche eine Kapelle auszustatten und damit aus der privaten Sphäre der Kunstkabinette in die Arena öffentlicher Malerei hin-

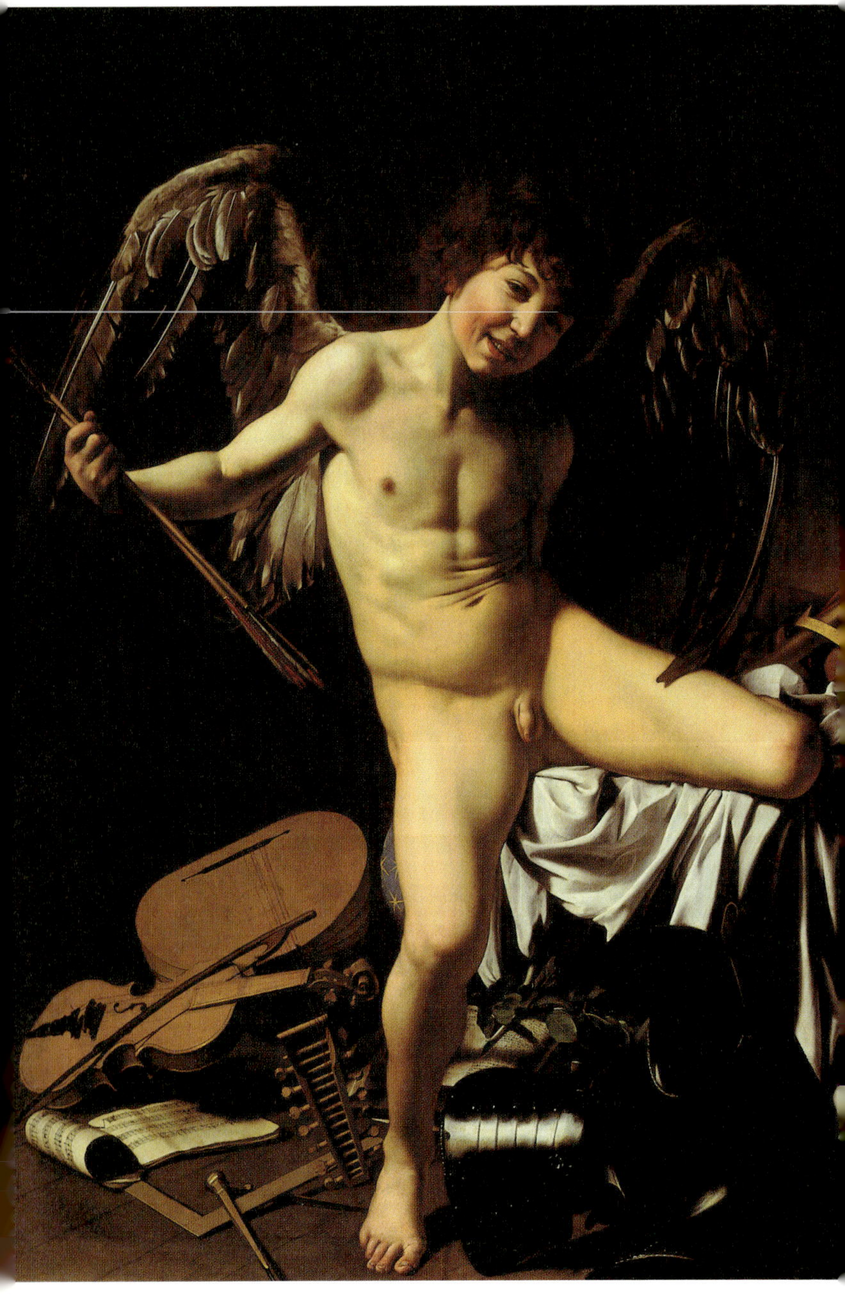

auszutreten. Vermutlich hatte er den Auftrag, die Wandbilder für die Contarelli-Kapelle in der französischen Nationalkirche San Luigi de' Francesi zu malen, der Fürsprache seines Gönners del Monte zu verdanken. Im Heiligen Jahr 1600 enthüllt, wurde seine Darstellung der Matthäus-Vita sofort zur Sensation. Wieder sind es gezielte Grenzüberschreitungen, durch die Caravaggio herkömmliche Bindungen religiöser Malerei sprengt. Zwar hielt er sich genau an den Text des Neuen Testaments, aber seine Bildregie zielt darauf, den Betrachter unmittelbar anzusprechen, seine Gefühle spontan in Aufruhr zu versetzen. Die berühmte Berufungsszene etwa schildert, wie Christus die dunkle Wechselstube der Zöllner betritt – eine Welt alltäglicher, banaler Beschäftigung, die allein durch den Lichtstrahl, der mit Christus jäh in den Raum dringt, zum Ort höherer Bedeutung wird. Ein Bild wie dieses ist es, das Caravaggio den Ruf verschaffen wird, Begründer eines neuen Realismus in der religiösen Malerei zu sein.

Gegenüber, im Martyrium des Apostels, gibt sich freilich eine radikal entgegengesetzte Bildauffassung zu erkennen. Eine perfekt abgestimmte Choreographie bewegter Körper prägt hier die Szene. Von einem Folterknecht brutal zu Boden geworfen, hebt der Apostel abwehrend die Hand; von oben nähert sich ein Engel, im Begriff, ihm die Märtyrerpalme zu reichen. Die Art und Weise, wie Caravaggio das irdische Geschehen auf das himmlische Ziel hin orientiert, dürfte auch die Erwartungshaltung eines konservativen Publikums befriedigt haben. Doch damit nicht genug: Die präzise Erfassung des Moments, der gekonnte Einsatz kommentierender Nebenfiguren, die souveräne Zuordnung von Raum und Figur – all das ist manieristische Kompositionskunst in höchster Perfektion. Selbstsicher demonstriert der junge Maler, daß ihm alle Stilregister der zeitgenössischen Malerei zur Verfügung stehen. Was sich mit römischer Bildtradition nicht verträgt, ist freilich auch in der Martyrienszene das raffinierte Spiel mit Licht und Dunkel. Nie gesehene Beleuchtungseffekte, grundiert durch die Verschattung, ja Schwärzung großer Bildpartien, steigern die Ausdruckskraft der Szene über jedes bekannte Maß hinaus.

41 Caravaggio, Amor als Sieger, um 1603. Berlin, Staatliche Museen Preußischer Kulturbesitz, Gemäldegalerie

Diese bildliche Dramaturgie war auf technische Mittel angewiesen, die römische Maler für entsprechende Bildaufgaben noch kaum einzusetzen wußten. Die Freskomalerei, seit der Renaissance beherrschendes Medium der römischen Kirchenkunst, verweigerte sich mit ihrer hellen Palette dem mysteriösen *tenebroso* Caravaggios. Was ihm vorschwebte, konnte er nur im Ölbild verwirklichen. In Oberitalien, vor allem in Venedig, war Ölmalerei auf Leinwand seit langem auch in wandfüllenden Formaten geläufig, nicht zuletzt in sakralen Raumausstattungen. Die Öltechnik erlaubte Caravaggio die Überlagerung transparenter Farbschichten und damit jene modellierende, vom Dunklen ins Helle vordringende Arbeitsweise, die seine Malerei den römischen Zeitgenossen so ungewohnt erscheinen ließ und konservative Kritiker immer wieder herausforderte. Dabei wurden die Neuerungen Caravaggios selten offen angeklagt. Federico Zuccari etwa, der Doyen des akademischen Manierismus, sprach Caravaggios Kunst im Gegenteil mit Kennermine jedes revolutionäre Potential ab: Neues, so Zuccari beim Besuch der Contarelli-Kapelle, könne er in diesen Bildern nicht entdecken, bei Giorgione – dem venezianischen Renaissancemaler – habe man schließlich alles schon einmal ähnlich gesehen.

Einwände ganz anderer Art rief das Altarbild der Contarelli-Kapelle auf den Plan. Erstmals geriet Caravaggios Malerei hier ins Visier einer theologisch-dogmatischen Kritik, die an ihrer vermeintlich kruden, als respektlos empfundenen Wirklichkeitsverhaftung Anstoß nahm. Offenbar durch den Auftraggeber war Caravaggio gezwungen worden, die erste Version des hl. Matthäus, der auf Diktat eines Engels sein Evangelium niederschreibt, zurückzuziehen – konnte man dem Apostel doch auf seine schmutzigen Fußsohlen blicken und gewann zudem den Eindruck, er sei den Umgang mit der Feder nicht gewohnt, so daß der Engel ihm buchstäblich die Hand führen muß. Das beanstandete Bild durch eine gemilderte Fassung zu ersetzen, dürfte Caravaggio desto leichter gefallen sein, als er die erste Version sogleich an einen vermögenden Sammler, den Kardinal Giustiniani, verkaufen konnte. In der Folge sollten sich solche Fälle häufen. Zum Beispiel wurde die abgelehnte Erstfassung des ‹Marientods›, die Caravaggio für die Karmeliterkirche Santa Maria della Scala gemalt hatte, durch Rubens in die herzogliche Sammlung nach

Mantua vermittelt. Wie solche Zweitverwendungen unkonventioneller Altarbilder als Sammlerstücke deutlich machen, konnte Caravaggio von den Skandalen, die seine Malerei in Rom entfachte, durchaus profitieren: So mühsam seine «*maniera naturale*» ihren Weg in die Kirchen fand, so begehrt war sie bei Kennern, die offenbar großes Interesse daran hatten, gerade umstrittene Bilder für ihre Sammlungen zu gewinnen.

Rasch und glänzend, anders als bei Caravaggio, verlief die römische Karriere Annibale Carraccis (1560–1609). Zwar steht sein Ruhm heute weit hinter dem Caravaggios zurück, den Kunstschriftstellern des 17. Jahrhunderts, allen voran dem einflußreichen Giovanni Pietro Bellori (‹Le vite de' pittori, scultori ed architetti moderni›, 1672), galt er aber einhellig als der größte Maler seiner Zeit. Annibale traf 1595 aus Bologna ein, der unbestrittenen Metropole moderner italienischer Malerei, wo er zusammen mit Bruder und Vetter eines der erfolgreichsten Ateliers der Stadt geführt hatte. Kardinal Odoardo Farnese, der ihn in seine Dienste berief, war Besitzer eines der vornehmsten Paläste der Stadt sowie des kostbarsten Bestandes an antiker Skulptur, den Rom zu dieser Zeit aufzuweisen hatte. In den Plänen des Kardinals, seine Residenz nach neuestem Geschmack auszustatten und zugleich die Glanzstücke der Sammlung angemessen zu präsentieren, kam Carracci eine tragende Rolle zu.

Zunächst malte er als Arbeitsprobe das Studierzimmer des Kardinals mit einem Herkuleszyklus aus. Schon hier verstand es der Bolognese, allseits geschätzte Qualitäten oberitalienischer Malerei wie Farbenglanz und atmosphärische Dichte mit den frischen Eindrücken zu verbinden, die er beim Studium römischer Kunst – vor allem der Werke Raffaels – gewonnen hatte. Beide Einflußlinien werden in Carraccis römischem Hauptwerk, der Deckenausmalung der Galleria Farnese, zu einem neuen Stil von prägender Kraft verschmelzen (Abb. 42). Carraccis Ausstattungskonzept nahm sichtlich auf die Raumfunktion Bezug: Im Wettbewerb mit römischen Vorläufern wie der Galerie des Kardinals Capodiferro ließ der Kardinal den langgestreckten Raum im Gartenflügel des Palastes zwischen 1597 und 1601 in ein neuartiges Schaugemach für seine Antikensammlung verwandeln.

Nachdem die Skulpturen später entfernt worden sind, bereitet es Mühe, sich heute den ursprünglichen Charakter des Raums

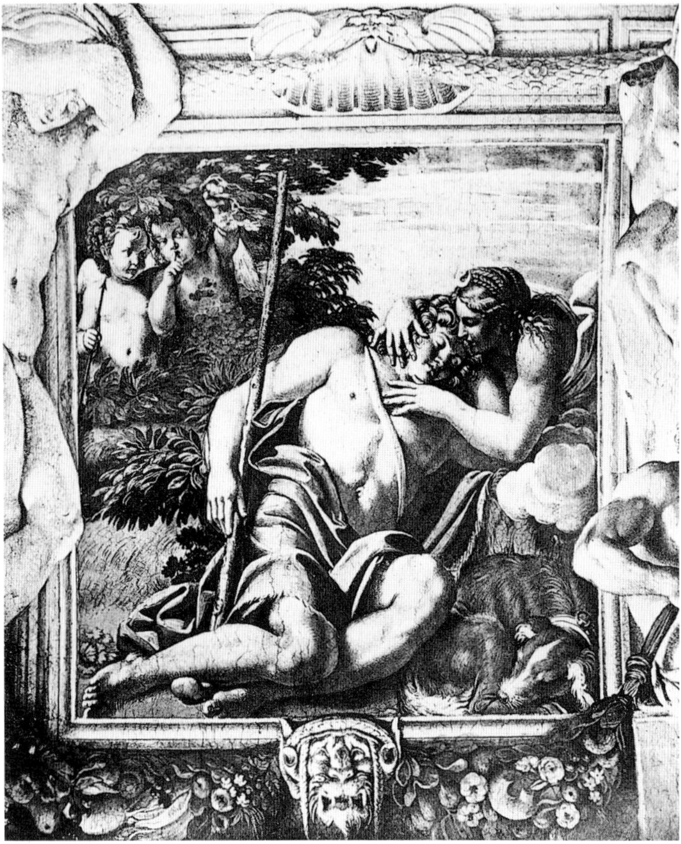

42 Annibale Carracci, Deckenfresko der Galleria Farnese, 1597 – um 1608. Palazzo Farnese. Ausschnitt mit der Darstellung von Diana und Endymion

anschaulich zu vergegenwärtigen. Von modernen Vorstellungen musealer Kunstpräsentation war die Farnese-Galerie sicherlich weit entfernt, erwuchs doch den Skulpturen, die teils in Nischen Platz gefunden hatten, teils aufgereiht vor den Wänden standen, in Carraccis Malerei eine mächtige Konkurrenz. Es scheint, als sei es dem Kardinal darum gegangen, einen Ort zu schaffen, an dem sich Kunst nicht nur ungehemmt entfalten, sondern in beinahe kulthaftem Selbstbezug geradezu zelebrieren konnte. Im Neben-

oder vielmehr Übereinander von Skulptur und Malerei, von antikem und gegenwärtigem Virtuosentum lebt unverkennbar das manieristische *l'art pour l'art* weiter. In dieser Hinsicht steht die Galleria Farnese einem berühmten Vorläufer wie der Grande Galerie König Franz' I. in Fontainebleau noch spürbar nahe. Sie vertritt einen Standpunkt der exklusiven Kennerschaft, der im zeitgenössischen Rom dank der religiösen Durchdringung, der alle Felder öffentlicher Kultur unterlagen, zunehmend ins Abseits geraten war.

Schon die Zeitgenossen bewunderten, wie souverän und erfindungsreich Annibale Carracci in der Galleria Farnese seine illusionistischen Fähigkeiten ausschöpfte. Obwohl er die oberitalienische Tradition perspektivischer Deckenmalerei mühelos beherrschte – schon während seiner Lehrzeit hatte er Correggios Domkuppel in Parma intensiv studiert –, gab er nicht der Versuchung nach, den Blick in einen imaginären Himmelsraum zu öffnen wie unmittelbar zuvor Caravaggio im Laboratorium des Kardinals del Monte. Statt dessen bedeckte er das Gewölbe mit einer Fülle von flächenparallelen Bildern (*quadri riportati*), die zwar alle freskiert sind, aber von der gerahmten Tafel bis zum Teppich, von der Stuckfigur bis zum Bronzerelief Material und Faktur verschiedenster Bildmedien vortäuschen. Nicht nur bezieht Carracci, indem er eine Anhäufung einzelner Kunstwerke malt, die Gewölbedekoration wie beiläufig in das Thema des Sammelns mit ein, das Funktion und Typus des Raums bestimmt; er weist zugleich die Malerei als diejenige Kunst aus, die alle Schwesterkünste imitieren kann und sie damit, was Anspruch und Prestige anlangt, bei weitem übertrifft. Vollkommene Beherrschung des Modellstudiums demonstriert Carracci, wenn er seinen Figuren eine körperliche Präsenz und atmende Natürlichkeit verleiht, die sie auf eine neue Weise lebensnah erscheinen lassen. Nicht nur den bewunderten Raffael, den er in seinen Bildern mehrfach zitiert, vermochte Carracci in dieser Hinsicht zu schlagen, auch die antiken Skulpturen der Farnese-Sammlung dürfte er, was die Qualität der Naturnachahmung – der so sehr geschätzten *mimesis* – betraf, für die Zeitgenossen sichtlich in den Schatten gestellt haben.

Nach dem Willen des Auftraggebers sollte Annibale Carracci den Sieg der Liebe darstellen und damit einem berühmten Motto der Antike, Vergils «*amor vincit omnia*», zur Anschauung verhelfen. In der Umsetzung dieses Themas, das die offiziellen Moralvorstellungen der Gegenreformation von vornherein unterlief, ging Carracci entschieden jener Gefahr einer gedanklich überladenen Konzeptkunst aus dem Weg, der die literarisch inspirierte Malerei des Manierismus zuvor so häufig erlegen war. Er malte, wofür ihm im einzelnen Ovids ‹Metamorphosen› die Vorlagen lieferten, eine bunte Folge von Liebesgeschichten zwischen antiken Göttinnen und Göttern. In Aktfiguren von berückender Sinnlichkeit, subtil beobachteten Situationen und zahlreichen ironischen Brechungen, die Carracci durch genaue Erfassung von Charakteren wie durch Einfügung komischer Nebenfiguren erzielte, gewinnt die Liebe unter seinen Händen als eine gänzlich diesseitige Passion Gestalt – trotz der so gegensätzlichen Erscheinungsform der Bilder teilte Carracci in dieser Frage den Standpunkt seines Zeitgenossen Caravaggio. Die bewunderte Antike, um die es in diesem Raum ja wesentlich geht, präsentiert sich nicht mehr unerreichbar entrückt, sondern gerät durch die Eskapaden ihrer Götter in überraschende Nähe zur Erfahrungswelt des Betrachters. Wenn Bellori sich im nachhinein bemühte, die Fresken der Farnese-Galerie als Kampf zwischen irdischer und himmlischer Liebe zu deuten, so verrät dies weniger eine unbefangene Auseinandersetzung mit den Bildern selbst als vielmehr die Absicht, der Malerei Carraccis hohen intellektuellen Rang zuzusprechen, ihr vor allem aber einen unanfechtbaren moralischen Status zu verleihen.

Carraccis Malerei war wesentlich als eine Auseinandersetzung mit römischer Kunst gedacht, sie trat selbstbewußt in Konkurrenz mit der imponierenden Renaissance-Tradition, wie sie in den vatikanischen Freskenzyklen Raffaels und Michelangelos ihren gültigen Niederschlag gefunden hatte. Daß es Carracci darauf ankam, den als unvereinbar geltenden Stil beider Meister erstmals zu verschmelzen, ihn mit gelassenem Augenzwinkern in eine neue Erscheinungsform der Kunst zu überführen und so im Wettkampf mit den Heroen der römischen Kunstgeschichte sogar den Sieg davonzutragen, zeigt die Farnese-Galerie auf Schritt und Tritt. Auf Michelangelo ist insbesondere das kunstvolle Rahmenwerk seiner Fresken bezogen. «Die stein- und fleischfarben gemalten Atlanten und Ignudi sind aus dem Bann herausgetreten, in dem sie an der Sixtinischen Decke stehen: Die Gestalten wenden und drehen sich, sie ‹spielen› etwa mit Seitenblick auf die Themen der Gemälde, welche die Atlanten flankieren, oder indem sie zwar Statuen mimen, aber immer wieder aus der Rolle fallen.» (Erich Hubala)

Caravaggios affektgeladener Realismus auf der einen, Annibale Carraccis klassisch inspirierte und doch so frische Malerei auf der anderen Seite – zwischen diesen Polen entwickelte der römische Frühbarock zu Beginn des 17. Jahrhunderts seine künstlerische Physiognomie. Seit Bellori galt der Stil beider Maler als unvereinbar, und auch ihr persönliches Naturell ließ vermutlich größte Gegensätze zutage treten. Das wenige, was wir von Carraccis persönlichem Leben wissen, vermittelt uns das Bild eines gewandten, gesellschaftlich erfolgreichen Künstlers, während Caravaggios Biographie von Skandalen überschattet ist. Nachdem er 1606 einen Widersacher im Streit getötet hatte, floh er zunächst nach Neapel, dann nach Malta und Sizilien, bis er auf der Rückkehr nach Rom selbst tödlich verwundet wurde. Als Künstler dürften sich beide dennoch geschätzt haben. Caravaggio jedenfalls diktierte 1603 in ein Gerichtsprotokoll, er zähle Annibale Carracci zu seinen Freunden und halte ihn für einen guten Maler. Umgekehrt mag es sich genauso verhalten haben, andernfalls wäre es einem anspruchsvollen Auftraggeber wie dem päpstlichen Schatzmeister Tiberio Cerasi kaum gelungen, beide Künstler gemeinsam für die Ausstattung seiner Familienkapelle in Santa Maria del Popolo zu verpflichten und damit erneut einen spektakulären Künstlerwettbewerb zu inszenieren, wie ihn zuletzt die römische Renaissance erlebt hatte.

Der Vertrag wurde im Herbst 1600 geschlossen. Carracci sollte das Altarblatt mit der Himmelfahrt Mariens malen, Caravaggio auf seitlichen Wandbildern die Bekehrung Pauli und die Kreuzigung Petri darstellen. Erst in der gedrängten Nachbarschaft des kleinen Kapellenraums, so scheint es, kommt der individuelle Stil, der so unterschiedliche Habitus beider Maler zu voller Ausprägung. Carracci schildert die Entrückung Mariens als festliches Ereignis. Eine zentrierte, an Tizian und Raffael geschulte Komposition, leuchtkräftige, beinahe süße Farben, eine Hauptfigur, die vollste Selbstgewißheit ausstrahlt: All diese Eigenschaften lassen seine Assunta als triumphale Bestätigung alter Glaubenssätze und damit als Überwindung jener Zweifel erscheinen, in die das biblisch nicht verbürgte Geschehen der Himmelfahrt durch die Kritik der Reformation geraten ist.

Ganz anders nähert sich Caravaggio seiner Aufgabe. Sein erster Vorschlag für die Bekehrungsszene – der reitende Saulus wird durch eine göttliche Lichterscheinung getroffen und zu Boden geworfen – ist eine kunstvoll verzahnte Komposition von hoher dramatischer Verdichtung. Sie stieß auf Ablehnung: Sei es, weil die Darstellung Christi, den Caravaggio direkt in das Geschehen eingreifen ließ, als unpassend empfunden wurde, sei es, weil hier die neue, ergreifende Wirklichkeitsnähe, wie man sie seit der ‹Matthäus-Berufung› von einem religiösen Bild Caravaggios erwarten durfte, hinter ein bemühtes Virtuosentum zurücktrat. Erst in der zweiten, endgültigen Version findet Caravaggio zu seiner eigenen Bildsprache zurück. Er malt eine Nachtszene, die von tiefstem Dunkel grundiert wird. Nur drei Akteure teilen sich das Hochformat (Abb. 43). Paulus, in einen geheimnisvollen Lichtschein getaucht, liegt vom Betrachter abgewandt zu Boden. Sein Kopf berührt den unteren Bildrand, seine Arme hält er halb abwehrend, halb empfangend nach oben ausgestreckt. Der Betrachter kann sein Erleben teilen, gerade weil es unbegreiflich bleibt und sein Geheimnis der Öffentlichkeit des Bildes vorenthält. Von völliger Teilnahmslosigkeit dagegen zeugen Pferd und Knecht. Beide geraten zu Gegenbildern andächtiger Versenkung: Der grob gebaute Falbe mit gefleckter Zeichnung hält den Vorderhuf bedrohlich über Paulus erhoben, der ältliche Mann blickt stumpf zu Boden, sieht nicht einmal den Lichtstrahl, der seine Stirn streifend die Nacht erhellt. Caravaggios Deutung des Wunders berührt durch eine Einfachheit, die nichts mit Naivität zu tun hat, sondern Ergebnis eines langen und bewußten Prozesses bildnerischer Vorbereitung ist. Erst die Abgrenzung gegen die Malerei Carraccis, durch den Auftrag Cerasis gefordert, bringt ihn dazu, seinen Zugang zu den religiösen Bildaufgaben der Zeit endgültig zu klären und in ein unverwechselbares Idiom zu übersetzen.

Daß sich in den Jahren zwischen 1600 und 1630 die Malerei an die Spitze der Gattungen plazieren und zum Motor einer ebenso neuerungsträchtigen wie rasanten Entwicklung werden konnte, die bald alle Künste in ihren Bann ziehen sollte, verdankte sich ein weiteres Mal der Bereitschaft der Römer, die Errungenschaften anderer Kunstlandschaften vorbehaltlos zu akzeptieren und zugleich den Erfordernissen der eigenen Bildkultur dienstbar zu machen. Nicht nur mit Caravaggio und Annibale Carracci, auch mit dessen Vetter Agostino, später mit Guido Reni und Domenico Zampieri – genannt Domenichino – wirkten zwischen 1588 und 1605 die begabtesten Maler Oberitaliens in Rom. Sie verliehen der Kunst Roms jene internationale Ausstrahlung, die bald

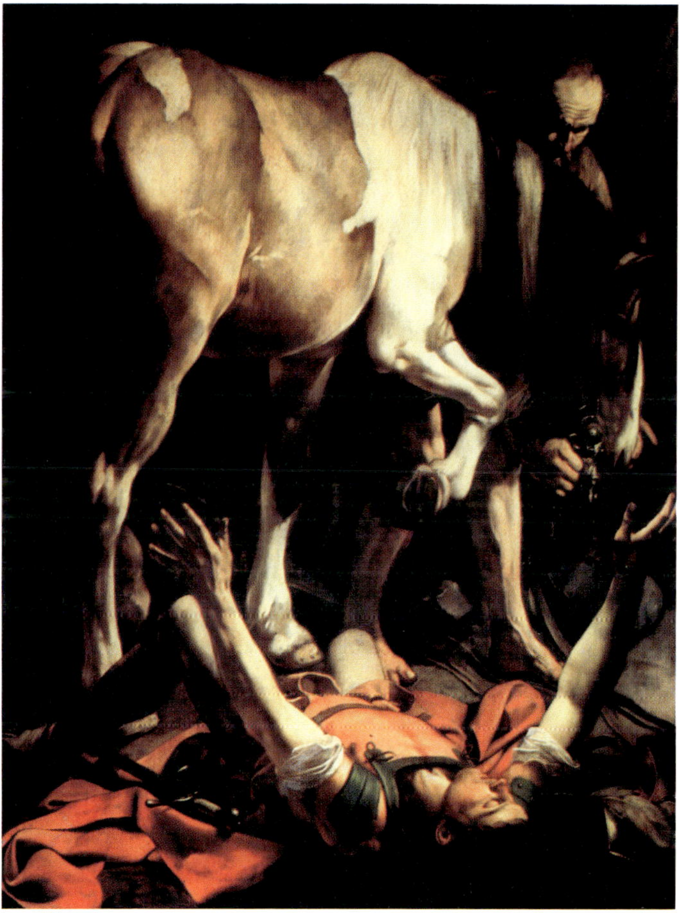

43 *Caravaggio, Bekehrung des Saulus, 1601. Santa Maria del Popolo, Cappella Cerasi*

auch ausländische Künstler wie Jan Brueghel, Rubens, Nicolas Poussin und Diego Velázquez an den Tiber zog.

Je nach Herkunft und individuellem Temperament orientierten sie sich im kaum übersehbaren Spektrum der aktuellen Strömungen: Rubens als Maler großer sakraler Kompositionen an Carracci und Reni, Velázquez, der während seines ersten Romaufenthalts in den Jahren 1629 bis 1631 je eine biblische und mythologische Historie malte, vornehmlich an Caravaggio. Thematische Neuerungen, die das europäische Kunstinteresse nachhaltig verändern werden, bereiten sich in der römischen Malerei dieser Zeit bereits vor. So wird das Interesse am Landschaftsbild, durch Agostino Carracci schon um die Jahrhundertwende eingeleitet, bald durch jüngere Maler aufgegriffen und in verschiedene Richtungen weiterentwickelt: von Domenichino (1581–1641) zu einem neuen Typus der arkadischen Ideallandschaft (Abb. 44), der dann bei Claude Lorrain und Nicolas Poussin seine Spuren hinterläßt, von dem Niederländer Paul Bril und dem Deutschen Adam Elsheimer zu stimmungsvollen Waldlandschaften voll geheimnisvoller Atmosphäre.

Nach wie vor hat auch die unvergleichlich dichte Überlieferung der Antike, wie sie sich nur in Rom findet, ihre Anziehungskraft auf die zeitgenössische Kunstwelt bewahrt. Die antiken Meisterwerke werden mit unvermindertem Eifer studiert, wenn ihnen auch in den zeitgenössischen Werken eine mächtige Konkurrenz erwachsen ist. Rubens, mit allen Eigenschaften eines glänzenden Kopisten ausgestattet, erforscht in einer meisterhaften Zeichnung, die erst kürzlich in Köln wiederentdeckt wurde, die Laokoongruppe (Abb. 45). Sie wird ihm zum Inbegriff einer leidenschaftlich bewegten Ausdruckskunst, wie sie unter neuen Vorzeichen in der Gegenwart gebraucht wird. Vergleicht man die Anfänge des römischen Barock mit dem Durchbruch, den die Renaissancekunst zwei Jahrhunderte früher in Rom erzielt hatte, so wird ein entscheidender Unterschied deutlich: Seine ersten Erfolge feiert der neue Stil jetzt abseits der großen Öffentlichkeit. Während der Papst und die klerikale Führungsschicht der Stadt zunächst noch eine konservative Kunst fördern, die den engen Vorgaben einzelner Reformtheologen bereitwillig folgt, stellten vermögende Kardinäle in ihren Residenzen bereits jenen Freiraum für Experimente zur Verfügung, der binnen weniger Jahre eine künstlerische Gegenkultur von größter Tragweite hervorbringt. Die Vorliebe für Sinnlichkeit und Erotik, eine Kennerschaft von Rang wie der Rückzug in eine exklusive Privatheit rücken das Mäzenatentum Francesco Maria del Montes in enge Nachbarschaft zu demjenigen Odoardo Farneses. Unabhängig von den äußeren Gemeinsamkeiten ihrer Kunstpatronage setzen sich beide Kardinäle mit untrüglichem Gespür für jene gegenläufigen Tendenzen ein, die den zeitgenössischen Geschmack binnen kurzem beherrschen werden. Mit Michelangelo da Caravaggio und Agostino Carracci lancieren sie die überragenden Begabungen ihrer Zeit, die der Kunst gleichermaßen neue Horizonte eröffnen, dies aber auf höchst verschiedene Weise tun.

Die Antwort der Skulptur: der junge Bernini

Den Schnurrbart à la mode gezwirbelt, sonst ohne Attribute des Standes, nur andeutungsweise mit offenem Hemd bekleidet, das Haar scheinbar nachlässig gescheitelt, mit forschendem Blick aus hellen, bezwingenden Augen: So stellt sich auf einer Porträtzeichnung der knapp dreißigjährige Gianlorenzo Bernini vor, im Urteil von Zeitgenossen der «neue Michelangelo», ein Künstler, dessen Karriere am päpstlichen Hof nicht glanzvoller hätte verlaufen können und dessen Zukunft immer neue Erfolge verspricht. 1598 in Neapel geboren, kam Gianlorenzo im Alter von sieben Jahren nach Rom; sein Vater Pietro, ein Bildhauer Florentiner Herkunft, hatte ihn dort im eigenen Metier ausgebildet.

Gianlorenzo Bernini war ein Wunderkind, aber er hatte die Zeit für eine solide Lehre, die er durch Selbststudium in der Antikensammlung des Vatikans und durch Zeichnen in Raffaels Stanzen ergänzte. Mit Ansehen und Rang der Skulptur stand es während Berninis römischer Jugendjahre nicht zum besten. Gewiß, Bildhauer wurden nach wie vor für öffentliche und private Aufträge gebraucht, so auch Pietro Bernini, den Papst Paul V. für die Ausstattung seiner Grabkapelle in Santa Maria Maggiore heranzog. In diesem Kollektivkunstwerk des späten Manierismus, 1611 von Flaminio Ponzio und vielen Mitarbeitern vollendet, spielt die Skulptur eine quantitativ dominierende Rolle, aber qualitativ bleibt sie hinter den Leistungen der Maler deutlich zurück. Im mäßigen Talent der beteiligten Bildhauer ist allenfalls die äußere

Ursache zu finden. Die Vorliebe der Zeit für thematische Komplexionen, für klein- und vielfigurige Szenen, ihr Interesse an ausuferndem Flächendekor und flimmerndem Farbspiel konnte von experimentierfreudigen Malern und Stukkateuren ungleich besser bedient werden als von Bildhauern, die nach wie vor das statuarische Interesse der großen Renaissancetradition fortschrieben.

Kardinal Scipione Borghese, Nepot Pauls V., war seinem Onkel an Bildung und kultureller Kompetenz weit überlegen. In

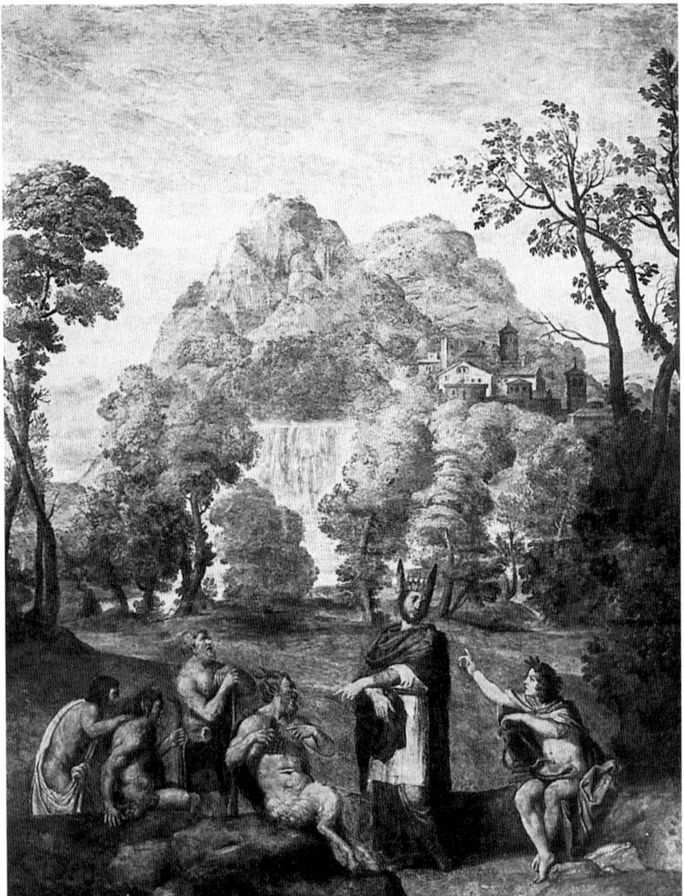

44 Domenichino, Das Urteil des Midas, Fresko aus der Villa Aldobrandini in Frascati, 1616–1618. London, National Gallery

seiner prächtigen Villa auf dem Pincio stellte er die führende Antikensammlung seiner Zeit zusammen, und so wenig wie del Monte und Farnese entsprach er nach Interessen und Neigungen dem offiziellen Tugendideal der Zeit. Als dem Kenner und Liebhaber antiker Plastik, der er war, wird ihm der aktuelle Rückstand, den die Skulptur zur Malerei aufzuholen hatte, in besonderer Schärfe bewußt geworden sein. Mit Sicherheit kannte der Kardinal Pietro Bernini und wurde durch ihn auf den Sohn und dessen Talent aufmerksam. Einem kleineren Frühwerk, das Gianlorenzo angeblich als Fünfzehnjähriger für den Kardinal gearbeitet hat, sollte ab 1618 eine Reihe großer Aufträge für lebensgroße Skulpturengruppen folgen, die Borghese in seiner Villa aufstellen ließ. Die Aufgabe war modern: Vor allem der flämische, von Florenz aus für ganz Europa tätige Bildhauer Giovanni da Bologna hatte sich auf die Zusammenfassung mehrerer Figuren zu szenisch bewegten Gruppen spezialisiert und damit der Bildhauerkunst des Manierismus einen entscheidenden Impuls verliehen.

Für einen gerade Zwanzigjährigen war der Rang der ihm gestellten Aufgaben ebenso ungewöhnlich wie die Entlohnung. Schon die erste Gruppe ‹Aeneas und Anchises› ließ der Kardinal sich 350 Scudi kosten. Berninis Fähigkeit, das Spezifische einer Aufgabe zu erkennen und zu gestalten, bestätigte sich hier zum ersten Mal. Nicht nur, um den antiquarischen Ehrgeiz Borgheses zu bedienen, stellte er den trojanischen Helden dar, der Vater, Sohn und Hausgötter aus der brennenden Stadt rettet. Ob Borghese das Sujet von vornherein als metaphorische Überhöhung seiner Nepotenrolle verstanden hat oder nicht – jedenfalls ist es dieser Gehalt, den Bernini durch seine Gestaltung des Themas herausarbeitet. ‹Der gereifte Mann stützt Alter, Jugend und Religion› – so könnte man, das mythologische Thema verallgemeinernd, die auf Borghese gemünzte Aussage der Skulptur umschreiben. Die Idealisierung des Aeneas, die Betonung seiner zugleich aktiven und dienenden Rolle legt diese Deutung nahe. Einer solchen Sicht auf das Thema entspricht auch die Aufmerksamkeit, die Bernini der Differenzierung der handelnden Generationen widmet. In der stofflichen Vergegenwärtigung von Kindes-, Mannes- und Greisenalter erreicht er einen Grad an illusionistischer Vollkommenheit, der im Medium der Skulptur bis dahin unbekannt war.

Gewiß fühlte sich der junge Bildhauer angespornt, auf diese Weise mit den berühmten Antiken zu wetteifern, die der Kardinal für seine Villa erworben hatte – etwa mit dem drastischen Greisenakt, der seinerzeit als ‹Sterbender Seneca› galt und in der man heute einen alten Fischer, eine Genrefigur viel banalerem Zuschnitts also, erkennt. Aber es ging zugleich auch darum, den Gattungsnachteil der Skulptur gegenüber der Malerei wettzumachen. Zum erstenmal ist in der Aeneas-Gruppe Berninis Anspruch zu spüren, mit dem Meißel Wirkungen zu erreichen oder gar zu übertreffen, die der Maler mit Palette und Pinsel erzielen konnte.

Sicher ist es kein Zufall, daß die künstlerischen Interessen, die Berninis Arbeiten für Scipione Borghese miteinander verbinden, allesamt dem Novitätenkatalog der zeitgenössischen Malerei entlehnt scheinen: Das Einfangen des dramatischen Moments der *storia*; die Hervorhebung des Ausdrucks, der *espressione*, wie sie z. B. in der Figur des ‹David› zum Hauptanliegen wird; die virtuose Schilderung des Stofflichen und Pointierung der Physis. Hinzu kommt die Betonung einer Liebesthematik, die gleich zwei Gruppen, ‹Pluto und Proserpina› wie ‹Apoll und Daphne›, prägt. Wie Caravaggio in seinen religiösen Historien, so gelang es Bernini in diesen Statuen, sich Kennern und Laien zugleich verständlich zu machen: «Für alle Zukunft wird das Werk», so Berninis frühester Biograph Filippo Baldinucci zu ‹Apoll und Daphne›, «den Erfahrenen wie den Ungelehrten ein Wunder an Kunstfertigkeit vor Augen stellen.»

Wie neu die Wege sind, die Bernini der Skulptur als einer erzählenden Kunst bahnt, macht die Apollo-Gruppe nach wie vor am besten deutlich (Abb. 38). Der kunstvoll in die Höhe geschraubte Bewegungsduktus manieristischer Gruppen, wie er noch für Berninis ‹Aeneas› vorbildlich war, ist nicht nur einem räumlichen Hintereinander, sondern auch einem zeitlichen Nacheinander der Protagonisten gewichen. Mit suggestiver Eindringlichkeit versteht es Bernini, das Geschehen als Momentaufnahme zu fassen: Noch im Verfolgungslauf begriffen, gelingt es Apoll in diesem Augenblick, den Leib der begehrten Nymphe zu berühren. Der Gott scheint über den Boden dahinzufliegen, nur sein rechter Fuß steht sichtbar mit der Standfläche in Kontakt. Und doch schlägt gerade jetzt die Handlung sichtbar um – Daphnes Flehen wird erhört, dank göttlichem Eingreifen verwandelt sie sich in einen Lorbeerbaum. Mit höchster Präzision nimmt Bernini diese Metamorphose in den Blick. Er läßt Bewegung unversehens zum Stillstand kommen, zeigt die Verwandlung von geschmeidiger Haut in spröde Rinde, von durchwehtem Haar in struppiges Geäst. Die Versuchung zu drastischer Übertreibung, der Bernini in der Körperschilderung von ‹Pluto und Proserpina› und auch in der physiognomischen Studie des ‹David› noch erkennbar nachgegeben hat, wird sorgsam vermieden. Jetzt ist es die Eleganz des klassischen Figurenideals, die Bernini zu erreichen trachtet. Sein schlanker Apoll gleicht buchstäblich bis aufs Haar der berühmtesten Götterstatue Roms, dem ‹Apoll vom Belvedere›, der als Glanzstück der päpstlichen Antikensammlung seit jeher die Bewunderung der ganzen Kunstwelt auf sich zog. Und der junge Künstler zeigt nicht nur, daß er das Vorbild erreichen kann, sondern legt es sogar darauf an, im Wettstreit mit dem antiken Konkurrenten den Sieg davonzutragen. Schließlich ist er es, dem es gelingt, das verhaltene Schrittmotiv der vatikanischen Statue zu ungehemmter Bewegung zu steigern, ihr im Original nur angedeutetes Handlungsmoment zu vollgültiger Narration zu entwickeln.

1623 wurde Maffeo Barberini, der als Kardinal zu den Förderern Berninis gehört hatte, als Urban VIII. zum Papst gewählt. Er machte seinen Pontifikat zur ersten Blütezeit des römischen Barock. Die neuen Strömungen der Kunst, die sich bis dahin nur im Schatten der kirchlichen Doktrin entwickeln konnten, prägten nun den päpstlichen Hofstil und verbreiteten sich von Rom über das katholische Europa. Der erste Auftrag, den Bernini von Urban VIII. erhielt, forderte ihn über die vertrauten Grenzen der Bildhauerei hinaus: Nach einem überraschenden Reliquienfund in der römischen Kirche Santa Bibiana hatte er nicht nur die Figur der Titelheiligen zu meißeln, sondern zugleich eine neue Vorhalle für den frühchristlichen Sakralbau zu entwerfen und so eine erste Bewährungsprobe als Architekt abzulegen. Von vornherein wird deutlich, daß Urban alle künstlerischen Kompetenzen in der Hand des jungen Talents vereinen will.

Gleichzeitig mit Bernini wurde in den Auftrag auch sein Altersgenosse Pietro da Cortona (1596–1669) eingebunden, der in Zukunft zu einem der gefragtesten Künstler Roms aufsteigen wird. Unter Assistenz Antonio Ciampellis malte er die Wände des

Kirchenschiffs mit Szenen aus dem Leben der Heiligen aus. Auf diese Weise verwandelt sich die unscheinbare Kirche in ein frühes Ensemblekunstwerk des römischen Barock, in dem sich alle künstlerischen Medien unter der Maßgabe abgestimmter Gesamtwirkung zusammenfinden. Der Anlaß für die Stiftung ist zeittypisch: Seit dem Cäcilienwunder des Heiligen Jahrs 1600 haben sich in Rom schon eine ganze Reihe ähnlicher, dem Märtyrer- und Reliquienkult der Gegenreformation willkommener Funde unversehrter Leichname ereignet. Und wie sich schon Cäcilie zum Gegenstand bildhauerischer Gestaltung angeboten hatte, so sollte eine Skulptur nun auch die bis dahin wenig beachtete Bibiana aus der Anonymität der vielen stadtrömischen Heiligen lösen und ihr erstmals Popularität unter den Gläubigen bescheren. Berninis Aufgabe war es, ein plastisches Altarbild zu schaffen. In Analogie zu den Bildformaten, die für diesen Zweck geläufig waren, entscheidet er sich für eine stehende Nischenfigur, deren plastisch bewegte Gestalt in eindrucksvolle Spannung mit dem schweren, steinernen Rahmenwerk tritt. Bernini stellt die Heilige im Augenblick nach dem erlittenen Martyrium dar: den Kopf schräg nach oben gewendet, erblickt sie das Erlösung verheißende Licht des Himmels.

Von der zeitgenössischen Malerei inspiriert war auch diesmal wieder die Formulierung, die Bernini für seine Figur fand. Er zeigt Bibiana nicht nur als schöne, körperliche und sinnliche junge Frau, die Bildern Carraccis entstiegen sein könnte, sondern macht sich außerdem eine hochaktuelle Bildformel zu eigen, die erst Guido Reni und seine Zeitgenossen im Repertoire der Heiligenikonographie verankert hatten: den himmelwärts gewandten, den sprichwörtlichen «Reni-Blick». Er ist das bildliche Kürzel für erflehte und gewährte Gnade, zugeordnet der Peripetie des Martyriums oder der heilbringenden Heldentat, dem Umschlag von Spannung zu Erlösung. Ursprünglich geht der verklärte Blick schon auf Raffael zurück. Die Wiederbelebung des Motivs in der Kunst um 1600 steht im Kontext der traditionell katholischen, von den Jesuiten verteidigten Gnadenlehre, die im freien Willen des Menschen – auf höchster Stufe verkörpert durch das Martyrium der Bekenner – die entscheidende Voraussetzung für den Empfang der göttlichen Gnade sieht. Schon seit dem Tridentinum in der zweiten Hälfte des 16. Jahrhunderts war diese Lehre hefti-

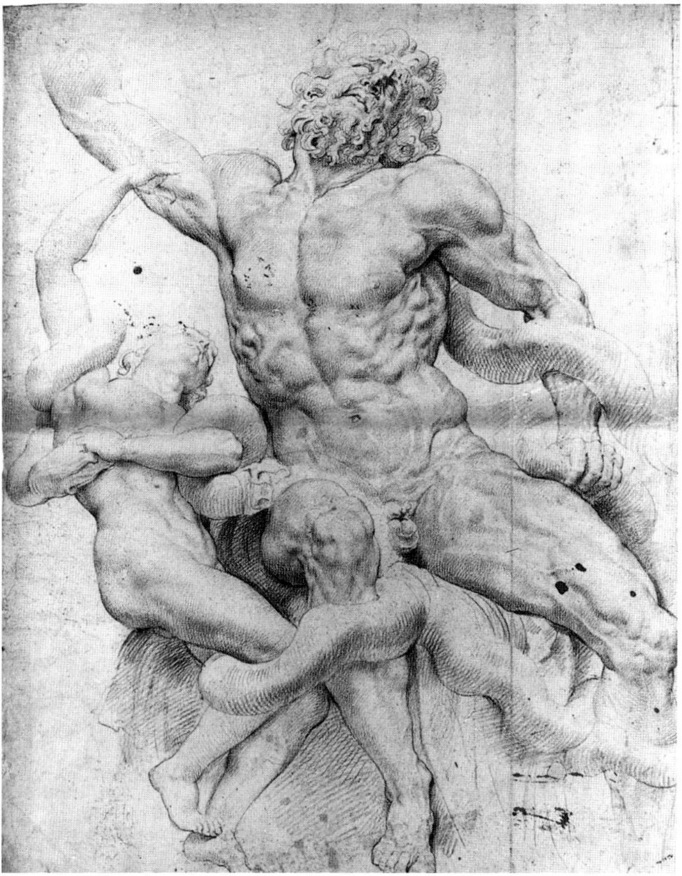

45 Peter Paul Rubens, Laokoon, Zeichnung, um 1606. Köln, Wallraf-Richartz-Museum

gen Attacken ausgesetzt gewesen, die jetzt, seit den 1620er Jahren, durch die deterministische Gnadenlehre der Jansenisten neue Nahrung erhielt. Das katholische Pathos Guido Renis und Gianlorenzo Berninis ist also eine Waffe im Kampf gegen die Häresie, erfunden in einer Zeit, die dem Bild eine neue, überragende Rolle in der Glaubensverbreitung zugesteht.

Chance und Hypothek zugleich wird für Urban VIII. der Neubau von Sankt Peter, den sein Vorgänger Paul V. nach über hundertjähriger Bauzeit zu Ende geführt hatte. Eine Chance, weil sich ihm hier die Möglichkeit bot, durch eine große Ausstattungskampagne den eigenen Namen untrennbar mit der Hauptkirche der Christenheit zu verbinden; eine Hypothek, weil das architektonische Gehäuse in Dimension und räumlicher Ordnung die denkbar schlechtesten Voraussetzungen für eine wirkungsvolle und funktionsgerechte Dekoration mit sich brachte. Für die Renaissance hatte die Vollendung des Baus im Vordergrund gestanden; seit dem Scheitern des Juliusgrab-Projektes war an die Ausstattung, die sich im Bewußtsein der Epoche nach den individuellen Bedürfnissen des jeweils regierenden Papstes richten mußte, kaum ein Gedanke mehr verschwendet worden, zumindest sind entsprechende Planungen nicht überliefert.

Als Urban VIII. den fünfundzwanzigjährigen Bernini mit der Ausstattung des Raums unter der Vierungskuppel beauftragte, stellten sich dem Vorhaben beinahe unüberwindliche Schwierigkeiten entgegen. Die Lage der heiligen Stätten innerhalb des Baus war seit der Grundsteinlegung im Jahr 1506 unverändert geblieben, aber viele der funktionalen Voraussetzungen, unter denen Julius II. den Neubau begonnen hatte, waren inzwischen hinfällig geworden. Unter der Kuppel, exzentrisch gegen den westlichen Kreuzarm verschoben, liegt mit der unterirdischen Petrusmemorie der würdigste aller geistlichen Orte in Sankt Peter. Maderno hatte in Anlehnung an das Arrangement in der Apsis der alten Basilika einen direkten Zugang zum Apostelgrab, die Confessio mit ihren symmetrischen Treppenläufen, geschaffen. Für die liturgischen Abläufe in der Hauptkirche Roms kommt dem darüberliegenden Hochaltar größte Bedeutung zu. Einerseits der Memorie zugeordnet, ist er zugleich der Papstaltar, also jener Ort, an dem der Pontifex weithin sichtbar als Zelebrant in Erscheinung tritt. Schon Urbans Vorgänger hatten deshalb versucht, den Altar innerhalb des riesigen Raums architektonisch hervorzuheben – zunächst durch ein hölzernes Ziborium, dann durch einen von Engelstatuen getragenen Stoffbaldachin. Noch unter Paul V. ist auch diese Lösung als unbefriedigend – weil schlicht zu klein – empfunden worden. Maderno, bis zu seinem Tod 1629 als Petersbaumeister im Amt, hatte als Ausweg bereits ein Ziborium auf vier monumentalen Spiralsäulen vorgeschlagen: ein Gedanke, den Bernini pragmatisch aufnimmt und in einer Reihe von Entwürfen weiterentwickelt, bis er zur endgültigen, so selbstverständlich und zwingend erscheinenden Formulierung gereift ist (Abb. 46).

Schon Maderno hatte in der proportionalen Abstimmung des Baldachins auf die riesigen Dimensionen der Architektur das Hauptproblem des Entwurfs gesehen. Bernini suchte, von seinem Assistenten Francesco Borromini unterstützt, durch zeichnerische Projektion des Baldachins in den Kuppelraum das optisch richtige Maß zu gewinnen. So gelangte er zu der kolossalen Höhe von 29 Metern, die allein die optische Dominanz der Altarbekrönung im Gesamtraum gewährleisten kann. Der Papst drang auf Ausführung des Projekts in Bronze. Seine Entscheidung, das Material durch Einschmelzung des antiken Bronzegebälks aus der Vorhalle des Pantheons zu gewinnen, brachte ihm einen Spottvers des gefürchteten Pasquino ein, der sprechenden Statue an der Piazza Navona: «*Quod non fecerunt barbari fecerunt Barberini*» – was die Barbaren nicht fertigbrachten, haben jetzt die Barberini getan. Der pietätlose Akt stand noch ganz in der Tradition der Renaissance, die selten Scheu hatte, ihre Evokationen des Altertums auf die materielle Ausschlachtung antiker Monumente zu gründen.

Berninis volle Verantwortung für das Projekt begann erst 1627, als die gegossenen Säulen an Ort und Stelle aufgestellt wurden und die Frage des architektonischen Abschlusses zur Debatte stand. Von Anfang an verfolgte Bernini die Idee eines fingierten, an einer Tragekonstruktion aufgehängten Baldachins: ein Gedanke, der trotz Ausführung in Bronze die Erinnerung an die textilen Ursprünge des Motivs wachhalten, dem Aufbau einen Anschein von Veränderlichkeit bewahren und so seinen monumentalen Ausmaßen entgegenwirken sollte. Das erste Projekt, zwei halbkreisförmige Diagonalbögen mit einer bekrönenden Christusstatue, konnte nicht überzeugen, zumal die Montage eines Holzmodells statische Bedenken nährte. Einblick in die Entscheidungsfindung gibt uns eine rasch hingeworfene Federskizze Berninis von 1631, wahrscheinlich ein gezeichnetes Gesprächsprotokoll, das während einer der vielen Konferenzen mit dem Papst entstanden ist. Bernini kommt hier auf den Gedanken, den Baldachin nicht mehr über, sondern zwischen den Säulen zu plazieren, an Voluten statt an durchgehenden Bögen aufzuhängen und die vier Engelsstatuen auf den Säulen von ihrer tragenden Funktion zu befreien. Diese Lösung festigt nicht nur den optischen Zusammenhang zwischen Stützapparat und Bekrönung, sondern auch das konstruktive Gefüge des Ganzen. Bezeichnend für Berninis balancierendes Formempfinden sind dann die einzelnen Korrekturen bis zur Ausführung. Durch größeren

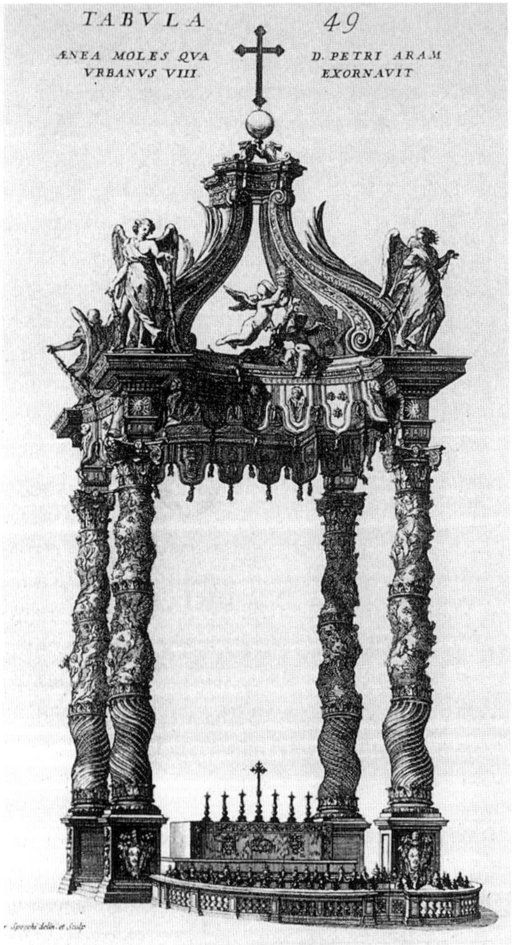

46 Sankt Peter, Baldachin, Illustration aus Filippo Bonanni, Numismata Summorum Pontificum Templi Vaticani fabricam indicantia, 1695

Schwung der Voluten, Lockerung ihres Zusammenhalts und die freie Beweglichkeit, die jetzt den bänderhaltenden Putti zugestanden wird, arbeitet er dem stabilisierten Gesamteindruck wieder entgegen und bewahrt die Wirkung einer nur losen, scheinbar jederzeit veränderlichen Verknüpfung der Motive.

In vielfältiger Weise, ästhetisch, symbolisch wie historisch deutbar, nehmen die Formen des Baldachins auf den Ort Bezug, an dem er steht. So ist der Prunkhimmel aus kostbarem Brokat, den Berninis Aufbau imitiert, seiner Natur nach ein beweglicher Gegenstand; entsprechend sinnfällig wirkt er als Bekrönung des aus dem Kuppelzentrum gerückten, in der Geometrie des Kirchenraums eigentümlich ‹heimatlosen› Petrusgrabes. Funktional hat der Baldachin seinen Ursprung im orientalischen Herrscherkult, einem Formenrepertoire, das seinem Anspruch nach dem Apostelfürsten Petrus ohne weiteres angemessen erscheint, aber auch im Papstzeremoniell seit dem Altertum vielfach Verwendung findet und deshalb mit gleichem Recht den Bezug auf den zelebrierenden Nachfolger Petri erlaubt. In ein ortsbezogenes wie kirchengeschichtliches Bedeutungsfeld ordnen sich die tragenden Spiralsäulen ein. Maßstäblich vergrößert, kopieren sie die zwölf gewundenen Marmorsäulen, die in der Apsis von Alt-Sankt-Peter das Apostelgrab rahmten. Der freilich erst im 15. Jahrhundert entstandenen Legende nach stammten diese kostbaren Architekturglieder aus dem Tempel Salomos in Jerusalem; an eine der Säulen, als *colonna santa* hochverehrt, soll sich Christus gelehnt haben. Theologisch ausgedeutet, bezeichnet das Motiv der gewundenen Säule also das Grab Petri als jenen Ort, an dem sich Alter und Neuer Bund in ihrem geschichtlichen Wirken treffen: eine Lesart, die freilich voraussetzt, daß man im Zeitalter Baronios das dünne Gewebe der Herkunftslegende noch für tragfähig hielt. Aber selbst wenn das nicht der Fall war, durften die Spiralsäulen in den Augen der Gläubigen die örtliche wie spirituelle Kontinuität verkörpert haben, die das Petrusgrab auch jetzt, nach der Veränderung seiner räumlichen Umgebung, für sich in Anspruch nehmen konnte.

Zeigen bereits diese vielfältigen Bezüge zur Frühgeschichte Sankt Peters, daß der Baldachin unter der Vierungskuppel von Anfang an als zentrales Monument historischer Vergewisserung im Sinne der Gegenreformation gemeint war, so verhalf Bernini, indem er auch die räumliche Umgebung völlig neu gestaltete, diesem Gedanken noch zu ungleich größerer Tragweite. Nach dem Tod Madernos selbst Petersbaumeister, beschäftigte er sich ab 1629 mit der Dekoration der abgeschrägten Pfeilerfronten, die – noch auf Bramantes Urentwurf zurückgehend – Vierung und Hochaltar diagonal einfassen. Schon 1606 hatte man die drei Hauptreliquien von Sankt Peter, die Heilige Lanze, das Schweißtuch der Veronika und den Kopf des hl. Andreas, zur Aufbewahrung in die Pfeiler verbracht. 1629 ließ der Papst – sicherlich schon im Zusammenhang mit den aktuellen Umgestaltungsplänen – in mehreren römischen Kirchen Kreuzreliquien beschlagnahmen, um in Sankt Peter die Zahl der herausragenden Reliquien auf vier zu erhöhen und damit die Gleichrangigkeit der Andachtsorte zu gewährleisten, die nach seinem Willen den Papstaltar umstehen sollten.

Einmal mehr wird hier bewußt, das es nach der Glaubensspaltung die Verehrung der Heiligen und Reliquien ist, an der sich die unterschiedliche Glaubenspraxis der Konfessionen am deutlichsten zeigt. So erklärt sich das Interesse, für die prominentesten Reliquien von Sankt Peter eine repräsentative, unveränderliche, in der Disposition der Kirche verankerte Position zu finden. Schon in der alten Basilika war der wirkungsvollen, für die Pilger identifizierbaren Aufbewahrung der Reliquien große Aufmerksamkeit gewidmet worden; man bediente sich einzeln stehender Ziborien mit Altären und aufwendig gestalteten Reliquiaren, die an verschiedenen Orten im Langhaus aufgestellt waren. Im Neubau mit seiner festen Hierarchie der Orte war diese Praxis hinfällig geworden. Die Vierungspfeiler boten sich wegen ihrer zentralen Stellung im Bau und zusätzlich wegen ihrer großen Höhe in besonderem Maße zur Aufbewahrung des kostbarsten Besitzes von Sankt Peter an, garantierten sie doch die gute Sichtbarkeit der Reliquien, die an besonderen Feiertagen von den Balkons aus den Gläubigen gezeigt wurden. Das Schauen hatte sich anstelle der älteren Berührungspraxis schon seit dem Spätmittelalter als wichtigste Form der Reliquienverehrung durchgesetzt; üblich war in Alt-Sankt-Peter das Vorzeigen der Reliquienmonstranzen von hochgelegenen Plattformen aus.

Der Schluß liegt nahe, daß man schon vor dem Eingreifen Berninis an die Einrichtung von Präsentationsbalkons im oberen

Bereich der Pfeilerfronten gedacht hat. Bernini vereiht jedoch der durchaus konventionellen Disposition eine unverwechselbare Gestalt: Die an sich neutralen Wandzonen erhalten durch große Rundbögen und die darin einbeschriebenen Ädikulen – übergiebelte Säulenstellungen – eine feste Struktur. Die vorspringenden Balkons und die nischenartige Eintiefung der Bogenflächen sorgen für räumliche Aktivierung; großflächige, farbig hinterlegte Stuckreliefs führen dem Betrachter eindrucksvoll vor Augen, wie die jeweilige Reliquie von Engeln in himmlische Sphären entführt wird. Das Medium des Bildes hat hier orientierende Funktion, wird doch dem Gläubigen trotz analoger Gliederung aller vier Pfeilerfronten zweifelsfrei gezeigt, welche Reliquie wo zu finden ist.

Das Hauptproblem nicht nur dieser Präsentationsorte, sondern vergleichbarer Einrichtungen überhaupt ist ihre andachtspraktische Bedeutungslosigkeit während der langen Zeitspannen, in denen die Reliquien nicht gezeigt werden. In Sankt Peter löste man die Schwierigkeit durch die ebenso einfache wie zwingende Idee, acht der zwölf gewundenen Marmorsäulen aus Alt-Sankt-Peter in das architektonische Arrangement der Wandflächen einzufügen. Zwar hatte schon Maderno die Vorhalle des Neubaus mit Spolien aus dem Vorgängerbau ausgezeichnet; aber die gezielte Verwendung gerade dieser Architekturglieder, der berühmtesten aus der konstantinischen Basilika, ihr selbst schon reliquiengleicher Verehrungsstatus und ihre wirkungsvolle Präsentation vor der dunklen Wandfolie sprengten die in Rom bis dahin übliche Praxis der Spolienverwendung. Sie erhoben die Balkons zu permanenten Zielen der Andacht, deren religiöse Funktion nicht mehr zwingend an bestimmte Festtage gebunden ist. Direkt sinnfällig wird der Bezug der Marmorsäulen zu den Bronzestützen des Baldachins, die nun mit ihren Urbildern verglichen werden können und sich zweifelsfrei als getreue Kopien erweisen. In geradezu dokumentarischer Beweisführung beglaubigt das Motiv der gewundenen Säule den Rang des Ortes, dessen Neugestaltung seit Beginn der Gegenreformation so schwer zu rechtfertigen war.

Höchste Anforderungen an Berninis Erfindungskraft stellten die unteren Zonen der Pfeilerfronten. Von vornherein verzichtete man auf Nebenaltäre, die in unmittelbarer Umgebung des Papstaltars eine unerwünschte Konkurrenz erzeugt und außerdem den räumlichen Fluß der Vierung gestört hätten. Andere Möglichkeiten wurden erwogen und verworfen. Erst um 1635 drang Bernini zu der Lösung vor, die im nachhinein so selbstverständlich scheint: Vier Kolossalstatuen, von denen Bernini den hl. Longinus der eigenen Ausführung vorbehielt, füllen die weiten Nischen zwischen den Pilastern aus. Keine dieser Figuren ist auf statisches Repräsentieren angelegt, vielmehr zeigen sich alle auf ungewohnte Weise aus statuarischen Bindungen gelöst, übernehmen ihre aktive Rolle in der rauschenden Inszenierung, die jetzt den Hochaltar umgibt. Die bewegte Figur, Berninis ureigener Beitrag zur Neuformulierung der zeitgenössischen Plastik, der bislang nur in den profanen Gruppen der Villa Borghese erprobt worden war, hält damit nicht nur Einzug in den Bereich der Sakralkunst, sie legt auch eine erste Bewährungsprobe im großen, monumentalen Maßstab ab. Die Statuen stellen die Protagonisten jener heilsgeschichtlichen Ereignisse dar, deren materielle Zeugnisse die Reliquien sind: Longinus und Veronika als Zeugen der Passion, Helena als Finderin des Kreuzes und Andreas als Erzapostel.

Andrea Bolgi und François Duquesnoy, vor allem aber Francesco Mochi – er meißelt die anrührende Figur der dahineilenden Veronika, die mit schmerzerfüllter Mine das Schweißtuch vor sich aufspannt – stellen sich den singulären Forderungen dieses Auftrags in unterschiedlicher Weise. Für Bernini wird die Konkurrenz zwischen Skulptur und Malerei erneut zum Anlaß der Gestaltfindung. Mit dem großflächigen Wechselspiel glatter und aufgerauhter Partien, der differenzierten Lichtempfindlichkeit von Haut und Bekleidung, der kalkulierten Schattierung der Figur erzielt er in seiner Longinusfigur malerische Wirkungen, wie sie der Skulptur bis dahin nicht zur Verfügung standen. Hat er in der ‹Aeneas-Gruppe› noch gleichsam als Feinmaler gearbeitet, so erobert er sich hier, im kolossalen Format, die Arbeitsmittel des Freskanten. Ungleich präziser als alle seine Konkurrenten arbeitet Bernini im Longinus überdies den historischen Zeitpunkt der Darstellung heraus: das *hic et nunc*, den Augenblick der Erleuchtung, die dem Zeugen der Kreuzigung und römischen Hauptmann unmittelbar nach dem Lanzenstich zuteil wird. Wieder ist es – wie vorher bei der Figur der Bibiana – der Moment des göttlichen Gnadenerweises, der Bernini interessiert und dem er mit demselben Darstellungsmittel, dem zurückgeworfenen Kopf mit erhobenen Augen, zur Anschauung verhilft. Die Bewegung erfaßt nun die ganze Figur samt ihrer Draperie, die an dem mächtigen Körper herabgleitet und die Brust des Heiligen freilegt. Howard Hibbard hat die ausgebreiteten Arme der Figur treffend als Gestus der Zeugenschaft, den Prozeß der Entkleidung als Thematisierung der Wahrheit gedeutet. Vor dem ideologischen Horizont wie vor der Bildtradition der katholischen Reform verkörpert die Longinus-Figur jedoch noch mehr. In ihr findet ein aktuelles Anliegen der Kirche seine äußerste Zuspitzung, verkörpert der Hauptmann, der unter dem Kreuz von Christus selbst bekehrt wurde, doch wie kein anderer den Akt der Konversion. Sündern, Heiden und Abtrünnigen, das bekennt Longinus, ebnet Bekehrung den Weg zu jenem Heil, das die katholische Kirche offeriert.

Borromini: die Liebe zur Geometrie und ein neuer Künstlerstreit

Mehr als hundert Jahre war es inzwischen her, daß die Feindschaft zwischen Michelangelo und Raffael der Stadt und der Kurie Gesprächsstoff geliefert hatte. Welchen Spielraum auch der gelenkte Kunstbetrieb des römischen Barock dem persönlichen Konflikt zwischen Künstlern noch ließ, welche Spuren berufliche Eifersucht, Diffamierung und machtbewußte Unterdrückung der Konkurrenz in den Biographien der Beteiligten hinterlassen konnten, zeigt im 17. Jahrhundert die vielfach bezeugte Rivalität zwischen Bernini und Francesco Borromini (1599–1666). Fast gleichaltrig, schon durch den Familienhintergrund auf ihren Beruf vorbereitet und jeder für sich von unvergleichlicher Begabung, waren beide Künstler doch von völlig gegensätzlichem Temperament. Stellten sich dem einen auf seinem Weg vom Wunderkind zum weltläufigen *cavaliere* und päpstlichen Kunstintendanten scheinbar keine Hindernisse in den Weg, so blieb der andere seiner handwerklichen Herkunft verpflichtet, zeigte wenig gesellschaftliches Talent und bewahrte sich einen Heimatstolz, der auf seine Umgebung zuweilen skurril wirkte.

Borromini kam aus der lombardischen Provinz. Er wurde als Sohn eines Maurers am Luganer See geboren, in einem Dorf auf dem Boden der Eidgenossenschaft, das aber kulturell mit Mailand, der lombardischen Metropole, verbunden war. Die Seenlandschaft des Tessin und der Lombardei hatte schon viele fähige Bauleute hervorgebracht, die traditionsgemäß in ganz Europa auf Wanderschaft gingen. Zu ihnen gehörte auch der angesehene Petersbaumeister Carlo Maderno, der aus der Umgebung Luganos stammte. In das Atelier dieses Landsmanns trat der junge Borromini ein, nachdem er seine Lehre an der Mailänder Dombauhütte absolviert hatte und 1619 nach Rom aufgebrochen war.

Das folgende Jahrzehnt verbringt Borromini offenbar in voller Harmonie als Schüler und Gehilfe seines verehrten Meisters Maderno. Noch kurz vor seinem Tod sorgte Borromini kraft testamentarischer Verfügung dafür, daß sein Neffe und Erbe die Enkelin Madernos heiratet, um die Verbindung der Familien zu besiegeln; zugleich bittet er darum, im Grab seines Lehrers beigesetzt zu werden. Diese Anhänglichkeit mag er anfangs auch auf Bernini übertragen haben, dem er als Mitarbeiter beim Entwurf der Cathedra unter anderem in statischen Fragen zur Hand ging. Beim Bau des Palazzo Barberini, der Familienresidenz Urbans VIII. am Nordhang des Quirinals, die ab 1625 als Gemeinschaftswerk mit Maderno, Bernini und da Cortona entsteht, bewährte sich Borromini nicht nur als Entwerfer exquisiter Architekturdetails, er wirkte auch entscheidend auf die Planung ein; vermutlich stammt sogar der Hauptanteil des Entwurfs von ihm.

Das äußere Ereignis, das die Zerrüttung des Verhältnisses zu Bernini einleitete, war der Tod Madernos im Jahr 1629. Entgegen den eigenen Hoffnungen wurde nicht er selbst, sondern Bernini der Nachfolger Madernos in der Bauleitung von Sankt Peter. Drei weitere Jahre arbeitete Borromini ihm noch zu, dann vollzog er unter heftigen Vorwürfen den Bruch. Oberflächlich besehen mögen Eifersucht und Neid, persönliche Abneigung und der Verdacht finanzieller Übervorteilung den Ausschlag gegeben haben. Der tiefere Grund liegt in der Entwicklung des Architektenberufs, wie sie sich – dies wird vor allem in der Baugeschichte von Sankt Peter greifbar – seit über hundert Jahren in Rom vollzogen hatte. Bramante, Raffael und Michelangelo, die Väter des gewaltigsten Neubaus der Stadt, waren Maler und Bildhauer gewesen. Professionelle Architekten wie Antonio da Sangallo oder Maderno hatten zwar ebenfalls Einfluß auf den Bau gewinnen, aber nie den Ruhm erwerben können, die großen Entwerfer von Sankt Peter zu sein. Ihnen, den soliden Fachleuten, die oft genug damit beschäftigt waren, die Fehler ihrer berühmten Meister oder Vorgänger auszumerzen, fühlte sich der gelernte Maurer Borromini verbunden. Mit Bernini wurde nun auch ihm ein Bildkünstler übergeordnet. Borromini respektierte die Fähigkeiten des Altersgenossen. Aber er wußte nur zu gut, daß Bernini kaum etwas vom Bauen verstand und nie die Geduld aufbringen werde, sich mit den komplizierten Details abzugeben, die man – das bleibt seine lebenslange Überzeugung – als Architekt beherrschen muß.

Der Ehrgeiz, einen eigenen Auftrag zu akquirieren, brachte Borromini mit der spanischen Mönchskongregation der Unbeschuhten Trinitarier in Kontakt. Fra Juan de la Anunciación wollte die Neubauten für die bescheidene römische Niederlassung der Gemeinschaft auf dem Quirinal errichten lassen. Er war der Beichtvater Urbans VIII. – eine Position, die ihn auf Pfründen hoffen ließ. Als diese ausblieben, wurde das Vorhaben mühsam aus Spenden und Darlehen finanziert. Borromini mußte noch mehrere Jahre warten, bis er mit der Kirche San Carlo alle Quattro Fontane – in Rom «*San Carlino*» genannt – und dem angrenzenden Kloster den ersten selbständigen Entwurf verwirklichen konnte.

Dem beengten Grundstück an der Via Sistina, das 1634 Baustelle wurde, gewann Borromini ein Maximum an Gestaltungsmöglichkeiten ab. Obwohl ihm der Auftrag kaum Einkünfte bescheren sollte, verraten bereits die Entwürfe hohen fachlichen Ehrgeiz: Er zeichnete hauptsächlich Grundrisse, in denen er unablässig radiert und verbessert hat. Zahlreiche Strichlagen, in dünnem Blei übereinandergesetzt und teils noch einmal mit kräftiger Kohle korrigiert, sind Zeugen seines rastlosen Experimentierens. Nie setzt sich bei Borromini die spontane *prima idea* durch, stets durchläuft der Entwurf viele Stadien, bis er dem eigenen Anspruch halbwegs genügt. Zunächst wurde der Neubau des Klostertrakts in Angriff genommen. Auf ein räumliches Minimum beschränkt, läßt vor allem der raffiniert erdachte Kreuzgang das Können Borrominis ahnen. Dorische Säulen, zu Paaren gruppiert, säumen das Areal; der Wechsel zwischen Bögen und geraden Auflagern unterstreicht den lebhaften Rhythmus der Stützenfolge, der sich in den Ecken durch konvex gekurvte, aktiv in den Raum eingreifende Gesimsbänder und Wandstücke noch einmal merklich verdichtet.

Im benachbarten Kirchenraum überspielt Borromini das wiederum beengte Volumen durch ein Höchstmaß an gestaltender Phantasie. Läßt sich die Grundrißfigur als gelängtes, zu den Scheiteln hin eingedrücktes Oval beschreiben, so sieht sich der Besucher, der die Kirche auf der Tiefenachse betritt, unversehens von einem Raum umgeben, dem keine starren Grenzen gesetzt scheinen. Die Wände fluten vor und zurück; Nischen verschiedenen Formats – flach und weit aufgespreizt an den Seiten, eng und eingetieft in den Scheiteln des Raums – wechseln mit gerade geführten, in den Raum eingreifenden Mauern. In rhythmischen Intervallen schmiegen sich Säulen eng an die Wand; das umlaufende Gebälk zeichnet den ondulierenden Verlauf der Grundrißlinie nach. Erst der Blick nach oben klärt die mehrdeutige, vexierbildhafte räumliche Struktur (Abb. 47): Die Nischen, in gekurvten Bogenprofilen an die zentrale Raumpartie herangeführt, entpuppen sich als verkürzte Kreuzarme, die eingeschalteten Wandstücke als abgeschrägte Vierungspfeiler, die sich in plastisch geschmückten Pendentifs fortsetzen. All diese Elemente tragen gemeinsam die lichtdurchflutete Ovalkuppel.

Virtuos faßte Borromini in seiner Raumschöpfung zwei Kirchentypen, Oval- und Kreuzbau, zu einem Gebilde gänzlich neuer Prägung zusammen. Materiell gehört der Bau zu den bescheidenen, ja ärmlichen Barockkirchen Roms – weiß verputztes Ziegelmauerwerk muß Marmor und Gold ersetzen, Skulpturen und Gemälde machen sich rar –, doch wird dieser Nachteil durch Borrominis beispiellose Erfindungsleistung mehr als aufgewogen. Hält man sich die römische Tradition des Kirchenbaus vor Augen, so zeigt sich schnell, daß Borromini auf eine Reihe lokaler Vorläufer anspielte, ohne einen einzigen von ihnen exakt zu zitieren. Zu den Architekten, die er in seine künstlerische Ahnenreihe aufnahm, gehört Bramante als Entwerfer von Sankt Peter, aber auch Vignola, der mit Sant' Andrea in Via Flaminia das Urbild aller römischen Ovalkirchen geschaffen hatte (1550). Der Kenner entdeckte auch in der Bauornamentik ein subtiles Geflecht aus Bezugnahmen, Zitaten und Verfremdungen. So stattete Borromini die Säulen in den Wandnischen mit regulär geformten korinthischen Kapitellen aus, während er dort, wo die Kuppellast auf der Säule ruht, die gerollten Eckblätter in ihrer Laufrichtung umkehrte, also nach oben statt nach unten drehte. Ähnliche Lizenzen

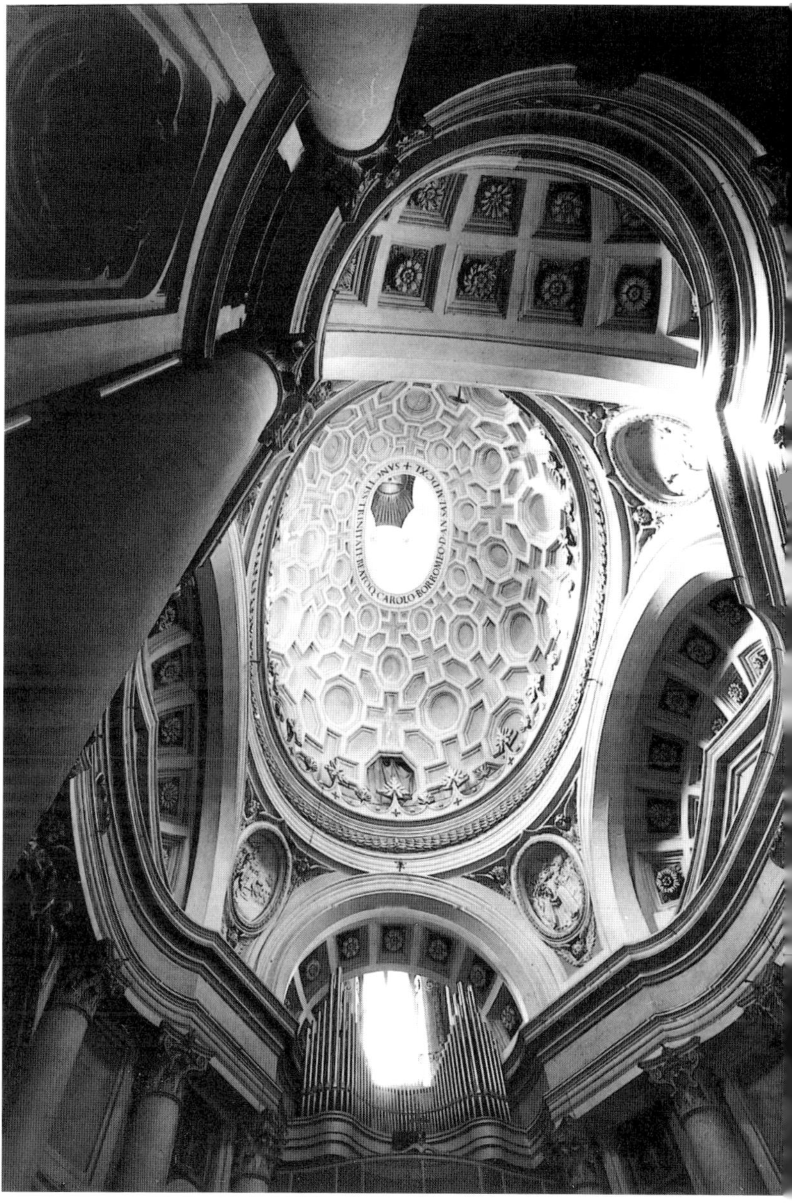

47 Francesco Borromini, San Carlino, 1638–1641. Blick in die Kuppel

gestattete er sich mit den antikisierenden Kassettenmustern, die alle Gewölbeflächen schmücken. Sie erscheinen in sichtbarer Übertreibung perspektivisch verkürzt. Solche Eingriffe haben Borromini bald die Kritik eingebracht, willkürlich gegen etablierte Regeln der Angemessenheit zu verstoßen. Dabei sah der Architekt seine ornamentalen Erfindungen stets durch ihren Sitz im Bauwerk und durch die spezielle ästhetische Funktion gerechtfertigt, die ihnen im architektonischen Zusammenhang zugewiesen ist. Sie verraten viel über Borrominis Verhältnis zur Tradition, das bei allem Respekt stets die Freiheit der Veränderung, der Anpassung des Kanons an aktuelle Bedürfnisse einfordert.

Bernini sollte zwei Jahrzehnte später in nächster Nachbarschaft zu San Carlino eine kleine Kirche errichten, die – selbst eine Erfindung von Rang – in schärfste Opposition zu Borrominis Erstlingswerk tritt. Sant' Andrea al Quirinale, die Noviziatskirche der römischen Jesuiten, ist als Queroval angelegt. Der Raum entfaltet sich in festlichem Gleichmaß; kostbare Materialien verleihen ihm Glanz. Grundrißbildung, Wandgliederung und Ornamente rücken den Kuppelbau vollends in die Nähe des Pantheons, für Bernini – wie schon für die Renaissance – Inbegriff römischer Raumkunst. Angesichts dieser unverhohlenen Hommage an die Antike fühlt man sich beinahe in einen Raum des 16. Jahrhunderts versetzt, zeigte die vergoldete Stuckdekoration sowie die suggestive Belichtung des Altarraums nicht den Dekorateur Bernini, der die ruhigen Architekturformen ganz im Sinn des Barock dem Walten himmlischer Kräfte überläßt.

Noch im Pontifikat Urbans VIII. konnte Borromini seinen wohl reifsten römischen Kirchenbau, die Universitätskirche Sant' Ivo alla Sapienza, im Rohbau vollenden (Erstentwurf 1632/33). Neben dem Gottesdienst sollte der Bau auch «für Doktorpromotionen, Disputationen und andere akademische Feierlichkeiten» – so das zeitgenössische Bauprogramm – zur Verfügung stehen. Vielleicht sah sich Borromini, der an den intellektuellen Strömungen seiner Zeit lebhaft Anteil nahm, durch diese Zweckbestimmung zu einer nicht nur originellen, sondern auch im höchsten Maß komplexen Lösung der Bauaufgabe herausgefordert. Kreis und gleichseitige Dreiecke, geometrische Elementarformen also, bestimmen in raffinierter Überlagerung den Grundrißentwurf; die Kuppel führt den vielfach gezackten und gekurvten Umriß des

Zentralbaus ohne Unterbrechung weiter und leitet ihn schließlich in ein Sechseck über.

Geometrische Figuren allegorisch zu deuten, war dem 17. Jahrhundert selbstverständlich. So galt das gleichseitige Dreieck als Anspielung auf die göttliche Weisheit, die *divina sapienza*, der die ehrwürdige Institution seit jeher ihren Namen verdankte. Aber Kreis und Dreieck spielten auch als Chiffren für das Naturverständnis Galileo Galileis eine wichtige Rolle. Die führenden Köpfe der Universität hingen um diese Zeit dessen Lehren an, die auch bei Papst Urban VIII. anfänglich Beifall fanden. Möglicherweise war die Geometrie der Kirche also von vornherein auf eine doppelte, sakrale und profane Lesbarkeit hin berechnet. Der spektakuläre Spiralaufsatz der Kuppel schließlich, der Rom einen seiner eigenwilligsten städtebaulichen Akzente verleiht, läßt sich einerseits als Anspielung auf den Turm zu Babel als Symbol der Weisheit, andererseits auf den Thron verstehen, den der zwölfjährige Christus als Lehrer im Tempel bestieg.

Für Borromini waren es jedoch möglicherweise nicht nur geistige Tätigkeitsfelder wie Geometrie und allegorische Deutungskunst, die eine Verbindung zwischen Architektur und Wissenschaft stifteten. In seinen Augen dürfte auch die Baukonstruktion den Rang einer gelehrten Disziplin beansprucht haben. In der Mailänder Dombauhütte ausgebildet, verfügte Borromini nicht allein über ein umfassendes konstruktives Wissen; mit der gotischen Tradition hatte er sich auch das Bewußtsein bewahrt, daß sich *ars* und *scientia* im Metier des Konstrukteurs beispielhaft verschwistern. Aus diesem Wissensstolz heraus wird verständlich, weshalb Borromini – unter Protest der Bauleute übrigens – die Universitätskirche mit einer der kompliziertesten Kuppelkonstruktionen versah, die jemals gebaut worden sind. Zwischen sechs stabilisierende Rippen gespannt, erscheinen schmal zulaufende Kappen abwechselnd in konvexe und konkave Schwingung versetzt. Um die Baulast zu verringern, ließ Borromini diese «sechsblättrige Rose», wie die Kuppel in den Bauakten genannt wird, in einer Mischkonstruktion aus besonders dünnen, eigens gebrannten Ziegeln sowie aus Gußmauerwerk nach antikem Vorbild ausführen.

Noch während an der Universitätskirche gebaut wurde, fand Borromini einen verständnisvollen Förderer in Virgilio Spada,

Anhänger Filippo Neris und Mitglied in dessen Oratorianerkongregation. Für diese einflußreiche Gemeinschaft von Weltpriestern errichtete er zwischen 1637 und 1650 neben der Chiesa Nuova ein neues Wohngebäude: das Oratorio dei Filippini mit seiner behutsam einschwingenden Fassade und seiner ausgefallenen Ornamentik, für die Borromini ersichtlich aus dem Erfahrungsschatz der gotischen Bauhüttentradition schöpft. Die Hoffnung auf eine Karriere in päpstlichen Diensten hatte er währenddessen nicht aufgegeben. Sie rückte zum Greifen nah, als Bernini 1645 bei Papst Innozenz X. Pamphilj, dem eben gewählten Nachfolger Urbans VIII., in Ungnade fiel. Sein künstlerisch faszinierender, aber statisch riskanter Neubau der Glockentürme von Sankt Peter, mit dem er ab 1636 befaßt war, scheiterte an technischen Mängeln und führte zu seiner Entmachtung als Petersbaumeister. Zwar entfernte ihn der Papst nicht förmlich aus seinem Amt, aber mit neuen Projekten wurden nun andere betraut. Zunächst stand zwar noch Girolamo Rainaldi (1570–1655), der greise Familienarchitekt der Pamphilj, in höchster Gunst, auch dessen Sohn Carlo Rainaldi (1611–1691) konnte für seine Karriere durch den Wechsel auf dem Papstthron profitieren, doch war es Borromini, der rasch Einfluß auf das wichtigste päpstliche Bauvorhaben, den Umbau der vormaligen Kardinalsresidenz an der Piazza Navona zum repräsentativen Papst- und Familienpalast, gewann.

Bernini nahm währenddessen, zum ersten Mal seit langem, wieder einen großen Privatauftrag an. Heute gilt die Ausstattung der Cappella Cornaro in der Karmelitinnenkirche Santa Maria della Vittoria (1647–1651) als sein religiöses Hauptwerk, aber nicht immer fand die plastische Gruppe über dem Altar – sie schildert die *unio mystica* der hl. Teresa von Avila mit Gott – den Beifall der Experten. «In hysterischer Ohnmacht, mit gebrochenem Blick, auf einer Wolkenmasse liegend streckt die Heilige die Glieder von sich, während ein lüsterner Engel mit dem Pfeil (d.h. dem Sinnbild der göttlichen Liebe) auf sie zielt», äußerte Jacob Burckhardt im ‹Cicerone› von 1860. «Hier vergißt man freilich

48 Guido Ubaldo Abbatini (?), Die Cornaro-Kapelle von Gianlorenzo Bernini in Santa Maria della Vittoria, Gemälde, um 1650. Schwerin, Staatliches Museum

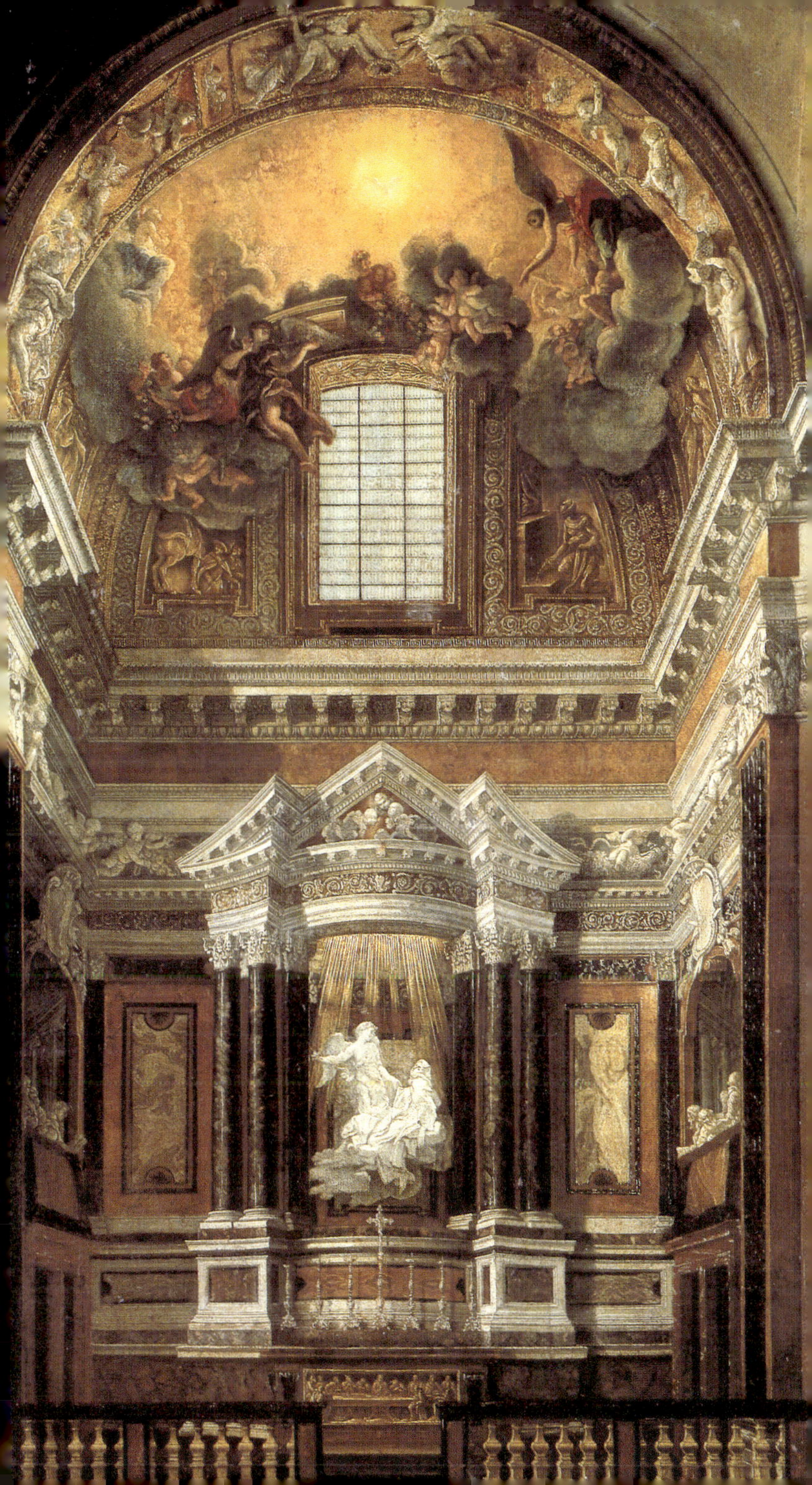

alle bloßen Stilfragen über der empörenden Degradation des Übernatürlichen.»

Eine Synthese aus Skulptur, Innenarchitektur und Malerei, ist die Cornaro-Kapelle das erste Werk des Barock, in dem die Integration aller Künste mit raffinierter Vollkommenheit gelingt; dies um so mehr, als sich Bernini auch die inszenatorischen Mittel des Theaters zu eigen macht mit dem Ziel, den Betrachter restlos in den Bann des Geschehens zu ziehen. Ein Gemälde des 17. Jahrhunderts kann die Rolle, die Licht und Farbe in Berninis Schöpfung spielen, besser deutlich machen als jede Fotografie (Abb. 48). Vor allem das indirekt hinter die Skulpturen geführte Licht, von goldenen Strahlenbündeln reflektiert, läßt die Gruppe mit Teresa und dem Engel über die Grenzen der Kapelle hinaus in den Kirchenraum wirken; der weiße Marmor setzt einen harten Kontrast gegen die reiche, von Grün und Gold beherrschte Farbskala der Raumauskleidung.

Bei seiner Deutung der Vision hat sich Bernini genau an die Beschreibung gehalten, die in der Autobiographie der spanischen Mystikerin gegeben wird: eine subtile Schilderung, die nicht den faktischen Kern des Traums – den Engel, den Pfeil, den Akt der Verletzung – ins Zentrum rückt, sondern das persönliche Erleben. Eben dieses subjektive Moment dem Betrachter zu vermitteln, gelingt Bernini durch seine Strategie, die Intimität des Geschehens herauszuarbeiten. Die Heilige rechnet nicht mit Publikum, sie verzichtet ganz auf das gestische Pathos, das Berninis Protagonisten sonst so wirkungsvoll entfalten. Von den Mitgliedern der Familie Cornaro, die als bewegte Porträtfiguren in den seitlichen Logen zusammengekommen sind, wird sie offenbar nicht wahrgenommen. Nur dem Andächtigen, der sich von der Kirche aus nähert, öffnet sich der Blick auf das Geschehen. Bernini richtet sich an den einzelnen Betrachter. Er macht ihn nicht nur zum exklusiven Zeugen des Geschehens, sondern gibt ihm das Gefühl, selbst eine Vision, eine mystische Erhöhung zu erleben. Dieser Appell an die individuelle Andacht ist das entscheidend Neue an Berninis künstlerischer Erfindung. Er garantiert ihr jene große Nachwirkung in der Kunst des Barock, die weit über die Grenzen Roms und Italiens hinausreichen sollte.

Als einer der wenigen Großbauten des antiken Rom hat bis heute das Stadion des Domitian eine sichtbare Spur im modernen

Stadtgefüge Roms hinterlassen; es spiegelt sich im langgestreckten Grundriß der Piazza Navona beinahe unverändert wider (Abb. 49). Nicht nur der distanzschaffende Freiraum, den die Platzfläche vor den eigenen Wohnsitz breitete, war dem Bauherrn Innozenz X. hochwillkommen, der hier seine ehemalige Kardinalsresidenz zum Papstpalast umgestalten und um einen neuen Kirchenbau erweitern ließ. Auch die antike Tradition des Ortes spielte für seine Pläne eine wichtige Rolle: bot sie ihm und seiner Familie doch die Chance auf ein durch römische Geschichte geadeltes Prestige, wie es die vor rund 150 Jahre aus Gubbio zugewanderten Pamphilj bis dahin nicht hatten erwerben können. Unter diesem Vorzeichen verwirklichte sich im Bau des Palasts und der Kirche Sant' Agnese, aber auch in der Neudekoration des Platzes ein Programm festlicher Selbstinszenierung, das selbst dem barocken Rom alles andere als geläufig war. Städtische Zeremonien wie die große Osterprozession spielten sich vor den Fenstern und Loggien des Pamphilj-Palasts ab, vereinzelt wurde das Platzareal sogar unter Wasser gesetzt, um in öffentlichen Spektakeln berühmte Seeschlachten nachzuspielen.

Die erstaunlich flächige, zurückhaltend gegliederte Fassade des Palazzo Pamphilj darf nicht für sich betrachtet werden. Zweigeteilt, nimmt sie von beiden Seiten den mächtigen Kuppelbau von Sant' Agnese in die Mitte, dem sie sich bewußt unterordnet. Wäre Borromini von Anfang an verantwortlich für den Entwurf gewesen, hätte er es sicherlich verstanden, diesem Ranggefälle noch subtileren Ausdruck zu verleihen. Mit höherem Selbstbewußtsein als alle früheren Papstresidenzen Roms, stolzer noch als der Palazzo Barberini Urbans VIII., trägt dennoch das gesamte Ensemble den Anspruch des Bauherrn vor, als geistlicher und weltlicher Herrscher zugleich aufzutreten und so ein Bild universaler Macht zu entwerfen. Borromini, der 1653 von Girolamo Rainaldi und dessen Sohn Carlo die Verantwortung für den Kirchenbau übernahm, verschaffte dem sakralen Zentrum der Anlage erst den adäquaten Auftritt, indem er die Fassade zwischen den Glockentürmen konkav einzog: So kann nicht nur die Kuppel als optische Dominate im Ganzen des Platzes einen viel eindrucksvolleren Akzent setzen, auch der große Empfangsgestus, den der Bau auf diese Weise vollzieht, wird als Ausdruck herrscherlicher Attitüde empfunden.

Borromini war es, der dem Papst vorschlug, Wasser von der *Aqua Virgo*, einem der antiken Aquädukte Roms, auf den Platz zu leiten und genau in dessen Mitte, also gegen die Kirchenfassade leicht verschoben, einen Brunnen zu errichten. Sein Entwurf sah bereits vor, einen der letzten Obelisken, den Rom noch aufzubieten hatte – er war zerbrochen und ist wohl deshalb einer Neuverwendung unter Sixtus V. entgangen – aus dem Zirkus des Maxentius auf die Piazza Navona zu versetzen und als Brunnenmonument zu nutzen. Auf ein Postament mit wasserspeienden Masken plaziert, sollte der Obelisk nach Borrominis Vorstellung ein kurioses Denkmal des antiken Rom in Erinnerung rufen – die *Meta sudans*, eine wasserbenetzte, zugespitzte Säule in der Nähe des Kolosseums. Trotz aller bereits erbrachter Vorleistungen Borrominis fand dessen sprödes Projekt wenig Beifall. Der Papst nutzte den Anlaß, sich auf den großen Inszenator unter den römischen Künstlern zu besinnen: auf Bernini, der an dieser Stelle den Vierströmebrunnen und damit das eindrucksvollste Werk öffentlicher Skulptur errichten wird, das Rom bis dahin besaß.

Bernini stellte nicht nur den Obelisken auf eine zerklüftete, unterhöhlte Felskulisse – die Statik zu berechnen, oblag Borromini – und ließ ihn so eine imposante Höhe erreichen. Er lenkte auch das Wasser so geschickt über den Stein, daß beide Elemente, die nach alter Überlieferung den materiellen Urstoff Roms bilden, in den Augen des Betrachters eine unauflösliche Verbindung eingehen. Das Haus Pamphilj wird also in Berninis Deutung nicht nur auf die antike Geschichte bezogen, sondern in suggestiver Weise sogar mit einem vor- und übergeschichtlichen Rom, mit den natürlichen Voraussetzungen und elementaren Anfängen der Stadt, verknüpft. Eine bronzene Taube bekrönt den Obelsiken. Sie ist das Wappentier der Pamphilj, aber in den Jahren nach 1648 gab es wohl niemanden, der sie nicht auch als Friedenstaube gedeutet hätte: als symbolischen Verweis auf den Westfälischen Frieden, zu dessen Stifter sie den Papst in maßloser Übertreibung der tatsächlichen Rolle aufwertete, die er bei diesem Ereignis gespielt hatte. Die Taube legt auch für die Personifikationen der Weltströme – monumentale Flußgötter in roh behauenem Stein, die entgegen der Tradition bewegt sind und in der Art manieristischer Gartenbrunnen bedrohliche mit heiteren Zügen vereinen – eine Lesart nahe, die sie an das Repräsentationsinteresse des Pap-

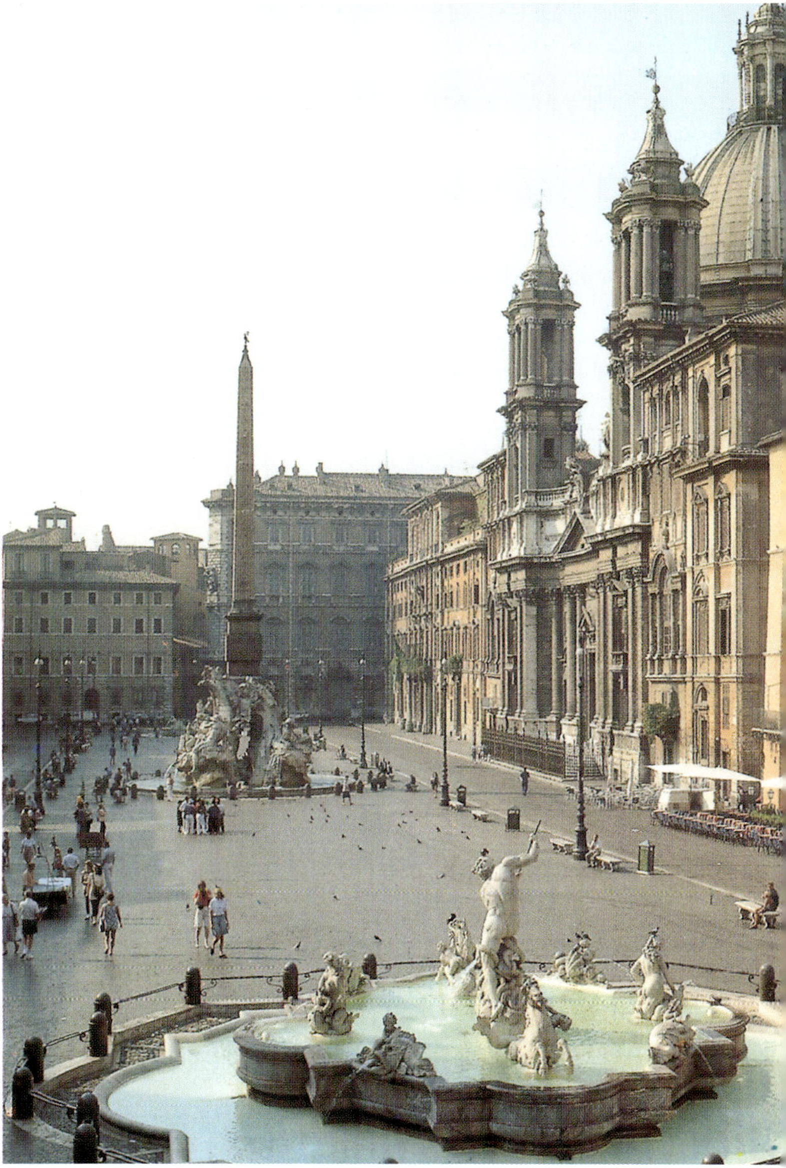

49 Piazza Navona mit Sant'Agnese und Vierströmebrunnen von Gianlorenzo Bernini, 1648–1651, im Vordergrund der Neptunbrunnen, vollendet 1878

stes bindet. Bernini gesellt ihnen die charakteristischen Tiere der Kontinente zu, die sich in den Flüssen Donau, Ganges, Nil und Rio della Plata verkörpern. In den Flußgöttern spinnt sich also zunächst das Thema der Naturmetaphorik fort, das den gesamten Brunnen sichtlich bestimmt. Das Zeichen der Taube, unter dem die Gestalten versammelt sind, läßt diese aber zugleich den Anspruch des Papstes bildlich einfordern, an die Spitze der Welt zu treten, den Erdkreis bis in seine entlegenen Gegenden von Rom aus zu beherrschen. Als politisches Ziel war diese Vorstellung zwar längst ins Abseits geraten, im Zeitalter einer zentral gelenkten Weltmission rückte sie aber auf neue Weise, im Sinne weltumspannender geistlicher Autorität, in den Horizont päpstlicher Zukunftserwartung ein.

Bernini hat all diesen Wunschbildern, so realitätsfern sie sich auch ausnehmen, einen solchen rhetorischen Schwung und eine derart raumgreifende Dynamik verliehen, daß es nicht schwerfällt, die Zustimmung des Papstes zu dem Projekt nachzuvollziehen. Innozenz X. teilte zwar nicht den intellektuellen Eifer und das leidenschaftliche Engagement seines Vorgängers für alle Bereiche der Kultur, er war auch erklärtermaßen abgeneigt, mit Künstlern mehr Umgang zu pflegen als nötig, aber seine Kunstpolitik zeugt dennoch von untrüglichem Gespür für Qualität. Gerade weil ihn die Rolle des Mäzens nicht interessierte, konnte er sich von persönlichen Bindungen an einzelne Künstler freihalten und für jedes seiner Vorhaben genau jene Kompetenzen in Anspruch nehmen, die sich als die geeigneten erwiesen.

Bis heute erstaunt die Liberalität, mit der Innozenz sich bereitfand, das wenig schmeichelhafte, dafür so lebensnahe, ja packende Porträt zu akzeptieren, das Diego Velázquez während seines zweiten Romaufenthalts im Jahr 1650 von ihm malte (Abb. 50). Das Bild entstand als Konkurrenz zu mehreren Porträtbüsten, die der Papst bei Bernini und Alessandro Algardi (1598–1654), dem Klassizisten unter den römischen Barockbildhauern, in Auftrag gab. Unter all diesen Porträts, die von der Person Innozenz' X. ganz unterschiedliche Bilder entwerfen, arbeitet Velázquez' Gemälde der Idealisierung am deutlichsten entgegen. Das distanzierte Gebaren des Papstes, sein in zeitgenössischen Berichten immer wieder als mißtrauisch geschildertes Wesen teilt sich ungeschönt mit. Möglicherweise hat schon Innozenz erkannt, daß der singuläre Rang dieser Malerei sich tendenziösen Vorgaben widersetzte und somit seinen Preis forderte. Ein Maler, der es vermochte, die für die päpstliche Repräsentation so wichtigen Textilien – die Pontifikalgewänder, das Samtpolster des Throns und den Seidenvorhang, der in schweren Falten herabfällt – in eine Farb- und Lichteruption von fast schmerzender Intensität zu verwandeln, konnte schwerlich dazu angehalten werden, die Gesichtszüge des Papstes milder, seine Haltung gefälliger zu schildern: es sei denn, man wollte das prekäre Gleichgewicht des Ganzen gefährden. In der Tat sollte zwanzig Jahre später Carlo Maratta, einer der fähigsten Barockmaler Roms, an dem Versuch scheitern, Velázquez' intensives Kolorit und seinen vibrierenden Duktus in ein Papstbildnis hinüberzuretten, das den Porträtierten, Klemens IX. Rospigliosi, zugleich in betont freundlichem Licht erscheinen lassen will (Vatikanische Pinakothek). Velázquez' schonungsloser Blick auf Innozenz X. hingegen wird noch im 20. Jahrhundert einen großen Porträtisten wie Francis Bacon zu einer Reihe von Paraphrasen anregen, in denen er das Vorbild mit verzweifelter Anstrengung immer neu abwandelt und deformiert.

Bernini wie Borromini profitierten also gleichermaßen vom nüchternen Urteilssinn Innozenz' X. Beide – der eine als Bildhauer, der andere als Architekt – konnten sich im jeweils eigenen Metier die Achtung des Papstes sichern, auch wenn sie sich im Feld des Konkurrenten nicht bewährten. Neben dem Palazzo Pamphilj und Sant' Agnese füllten dementsprechend zwei weitere päpstliche Bauvorhaben Borrominis Arbeitskraft in den Jahren um 1650 völlig aus: der Umbau der Lateranbasilika, von Innozenz X. 1646 in Auftrag gegeben, und die Neugestaltung des Collegio di Propaganda Fide an der Piazza di Spagna, für die er im selben Jahr die Verantwortung übernahm.

Innozenz behielt zwar pflichtgemäß auch den Innenausbau von Sankt Peter im Auge – in seinen Pontifikat fällt die Marmorverkleidung des Langhauses nach Berninis Entwurf –, mit ungleich größerem Interesse widmete er sich aber der Laterankirche. Der offizielle Sitz des römischen Bischofs war seit langem in den Schatten Sankt Peters getreten, seit dem 15. Jahrhundert hatte ihm nur mehr geringe Aufmerksamkeit gegolten. Schon um die Stabilität der baufällig gewordenen Basilika zu gewährleisten, waren jetzt Sanierungsmaßnahmen unumgänglich. Aber der Ehr-

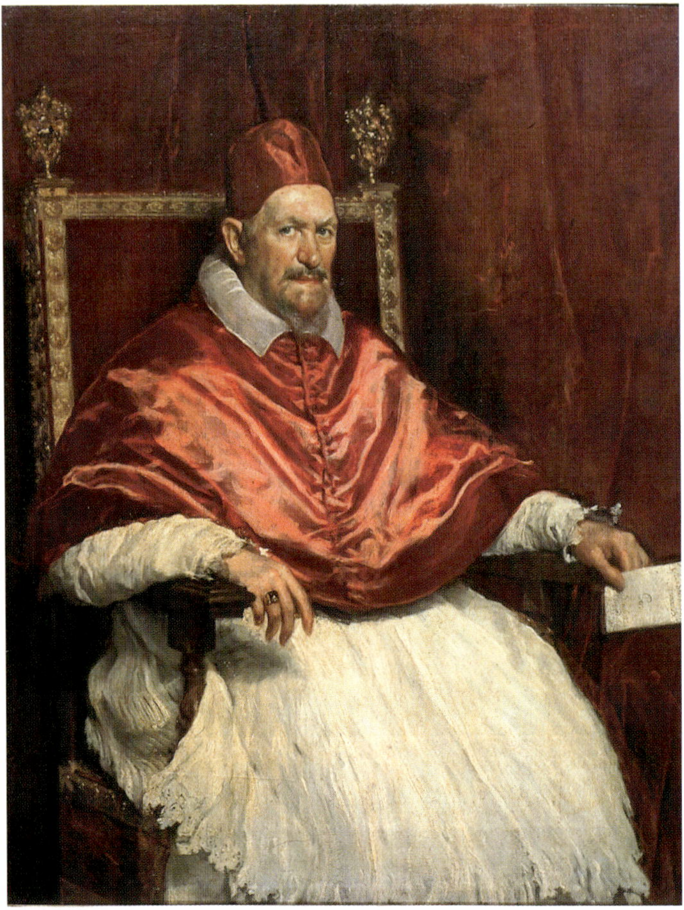

50 Diego Velázquez, Porträt Papst Innozenz' X., um 1650. Galleria Doria Pamphilj

geiz des Papstes reichte weiter. Zum Heiligen Jahr 1650 gab er einen kompletten Umbau des Langhauses in Auftrag, der ein neues, aktualisiertes Erscheinungsbild der ehrwürdigen Kirche zum Ziel hatte. Ein radikaler Neubau, wie ihn sich Borromini wünschte, stand freilich nicht zur Debatte. Im Gegenteil: Explizite Auflagen des Papstes verlangten strengsten Respekt im Umgang mit dem Bestand. Die pietätlose Haltung gegenüber der Tradition, wie sie das Schicksal Alt-Sankt-Peters bestimmt hatte, war inzwischen einer Mentalität des Restaurierens gewichen; Innozenz, ein gelehriger Schüler Baronios, wollte sich als Bewahrer, nicht als Zerstörer in die Baugeschichte Roms einschreiben. «Ohne den Plan zu verändern, ohne Mauern zu versetzen, ohne Abbrucharbeiten» mußte Borromini deshalb das Bauprogramm erfüllen.

Gerade an diesen Beschränkungen entzündet sich seine architektonische Phantasie. Der fünfschiffige Plan der Basilika bleibt erhalten, die Maße ändern sich nicht; auch der kostbare Cosmatenboden, die Kassettendecke der Renaissance werden bewahrt. Um das statische Gefüge zu stabilisieren, ersetzt er allerdings die fragilen Säulenarkaden beidseits des Mittelschiffs durch Wandstreifen, die dem Obergaden – dem Lichtgeschoß, das im Mauerkern größtenteils erhalten bleibt – festen Halt geben. Ergebnis des Eingriffs ist also eine Verbindung aus altem und neuem Baumaterial, das den Vorgaben des Papstes zumindest im Grundsatz entspricht. Anfänglich lassen ovale Öffnungen sogar von Joch zu Joch den Blick auf die «Reliquienmauer» des Obergadens zu; Borromini legt sein Vorgehen also buchstäblich offen, tritt den Beweis seiner baulichen *pietas* an. Trotzdem entsteht unter seinen Händen eine der großartigsten barocken Raumschöpfungen Roms. Gestaltungsmittel ersten Ranges wird ihm einmal mehr die Wand. Eine rhythmische Folge kolossaler, vom Boden bis zur Decke reichender Pilaster, in jedem zweiten Joch durch Bogenstellungen geweitet, verleiht dem Raum Größe und Atem. Das Kolorit ist zurückhaltend, wird durch weißen Stuck dominiert, schon um den prächtigen Boden in seiner Wirkung nicht zu schmälern. In die engen Pilasterabschnitte fügt Borromini jedoch Statuennischen ein, die von den grünen Marmorsäulen des konstantinischen Baus flankiert werden – ein weiterer Schritt in jener dokumentarischen Regie, die den Willen zum Neuen kaum entscheidend dämpfen kann, der Erfindung durch Gesten des Bewahrens aber den Anschein des Respekts verleiht.

Sich in ein längst angelaufenes Bauunternehmen einzuschalten, eines der größten im damaligen Rom, gelingt Borromini 1646, als er auf Empfehlung des Papstes zum Baumeister der päpstliche Missionsbehörde ernannt wird. 1622 ist die Kongregation der ‹Propaganda Fide› gegründet worden; die sehr erfolgreiche, bis dahin fast allein durch Jesuiten geleistete katholische

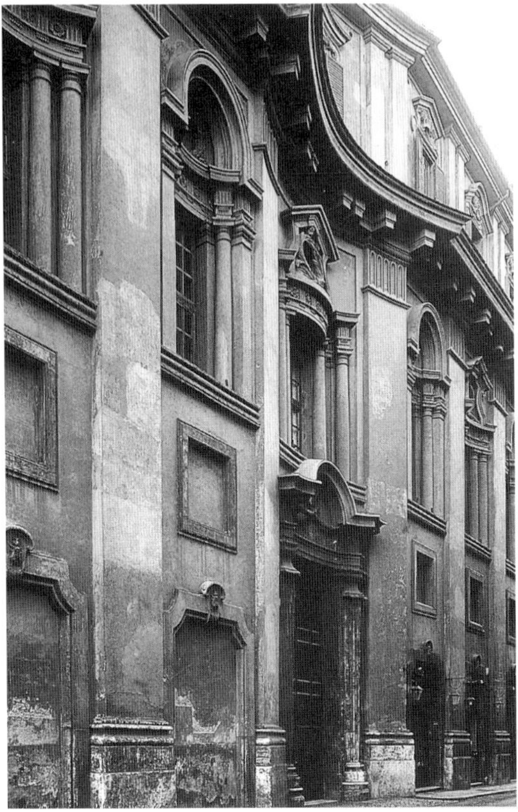

51 Francesco Borromini, Palazzo di Propaganda Fide, Fassade, 1662

Weltmission untersteht seitdem zentraler Lenkung und Kontrolle. Als Sitz der Behörde hatte man schon früh einen Palast an der Piazza di Spagna erworben. Seit 1634 war Bernini in die zahlreichen Umbau- und Erweiterungsschritte eingebunden, die größtenteils von Kardinal Antonio Barberini, einem Bruder Urbans VIII., finanziert wurden. Unter anderem hatte Bernini – sein Wohnhaus und Atelier grenzten unmittelbar an die Baustelle – die Dreikönigskapelle im südlichen Gebäudetrakt entworfen. Um so mehr traf es seinen Ehrgeiz, daß auch hier seine Fähigkeiten als Architekt bezweifelt wurden, er sogar seine offizielle Entlassung nicht vermeiden konnte und zusehen mußte, wie Borromini einige Jahre später den Abriß der Kapelle und deren Neubau nach eigenem Entwurf durchsetzte. Bernini schrieb diese Demütigungen der Verleumdung durch Konkurrenten, vor allem durch Borromini, zu. Er vollzog einen bildlichen Rechtfertigungsakt, der es an Deutlichkeit nicht fehlen ließ: Für jeden Besucher sichtbar, stellte er an der Treppe seines Ateliergebäudes die Statue der ‹Verità› auf, eine weibliche Allegorie großen Formats, die sich mit großer Geste ihres Gewands entledigt und so die Wahrheit unverhüllt ans Licht bringt (heute Galleria Borghese).

Wie mit der Lateranbasilika blieb Borromini auch mit dem Collegio di Propaganda Fide bis ans Ende seines Lebens beschäftigt. Die Enttäuschung darüber, daß er unter Innozenz' Nachfolger Alexander VII. beide Projekte nicht wie geplant zu Ende bringen konnte, gehörte mit großer Wahrscheinlichkeit zu den Anlässen, die ihn 1667 den Freitod wählen ließen. Trotz schleppenden Baufortschritts gelangen ihm in dem Palast der päpstlichen Behörde freilich Innenräume von außergewöhnlicher Qualität. Vor allem aber die Fassade an der Via di Propaganda, obwohl von vielen Rombesuchern übersehen, zählt zu den Höhepunkten in seinem Werk (Abb. 51).

Borromini greift hier das Thema der plastisch bewegten Schauwand noch einmal auf. Anders als an der früheren Fassade des Oratorianerkonvents verzichtet er jetzt auf den zarten, melodischen Schwung, der dort in einem Zug das ganze Bauwerk erfassen und auch das Ornament scheinbar in Bewegung versetzen kann. In strenger Frontalität richtet er statt dessen ein Fassadengerüst auf, in dem kolossale Pilaster und ein scharf profiliertes Gesims die großen Akzente setzen. Nur der Mittelabschnitt mit dem Hauptportal wird konkav eingezogen; das plötzliche Vorspringen des Gesimses, die rhythmische Verdichtung der Konsolen heben die Gelenkstellen scharf hervor. In ähnlicher Weise, aber auf die ganze Fassadenlänge bezogen, spielen auch die Fensternischen des Hauptgeschosses das Motiv konkaver und konvexer Biegung durch, wobei das kräftige, aus Säulen und Gebälken zusammengesetzte Rahmenwerk die kurvigen Verläufe um so deutlicher herausarbeitet. Jedes Mal wird die freigesetzte Energie jedoch durch die großen Pilaster aufgefangen und in die Fläche zurückgebunden. Souverän ist dieses dynamische Staccato auf den schrägen Blickwinkel berechnet, den die enge Straße für den Betrachter erzwingt. Erst Borrominis Grundrißstudien machen deutlich, wie schwer das Resultat zu erzielen war: Jeder noch so kleine Spielraum mußte ausgenutzt werden, um das Volumen der Fassade sichtbar zu vergrößern.

Noch einmal Sankt Peter oder der Rückzug in die Konfession

Als Wendepunkt auf dem Weg zur Ästhetik des Barock, zugleich als charakteristisches Moment der Leistung Berninis, hatte sich in der Vierung von Sankt Peter der Schritt vom Entwurf des Einzelmonuments zur Gestaltung von räumlichen Zusammenhängen erwiesen. Und doch war die Vierung in der Planung Urbans VIII. nach wie vor isolierte Zone geblieben. Noch ganz im Sinne des Zentralbaugedankens der Renaissance dominierte sie die übrigen Partien der Kirche, ohne in die lineare Wegführung eingebunden zu sein, die seit der Gegenreformation von einem modernen Sakralbau erwartet wurde und für die Madernos Langhaus die bauliche Voraussetzung geschaffen hatte.

Man kann es nur als Glücksfall bezeichnen, daß es Bernini selbst war, der als Sechzigjähriger die Chance erhielt, diesen fundamentalen Widerspruch zu korrigieren. Papst Alexander VII. Chigi, der 1655 den Thron bestieg, setzte ihn wieder in seine alten Befugnisse als Architekt der Peterskirche ein und übertrug ihm mit der architektonischen Planung des Petersplatzes und der plastischen Gestaltung der Westapsis jene Aufträge, die zur Vollendung des Jahrhundertprojekts Neu-Sankt-Peter führen sollten.

Kirchenpolitisch war Alexander VII. einer der erfolglosesten Männer, die je den Stuhl Petri bestiegen haben. Hatte schon Innozenz X. einen entscheidenden Machtverlust der katholischen Kirche hinnehmen müssen, so nährte der Pontifikat seines Nachfolgers jenen kontinuierlichen Niedergang des politischen Papsttums, der die beginnende Säkularisierung Europas nicht nur begleiten, sondern durch ungezählte Versäumnisse und Fehleinschätzungen maßgeblich befördern sollte. Zum spektakulären Tiefpunkt seiner Karriere geriet die Errichtung einer Bußpyramide, eines öffentlichen Schandmonuments gegenüber der Kaserne der päpstlichen Wache. Diesen zutiefst demütigenden Akt hatte ihm sein Widersacher, König Ludwig XIV. von Frankreich, im Vertrag von Pisa aufgezwungen. Wie so häufig in der Papstgeschichte, standen freilich auch bei Alexander Ohnmacht und wohl auch fehlendem politischen Talent hohe Bildung und ein sicheres Gespür für Kunst entgegen – Begabungen und Eigenschaften, deren großartige Resultate seinen Namen bis heute in Erinnerung halten.

Der Widerspruch zwischen praktischer Erfolglosigkeit Alexanders und höchstem Geltungsanspruch, der seine Planungen für Sankt Peter kennzeichnet, hat spätere Interpreten immer wieder beschäftigt und zu manchen Kontroversen, möglicherweise auch zu Fehlschlüssen geführt. Im Kern geht es dabei um die Frage, ob sein Beitrag zur Dekoration Neu-Sankt-Peters ein weiteres Mal den Anspruch des Papstes auf einen universalen Primat sichtbar machen, also den Machtverlust bildlich verdrängen sollte, der sich als Konsequenz des Dreißigjährigen Krieges und der modernen Großmachtpolitik der europäischen Staaten ergeben hatte, oder ob Alexanders Bau- und Ausstattungskampagne dazu bestimmt war, einem neuen, realistischen Verständnis des päpstlichen Amtes zum Durchbruch zu verhelfen.

Zunächst ist festzustellen, daß beide Projekte Berninis, die übrigens parallel erarbeitet wurden, in klarer linearer Beziehung zueinander stehen: Petersplatz und *cathedra Petri* – der neue Altar in der Westapsis der Kirche – bilden Auftakt und Ziel einer ununterbrochenen perspektivischen Achse, die das gesamte Raumgefüge der Kirche in sich aufnimmt. Der zentrierte Raum- und Themenkomplex, den der Bau von Sankt Peter bis dahin dargestellt hatte, wandelte sich durch diesen Eingriff in eine dynamische Raum- und Bildfolge nach den Vorstellungen der Tridentinischen Reform.

Den Petersplatz als Freifläche vor der Apostelkirche hatte es schon vorher gegeben, aber trotz verschiedener Sanierungspläne, die seit der Frührenaissance immer nur stückweise zur Ausführung gekommen waren, fehlte bislang eine klare räumliche Struktur dieser so wichtigen Nahtstelle zwischen päpstlichem Bezirk und Öffentlichkeit. Selbst die Versetzung des vatikanischen Obelisken in die Hauptachse der Kirche, 1584 unter Papst Sixtus V. vollzogen, hatte das Erscheinungsbild des unregelmäßigen, nicht durchgehend gepflasterten Areals kaum wesentlich aufbessern können. Im verfügenden Gestus des Städtebauers, der auf dem Papier mit großen Flächen frei experimentiert, erwog Bernini anfangs die verschiedensten Grundrißlösungen zwischen Quadrat und Oval. Hindernd stellten sich ihm aber immer wieder jene

Gebäudegruppen in den Weg, die seitlich in das Areal hineinragten und es zum Ding der Unmöglichkeit machten, eine geometrisch geschlossene, einfache Planfigur zu finden. Als Hindernis erwies sich vor allem der unübersichtliche Komplex des vatikanischen Palastes. Zwischen dem 13. und dem 16. Jahrhundert in einzelnen Planungsschritten und Bauabschnitten entstanden, mußte er mit seinen vielen Flügeln und Höfen erhalten bleiben – ein durchgreifender Neubau war letztmals von Bramante erwogen worden und kam nun, da es um den endgültigen Abschluß der Bauarbeiten im Umfeld von Sankt Peter ging, keinesfalls mehr in Frage.

Bernini löste das Dilemma schließlich, indem er darauf verzichtete, das Störende aus dem Weg zu räumen. Statt dessen ersann er eine zweigliedrige geometrische Figur, die sich geschmeidig und präzise ihren Platz zwischen den Hindernissen sucht: zunächst, im Übergang zur Stadt, das Queroval der eigentlichen Piazza San Pietro mit dem Obelisken als Zentrum, dann, im Westen, die trapezförmige *piazza retta*, die sich wie ein umgekehrter Trichter zur Sankt-Peter-Fassade weitet und deren Bodenniveau kontinuierlich ansteigt. Damit fügten sich nicht nur zwei Platztypen unterschiedlicher Prägung und Herkunft – Oval und Trapez – zu einer spannungsreichen Komposition. Mit zwangloser Eleganz gelang es auch, die unterschiedliche Zweckbestimmung beider Freiflächen hervorzuheben: Der Versammlungsort, der im Obelisken sein eigenes Zentrum besitzt und quer zur Hauptachse seine eigene Orientierung behauptet, läßt Spielraum auch für ungezielte, fluktuierende Bewegung; ihm folgt mit der *piazza retta* der gerichtete Tiefenraum, der jede Bewegung präzise auf die Hauptachse der Kirche lenkt.

Berninis bahnbrechender Gedanke, den Platz nicht durch wandhafte Fassaden, sondern durch transparente, räumlich durchlässige und verhältnismäßig niedrige Kolonnaden zu begrenzen, bestimmte den Entwurfsprozeß nicht von Anfang an, sondern kam erst zum Tragen, nachdem über die Grundrißfigur entschieden war (Abb. 52). Gewiß dürfte die Idee zunächst einen Ausweg aus den vielfältigen Schwierigkeiten der räumlichen Erschließung gewiesen haben, die ein Versammlungsplatz dieses Fassungsvermögens mit sich brachte; dank der gewölbten Korridore, die beiderseits von doppelten Säulenreihen umschlossen werden, war sogar für eine geregelte Anfahrt der Kutschen zum Haupteingang des Papstpalastes gesorgt, den Bernini auf diese Weise in das neue Erschließungsmuster einband und durch eine prachtvolle neue Treppe, die Scala regia, wirkungsvoll inszenierte. Und ebenso sicher dürfte es willkommen gewesen sein, mit den Kolonnaden über halbkreisförmig gebogenem Grundriß ein hochberühmtes Motiv der altrömischen Architektur aufzugreifen, wie man es vom Fortuna-Heiligtum in Praeneste, dem zu dieser Zeit meiststudierten antiken Bau, kannte. Und doch ergriff Bernini, wie Christof Thoenes in seiner meisterhaften Analyse des Petersplatzes gezeigt hat, mit dem Baugedanken der Kolonnade vor allem die Chance, ein zunächst unüberwindlich scheinendes Entwurfsproblem zu lösen: nämlich eine überzeugende, visuell zwingende Formulierung für jene spitzwinkligen Überschneidungen und schrägen Baukanten zu finden, die an den Gelenkpunkten der kompositen Planfigur zwangsläufig entstanden. Die Allansichtigkeit der Säule, ihre scharnierartige Beweglichkeit bot ihm dazu die geeignete Handhabe. Plastische Akzente setzend, ließ Bernini pilastergesäumte Säulenpaare aus der gleichmäßigen Reihung der Kolonnaden vorspringen, die diese Schlüsselstellen einerseits betonen, andererseits die Abweichung des Grundrisses vom rechten Winkel virtuos überspielen. Zugleich entstanden an den Fassadenschnitten der offenen Kolonnadenseiten regelmäßige, übergiebelte Tempelfronten.

Mit der Dorica wählte Bernini vermutlich gezielt jene Säulenordnung aus, die Vitruv, der Architekturtheoretiker der Antike, für Heiligtümer männlicher Gottheiten empfahl und die dementsprechend schon in Bramantes Sankt-Peter-Entwurf eine wichtige Rolle gespielt hatte. In ihrem geglätteten Erscheinungsbild, ihrer schlanken Proportion, auch im Verzicht auf einen reliefgeschmückten Fries, den die korrekt durchgeführte Dorica verlangt, wandelt diese strengste unter den antiken Ordnungen unter Berninis Händen jedoch deutlich ihr Gesicht. Nirgendwo anders wird so früh die inhaltliche Nivellierung, ja Entwertung der Säule als Symbol architektonischer Regel sichtbar, zeichnet sich die Möglichkeit, Säulen beliebig zu vervielfachen, so klar ab wie hier. Borrominis zwar verfremdendem, aber stets kritischem Umgang mit der antiken Form tritt in Berninis Kolonnaden die Anonymisierung des einzelnen Bauglieds zugunsten eleganter Ensemblewirkung entgegen, wie sie den Umgang mit der Säule im europäischen Spätbarock bestimmen wird.

Schon die Zeitgenossen des 17. Jahrhunderts haben das Grundrißmotiv des Petersplatzes als ‹ausgebreitete Arme› der Kirche inhaltlich gedeutet. Insofern liegt der Versuch auf der Hand, Berninis Formfindung genauer auf ihre symbolische Sprachfähigkeit hin zu prüfen und so über ihre programmatische Richtung Klarheit zu gewinnen. Auf den ersten Blick unentschieden bleibt insbesondere, wem der weltumspannende Gestus der Kolonnaden in den Intention des Papstes und Berninis gegolten haben könnte: tatsächlich dem ganzen Erdkreis, an den der Papst bis heute seinen Ostersegen adressiert und dem er nach alter Amtsauffassung als universale Instanz vorsteht, oder doch nur den Rechtgläubigen, die im Zeitalter der Glaubensspaltung der alten Kirche die Treue hielten und sich gewissermaßen freiwillig der Autorität des Pontifex anvertrauten.

Berninis Architektur gibt auf diese Frage, die sich angesichts des Scheiterns aller päpstlichen Primatsansprüche unter Alexander VII. mit höchster Dringlichkeit stellte, keine eindeutige Antwort. Könnte man das luftige Gitter, das sich mit den Kolonnaden um den Platz legt, mit einigem Recht als symbolische Form verstehen, die der allseitigen Zugangsmöglichkeit zu den Heilswahrheiten der katholischen Kirche Gestalt verleiht, so scheint die Grundrißfigur keineswegs darauf angelegt, zwischen Platz und Stadt einen visuellen Zusammenhang zu stiften. Die große Achse der Via della Conciliazione, erst in der faschistischen Ära des 20. Jahrhunderts in das alte Geflecht des Borgo gesprengt, läßt die Schärfe der städtebaulichen und ästhetischen Zäsur nicht mehr ahnen, die einst profanen und heiligen Bezirk, Chaos und Ordnung gegeneinander abgrenzte. Aus den engen Gassen des Borgo kommend, betrat man unversehens, von Weite und Licht geblendet, das ausschwingende Oval des Platzes. Zwar hatte schon Bernini zwischenzeitlich die alte Überlegung aufgegriffen, die Ost-West-Achse der Peterskirche über den Platz hinweg in einer großen, auf den Tiber zielenden Straße fortzusetzen. Doch behielt für ihn und den Papst letztlich das genaue Gegenteil zu diesem Plan Gültigkeit:

52 Petersplatz, Kolonnaden von Gianlorenzo Bernini, 1656–1667

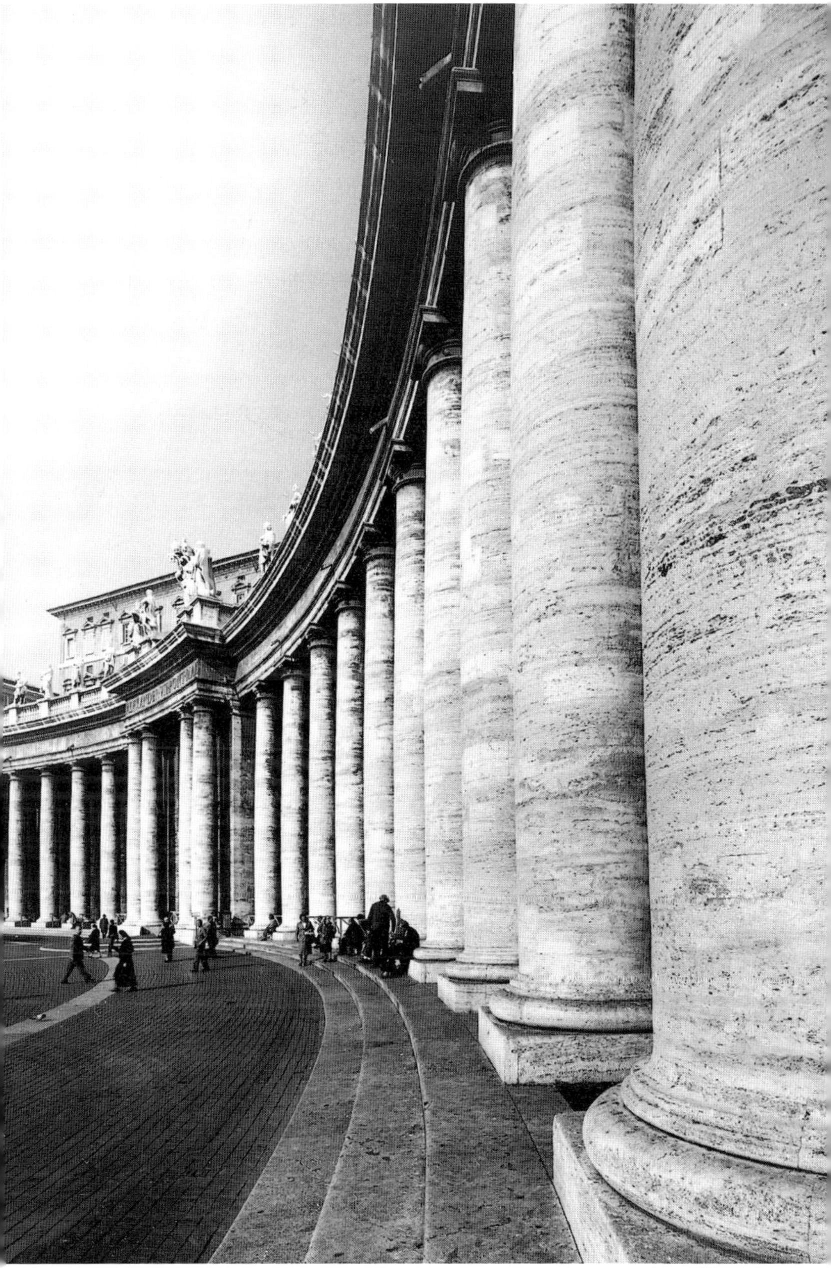

An der Nahtstelle zum Borgo sollte – wenn auch nie ausgeführt – ein dritter, frei zwischen die seitlichen Arme plazierter Kolonnadenflügel das Platzareal geometrisch abschließen. Der Platz wäre damit als vollends autonomer Bezirk inmitten einer profanen Umwelt wirksam geworden; offenkundige Unordnung hätte in einem Exempel regelhafter Schönheit ihr Gegenbild gefunden.

Gerade in seiner Eigengesetzlichkeit entwirft der Petersplatz eine Alternative zu jener Ästhetik der Dominanz, die wenige Jahre später, mit dem Schloßbau von Versailles, zum Thema europäischer Herrschaftsarchitektur werden wird. Ikonographisch beziehen sich die 140 Heiligenfiguren, die das Gesims der römischen Kolonnaden bekrönen, klar auf das geistliche Heilswirken der Kirche und des Papstes. Es fehlt die Komponente des weltlichen Herrschaftsanspruchs, der etwa in Michelangelos Entwurf des Juliusgrabes eine so wichtige Rolle gespielt hatte und der selbst in Berninis Vierströmebrunnen auf der Piazza Navona noch unüberhörbar angeklungen war.

Mußte Bernini bereits bei der Planung des Petersplatzes eine Vielzahl von Determinanten berücksichtigen, so galt das in ähnlichem Maß für die Umgestaltung, die nach seinen Plänen die Westapsis der Peterskirche zwischen 1656 und 1666 erfuhr. In den anfänglichen Projekten Bramantes und Julius' II. war der westliche Kreuzarm als Sitz der Chorherrn von Sankt Peter, wahrscheinlich auch als Aufstellungsort des Papstgrabmals vorgesehen; seine rechtliche und liturgische Eigenständigkeit kam im Marienpatrozinium des Choraltars ebenso zum Ausdruck wie in der Benennung ‹*Capella Iulia*›. Durch Madernos Umbau war inzwischen südlich des neuen Langhauses eine separate Chorkapelle entstanden, die dem strengeren Chordienst der nachtridentinischen Epoche besser gerecht werden konnte. Damit stand der mittlere Kreuzarm als dringend benötigter Zeremonialraum zur Verfügung: Er sollte vor allem der Abhaltung öffentlicher Konsistorien dienen, in denen sich Papst und Kardinalskollegium gemeinsam den Gläubigen präsentieren. Diese neue Aufgabe so zu gestalten, daß sich die Ausstattung eindeutig auf die Raumfunktion bezog, zugleich aber im Sinne der dynamischen Achse auch nach dem Höhepunkt der Vierung noch als bildliche Steigerung empfunden würde, stellte selbst an Berninis gestalterische Phantasie höchste Ansprüche.

Wahrscheinlich ist die Lösung, die als einzige diesen Vorgaben gerecht werden konnte, aus intensiver Gemeinschaftsarbeit des Papstes mit Bernini hervorgegangen. Beide übertrugen den Gedanken der Reliquienpräsentation, der bereits die Neugestaltung der Vierung unter Urban VIII. beherrscht hatte, auch auf den Westabschluß der Kirche, so daß sich zwischen beiden Bereichen ein unlösbarer thematischer Bezug ergab. Eine Entwurfsskizze, die Baldachin und Cathedra in einer gemeinsamen Perspektive zusammenfaßt, zeigt in anschaulicher Weise, wie Bernini das inhaltliche Prinzip sofort auch als ästhetische Forderung begriff. Mit dem Bischofsstuhl Petri besaß die Peterskirche seit langem eine Sekundärreliquie ihres Patrons, die schon vorher verehrt worden war, jetzt aber in einer theologisch fragwürdigen Rangerhöhung unter die Hauptstücke des Reliquienschatzes aufrückte. Bernini schloß den mittelalterlichen, mit spätantiken Elfenbeinen dekorierten Holzsitz in ein bronzenes Schutzgefäß ein: eine *custodia*, die er nicht nur zum Zielpunkt der gesamten Raumachse machte, sondern ähnlich wie die Reliquien der Vierung auch eine bildliche Apotheose vollziehen ließ. Die rauschhaft bewegten Figuren von vier Kirchenvätern, deren vergoldete Bronze den Farbakkord des Raums um eine neue, dunkel abgetönte Nuance bereichert, begleiten die Auffahrt des Throns in goldene Wolkensphären. Ziel ist das göttliche Licht, das – von einer Engelsgloriole und von Strahlenbündeln gesäumt – in der goldenen Scheibe des hochgelegenen Fensters aufstrahlt.

Die Wirkung dieses grandiosen Ensembles ist so dominant, daß an seiner Leitfunktion für das Bildprogramm Sankt Peters nicht der geringste Zweifel besteht. Wurde das Ausstattungsprogramm vorher zu gleichen Teilen durch die Passionsreliquien der Vierung sowie den Verweis auf die Tradition beherrscht, den Baldachin und Marmorsäulen in ihrem Bezug zu Alt-Sankt-Peter gaben, so stand die Ikonographie des Kirchenraums jetzt ganz im Zeichen der päpstlichen Legitimitätsbehauptung. In gewisser Weise wurde auch hier die Tradition der konstantinischen Basilika wiederbelebt, hatte der Papst doch dort seinen Thronsitz im Scheitelpunkt der Westapsis, deren Kalotte mit den Figuren von Petrus und Paulus geschmückt war. Das Bildprogramm Neu-Sankt-Peters steigert einerseits das Motiv der päpstlichen Autorität, indem es den Sitz Petri, den ersten Papstthron also, in himmlische Sphären erhebt. Zugleich relativiert Berninis Konzept jedoch die Stellung des amtierenden Pontifex: Der fest installierte Marmorthron in der Apsis der alten Basilika ersteht nicht neu, sondern findet sich durch den Altar abgelöst, an dem zu Petri Stuhlfeier die Messe gelesen wird und der sich damit im liturgischen Sinn auf die Reliquie bezieht. Erst die benachbarten Papstgräber, Berninis Monument für Urban VIII. und das ältere Grabmal für Paul III., das nach vielen Ortswechseln jetzt endgültig hierher gelangt, lenken den Blick auf die jüngere Tradition des Amtes. Der regierende Papst muß in Neu-Sankt-Peter indessen auf einen stabilen Thron verzichten. Der einzige feste Platz, der ihm zur Verfügung steht, ist der Vierungsaltar unter dem Baldachin, an dem er seine liturgische Pflichten erfüllt – ein immerhin erstaunliches Faktum, das deutlich macht, wie weit eine gegenreformatorische Raumregie den Repräsentationsanspruch des lebenden Pontifex hinter die Beschwörung von Tradition und Geschichte zurücktreten ließ.

Bezeichnenderweise sind es nicht Personifikationen der Erdteile oder Kirchenprovinzen, die den Weg des Petrusthrons in den Himmel unterstützen. Bernini hat hier in einer repräsentativen Auswahl sowohl westliche als auch östliche Kirchenväter plaziert, jene Autoritäten also, die nach alter Überlieferung als Garanten der rechtmäßigen katholischen Lehre gelten. Und nicht umsonst erscheint in der leuchtenden Alabasterscheibe, die Bernini so effektvoll an das Ende der Raumachse plaziert, die Taube des Heiligen Geistes – jene Person der Trinität, der die Reformtheologen des 16. Jahrhunderts die Alleinwirksamkeit bei der Entstehung des rechten Glaubens zusprachen. Eine Zeit, die ganz im Zeichen heftiger, die Einheit der katholischen Lehre erneut bedrohender Häresien stand – der Konflikt mit den Jansenisten hat seinen Höhepunkt erreicht –, wird diesen bildlichen Appell unschwer als das erkannt haben, was er sein sollte: Mahnung vor der Abschweifung im Glauben, aber auch verlockendes Versprechen für alle, die dem Papst die Treue halten.

Den neuen Leitgedanken, dem Berninis Ausstattungskampagnen das Gesamtprogramm der Peterskirche unterordnen, wird man also nicht in erster Linie als Einforderung politischer Autorität verstehen dürfen, die in der Wirklichkeit des Papsttums inzwischen ohnehin auf ein Minimum geschrumpft war. Der von den Kirchenvätern getragene, dem Heiligen Geist entgegenstrebende Petrusstuhl setzt nicht den päpstlichen Herrscherthron ins Bild, sondern den Sitz der Glaubensautorität, den ‹Lehrstuhl›, mit dem die kirchliche Tradition schon seit Ausonius die Vokabel «*cathedra*» immer wieder gleichgesetzt hat. Als geschichtliche Dokumente betrachtet, stellen sich Cathedra und Petersplatz als Bilder jenes Rückzugs dar, den der Papst seit dem 17. Jahrhundert nach und nach aus seinen weltlichen Kompetenzen antritt. Zugleich sind sie Zeugen einer neuen, positiven Zielbestimmung seines Amtes. Indem Alexander VII. seinen Anspruch auf Lehrautorität zum zentralen Thema der bildlichen Repräsentation des Papsttums macht, stellt er sich voll und ganz in die Tradition der Tridentinischen Reform.

Tendenzen zur Klassik und die Krise des Barock

Der Name «Hochbarock», der sich für die römische Kunst zwischen etwa 1630 und 1670 eingebürgert hat, bringt die volle Verfügung über die Stilmittel der Epoche zum Ausdruck, wie sie im reifen Œuvre Berninis, Borrominis oder Pietro da Cortonas sichtbar wird. Auch das späte 17. und frühe 18. Jahrhundert stehen noch sichtbar unter dem Eindruck der großen Leistungen dieser Zeit; durchaus nicht nur epigonale Werke zeigen deren langfristige Ausstrahlung. Ein fulminantes Beispiel spätbarocker Deckenmalerei wie Andrea Pozzos ‹Verklärung des hl. Ignatius von Loyola› in Sant' Ignazio etwa ist ohne Vorleistungen des Hochbarock wie Pietro da Cortonas Gewölbefresko im Festsaal des Palazzo Barberini oder Guercinos ‹Aurora› im Casino Ludovisi nicht zu denken (Abb. 53).

Das Deckenbild in Sant' Ignazio entstand in den Jahren 1688 bis 1694, nachdem der Neubau dieser zweiten römischen Jesuitenkirche – die Pläne stammten von dem Ordensmitglied Orazio Grassi – zum Abschluß gekommen war. Auch Pozzo gehörte als Laienbruder dem Jesuitenorden an, und seine ersten Erfolge in Rom hatte er als Bühnenbildner und Arrangeur für die berühmten Aufführungen geistlicher Theaterstücke errungen, die zu religiösen Festtagen im Gesù stattfanden. In Sant' Ignazio inszenierte er ein Bilddrama, das sich mit unerhörter Überredungskunst in den Dienst der Ordenspropaganda stellt. Die Mittel perspekti-

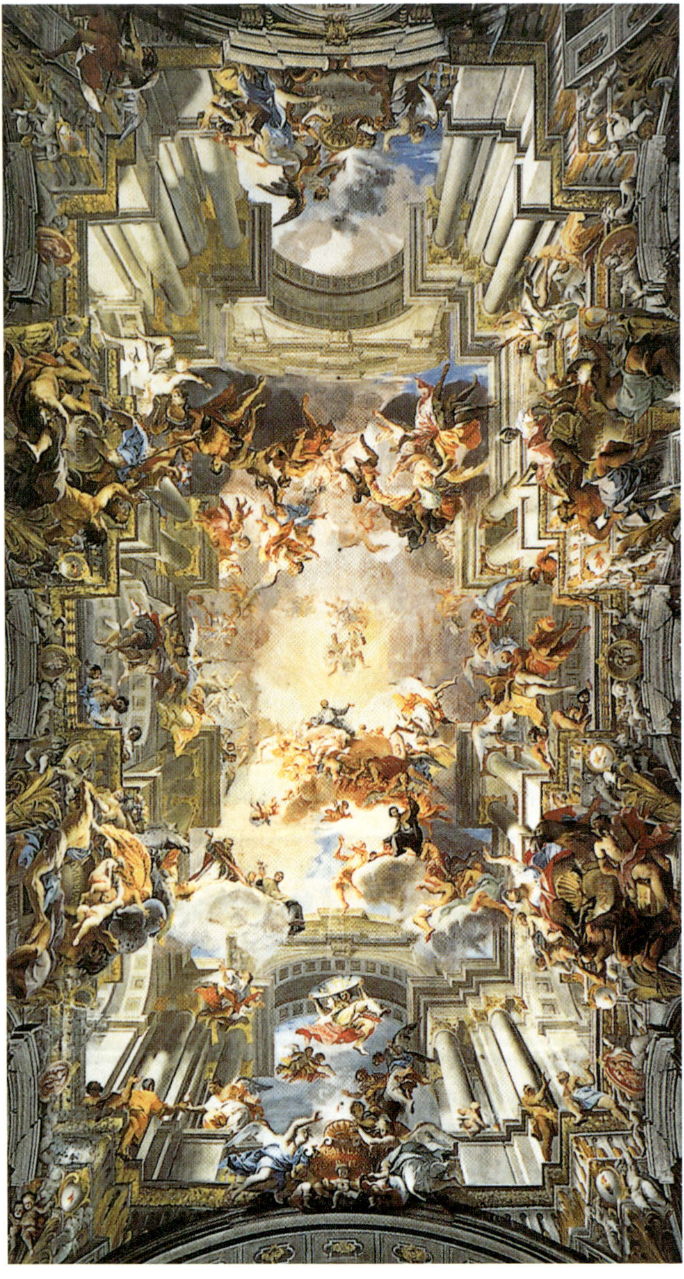

vischer Malerei, über die Pozzo souverän verfügte und die er später in einer vielbeachteten Publikation behandelte, sind bis an die Grenzen des Möglichen ausgeschöpft: Das Gewölbe öffnet sich in die schwindelnden Höhen des Himmels, und die Architekturrahmung setzt die bauliche Gliederung des Kirchenraums so kunstvoll fort, daß es schwerfällt, den Übergang zwischen Wirklichkeit und Illusion, Diesseits und Jenseits sicher auszumachen. Inmitten zahlreicher Begleit- und Assistenzfiguren, von Licht und Schatten lebhaft umspielt und mit Meisterschaft in den Tiefenraum plaziert, sieht man den Ordensgründer auf Wolken emporfahren, um in das strahlende Licht der Ewigkeit aufgenommen zu werden.

Voraussetzung für Neubau und Ausstattung der Kirche war die Heiligsprechung des Ignatius im Jahr 1622. Die anfänglich reservierte Haltung der Jesuiten gegenüber dem Bild, die strenge Kontrolle, der sich im Ausstattungskonzept der Mutterkirche noch alle Bildkünste gerade deshalb unterwerfen mußten, weil in ihren illusionistischen Möglichkeiten eine Gefahr für den Glauben gesehen wurde, ist seitdem einem uneingeschränkten Bekenntnis zum Bild gewichen. Gerade solchen Erscheinungsformen von Bildlichkeit, die den Anspruch erheben, das Unvorstellbare faßlich zu machen, galt das besondere Interesse der Jesuiten; so hatte Giovanni Battista Gaulli bereits seit 1669 das Gewölbe des Gesù mit eindrucksvollen Fresken ausgestattet, die den Triumph des Namens Jesu darstellen. Damit hat auch die streng asketische Gesinnung des Ordensgründers ausgedient, zumindest was den öffentlichen Auftritt des Ordens betrifft. Äußerer Aufwand wird nicht mehr gescheut, sondern wo immer möglich für prunkvolle Inszenierungen genutzt. 1695 erhält Andrea Pozzo den Auftrag, im linken Querhaus des Gesù das Grab des Ignatius neu zu gestalten. Für den Altar über der Grabstätte entwickelt der erfahrene Theaterkünstler eine spektakuläre Technik der Bildpräsentation, die es ursprünglich erlaubte, je nach Anlaß ein Ölgemälde von Pozzos eigener Hand zu zeigen oder den Blick auf die kolossale Marmorstatue des Heiligen von Pierre Legros freizugeben. Die Säulen der monumentalen Rahmenarchitektur ließ

53 Andrea Pozzo, Verklärung des hl. Ignatius von Loyola, 1691–1694, Deckenfresko in Sant' Ignazio

Pozzo mit dem kostbarsten Material verkleiden, das damals verfügbar war – Lapislazuli aus den südamerikanischen Ordensprovinzen, der den gesamten Kreuzarm in ein frappierend intensives Blau taucht. Il Gesù beginnt unter diesen Eingriffen sein anfänglich nüchternes Erscheinungsbild radikal zu verändern. Wie auch die späteren Jesuitengründungen in Rom, Sant' Ignazio und Sant' Andrea al Quirinale, prägt die Mutterkirche des Jesuitenordens im späten 17. Jahrhundert jene farbintensive und preziöse Materialsprache aus, die dann weltweit zum Erkennungsmerkmal jesuitischer Raumästhetik werden wird.

Ein später Nachhall hochbarocker Kunst begegnet auch in dem prächtigen Grabmal, das der aus Mailand stammende Bildhauer Camillo Rusconi (1658–1728) von 1719 bis 1725 für Papst Gregor XIII. in Sankt Peter schuf. Das Werk füllt eine Nische im rechten Seitenschiff des Langhauses (Abb. 54). Die Porträtstatue des Papstes, in der Anlage noch immer dem Entwurf Guglielmo della Portas für das Grabmal Pauls III. verpflichtet (Abb. 31), wendet sich mit ihrem Segensgestus nicht nach vorn, sondern zur Seite, so daß sich der Betrachter beim Durchschreiten des Schiffs unmittelbar angesprochen fühlt. Auch der Vergleich mit anderen Werken, die man in Sankt Peter sehen kann, fördert zutage, mit welcher Selbstverständlichkeit Rusconi aus dem Repertoire römischer Grabmalskunst schöpft. Die weiblichen Tugendallegorien etwa gehen in Idee und Plazierung auf Berninis Monument für Urban VIII. zurück, das gemeinsam mit della Portas Grabmal die Cathedra Petri flankiert. Einem neuen Körperideal entspricht freilich die schlankere Physis der Frauengestalten, wie sich andererseits der geglättete Faltenwurf ihrer Gewänder als Reverenz an beruhigte, klassische Formvorstellungen verstehen läßt. Jenseits solcher Stilkorrekturen geht auch die Ikonographie des Grabmals neue Wege, indem sie deutlicher als zuvor das individuelle Verdienst des Papstes betont. Nicht nur erinnert das Relief, das die Front des Sarkophags schmückt, an die Einführung des Gregorianischen Kalenders von 1582. Außerdem spielt die rechte Assistenzfigur – mit gleichem Recht als Verkörperung der Klugheit, Stärke und Freigebigkeit deutbar – auf die Rolle des Papstes als Förderer der Künste an, indem sie eigens die schwere Draperie zu Füßen des Papstes aufhebt, um das Relief genauer betrachten zu können.

Wie Rusconis ideenreiche Weiterführung von Berninis Kunstprinzipien zeigt, besitzt die hochbarocke Tradition Roms in der ersten Hälfte des 18. Jahrhunderts noch eine erstaunliche, keineswegs erlahmende Vitalität. Allenfalls Nuancen deuten auf die klassizistische Reform der Künste voraus, die im zeitgenössischen Frankreich bereits ihre ersten Spuren hinterläßt. Es hieße allerdings die stilistische Vielgestaltigkeit gerade der römischen Entwicklung entschieden unterschätzen, behielte man neben den dynamischen, affektgeladenen Ausdrucksformen des Hochbarock nicht auch jene Tendenz zu klassischem Gleichmaß, jene intensive Bemühung um die erneute Rückgewinnung antiker Formprinzipien im Auge, in der sich schon seit dem frühen 17. Jahrhundert eine ebenso selbständige wie selbstbewußte Alternative zum Hochbarock ausprägt. Wichtigste Vertreter dieses ‹Protoklassizismus› sind im Bereich der Skulptur zunächst Alessandro Algardi und François Duquesnoy (1594–1643), dessen römische Karriere 1627 mit der Statue der hl. Susanna in Santa Maria di Loreto einsetzt, einem vielbeachtetem Konkurrenzstück zu Berninis ‹Bibiana›. Aber auch Bernini selbst zeigt sich zwischenzeitlich durch diese Tendenz beeindruckt, wie etwa sein Grabmal der Mathilde von Tuszien in Sankt Peter (1633–1637) bezeugt. In der Malerei sind zuerst Annibale Carracci und besonders sein Schüler Domenichino an der Ausbildung eines klassischen Stils beteiligt. Unter ihren maßgeblichen Einfluß gerät der junge Nicolas Poussin (1594–1665), der nach seiner Ausbildung in Paris 1624 in Rom eintrifft und die Stadt nur noch einmal, von 1640 bis 1642, verlassen wird.

Von den vielen ausländischen Künstlern, die Rom im 17. Jahrhundert anzog, war Poussin einerseits der beharrlichste, andererseits aber auch derjenige, der sich die größte Distanz gegenüber dem Kunstbetrieb der Stadt bewahrte. Prägend wirkte sich der frühe Kontakt zu Cassiano dal Pozzo aus. Dieser Kirchenmann, Kunstmäzen und bedeutende Archäologe (1588–1657) hatte in seinem berühmten ‹Papiermuseum› eine Sammlung von mehr als zweitausend Antikenkopien angelegt, die nicht nur durch ihren Umfang, sondern auch durch die breite Streuung der Interessen die Altertumswissenschaft seiner Zeit revolutionierte. Viele Künstler waren am Aufbau dieses Bildarchivs zu den *antiquitates* beteiligt, zu Beginn seiner römischen Zeit möglicherweise auch

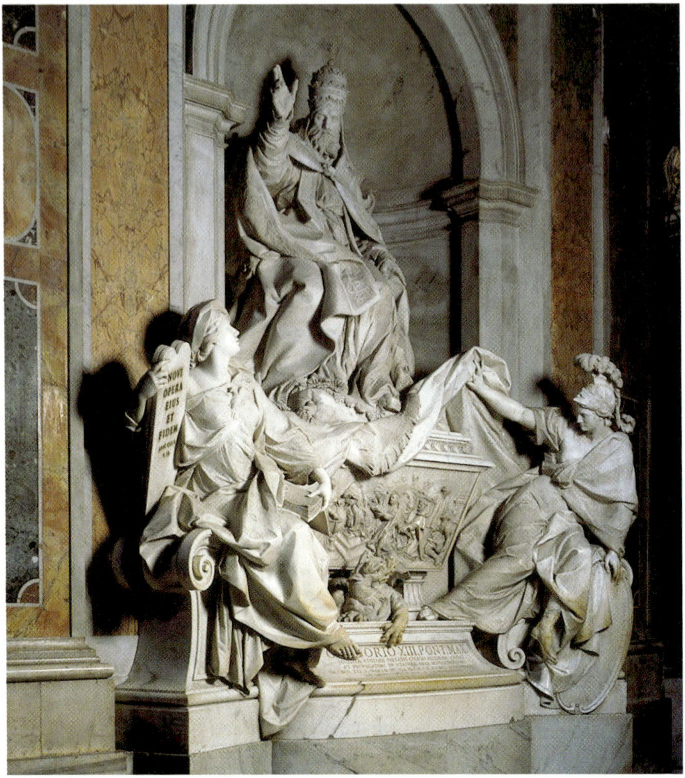

54 Camillo Rusconi, Grabmal Papst Gregors XIII., 1719–1725. Sankt Peter

Poussin, der durch dal Pozzo jedenfalls in seinem Interesse an der Antike bestärkt wurde und auch in seiner Karriere als Maler nachhaltige Förderung erfuhr. Obwohl selbst ohne schriftstellerischen Ehrgeiz, sollte ihm der vertraute Umgang mit Gelehrten zeitlebens wichtiger bleiben als der mit anderen Künstlern; ein Fachautor wie Bellori wurde zu seinem Sprachrohr, ein Diplomat und Kunstkenner wie der Sieur de Chantelou zum Korrespondenzpartner, Sachwalter und Adressaten wichtiger Bilder in Paris. Trotzdem – oder auch gerade wegen dieser sorgfältig gepflegten Exklusivität seiner Stellung – gewann Poussin schon früh höchsten internationalen Ruhm. Seine Bilder waren bei führenden

Sammlern so begehrt, daß er dem Bedarf bald nicht mehr nachkommen konnte.

Poussins Kunst ist gleichermaßen vom Studium antiker Werke wie der Natur geprägt. Beide Interessenfelder besitzen in der römischen Malerei des 17. Jahrhunderts bereits eine ausgeprägte Tradition, aber im Werk keines anderen Künstlers finden sie zu einer so produktiven Synthese wie bei Poussin. Seine Malerei berücksichtigt die wichtigsten – das heißt auch religiösen – Themen und Aufgaben der Gegenwart, meidet jedoch das Feld der kirchlichen Kunst wie der Wandmalerei: Er schuf kein Fresko, und nach dem renomméeträchtigen Auftrag für ein Altarblatt in Sankt Peter gibt es kaum ein liturgisches Bild mehr von seiner Hand. Schon dieses planvolle Umgehen jener Herausforderungen, die anderen römischen Malern als Möglichkeiten höchsten Prestigegewinns galten, macht die Sonderstellung, ja die scheinbare Unzeitgemäßheit seiner Existenz deutlich. Erst die Beharrlichkeit, mit der er seine Strategie verfolgte, bot ihm jedoch die Möglichkeit, ohne Rücksicht auf Gattungskonventionen jene eigene Kunstauffassung zu kultivieren, die dann im Laufe seines Schaffens immer klarer hervortritt.

Mit größerem Nachdruck als alle Künstler seit Raffael sieht Poussin in der Malerei eine Kunst der Komposition. Ein klarer Aufbau kennzeichnet all seine Bilder, das Mit- und Zueinander der Akteure ist stets wichtiger als die einzelne Figur. Dementsprechend bleibt ihm die Inbrunst und das Pathos der Bewegung, durch die Berninis Gestalten den Betrachter fesseln, völlig fremd; auch zum Kolorismus eines Rubens, zur Charakterisierungskunst eines Velázquez klafft ein unüberbrückbarer Abstand. Daß Poussins Bilder trotz ihrer akademischen Kühle, trotz ihres zunehmend schematischen Farbaufbaus, ja trotz evidenter Schwächen in der Figurenzeichnung die nachhaltigste Wirkung in der europäischen Kunstgeschichte entfalten konnten – die ‹Poussinisten› behaupten bis an die Schwelle der Moderne eine mächtige Position in den französischen Kunstdebatten –, ist der unnachahmlichen Kunst geschuldet, mit der er seine antikisch gekleideten Figurengruppen in gedämpft beleuchtete, harmonisch komponierte, ‹heroische› Landschaften plaziert. Viele seiner Schöpfungen atmen auch dann eine spezifische, von Melancholie gezeichnete Atmosphäre, wenn sie nicht ausdrücklich der Trauer um einen verlorenen Traum stattgeben wie das berühmte ‹Et in Arcadia ego› (Abb. 55).

«Auch ich in Arkadien» – in dieser verbreiteten Sentenz sah das 17. Jahrhundert zunächst ein Gemahnen an die Unausweichlichkeit des Todes ausgedrückt, der selbst in Arkadien zugegen ist. Hatte Poussin in einer ersten Fassung des Bildes das Wort noch in dieser Weise, den Tod als Sprecher verstehend, gedeutet, so macht erst das zweite, um 1635 entstandene Gemälde im Louvre den Traum von Arkadien zum Thema. «Eine Gruppe arkadischer Schäfer: ein in sich gekehrtes Mädchen, zwei Jünglinge und ein etwas älterer Mann, ... sind in ein nachdenkliches Gespräch über die Inschrift vertieft, die der ältere ihnen ins Gedächtnis zurückruft. Unmißverständlich spricht hier statt des Todes der oder die Tote zu den Besuchern. In einer ... Umdeutung des früheren Satzes gibt der Verstorbene die schmerzliche Kunde: ‹Auch ich war einst in Arkadien.› Die Erinnerung an einen Zustand, der uneinholbar verloren ist, tritt da anstelle des Machtworts von der Allgegenwart des Todes.» (Norbert Miller)

Im Jahr 1666, nur kurz nach Poussins Tod, öffnet die französische Akademie in Rom ihre Pforten. Seitdem nimmt sie die Studenten der berühmten Pariser Ausbildungsstätten für Malerei, Skulptur und Architektur als Pensionäre auf. Rom, aus französischer Sicht eher die Bewahrerin antiker Tradition als die Stadt lebendiger Kunstpraxis, tritt damit für Paris in die Rolle einer ästhetischen Instanz ein, die für die planvolle Ausformung eines eigenen Nationalstils unentbehrlich wird. Das Kopieren nach der Antike sowie nach ausgewählten neueren Meistern wie Raffael gehört zu den elementaren Pflichten der Stipendiaten. Zwar ist Poussin in die Vorbereitung der Gründung nicht unmittelbar eingebunden, aber sein ungeschriebenes Programm einer regelhaften Kunst wird die Richtung der Akademie dauerhaft bestimmen. Unter dem Eindruck dieser Konkurrenz gewinnt auch die altehrwürdige Accademia di San Luca, seit einem Jahrhundert die anerkannte Stätte intellektueller Reflexion über die Künste in Rom, merklich an Leben. Ihren Sitz hat sie inzwischen oberhalb des Forum Romanum hinter der Künstlerkirche Santi Luca e Martina bezogen, die seit 1634 nach Plänen Pietro da Cortonas völlig neu erbaut worden war. Nicht nur römische Künstler nehmen jetzt an den Debatten teil, die seit dem späten 17. Jahrhundert mit neuem

Schwung ausgetragen werden, auch dem deutschen oder österreichischen Nachwuchs, der sich in Rom schult und noch keine nationalen Einrichtungen besuchen kann, werden die Sitzungen und informellen Treffen der Akademie zu unentbehrlichen Anlässen des Austauschs und der geistigen Auseinandersetzung.

Rom im 18. Jahrhundert

Ihre internationale Wirkung entfaltete die ‹Académie de France à Rome› freilich erst im 18. Jahrhundert. 1725 war sie in den Palazzo Mancini am Corso, der repräsentativen Hauptstraße der Stadt, umgezogen. So konsequent die Akademie ihr Ausbildungsprivileg zu nutzen wußte, um die Entwicklung der Künste in Paris zu beeinflussen, so wenig Gelegenheit fand währenddessen die französische Krone, sich durch große Aufträge einen prominenten Platz in der Kunstgeschichte Roms zu sichern. Immerhin konnte Kardinal Mazarin, leitender Minister des jugendlichen Ludwigs XIV., eine neue Fassade für die Kirche Santi Vincenzo ed Anastasio an der Piazza di Trevi stiften, die ab 1646 nach dem Entwurf Martino Longhis d.J. ausgeführt wird. Größeren Ehrgeiz bewies Mazarin, wenn er kurz nach der Mitte des 17. Jahrhunderts erste Pläne für die Erschließung jenes steilen Abhangs ausarbeiten ließ, der sich oberhalb der Piazza di Spagna in Richtung auf das französische Minoritenkloster Santissima Trinità dei Monti erhebt. Eine gewundene Allee ermöglichte zwar den Aufstieg, ließ ihn aber bis dahin zu einem mühsamen und wenig eleganten Unterfangen geraten.

Das Projekt gehört in die lange, bis ins 16. Jahrhundert zurückreichende Geschichte der Spanischen Treppe, die heute – nach dem Platz zu ihren Füßen benannt – zu den städtebaulichen Attraktionen Roms gehört. Die Finanzierung des Projekts wollte von Anfang an das Kloster tragen, das zu diesem Zweck eine Stiftung erhalten hatte. Möglicherweise war es Bernini, der in einem spektakulären Entwurf empfahl, zwischen zwei spiegelbildlich angeordnete Rampen eine Terrasse mit dem Reiterstandbild Ludwigs XIV. zu plazieren. Trotz seiner geschwächten Position gegenüber Frankreich konnte Papst Alexander VII. diese Demütigung auf eigenem Terrain unmöglich hinnehmen; der Plan verschwand im Archiv.

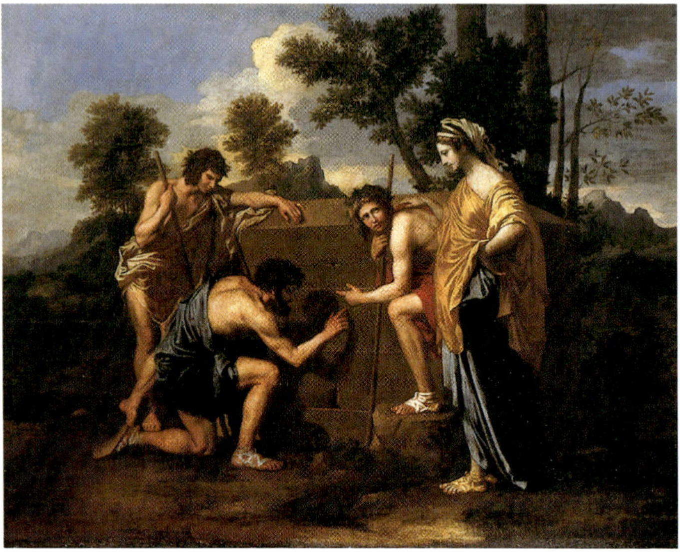

55 Nicolas Poussin, Et in Arcadia ego, um 1635. Paris, Musée du Louvre

Das Kloster hielt dennoch beharrlich an seinem Wunsch fest, sich eine direkte Verbindung zum Stadtzentrum zu schaffen, und bildete zu diesem Zweck weiterhin Rücklagen. Erst 1720 fanden die Mönche in Papst Klemens XI. Albani (1700–1721), dessen höchst unentschiedene politische Vorlieben zumindest zeitweilig auf der Seite Frankreichs lagen, einen verständnisvollen Förderer. Schon zu Beginn seines Pontifikats hatte Klemens durch Alessandro Specchi den Tiberhafen (‹Ripetta›) vor der Kirche San Girolamo degli Schiavoni neu gestalten lassen; elegante Treppenläufe – anläßlich einer Flußregulierung später abgerissen – schufen den vielen Reisenden, die Rom per Schiff erreichten, erstmals ein würdiges Entrée in die Stadt. Als künstlerisch verwandte Aufgabe wurde zunächst auch die Planung der Spanischen Treppe Specchi anvertraut, doch kam unter Papst Innozenz XIII. schließlich ein Konkurrenzentwurf des sonst kaum bekannten römischen Architekten Francesco de' Sanctis zur Ausführung.

Zwar wurde das Projekt vor Baubeginn nach Paris geschickt und König Ludwig XV. zur Genehmigung vorgelegt. An eine Statue des Monarchen war jetzt freilich nicht mehr zu denken;

nur Wappen und Inschriften halten den gewichtigen Anteil Frankreichs an Vorgeschichte und Ausführung dieses urbanistischen Wunderwerks fest. Souverän überspielt die fließende, von mehreren Podesten und einer Terrasse unterbrochene Stufenkaskade die Achsverschiebung zwischen Berninis Schiffsbrunnen auf der Piazza di Spagna und der Kirchenfassade auf dem Hügelkamm (Abb. 56). Vom Platz aus betrachtet wird die Spanische Treppe zur Bildarchitektur, die das Gefälle zwischen oben und unten, die Essenz römischer Topographie, perspektivischer Wahrnehmung zugänglich macht. Zugleich inszeniert sie den Weg auf den Pincio, verführt dazu, den fixierten Betrachterstandpunkt zu verlassen, in das Bild hineinzutreten und die Spannung zwischen den Polen im eigenen Auf und Ab, im rhythmischen Wechsel von Schreiten und Innehalten selbst zu erkunden. «Die Form der Stufen ändert sich; ihre Mitte ist bald konvex, bald konkav, bald gerade; die Läufe trennen und vereinigen sich; ging man zunächst auf die Kirche zu, so hat man sich im obersten Lauf scheinbar von ihr zu entfernen. Es ist wohl mehr der kontinuierliche Wechsel von Formen und Ansichten als die bequeme Form der Stufen, der den Anstieg so mühelos macht ... Die Füße finden gleichsam keine Zeit, sich zu beklagen.» (Wolfgang Lotz)

Der Sanierung der Ripetta und dem Bau der Spanischen Treppe stellt sich mit Filippo Raguzzinis Neugestaltung der Piazza Sant' Ignazio – ausgeführt unter Papst Benedikt XIII. (1724–1730) – ein drittes Bauvorhaben an die Seite, das deutlich macht, wie entschieden zu Beginn des 18. Jahrhunderts städtebauliche Aufgaben wieder die Aufmerksamkeit der Päpste und der Öffentlichkeit fesseln können. Raguzzini gab dem rechteckigen Platz vor der Jesuitenkirche einen virtuos gezirkelten, aus einschwingenden Kreissegmenten gebildeten Umriß, der die Prinzipien von Borrominis Fassadenarchitektur einem dreidimensionalen, stadträumlichen Zusammenhang einschreibt. Der große Stadtplan von Giovanni Battista Nolli, in zwölf Kupfertafeln gestochen und 1748 unter der Protektion Benedikts XIV. publiziert, bringt auf einer anderen Ebene, als Meisterleistung der Kartographie, das wiedererwachte Interesse am Ganzen der Stadt kaum weniger ingeniös zum Ausdruck.

Mit einigem Recht kann man all diese Projekte als kunstvolle Maskierung eines politischen Verfallsprozesses verstehen. Das

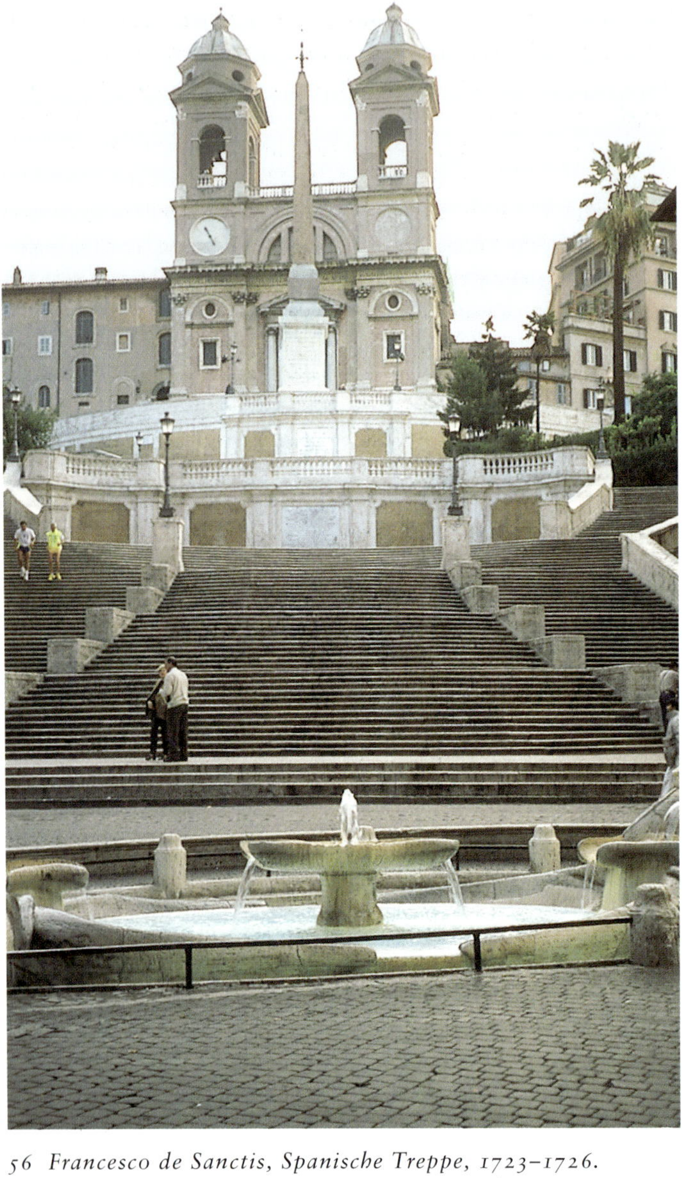

56 *Francesco de Sanctis, Spanische Treppe, 1723–1726. Im Vordergrund Barcaccia-Brunnen von Gianlorenzo Bernini, 1627–1629*

Papsttum hatte einen Tiefpunkt seines Ansehens erreicht; neben Mißwirtschaft und Machtverlust ist die Unfähigkeit getreten, sich mit der Aufklärung, dem großen Umwälzungsprozeß im damaligen Europa, produktiv und selbstbewußt auseinanderzusetzen. Gegen realpolitisches Versagen und intellektuelle Perspektivarmut behauptet sich freilich auch im 18. Jahrhundert mit erstaunlicher Zähigkeit das kulturelle Mäzenatentum der Päpste, jene Rolle, in der das Petrusamt seine Kontinuität noch immer aufrechterhalten kann. Der Stadt Rom fällt dabei nach wie vor die Aufgabe zu, in stetiger Veränderung ihrer Struktur und Form die Präsenz und das geschichtliche Wirken der Päpste zu spiegeln.

Unter Klemens XI. Albani vollzieht sich der Schritt von der päpstlichen Kunstpatronage zu einer Kulturpolitik, die den Familienruhm hinter den Dienst an der Kirche als Institution zurücktreten läßt. Der Nepotismus alter Prägung wird jetzt endgültig diskreditiert. Die Pflege der frühchristlichen und mittelalterlichen Monumente Roms, nicht die Stiftung großer Neubauten wird sein Verdienst. Wenn er die ehrwürdige Ausstattung von San Clemente bewahrt und den umgebenden Raum nur behutsam erneuert, so geschieht dies in der Absicht, die traditionsbildende Kraft der kirchlichen Anfänge Roms zu unterstreichen. Unter ihm werden auch erste Pläne ausgearbeitet, im Vatikan ein kirchengeschichtliches Museum einzurichten. All diesen Maßnahmen gilt ein hoher Einsatz von Gelehrsamkeit.

Auch die Ausstattung von Sankt Peter findet unter Klemens XI. ihren Abschluß: In die Nischen des Langhauses läßt er Statuen von Ordensheiligen stellen, die neben der päpstlichen auch der monastischen Tradition Eingang in die Ikonographie des Baus verschafft. In einem Akt der Rückbesinnung auf frühe Stadien der römischen Ausstattungskunst werden außerdem die vorhandenen Altargemälde durch Mosaikkopien ersetzt, während die Originale in die päpstlichen Sammlungen wandern. Schließlich, ein Appell zur Allianzbildung im Zeitalter des Spanischen Erbfolgekriegs, versucht Klemens XI. die katholischen Mächte Europas in die Stiftungskampagne einzubinden, aus der die monumentalen Heiligenstatuen Camillo Rusconis im Langhaus der Laterankirche hervorgehen werden.

Ein letztes Mal kann päpstliche Auftraggeberschaft unter der Regierung Klemens' XII. (1730–1740) ihre prägende Kraft beweisen. Lorenzo Corsini zählte bei seiner Wahl bereits 79 Jahre. Ein weiteres Mal hatten die Kardinäle vorschnell mit einem Übergangspapst gerechnet, der dann aber – obwohl vom Bett aus regierend und unfähig, die ihm vorgelegten Dokumente noch selbst zu lesen – eine zehnjährige Amtszeit durchstand und mit Hilfe seines hochgebildeten Nepoten Neri Corsini eine ebenso glänzende wie kostspielige Kunstpolitik entfaltete. Als Florentiner, dem die ruhmstiftende Auftragstätigkeit der Medici im 15. und 16. Jahrhundert vor Augen stand, förderte Klemens besonders Architektur und öffentliche Skulptur.

Die Fontana di Trevi war schon unter Papst Urban VIII. von Bernini als monumentale Brunnenanlage geplant worden und hatte unter Innozenz XIII. (1721–1724) im Zentrum hochfliegender Pläne gestanden, mit denen sich die Fürsten von Poli, Verwandte des Papstes und Bewohner des angrenzenden Palastkomplexes, einen selbstbewußten Auftritt in der Stadt sichern wollten. Klemens XII. scheute nicht davor zurück, gleich nach seiner Thronbesteigung die große, für den Brunnenbau schon präparierte Schauwand am Fuß des Quirinals faktisch zu enteignen, einen Wettbewerb für die Neugestaltung unter eigenem Patronat auszuschreiben und schließlich den römischen Bildhauerarchitekten Nicola Salvi (1697–1751) mit der Ausarbeitung eines neuen Projekts zu betrauen, das alle älteren Brunnen der Stadt in den Schatten stellen sollte.

Wie schon der Vierströmebrunnen Berninis speiste sich auch die neue Fontäne aus der antiken Aqua Virgo, und in dem Monument der Pamphilj auf der Piazza Navona suchte der Papst denn auch den Größenmaßstab wie die Gestaltungshöhe, die dem neuen Brunnen seinen Anspruch vorgaben. Salvi verstand es, die beiden großen Traditionslinien römischer Brunnentypologie, den Wand- und den Freibrunnen, zu einer bildkräftigen Synthese zu führen. Seit Vollendung des Statuenprogramms im Jahr 1762 fand sein Werk Eingang in den Kernbestand römischer Ikonographie. Der Kirche Santi Vincenzo ed Anastasio, die dank Kardinal Mazarin eine der eindrucksvollsten Barockfassaden Roms besitzt, antwortet an der Nordeite der Piazza di Trevi eine architektonisch gegliederte Schauwand. Sie erhält die Gestalt einer Palastfront; die Mitte nimmt ein plastisch hervorgehobener Triumphbogen ein. Unverkennbar wirkt in dieser Konzeption die bedeutendste spätmanieristische Brunnenschöpfung Roms, die Acqua Paola auf dem Gianicolo, nach. Das Becken der Fontana di Trevi stellt sich freilich nicht wie üblich als monumentaler Aufbau dar, sondern ist – darin nur dem Schiffsbrunnen vor der Spanischen Treppe vergleichbar – um mehrere Stufen in die Pflasterung der Piazza di Trevi eingetieft. Es umschließt eine Wasserfläche, aus der nach dem Vorbild des Vierströmebrunnens eine grandiose Felslandschaft hervorwächst. Dank minutiöser Planung der Druckverhältnisse sowie der Winkel und Abstände, in denen das Wasser auf die Felsen trifft, kann der Brunnen eine akustische Wirkung entfalten, die weit über seinen optischen Radius hinausreicht.

In der Mittelnische des Triumphbogens thront auf einem Muschelwagen Okeanos, um die zahlreichen Meerwesen zu seinen Füßen zu dirigieren. Den Stammvater aller Meeresgötter hielt Salvi, Autor eines gelehrten Konzepts für seine Schöpfung, eher als Neptun für geeignet, die lebensspendende Kraft des Wassers in seiner naturphilosophischen Dimension zu verkörpern: Hatte doch Neptun seit der Renaissance immer wieder als Allegorie auf die Ausübung von Herrschaft und politischer Macht über die Untertanen gedient, so daß er jene bildliche Unverbrauchtheit, nach der Salvi angestrengt suchte, nicht mehr besaß. Das Programm der Brunnenskulpturen läßt, indem es so mit großer Konsequenz auf die Darstellung des Elementaren zielt, zum erstenmal Ideen der Aufklärung in einem römischen Kunstwerk wirksam werden. Andererseits steht Salvis Gestaltung mit ihrer opulenten Figurenfülle und mitreißenden Dynamik noch ungebrochen in der römisch barocken Tradition. Der Trevi-Brunnen verkörpert damit eindringlicher als andere Kunstwerke jene kulturelle Schwelle, an der sich Rom zu Beginn des 18. Jahrhunderts befindet.

Für seine bedeutenden Architekturaufträge zog der Corsini-Papst mit Vorliebe Florentiner Landsleute heran. Ferdinando Fuga (1699–1782) errichtete für ihn an der Piazza del Quirinale in nur drei Jahren den Palazzo della Consulta, Sitz des päpstlichen Gerichtshofs und in seiner vornehmen Gliederung ein würdiger Abschluß der Platzbebauung. Gegenüber liegt der nüchterne Kubus des Quirinalspalasts. Gregor XIII. hatte ihn im späten 16. Jahrhundert zunächst als Sommersitz errichten lassen, seit langem jedoch diente er den Päpsten als Hauptresidenz, die wegen ihrer klimatisch begünstigten Lage dem Vatikan vorgezogen wurde. Noch mehr als Fuga war Klemens XII. dem Architekten Alessandro Galilei (1691–1737) gewogen. Gleichfalls ein Landsmann, dem später auch die Vollendung der Florentiner Nationalkirche in Rom anvertraut wird, verfügte er über größere internationale Erfahrung als die meisten Künstler seiner Herkunft. Nach dem Studium verschiedener Disziplinen hatte Galilei mehrere Jahre in England verbracht, wo er in den Bauten Christopher Wrens, Nicholas Hawksmoors oder John Vanbrughs eine für italienische Begriffe neue, formstrenge Architektur kennenlernte und mit den Schriften Shaftesburys, des bedeutendsten Vertreters der englischen Frühaufklärung, vertraut wurde. Nach Florenz zurückgekehrt, war Galilei in den Dienst der Familie Corsini eingetreten, um ein Jahrzehnt später dem neu gewählten Papst nach Rom zu folgen.

Als sein erstes römisches Werk fügte Galilei seit 1730 dem rechten Seitenschiff von San Giovanni in Laterano die Grabkapelle der Corsini an. Zwei Jahre später gewann er gegen heftige Widerstände aus den Reihen der Accademia di San Luca den Wettbewerb um den Bau der Fassade, in der die von Borromini begonnene Erneuerung der Lateranbasilika ihren Abschluß finden sollte (Abb. 57). Es ging um das bedeutendste Architekturprojekt im Rom dieser Jahre. Um so mehr schockierte Galileis Entwurf die Zeitgenossen. Unter Verzicht auf geschlossene Flächen hatte der Florentiner ein völlig durchlässiges, ja ausgehöhltes Gebilde gezeichnet, in dem sich Architektur zum bloßen Gerüst reduziert. Über die funktionale Forderung, eine Segensloggia für den Papst zu schaffen, ging Galilei damit weit hinaus. Ihm schwebte eine neue architektonische Ästhetik vor: Rechte Winkel, schlanke Proportionen, Verzicht auf alles Überflüssige hießen die Maximen.

Galilei war allerdings bemüht, Anknüpfungspunkte in der römischen Tradition zu finden. Als deren wichtigsten wählte er ausgerechnet die wenig geliebte Sankt-Peter-Fassade Madernos (Abb. 40). Für sein Projekt straffte er zwar die breit gelagerten Proportionen des Vorbilds, übernahm von ihm aber die zweigeschossige Disposition sowie die Gliederung durch eine kolossale Pilasterordnung, die im Mittelsegment ein Tempelmotiv mit Giebel ausbildet. Im Ornament beruft sich Galilei ausschließlich auf Antike und Renaissance; barocken Überschwang sucht man vergebens. Ursprünglich wollte Galilei die Fassade sogar noch weitaus flächiger gestalten als ausgeführt und ihr einen strengeren Kontur verleihen. Erst auf Intervention der Akademie stärkte er das Relief der Mittelgruppe durch Einführung von Säulen anstelle der auch hier vorgesehenen Pilaster, ferner fand er sich bereit, die Balustrade über dem Hauptgebälk beträchtlich zu erhöhen. Sie nahm nunmehr die Postamente für elf Kolossalstatuen auf, die in rhythmischer Staffelung dem klassizistischen Architekturgebilde Galileis noch einen letzten Akzent barocker Dynamik zu verleihen suchen. Als gebaute Kritik an der radikalen Ästhetik Alessandro Galileis gibt sich die neue Fassade von Santa Maria Maggiore zu verstehen, die Ferdinando Fuga sehr bald nach dem Regierungsantritt Benedikts XIV. (1740–1758) errichtet. Obwohl er von der Lateranfassade den Gestus unbeschränkter Öffnung übernimmt, kehrt Fuga hier in programmatischer Absicht noch einmal zu einer gefälligen Umrißbildung nach römischem Geschmack, zu einer reicheren Ornamentik und lebhafter Reliefierung zurück.

Ein Jahrzehnt später wird die Alternative «*gusto antico*» oder «*gusto moderno*» – Klassik oder Barock – in den römischen Debatten kaum mehr eine Rolle spielen. Im Einklang mit der europäischen Entwicklung hat sich die rigorose Ausrichtung an der Antike jetzt auch in Rom als Maxime aller zeitgenössischen Kunstbemühungen durchgesetzt. Die Frage, die inzwischen die Gemüter erregt, lautet vielmehr, welche Antike der Gegenwart als Vorbild dienen kann. Das Bild von der Kunst des Altertums ist um die Mitte des 18. Jahrhunderts im Begriff, sich völlig neu zu formieren. Zunächst erschließt die Entdeckung und Erforschung von Herculaneum und Pompeji, den verschütteten Städten am Fuß des Vesuv, neue Überlieferungsräume der römischen Kunst. Fast gleichzeitig rückt Griechenland ins Blickfeld von Architekten, Künstlern und Altertumsforschern: Kurz vor und kurz nach 1760 erscheinen in Frankreich und England die ersten grundlegenden Werke zur griechischen Architektur, von der man bis dahin nur eine umrißhafte Vorstellung besessen hatte.

Daß Rom an dieser Neuorientierung historischen Wissens nicht nur teilhat, sondern zeitweise zu ihrem Zentrum wird, ist das Verdienst Johann Joachim Winckelmanns (1717–1768). Der Theologe und vormalige Bibliothekar eines sächsischen Grafen kam 1755 nach Rom, betreute ab 1758 die Antikensammlung des Kardinals Alessandro Albani und wurde 1763 von Papst Klemens XIII. Rezzonico (1758–1769) zum Direktor der vatikanischen Antikensammlungen ernannt. Winckelmann hatte den Boden Griechenlands nie betreten, er lernte die Werke der Griechen größtenteils in Gestalt hellenistischer Statuen oder römischer Kopien kennen, und doch wurde er zum beredtesten Künder der Schönheit und Größe griechischer Kunst. Seine ‹Gedanken über die Nachahmung der griechischen Werke in der Malerei und Bildhauerkunst›, 1755 erschienen, gewannen größten Einfluß auf die Zeitgenossen. Laut Winckelmann muß das Naturstudium der Künstler zwingend durch die Kenntnis der edelsten klassischen Werke ergänzt und korrigiert werden, um neue Kunst höchsten Anspruchs hervorbringen zu können. Neben den Bildhauern der Antike gesteht er freilich auch neueren römischen Malern, allen voran Raffael, einen Platz im Pantheon idealen Griechentums zu; sogar die Kunst Michelangelos erkennt er trotz mancher Vorbehalte als beispielhaft an.

«Das allgemeine und vorzügliche Kennzeichen der griechischen Meisterstücke», notiert Winckelmann, «ist endlich eine edle Einfalt und stille Größe, sowohl in der Stellung als im Ausdrucke. So wie die Tiefe des Meeres allezeit ruhig bleibt, die Oberfläche mag noch so wüten, ebenso zeigt der Ausdruck in den Figuren der Griechen bei allen Leidenschaften eine große und gesetzte Seele. Diese Seele schildert sich in dem Gesichte des Laokoon, und nicht in dem Gesichte allein, bei dem heftigsten Leiden. Der Schmerz, welcher sich in allen Muskeln und Sehnen des Körpers entdeckt und den man ganz allein, ohne das Gesicht und andere Teile zu betrachten, an dem schmerzlich eingezogenen Unterleibe beinahe selbst zu empfinden glaubt: dieser Schmerz, sage ich, äußert sich dennoch mit keiner Wut in dem Gesichte und in der ganzen Stellung. Er erhebt kein schreckliches Geschrei, wie Virgil von seinem Laokoon singt. Die Öffnung des Mundes gestattet es nicht ... Der Schmerz des Körpers und die Größe der Seele sind durch den ganzen Bau der Figur mit gleicher Stärke ausgeteilt und gleichsam abgewogen. Laokoon leidet, aber er leidet wie des Sophokles Philoktetes: sein Elend geht uns bis an die

Seele; aber wir wünschten, wie dieser große Mann das Elend ertragen zu können.»

Winckelmanns idealistischer Blick auf das Altertum, wie ihn seine Schrift von 1755 enthüllt, beeindruckte zeitgenössische Künstler weitaus mehr als die wissenschaftliche Großtat, die er 1763 mit seiner ‹Geschichte der Kunst des Alterthums› vollbringt. Selbst Gotthold Ephraim Lessing, der Winckelmanns Bevorzugung der Bildkünste gegenüber der Poesie kritisch entgegentritt (‹Laokoon oder über die Grenzen der Malerei und Poesie›, 1766), teilte die Emphase, mit der dieser die griechische Kunst als ethische Forderung an die Gegenwart begriff. Am engsten lehnte sich der Maler Anton Raphael Mengs (1728–1779) an Winckelmann an. Mengs war eine kosmopolitische Künstlerexistenz, wie sie in dieser Vollendung wohl nur das 18. Jahrhundert hervorbringen

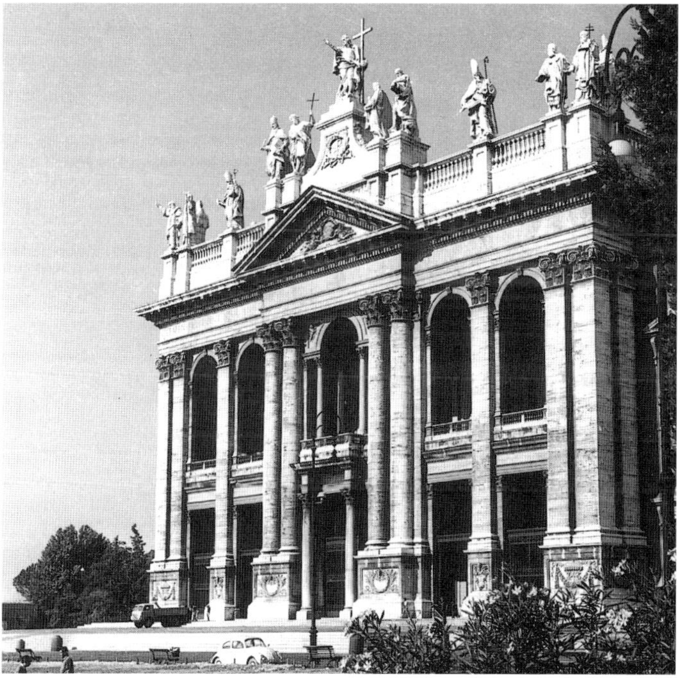

57 *Alessandro Galilei, Fassade von San Giovanni in Laterano, 1732–1736*

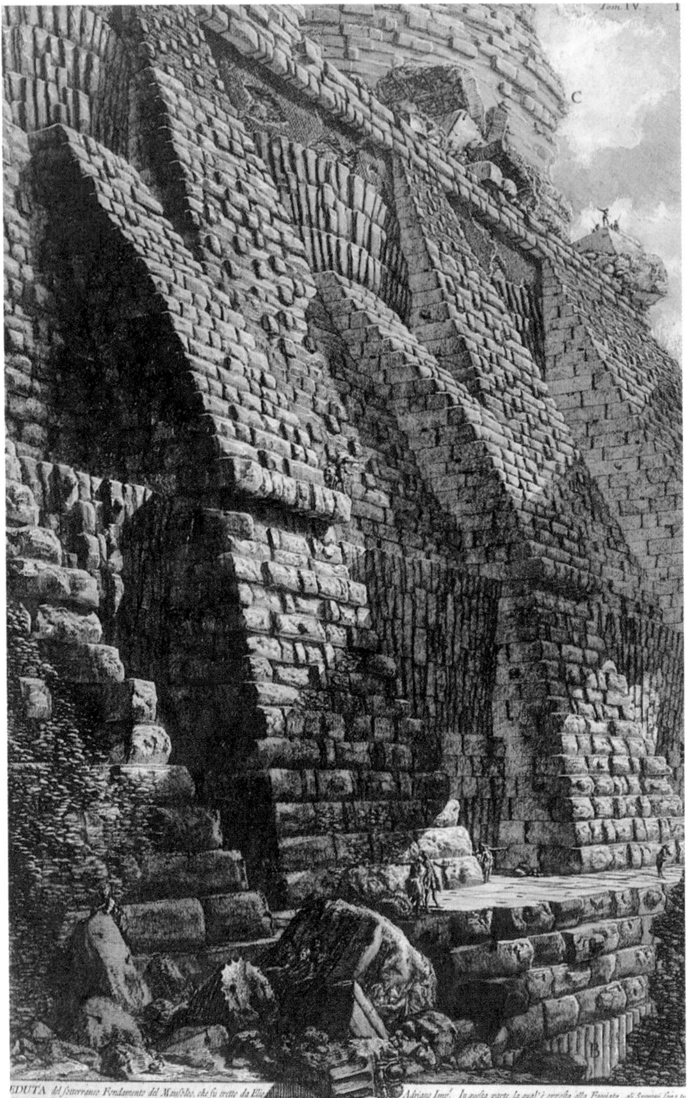

58 Giovanni Battista Piranesi, Substruktionen des Hadrian-Mausoleums. Aus: Giovanni Battista Piranesi, Antichità Romane, Rom 1748

konnte. Als Hofmaler des Königs von Sachsen in Dresden ansässig, arbeitete er seit 1754 auch in Rom; 1761 wurde er außerdem Hofmaler in Madrid.

Wie sein malerisches Frühwerk zeigt, beherrschte Mengs das ganze Instrumentarium barocker Prachtentfaltung noch mit größter Selbstverständlichkeit. Der römische Mengs hat diesen Habitus hingegen längst abgelegt. In der Villa des Kardinals Alessandro Albani malte er um 1760 das Programmbild des römischen Klassizismus: den ‹Parnass›, der das Gewölbe der Galerie im ersten Obergeschoß schmückt. Wichtigste Bezugspunkte aus der Kunstgeschichte Roms sind Raffaels Parnass-Fresko im Vatikan und Carraccis Ausmalung der Farnese-Galerie. In erkennbarer Konkurrenz zu diesen Vorbildern stellt Mengs den nackten Apoll dar, wie er in klassischem Kontrapost zwischen den antikisch gewandeten Musen Aufstellung nimmt. Bereits die flächenparallele Projektion des *quadro riportato* setzt der illusionistischen Tradition barocker Deckenmalerei, wie sie zur selben Zeit bei Giambattista Tiepolo ihren Höhepunkt erreicht, ein neues Ideal entgegen. Auch die Komposition entwickelt Mengs in der Fläche, statt sie in den Raum ausgreifen zu lassen. Im völligen Einklang mit Winckelmann wird der Umriß, nicht das Volumen der Körper betont; Requisiten wie Apolls Leier entsprechen überdies den jüngsten archäologischen Erkenntnissen. Neu ist neben alledem der gewollt diesseitige, naiv erscheinende Ausdruck der Figuren, ein Gegenentwurf zur Raffinesse spätbarock-höfischen Kunstgeschmacks. Mengs zeigt sich hier keineswegs am Ausdruckskanon griechischer Skulptur geschult, wie er ihn in den vatikanischen Sammlungen studieren konnte. Statt dessen gibt er Winckelmanns Diktum von «edler Einfalt und stiller Größe» eine völlig eigenständige Wendung, die bereits auf das kommende Zeitalter bürgerlicher Kunst vorauszuweisen scheint.

Winckelmanns Griechenkult und mehr noch der *goût grec* französischer Prägung, wie er seit Julien-David Le Roys ‹Les Ruines des plus beaux monuments de la Grèce› von 1758 Ästhetik und Kunstpraxis der zweiten Jahrhunderthälfte zunehmend beherrschte, sollten das Selbstbewußtsein der römischen Eliten einem gänzlich ungewohnten Druck aussetzen. Ihr seit dem Mittelalter in wechselnden Betonungen, aber stets mit Sorgfalt gepflegter Stolz, ein Verfügungsrecht über die nobelste aller Bildungstraditionen auszuüben, sah sich erstmals angezweifelt, und mit dem Verlust dieses Überlegenheitsgefühls drohten zudem die Leistungen der neueren römischen Kunst empfindlich an Ansehen einzubüßen. All diese Gefährdungen gingen überdies von der französischen Akademie in Rom aus, deren Stipendiat auch Le Roy gewesen war.

Den glühendsten Verteidiger gegen Winckelmann und die Franzosen findet Rom jetzt in einem Venezianer, Giovanni Battista Piranesi (1720–1778), der sich mit virtuosen Kupferstichen nach römischen Bauten einen Namen gemacht hat. Piranesi tritt jedoch auch als polemischer Autor hervor. Gegen Le Roy richtet sich seine Publikation ‹Della magnificenza ed architettura de' Romani› von 1761. Erstmals führt Piranesi hier die angebliche Priorität der etruskischen vor der griechischen Kultur ins Feld, um den Römern der Antike – jetzt in ihrer Rolle als Erben der Etrusker – auch weiterhin die seit jeher behauptete Führungs- und Schlüsselrolle in der Kunstgeschichte zu sichern.

Piranesi war kein Archäologe, und seine oft widersprüchlichen, wenn auch mit höchster Verve vorgetragenen Standpunkte fanden in der Wissenschaft keinen dauerhaften Widerhall. Auch Piranesis eigenwillige Gestaltung der Malteserkirche Santa Maria del Priorato auf dem Aventin, sein einziges gebautes Werk (1765), fügte der Architekturgeschichte Roms kaum mehr als eine Fußnote hinzu. Trotzdem hat die Sicht Piranesis auf seine Wahlheimat Rom das Bild der Stadt und ihrer Geschichte nachhaltiger verändert als jedes gelehrte Argument, und dies weit über die eigene Epoche hinaus. Es sind seine Meisterstiche, die – seit 1748 in verschiedenen Sammelpublikationen vereint – Roms Bauwerke einem Blick von neuer Subjektivität aussetzen.

Ihre Suggestionskraft verdanken die Blätter Piranesis dem subtilen Licht- und Schattenspiel der eng gesetzten Schraffuren sowie der bewußt übertreibenden Schrägperspektive, einem Erbe der Bühnenbildentwürfe von Ferdinando und Giuseppe Galli Bibiena, die der Künstler seit seiner Jugend kannte. Mit diesen Mitteln entwirft Piranesi die Baugeschichte Roms neu. Er hat aber auch dann die Gegenwart im Blick, wenn er Werke der Vergangenheit zeigt: Der sensualistischen Wahrnehmungslehre ihrer Zeit entsprechend, wollen seine Blätter weniger unterrichten als vielmehr Gefühle wecken. Nicht nur die Darstellungsmethoden, auch die

Bildgegenstände scheren aus den bislang gültigen Repertoirezwängen des Architekturstichs aus. Keinesfalls nur anerkannte Meisterwerke gelten Piranesi als publikationswürdig. Außer Tempeln, Kirchen und Palästen bevölkern auch solche Szenerien seine Stiche, die bis dahin als wenig repräsentativ, ja als häßlich gelten – ruinöse mittelalterliche Bauwerke etwa oder Ingenieurleistungen der Antike, denen Piranesi stets Bewunderung zollt (Abb. 58). All diese Bildgegenstände läßt er denselben Anspruch auf erinnerndes Bewahren, auf einen Platz in der Bildgeschichte Roms und nicht zuletzt auf den großen, dramatischen Auftritt vor den Augen des Betrachters erheben. Indem er die Hierarchien des Gedächtnisses dergestalt durchkreuzt, liefert er die ersten Mosaiksteine für eine moderne Wahrnehmung Roms.

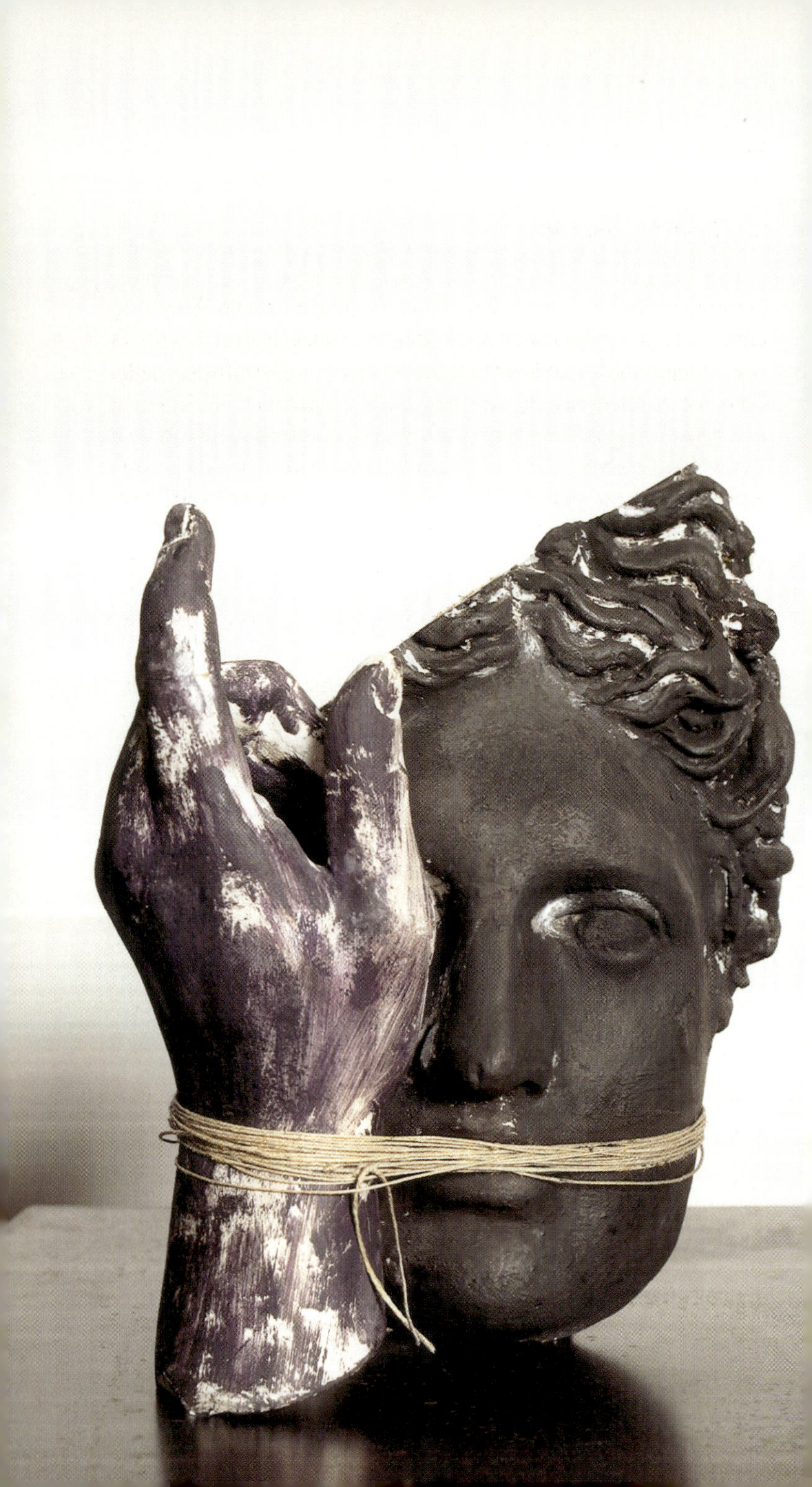

Roms Weg in die Moderne

Das Rom der Fremden

Die ersten Eindrücke von Rom hatte der junge Johann Wolfgang Goethe (1749–1832) schon in seinem Frankfurter Elternhaus gewonnen. Bei der Ankunft in der Stadt am 1. November 1786 kommen ihm diese frühen Bilder wieder in den Sinn: «Alle Träume meiner Jugend seh' ich nun lebendig», notiert er an seinem ersten Tag in Rom, «die ersten Kupferbilder, deren ich mich erinnere (mein Vater hatte die Prospecte von Rom in einem Vorsaale aufgehängt), seh' ich nun in Wahrheit, und alles was ich in Gemälden und Zeichnungen, Kupfern und Holzschnitten, in Gyps und Kork schon lange gekannt, steht nun beisammen vor mir, wohin ich gehe finde ich eine Bekanntschaft in einer neuen Welt, es ist alles wie ich mir's dachte und alles neu.» Goethes vorbestimmter Blick auf Rom ist nicht nur der Blick des Patriziersohns, dessen Vater eine Bildungsreise unternommen und seinen Erinnerungen in Stadtansichten dauernde Präsenz verliehen hat. Er ist in einem viel weiteren Sinn auch der Blick einer beginnenden Epoche.

Im 18. Jahrhundert setzte mit allen Konsequenzen der Wandel Roms vom Machtzentrum zur Bildungsstätte, vom Ort künstlerischer Produktivität zu deren symbolischem Schauplatz ein. Gewiß: Schon seit den ersten christlichen Jahrhunderten war Rom Pilgerziel, seit Petrarca auch weltliches Reiseziel gewesen. Aber nie zuvor hatte sich der Blick der Fremden so entschieden von der Gegenwart der Stadt abgewandt wie jetzt. Standen für die Humanisten des Spätmittelalters, deren Sehnsucht nach der Antike der modernen Romerfahrung wohl am nächsten kam, Geschichte und Aktualität noch in einer unauflöslichen Beziehung – erst der Verfall machte den verlorenen Glanz bewußt –, so wandelte sich Rom für die Reisenden des 18. Jahrhunderts immer mehr zur historischen Kulisse, die mit den verschiedensten Handlungen gefüllt werden konnte. Goethe unternahm eine autobio-

59 Iannis Kounellis, Ohne Titel, 1978. Aachen, Sammlung Jung (als Leihgabe in der Hamburger Kunsthalle)

graphische Reise, eine Erkundungsfahrt nach innen. Das Ziel hieß von Anfang an Rom: Sehenswürdigkeiten unterwegs wurden immer weniger beachtet; für die Besichtigung von Florenz blieben sogar nur fünf Stunden, so sehr drängte es ihn anzukommen.

Unterbrochen durch einen Aufenthalt in Neapel und Sizilien, wird Goethe knapp 13 Monate in Rom verbringen. Intensive Kunstbetrachtung bestimmt das Programm. Täglich wird ein Pensum absolviert, das den Konventionen der Zeit völlig entspricht: Die Antiken, Raffael, Poussin und die ‹Klassik› des 17. Jahrhunderts stehen im Vordergrund, am Rand finden auch Michelangelo, ja sogar Berninis Sankt Peter Beachtung. Was fast keine Rolle spielt, ist die römische Kunst der eigenen Zeit. Mengs, Piranesi bleiben in der ‹Italienischen Reise› Randfiguren. Und obwohl Goethe in Rom seine Zeichenstudien mit Eifer wieder aufnimmt und sich fast nur mit Künstlerfreunden umgibt – Angelica Kauffmann, Philipp Hackert, Wilhelm Tischbein und Heinrich Meyer sind die wichtigsten –, weicht er der Auseinandersetzung mit der zeitgenössischen Produktion immer wieder aus; wichtiger ist ihm das Gespräch über die Meisterwerke der Geschichte. Unentbehrlich wird dem römischen Goethe indessen die historische, mehr noch die ästhetische Folie der Stadt, die es ihm erlaubt, sich der eigenen Vergangenheit neu bewußt zu werden. Dabei kommt es weniger auf Erleben an als auf Bestätigung; das Jetzt Roms reduziert sich auf das eigene Ich. Immer wieder wird der innere, schon mitgebrachte Bildervorrat abgesichert, stets von neuem die Gültigkeit der eigenen Erwartung bestaunt. «In ihrem Ich-Verweis, der bewußten Subjektivierung des Kunst- und Italien-Erlebnisses ... stellt die ‹Italienische Reise› den Prozeß einer gelungenen Selbst-Behauptung und das Modell einer nachhaltigen Selbst-Versicherung dar ... Seine unausgesetzte Wirkkraft verdankt das Buch wohl erst der möglichen Übersetzbarkeit dieses Erlebnisses selbst, die ihm den Rang eines Parameters für jeden folgenden Italien-Aufenthalt bis heute zukommen läßt.» (Andreas Beyer)

Auch im nachhinein gewinnt der Blick auf das Kunstgeschehen im Rom dieser Zeit kaum feste Konturen. Die Erscheinungsform der Stadt stagnierte; Architektur und Städtebau kamen in der zweiten Hälfte des 18. Jahrhunderts fast ganz zum Erliegen. Währenddessen gewannen Maler und Bildhauer aus dem Aus-

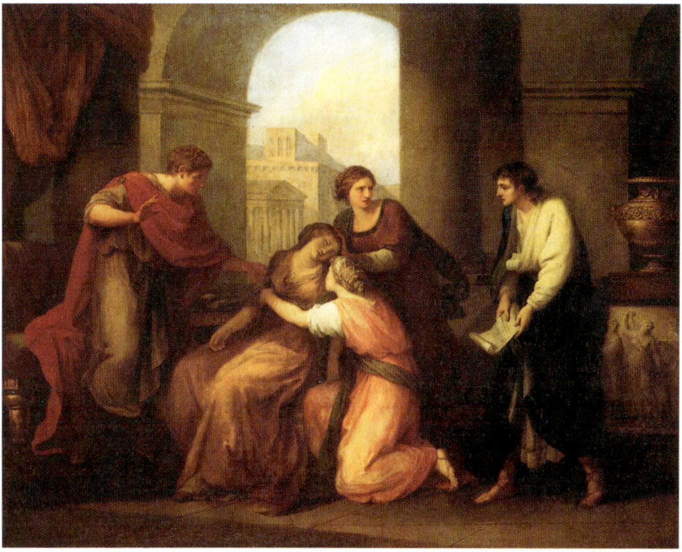

60 Angelica Kauffmann, Vergil liest aus der ‹Aeneis›, 1788. St. Petersburg, Eremitage

land – als Typus schon seit Jahrhunderten am Ort präsent, aber vorher stets in dessen kulturelles Umfeld eingebunden – in dem Maße Dominanz über die römische Kunst, wie ausländische Reisende Rom zum bevorzugten Ort für Ankäufe und Bestellungen machten. Hatte sich in der Auftraggeberschaft des Kardinals Albani das überlieferte Modell römischen Mäzenatentums noch einmal bewähren können, so sank seit etwa 1760 die lokale Nachfrage nach aktueller Kunst rapide. Verantwortlich dafür war nicht allein der Zusammenbruch der päpstlichen Finanzen, sondern auch die kulturelle Orientierungslosigkeit der traditionellen Eliten, die sich – von wenigen Ausnahmen abgesehen – in der Kunst ihrer Zeit immer weniger zurechtfanden. Bezeichnenderweise konzentrierte sich die päpstliche Kunstpolitik seit 1770 auf den systematischen Ausbau der Vatikanischen Sammlungen, also auf die Konsolidierung des vorhandenen Kunstbesitzes, statt auf die Förderung des Neuen. Für die Kunstgeschichte der Stadt sollte diese Entwicklung langfristige Folgen haben. Immer weniger gaben römische Interessen den Ausschlag dafür, welche Kunst in Rom entstand; entsprechend vielschichtig, wenn nicht disparat stellt sich die römische Kunst einer Epoche dar, die zunehmend von Forderungen des Exports bestimmt wurde.

Jacques-Louis David (1748–1825) etwa hatte als Stipendiat der Französischen Akademie von 1775 an vier Jahre in Rom verbracht. In dieser Zeit wandelte sich sein Stil vom Rokoko zum Klassizismus: eine Entwicklung, die von zeitgenössischer römischer Malerei durchaus noch profitieren konnte. Davids erste streng klassizistische Komposition aber, der ‹Schwur der Horatier› (Paris, Louvre), wurde dank einem königlichen Auftrag erst nach der Rückkehr in die Heimat konzipiert. Die radikale Bildsprache, zu der David jetzt vordrang, bedurfte der römischen Schulung nicht mehr, ließ sie doch in Stil und Sujet die gefällige Antikennähe eines Pompeo Batoni, eines Tommaso Conca bei weitem hinter sich. Wenn David 1784 trotzdem nach Rom zurückkehrte, um das Bild hier auszuführen, dann fiel dieser Entschluß unabhängig von jeder Orientierung an aktueller Kunst, ja überhaupt vom Wunsch nach erneuter Anschauung Roms. Statt dessen war es der Erinnerungsort Rom, der Davids Rückkehr erzwang: Größte Kunsttradition und die Aura einer heroischen Urgeschichte ließen ihm die Stadt zum schöpferischen Ort werden bei der Arbeit an einem Bild, von dem sich David nichts Geringeres erhoffte, als daß es eine Revolution der zeitgenössischen Ästhetik und Moral in Gang setzen würde. So sehr David Roms bedurfte, um seine künstlerische Produktion zu stimulieren, so wenig war das, was er in Rom schuf, an die Stadt und ihr Publikum adressiert. Die ‹Horatier› waren im August 1785 nur wenige Tage in Davids Atelier ausgestellt, bevor der Maler das Bild sogleich auf die Reise zum Pariser Salon schickte. Zwar sollte danach die klassizistische Position Davids in dem Maße auf Rom zurückwirken, wie sie Ausstrahlung auf ganz Europa gewann. Aber seine Kunst war so wenig aus römischen Quellen gespeist, daß sie eine eigene, spezifische Überlieferung in Rom nicht begründen konnte.

Ähnliches läßt sich auch über Angelica Kauffmanns Wirken in Rom sagen. Die Malerin vorarlbergisch-schweizerischer Herkunft (1741–1807), engste Vertraute Goethes während seiner römischen Aufenthalte, hatte unter der Anleitung des Vaters schon ihre Studienjahre in Italien verbracht und war 1762 in die

Florentiner Accademia del Disegno, 1765 in die römische Accademia di San Luca aufgenommen worden. Ihre Karriere hatte in London begonnen, wo sie zur gesuchten Porträtistin des Adels aufgestiegen war. Nach Rom siedelte sie 1782 an der Seite ihres Gemahls über. Antonio Zucchi, in England ein vielbeschäftigter Dekorationsmaler, konnte an seine früheren Erfolge in Rom nicht mehr anknüpfen und wurde jetzt vornehmlich der Impresario und Vermögensverwalter seiner Frau. Das Haus des Paars in der Via Sistina sollte schon bald einen legendären Ruf als Treffpunkt ausländischer Künstler und Reisender genießen – vielleicht der einzige Ort Roms, der die gesellschaftliche, mit Einschränkungen sogar die intellektuelle Rolle eines Salons übernahm.

Der wichtigste Grund, der Angelica Kauffmann nach Rom führte, war die Erwartung, hier ihren Durchbruch als Historienmalerin zu erleben und so ihr Lebenswerk zu krönen. In der Tat entstanden in Rom ihre meisten großformatigen Bilder zu antiken Sujets, eine Gattung, in der sie während ihrer Londoner Jahre kaum hatte reüssieren können. Ein Werk wie ‹Vergil liest vor Augustus und Octavia aus der Aeneis›, 1788 in Rom gemalt (Abb. 60), läßt durchaus den Ehrgeiz ahnen, die monumentale Wirkung Davids zu erreichen. Trotz strenger Bildordnung und kühler Farben behält es aber jenen beschaulichen Unterton bei, der schon den Zeitgenossen als die vornehmste Qualität im Œuvre der Malerin – der einzigen ihrer Zeit, die es zu Weltruhm gebracht hatte – galt: «Angelika malt jetzt ein Bild das sehr glücken wird: die Mutter der Gracchen, wie sie einer Freundin, welche ihre Juwelen auskramte, ihre Kinder als die besten Schätze zeigt. Es ist eine natürliche und sehr glückliche Komposition.» (Goethe)

Römische Auftraggeber für solche Bilder blieben freilich aus, mit ihnen wurde wohl auch kaum gerechnet. Es war ein internationales höfisches Publikum, das die inzwischen weltberühmte Malerin in ihrem Atelier besuchte und seine Bestellungen bei ihr aufgab; unter einem Inkognito, wie es für Reisende von Stand üblich war, gehörte 1784 auch Kaiser Joseph II. dazu. So überrascht es kaum, daß Angelica Kauffmann ihren gediegenen Lebensstil auch über jene schweren Erschütterungen hinüberretten konnte, die seit 1798 über Rom hereinbrachen: die Eroberung durch französische Revolutionstruppen, die Verbannung Papst Pius' VI., die Ausrufung der Republik auf dem Kapitol. 1805, der neue Papst residiert von Napoleons Gnaden wieder in Rom, kann die Malerfürstin in gewohnter Weise den bayerischen Kronprinzen bei sich empfangen und mit den Studien für dessen ganzfiguriges Porträt, ihr letztes großes Werk, beginnen.

Auch Jakob Philipp Hackert (1737–1807), der erfolgreichste Landschaftsmaler seiner Zeit, bediente von seinem römischen Atelier aus eine exklusive Klientel in ganz Europa. Nach Aufenthalten in Stockholm und Paris hatte sich der gebürtige Prenzlauer 1768 im Künstlerviertel rund um die Piazza di Spagna niedergelassen, nicht weit von der Französischen Akademie und dem Haus Angelica Kauffmanns; 1786 jedoch siedelte er nach Neapel über, wo er den Posten eines Hofmalers und eine Wohnung im Palast von Caserta erhielt. Hier traf er im März des folgenden Jahres erstmals mit Goethe zusammen. Hackert maß der römischen Tradition für seine Malerei weitaus größere Bedeutung zu, als dies für David oder für Angelica Kauffmann galt. Sein wichtigster Bezugspunkt wurde die Kunst Claude Lorrains (1600–1682). Auf ihrer Grundlage entwickelte er einen selbständigen Typus der arkadischen Landschaft, in der sich eigenes Naturstudium mit kunsthistorischer Reflexion verband und die sensibel auf zeitgenössische Sammlerinteressen reagierte. Aber obwohl seine Bilder auf unnachahmliche Weise die lyrische Stimmung der römisch-französischen Schule des 17. Jahrhunderts beschwören, malte Hackert weniger Ideallandschaften als konkrete Veduten, in denen er Topographie und Sehenswürdigkeiten bestimmter Orte festhielt. Im römischen Atelier entstanden nach mitgebrachten Reiseskizzen jene monumentalen, idealisch überhöhten Ansichten Siziliens und Kampaniens, die ihn schließlich an den neapolitanischen Hof brachten. Daneben wußte Hackert seinen Erfolg maßgeblich durch eine kluge Strategie internationaler Publizität zu fördern – als erster Landschaftsmaler produzierte er Druckgraphik in hoher Stückzahl, die ihn in ganz Europa bekannt machte. 1811 ließ die Biographie aus der Feder Goethes seinen postumen Ruhm schließlich nochmals wachsen.

Zum Ort romantischer Weltflucht wurde Rom den Nazarenern, die unter der Führung von Johann Friedrich Overbeck (1789–1869) und Franz Pforr (1788–1812) im Jahr 1810 an der Porta del Popolo eintrafen. Die Künstlerfreunde hatten noch während des Studiums an der Wiener Akademie, deren klassizi-

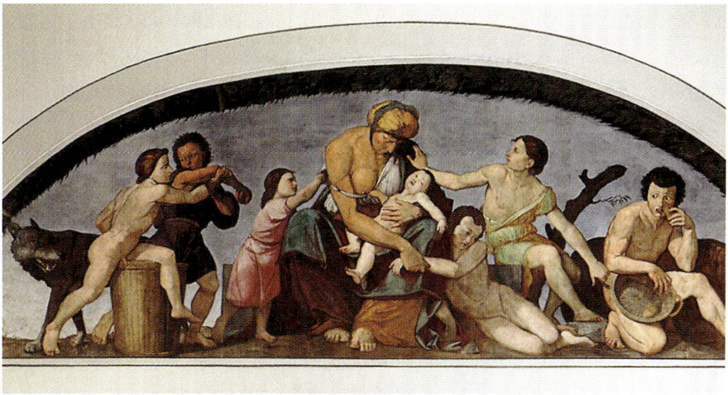

61 Johann Friedrich Overbeck, Die mageren Jahre, Fresko aus der Casa Bartholdy, 1816/17. Berlin, Staatliche Museen Preußischer Kulturbesitz, Alte Nationalgalerie

stische Ausrichtung sie entschieden ablehnten, eine Sezessionsbewegung ins Leben gerufen – die erste, von der die Kunstgeschichte weiß. Der ‹Lukasbund› verstand sich als verschworene Gemeinschaft. Die jungen Künstler hielten dem zunehmend routinierten Antikenkult ihrer Zeit das neue Ideal einer inbrünstig-religiösen, zugleich bewußt naiven Malerei entgegen. Die italienische Malerei nach Raffael wurde einmütig verachtet; selbst Tizian machte beim Besuch der Lukasbrüder in der Wiener Galerie im Belvedere «nur eine schwache Wirkung; wir sahen oft ein kaltes Herz hinter kühnen Pinselstrichen und schönen Farben verborgen» (Johann Friedrich Overbeck). Die hohe ethische Befrachtung der neuen Kunstauffassung spiegelte sich in dem Modell kollektiver Lebensführung, dem die Lukasbrüder in Rom huldigten: Nach kurzem Aufenthalt in der Villa Malta auf dem Pincio bezogen die Deutschen mit ihrer merkwürdigen Haartracht – bald wurde ihnen der Spottname ‹Nazarener› angehängt – gemeinsam ein verlassenes Kloster vor dem Toren Roms.

Das Italienbild der Nazarener entsprach bereits insofern nicht mehr dem der Goethezeit, als es in hohem Maße nationalen Stereotypen gehorchte. Overbeck und Pforr, der eine Perugino und dem frühen Raffael, der andere Dürer und Cranach zugetan, verstanden sich als Entdecker und Erneuerer einer ‹wahren› italienischen und deutschen Kunst, wobei sie die Verschiedenheit beider

Traditionen jeweils in sich selbst verkörpert sahen. Franz Pforr hatte diesem Gedanken bereits kurz nach der Ankunft in Rom in dem Diptychon ‹Sulamith und Maria› Ausdruck verliehen, das zwei weibliche Allegorien in denkbar gegensätzlicher Umgebung einander gegenüberstellt: die nährende Maria vor einer italienischen Ideallandschaft, die über einem Buch sinnierende Sulamith in der Enge einer deutschen Studierstube (Schweinfurt, Museum Georg Schäfer). Erst Overbecks monumentale Komposition ‹Italia und Germania›, zwischen 1811 und 1820 entstanden und seit dem Ankauf durch König Ludwig I. von Bayern sein bekanntestes Werk (München, Neue Pinakothek), verklärte das bei Pforr noch antipodische Verhältnis der beiden Frauengestalten zu jenem Bild inniger Freundschaft, in dem dann die deutsche Italiensehnsucht des 19. Jahrhunderts ihren stilisierten Ausdruck finden konnte.

Der romantisch überhöhten Vorstellung einer mittelalterlichen Bruderschaft entsprach der Wunsch der Maler, auch gemeinsame Werke zu schaffen. Die erste Chance, diese Vorstellung in die Tat umzusetzen, verdankten die Lukasbrüder dem preußischen Generalkonsul Jakob Salomon Bartholdy. Er residierte im Palazzo Zuccari oberhalb der Spanischen Treppe, wo er 1815 – Pforr war schon gestorben – die Künstlerfreunde damit beauftragte, einen Raum des Piano nobile mit Szenen aus der Josephsgeschichte auszumalen. Neben Overbeck beteiligten sich Peter Cornelius, Philipp Veit und Wilhelm von Schadow an der Gemeinschaftsarbeit. 1887 wurden die Deckenfresken an die Berliner Nationalgalerie verkauft, wo sie heute wieder in einem Raum vereint sind. Die Verschiedenheit der Interessen und Begabungen tritt in der Nachbarschaft der Bilder viel deutlicher zutage, als es den Künstlern selbst bewußt gewesen sein dürfte. Auch die eifrig verfochtene Ausrichtung an den Meistern der Frührenaissance bleibt durchaus nicht der einzige sichtbare Bezug, der die Bilder mit römischer Kunstgeschichte verknüpft. Overbecks Lünette mit der Schilderung der ‹Mageren Jahre› etwa zeigt eine Disziplin des zeichnerischen Entwurfs und eine Monumentalität der Komposition, die das Werk unverkennbar in die Nähe von Michelangelos Sixtinischen Fresken rückt (Abb. 61).

Vom Kirchenstaat zum Königreich

Daß sich Roms Ausstrahlung als Stadt der Künste um 1800 nicht ausschließlich auf die Rolle eines historischen Schatzhauses und einer Exportstätte für Malerei beschränkte, war im wesentlichen das Verdienst Antonio Canovas (1757–1822). Der junge Bildhauer, aus Possagno in der Nähe Venedigs gebürtig, hatte sich 1779 zu Antikenstudien nach Rom aufgemacht, eine Station der Ausbildung, auf die im Zeitalter des Klassizismus kein ehrgeiziger Künstler mehr verzichten konnte. Danach sollte er die Stadt nur noch selten verlassen. Um 1800 war Canova der berühmteste Künstler Italiens; seit Bernini hatte kein Bildhauer mehr so große internationale Beachtung gefunden.

Dazwischen lag eine römische Künstlerlaufbahn traditioneller Prägung, die letzte, von der die Kunstgeschichte Kenntnis hat. Als Neuling in Rom konnte sich Canova auf die Förderung durch ein einflußreiches Netzwerk verlassen, das die führenden Venezianer der Stadt gebildet hatten; der Geschäftsträger der Serenissima, Girolamo Zulian, gehörte ebenso dazu wie Fürst Abbondio Rezzonico; als Mitglied des römischen Senats und Neffe des früheren Papstes Klemens XIII. besaß dieser noch immer beträchtlichen Einfluß an der Kurie. Für ihn schuf Canova 1782 eine Statue Apolls in halber Lebensgröße, die er gezielt auf verschiedene römische Vorbilder Bezug nehmen ließ: den ‹Apoll vom Belvedere›, Berninis Apoll aus der Gruppe in der Villa Borghese und schließlich den Apoll des Deckenbilds in der Villa Albani von Anton Raphael Mengs. Eine erste große Marmorgruppe, zur selben Zeit für Zulian gemeißelt, gestaltete er dagegen im Sinne eines beruhigten Klassizismus (‹Theseus und Minotaurus›, London, Victoria & Albert Museum). Die vielfältige stilistische Kompetenz, die Canova in diesen Frühwerken demonstrierte, verschaffte ihm sowohl die Beachtung potentieller Auftraggeber als auch – noch wichtiger – den Respekt der Kunstkritik, die in immer höherem Maße über Erfolg oder Mißerfolg junger Talente entschied.

Durch seine Förderer lanciert und mit ersten günstigen Kritiken bedacht, erhielt Canova 1783 den Auftrag, das Grabmal Benedikts XIV. in Santi Apostoli zu meißeln. Bereits dieses erste öffentliche Werk in Rom erregte weithin Aufsehen, ließ es sich doch als Gründungstat klassizistischer Grabmalskunst wie auch als neuartige

Auseinandersetzung mit der Skulptur Berninis und der örtlichen barocken Tradition deuten. Nach dem Vorbild der großen Papstmonumente in Sankt Peter türmte Canova Tugendallegorien und die Statue des thronenden Papstes zu einer pyramidenförmigen Komposition. Form und Aussage des Grabmals ließ er allerdings in bewußte Distanz zu diesem Repertoire römischer Triumphalkunst treten: Der Aufbau verzichtet auf rauschende Draperien und ist von klarer Tektonik bestimmt, die Figuren ersetzen bewegtes Pathos durch schönlinigen Kontur und eine statuarische Auffassung im Sinne der Antike. Zugleich entwarf Canova eine neue Ikonographie des zeitgenössischen Papsttums, schon indem er die Allegorien mit pastoralen statt wie gewohnt mit politischen Tugenden besetzte – Verkörperungen der ‹Sanftmut› und der ‹Mäßigung› sind zu Füßen des Papstes in elegischer Trauerpose dargestellt. Die Papststatue knüpft in Haltung und Gestik noch einmal an den traditionellen Autoritätsgestus der Bildaufgabe an, verleiht dem Dargestellten aber eine bedeutende, fast düstere Aura.

Die Fortüne dieses frühen Grabmals ließ Canova zum gesuchten Spezialisten für monumentale Bildwerke werden, der die europaweite Nachfrage nach seiner Kunst bald kaum mehr befriedigen konnte. Ein weiteres Papstgrabmal entstand in Sankt Peter, andere Grabmonumente fanden den Weg nach Venedig und Wien, Statuen und Gruppen gingen nach Frankreich, England und ins Königreich Neapel. Nur noch in Ausnahmefällen – auch darin glich sich Canova zunehmend Bernini an – griff der Meister selbst zum Meißel. Vielmehr wurden die meisten Werke mit der begehrten Signatur in seinem Atelier nach originalgroßen Gipsmodellen kopiert, was auch die hohe Zahl von Repliken erklärt, die er nach vielen seiner Entwürfe fertigen ließ. Als umsichtiger Stratege des eigenen Erfolgs erwies sich Canova während der politischen Umbruchphase, in die der Kirchenstaat durch die napoleonische Besatzung, die römische Republik und schließlich die französische Kontrolle der päpstlichen Politik geriet. 1798 hatte er einem Pariser Auftraggeber für zweitausend Zechinen eine überlebensgroße Statue des triumphierenden Perseus versprochen, die er zwischen 1800 und 1801 in Marmor ausführte, dann aber gegen einen Vorschuß nach Mailand zu liefern versprach, wo sie das neue ‹Foro Napoleonico› im Herzen der Stadt schmücken sollte. Inzwischen waren die größten Kunstschätze

Roms in fünfhundert Wagenladungen nach Paris abtransportiert worden; Napoleons Beutezug hatte besonders die vatikanischen Sammlungen getroffen. In dieser Situation gelang es Canova, die Statue für nunmehr dreitausend Zechinen an Pius VII. zu verkaufen, der sie auf dem verwaisten Postament des ‹Apoll vom Belvedere› aufstellen ließ. Auch nach der Rückkehr der beschlagnahmten Werke im Jahr 1816 behielt der ‹Perseus› seinen Standort im päpstlichen Statuenhof, wo er – nun im gleichen Maße politisches Dokument wie bewundertes Konkurrenzstück zu den Meisterwerken der Antike – die Ecknische gegenüber dem ‹Apoll vom Belvedere› bezog.

Das Schlüsselwerk aus Canovas mittlerer Schaffensphase, die Porträtstatue der Paolina Borghese Bonaparte aus dem Jahr 1805, erweist sich gleichfalls eng an die politischen Umstände seiner Entstehung gebunden (Abb. 62). Nach der Kaiserkrönung Napoleons hatte sich – wie im ganzen napoleonischen Europa – auch in Rom eine neue Aristokratie gebildet, die aus Verwandten und Günstlingen des *Empéreur* bestand. Durch ihre Heirat mit dem Fürsten Camillo Borghese war es Napoleons Schwester Paolina jedoch gelungen, das Haus Bonaparte mit einer römischen Familie von Geblüt zu verschwägern, die nicht nur einen Papst hervorgebracht hatte, sondern überdies einen hervorragenden Namen in der Sammlungsgeschichte der Stadt besaß. Andererseits hatte Fürst Camillo gerade dieses angestammte Prestige durch den Verkauf großer Teile der berühmten Antikensammlung, die noch auf seinen Vorfahr Kardinal Scipione Borghese zurückging, soeben gründlich aufs Spiel gesetzt. Immerhin waren die Frühwerke Berninis in der Villa auf dem Pincio verblieben. Der Auftrag an den berühmtesten Bildhauer der Gegenwart, die eigene Ehefrau in einem lebensgroßen Marmorwerk zu porträtieren, ist deshalb wohl als Versuch zu verstehen, diesen Prunkstücken des römischen Frühbarock ein Meisterwerk der eigenen Zeit an die Seite zu stellen. Zwar wurde die Statue nach ihrer Fertigstellung zunächst nach Turin verbracht, wo Camillo Borghese seit 1808 als Gouverneur des Piemont und Genuas amtierte. Canova hatte aber bereits mit jener Aufstellung in der römischen Familienvilla gerechnet, wie sie 1811, nach dem Zusammenbruch der napoleonischen Herrschaft in Italien, dann auch zustandekam. Die Intention des Auftrags liegt damit auf der Hand: Der Dialog zwischen

Antike und Barock, der die Prunkräume der Villa vorher beherrscht hatte, sollte durch die ehrgeizige Konfrontation des inzwischen historisch gewordenen Bernini-Bestandes mit großer Gegenwartskunst ersetzt werden, um das kennerschaftliche Ambiente der Villa Borghese auf andere Weise wiederherzustellen und das beschädigte Familienrenomée zumindest notdürftig zu retten.

Canovas Fähigkeit zu stofflicher Schilderung ist schon früh bewundert worden, auch wenn sie sich heute nur noch eingeschränkt nachvollziehen läßt – zu sehr haben sich die empfindlichen Steinoberflächen inzwischen verändert. Mit Raffinement muß es der Bildhauer etwa verstanden haben, den entblößten Körper der Fürstin Borghese lebensnah erscheinen zu lassen, indem er die Hautoberfläche mit einer dünnen Wachsschicht überzog und sie so von der Politur der Kissen, auf die sich die Figur stützt, merklich unterschied. Im Atelier wurden diese Effekte bei Kerzenlicht studiert, war doch die Statue vor allem für die Betrachtung bei künstlicher Beleuchtung vorgesehen. Die Sorgfalt, die Canova gerade diesen Materialeffekten widmete, läßt unschwer erkennen, wie sehr er die Konkurrenz zu den Skulpturen Berninis als Herausforderung für das eigene Können begriff.

Aus den Kunstvorstellungen des frühen 19. Jahrhunderts heraus ist der ungewöhnliche Gedanke des Aktporträts zu erklären. Parallel zur Arbeit am Porträt der Fürstin plante Canova, die Idee des unbekleideten Bildnisses, die während der Renaissance schon einmal den Ehrgeiz von Malern und Bildhauern geweckt hatte, auch in einer kolossalen Statue des Kaisers selbst zu verwirklichen. Für die Aufstellung auf dem Mailänder ‹Foro Napoleonico› vorgesehen, zeigt das Werk Napoleon in der Pose eines friedenstiftenden Mars. Trotz dieser Rechtfertigung durch antike Ikonographie fand die Statue freilich nicht die Zustimmung des Adressaten, der durch eine öffentliche Aktdarstellung seine imperiale Würde verletzt sah. Auch das Bildnis der Paolina Borghese fügt sich in den Rahmen einer Triumphalkunst antikischer Prägung, wie sie Canova als angemessene Stillage für die Kunstaufträge des Kaiserhauses vorschwebte, auf den ersten Blick bruchlos ein: Mit enthülltem Oberkörper auf einem Prunkbett ruhend, zeigt die Fürstin die typische Haltung einer ‹Venus Victrix›. Die allenfalls halboffizielle Präsentation in der Villa, für die das Porträt von Anfang an gedacht war, ließ allerdings den politischen

Unterton der Ikonographie in den Hintergrund treten und entschärfte zugleich das moralische Risiko des Bildgedankens. Wie das Porträt der Madame de Recamier, die Jacques-Louis David im Auftrag ihres Ehemanns nur wenig früher in ähnlich freizügiger Ruhepose gemalt hatte, scheint auch das römische Marmorbildnis vor allem auf die Bewunderung weiblicher Schönheit durch ein männliches Publikum berechnet zu sein. Der Stolz des Pariser Bankiers, eine der schönsten Frauen der Stadt sein eigen zu nennen, und der bürgerliche Besitzgestus, der in der gesellschaftlichen Verfügung über ihr Bildnis zum Ausdruck kam, ist trotz aller mythologischen Verbrämung auch im Auftragswerk des Camillo Borghese unschwer wiederzuerkennen. Nur wenige Gäste des Fürsten genossen das Privileg, während abendlicher Gesellschaften die Skulptur betrachten zu können, wobei es ein versteckter Mechanismus erlaubte, das Werk beliebig zu drehen und so alle denkbaren Perspektiven auf die Figur zu erproben.

An Canovas spektakulären Erfolg vermochte unter den römischen Künstlern des 19. Jahrhunderts nur der dänische Bildhauer Bertel Thorvaldsen (1770–1844) anzuknüpfen. Seit 1797 lebte und arbeitete er vorwiegend in Rom, und schon 1803 gelang ihm mit der kolossalen Jason-Statue, die er im Auftrag eines britischen Sammlers schuf, sein künstlerischer Durchbruch. Schon in dieser Aktfigur wird die bisweilen rigide Strenge seiner klassizistischen Formauffassung deutlich, die das gesamte Frühwerk Thorvaldsens kennzeichnet. Es scheint, als sei es ihm schon in seinen Anfängen darum gegangen, das übermächtige Vorbild Canova auf Distanz zu halten: Dessen Empfindlichkeit für Oberflächenwirkungen, das Interesse an der Erzielung subtiler Licht- und Schatteneffekte, das seine Skulpturen bei aller Verpflichtung auf das klassizistische Stilideal stets auch als Erben der römischen Barockskulptur ausweist, sollte Thorvaldsen Zeit seines Lebens fremd bleiben. Andererseits konnte er nach Canovas Tod zum Bannerträger des Klassizismus in einem Europa werden, das sich allmählich neuen künstlerischen Zielen verschrieb. Auch Thorvaldsen ist in Rom mit mehreren monumentalen Skulpturen, darunter dem ‹Grabmal für Papst Pius VII.› in Sankt Peter, vertreten; doch stand für ihn die Wirkung, die seine Kunst in Mittel- und Nordeuropa entfalten konnte, entschieden im Vordergrund. Noch vor seinem Tod stiftete er – ähnlich wie vor ihm Canova in seinem Geburtsort Possagno – das Thorvaldsen-Museum in Kopenhagen und leitete so noch selbst die Musealisierung seines umfangreichen Œuvres ein.

Ende August 1799 war Pius VI. im französischen Valence gestorben, und das Konklave zur Wahl seines Nachfolgers mußte außerhalb Roms, im österreichischen Venedig, abgehalten werden. Papst Pius VII. Chiaramonti (1800–1823) konnte dennoch unmittelbar nach seiner Wahl die päpstliche Residenz wieder in den Quirinal verlegen. Seine Kompromißbereitschaft gegenüber Napoleon, vor allem der Abschluß des französischen Konkordats von 1801, ließ ihn – wenn auch von nur geringem Erfolg gekrönt – auf eine dauerhafte Wiederherstellung seiner weltlichen Autorität über den Kirchenstaat hoffen. Bei der Verfolgung dieses Ziels maß Pius einer entschlossenen Kunst- und Kulturpolitik, die seine Ansprüche auch international wirkungsvoll zur Geltung brachte, einen hohen Stellenwert zu. Das ‹Museo Chiaramonti› etwa, das er zwischen 1807 und 1811 im östlichen Korridor des Cortile del Belvedere durch Canova einrichten ließ, war durchaus selbstbewußt als Gegenprojekt zum Pariser ‹Musée Napoléon› geplant. Als erstes öffentliches Museum Italiens folgte es der modernen, erst in der französischen Revolution geborenen Auf-

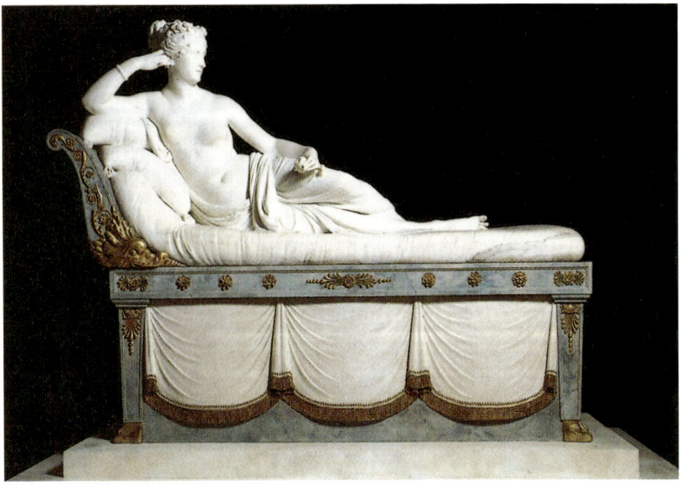

62 Antonio Canova, Paolina Borghese, 1805–1808. Galleria Borghese

fassung, daß staatlicher Kunstbesitz der Allgemeinheit zugänglich sein müsse. Vor allem aber sollte es die Erinnerung an die unermeßlichen vatikanischen Kunstschätze wachhalten, die – weil nach Paris verschleppt – dem römischen Publikum an dieser Stelle *nicht* gezeigt werden konnten.

Auch als Bauherr bewies Pius VII. Gespür für die politische Symbolkraft einer klugen Kunstpatronage. Sein bevorzugter Architekt wurde Giuseppe Valadier (1762–1839), ein in Rom geborener Nachfahr französischer Emigranten, der sich an der Accademia di San Luca zum ‹Maestro di architettura› ausgebildet hatte. Gleich nach der Thronbesteigung Pius' VII. erhielt er den Auftrag, die Kathedralen von Urbino und Spoleto, die kurz zuvor von einem Erdbeben zerstört worden waren, wieder aufzubauen und so die Verantwortung des Papstes für den Kirchenstaat sichtbar unter Beweis zu stellen. Den Erwartungen, an denen im frühen 19. Jahrhundert ein Architekt gemessen wurde, suchte Valadier durch zahlreiche Aktivitäten als Archäologe und vor allem als behutsamer Restaurator antiker Bauwerke gerecht zu werden, ein Gebiet, auf dem er auch als Autor hervortrat. Hohen Respekt genießt bis heute seine schonende Freilegung und Instandsetzung des Titusbogens auf dem Forum Romanum, der sich bis dahin durch zahlreiche mittelalterliche Anbauten den Blicken fast ganz entzogen hatte und in der Substanz stark beschädigt war. Valadier ergänzte die zerstörten Teile in Travertin, der sich vom originalen Marmor deutlich abhebt. Die Restaurierung von 1822 sollte eine bedeutende Phase archäologischer Forschungen und Ausgrabungen im Herzen der antiken Stadt einleiten, die bis zum Ende des Kirchenstaats von allen Päpsten mit hoher Priorität betrieben wurden.

Valadiers erstes eigenes Bauwerk in Rom wurde das Brückentor auf dem Ponte Milvio von 1805 (Abb. 63). Obwohl es kaum zu den großen Sehenswürdigkeiten der Stadt gehört, überliefert es die Grundsätze, denen Pius VII. als Bauherr folgte, in präziser Anschaulichkeit. Valadier hatte einen mittelalterlichen Brückenturm zu ersetzen, der im Franzosenkrieg zerstört worden war. Es ging aber um mehr als nur eine praktische Bauaufgabe: Die Milvische Brücke besetzte im Gedächtnis des päpstlichen Rom einen besonderen Platz, hatte Kaiser Konstantin doch hier der Legende nach seine Kreuzesvision und seine Bekehrung zum Christenglauben erlebt. Seit Karl dem Großen waren über diese Brücke die

Kaiser des christlichen Europa in die Stadt eingezogen, und ungezählte Pilger aus dem Norden hatten sie überquert. Das wiedererrichtete Bauwerk und seine Stifterinschrift konnten also trotz bescheidener Ausmaße den hohen Anspruch deutlich machen, der sich mit der Rückkehr des Papstes nach Rom verband. Vermutlich war es bei alledem Programm, daß Valadier – als Architekt auf der Höhe seiner Zeit – seinen Entwurf an französischen Vorbildern orientierte. Als Modell für seinen Bau, der trotz kleiner Ausmaße voluminös wirkt und durch eigenwilligen Quaderdekor auffällt, standen ihm die Zollhäuser vor Augen, die Claude-Nicolas Ledoux für Ludwig XVI. rund um Paris errichtet hatte und die während der Revolution als Symbole der Unterdrückung vom Pariser Volk gebrandschatzt worden waren.

Bedeutung für die europäische Architekturgeschichte erlangte Valadier aber vor allem als Stadtplaner. Der Wiener Kongreß hatte 1815 zur vollständigen Wiederherstellung des Kirchenstaats geführt, und Pius VII. nutzte den gewonnenen Spielraum unverzüglich dazu, in Rom ein urbanistisches Projekt großen Maßstabs zu verwirklichen. Zwischen 1816 und 1820 ließ er durch Valadier die Piazza del Popolo sanieren, die alle Romreisenden aus dem Norden in Fortsetzung der Milvischen Brücke als das eigentliche Entrée in die Stadt erlebten. Schon seit langem war diesem für Rom so wichtigen Ort urbanistische Aufmerksamkeit zuteil geworden: Sixtus IV. hatte hier die Augustinerkirche Santa Maria del Popolo errichtet, Sixtus V. einen Obelisken in die Mitte der Platzfläche gesetzt und Alexander VII. durch Carlo Rainaldi die ‹Zwillingskirchen› Santa Maria de' Miracoli und Santa Maria in Montesanto aufführen lassen, die im Sinne einer barocken Perspektive die Einmündung des Corso in den Platz markieren. Valadier respektierte alle diese baulichen Elemente, gab dem bis dahin nur nach Süden orientierten Platz aber erstmals eine axiale Querausrichtung – ein Konzept, das er verwirklichte, ohne durch große Neubauten in die gewachsene Struktur des Ortes entscheidend einzugreifen. Nur an der Nordseite errichtete er Wohnhäuser in zurückhaltender Gestaltung.

Mit um so größerer Durchschlagskraft wußte Valadier als erster Stadtplaner Roms das Instrument der Grünplanung einzusetzen. Nach Westen wie nach Osten ließ er die Freifläche in großzügige Exedren ausschwingen, die er lediglich durch Baumreihen markierte. Zusätzlich bezog er den Hang des Pincio in die neue Gestaltung ein. Hier wurde – konzeptionelle Alternative zur weiter südlich gelegenen Spanischen Treppe – inmitten sorgfältig gestalteter Grünflächen eine gewundene Allee angelegt, die in eine Aussichtsterrasse auf dem Hügelkamm mündet.

In der Vorstellung einer städtischen Architektur, die zu ihrer Entfaltung kaum bauliche Mittel benötigt und statt dessen Flächen, Räume und Sichtachsen geometrisch aufeinander bezieht, fand Valadier nahtlos Anschluß an die große Urbanistik seiner Zeit. Vor allem die gleichzeitige Neugestaltung der Place de la Concorde in Paris dürfte ihm als Beispiel gedient haben. Entstanden dort an der Einmündung der Champs-Elysées die ersten öffentlichen Restaurants, so wußte auch Valadier mit einem Cafébau auf der Höhe des Pincio dem Gedanken an Erholung und Vergnügen als Zwecke der Stadtplanung Geltung zu verschaffen. «Die Piazza del Popolo ist bis heute eine der ‹modernsten› Platzanlagen geblieben. Bis zu einem gewissen Grade ist dies der Verschmelzung von Bauten und Park zuzuschreiben. Die eigentliche Modernität liegt jedoch vielmehr in der Art, wie Flächen verschiedenen Niveaus in der gleichen Komposition miteinander verbunden sind ... In der Piazza del Popolo erreichte Valadier eine schwebende Beziehung, indem er zwei horizontale Flächen in verschiedener Höhe optisch miteinander verband: die Terrasse auf dem Pincio und die eigentliche Piazza.» (Siegfried Giedion) In der römischen Baugeschichte läßt sich der Piazza del Popolo bis ins späte 19. Jahrhundert kaum ein architektonisches oder städtebauliches Projekt gleichen Anspruchs an die Seite stellen.

Unter dem Nachfolger Pius' VII., Papst Leo XII. (1823–1829), hatte man mit dem Brand von San Paolo fuori le mura einen der größten Verluste zu beklagen, die im historischen Baubestand der Stadt bis dahin eingetreten waren. Die Kirche hätte sich unter Verwendung der noch weitgehend intakten Schiffsmauern wieder aufbauen lassen, doch entschied sich der Papst für eine vollständige Rekonstruktion nach Plänen Luigi Polettis. Das äußerst aufwendige Projekt, zwischen 1823 und 1859 ausgeführt, war nur mit Hilfe weltweit eingetriebener Spenden zu verwirklichen. Aber nicht nur deshalb stieß es außerhalb wie innerhalb der Kirche bald auf Widerspruch. Schon damals wollte kaum einleuchten, weshalb man wertvollen Originalbestand einschließlich der noch erhaltenen Freskierung des Mittelschiffs opferte, um dann doch auf einen künstlerisch selbständigen Neubau zu verzichten – glich sich doch Polettis Planung in Maßen und Formen dem aufgegebenen Theodosiusbau an. Allerdings verfolgten der Papst und sein Architekt eine Strategie gezielter Korrekturen, die das materielle Erscheinungsbild der Kirche ins Kostbare hob und das Zusammenspiel der Elemente dem zeitgenössischen Ideal bruchloser Einheitlichkeit anpaßte. Gemeinsam mit der neuen Ausstattung sollte der Wiederaufbau zum Inbegriff katholischer Restauration in der letzten Phase des Kirchenstaates werden. Das ideologisch derart aufgeladene Projekt regte denn auch in der ganzen katholischen Welt Neubauten im frühchristlichen Stil an; bekanntester in Deutschland ist die Münchner Basilika Sankt Bonifaz, die Ludwig Ziebland seit 1835 auf Kosten Ludwigs I. errichtete.

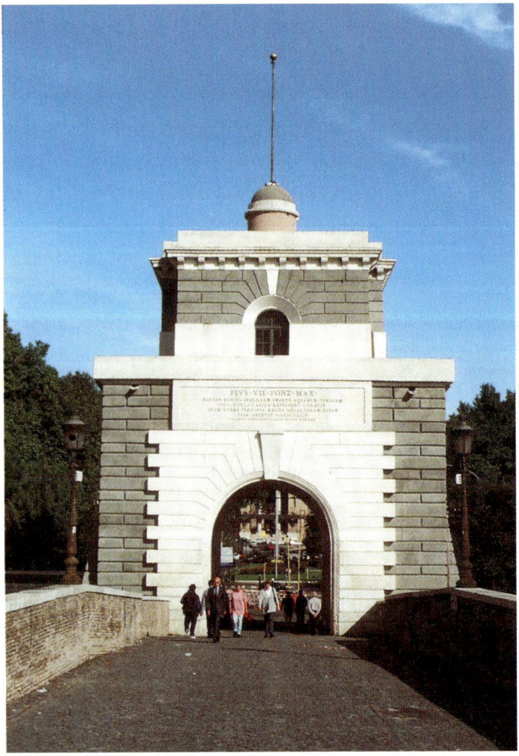

63 Ponte Milvio mit Brückentor von Giuseppe Valadier, 1805

Aus dem Konklave von 1846 ging als neuer Papst Pius IX. hervor, die Schlüsselgestalt des Papsttums im 19. Jahrhundert (1846–1878). Anfangs nährte er durch einschneidende Reformen die Hoffnungen der italienischen Liberalen: Politische Gefangene wurden amnestiert, Rom erhielt eine Gemeindeverfassung und einen Staatsrat, sogar die Eisenbahn erreichte die Stadt. Mit einigem Recht erwartete man, der neue Papst werde an die Spitze einer italienischen Föderation treten und so den erhofften Nationalstaat ermöglichen. All diese Hoffnungen zerschlugen sich in der Revolution von 1848. Der Papst stellte sich fortan allen Reformbestrebungen unerbittlich entgegen. Er wich nach Gaeta aus und kehrte erst 1849 unter dem Schutz jener französischen Truppen nach Rom zurück, die den letzten zwei Jahrzehnten seiner weltlichen Herrschaft den nunmehr unentbehrlichen Schutz gewähren sollten.

Die Agonie des Kirchenstaates wurde für Rom zu einer Periode verordneter Stagnation. Während sich 1861 Viktor Emanuel II. zum italienischen König ausrufen ließ und die päpstlichen Territorien in Mittelitalien nach und nach mit dem jungen Nationalstaat verschmolzen, mußte Rom nach päpstlichem Willen die Aura der Stabilität wahren. Der Entwicklungsschub, der mit der Industrialisierung ganz Europa erfaßte und Paris, London und Berlin, aber auch Mailand und Turin in moderne Großstädte verwandelte, ließ Rom unberührt. Breite Boulevards, Bürgersteige und Straßenbeleuchtung suchte man vergebens. Ein Geflecht enger Gassen und malerischer Winkel, skandiert von ungezählten Kirchen, von ummauerten Klostergärten unterbrochen und unversehens sich öffnend in die räumlichen Sensationen barocker Platzanlagen: so wurde die Stadt von den Fremden erlebt, die jetzt in ständig wachsender Zahl nach Rom strömten. Freilich blieben sie immer kürzer, vor allem seit 1863, als man am neuen Hauptbahnhof, dem einzigen Zugeständnis der Stadt an moderne Bequemlichkeit, jederzeit aus- und wieder einsteigen konnte. In den Jahrzehnten zwischen 1850 und 1870 wurde Rom zum Ziel der Modernisierungsflüchtlinge aus ganz Europa, wandelte sich vom Symbol unablässiger Veränderung zum nostalgisch bestaunten Überbleibsel einer längst versunkenen Welt.

Die Rolle als Hauptstadt des Königreichs Italien fiel Rom kaum überraschend zu, aber sie traf die alte Metropole dennoch unvorbereitet. Der Ausbruch des deutsch-französischen Kriegs hatte 1870 zum hastigen Abzug der Schutztruppen aus Rom geführt und damit das Ende des Kirchenstaats besiegelt. Der Papst, in seiner Souveränität und Unverletzlichkeit vom neuen Staat anerkannt, zog sich grollend in den Vatikan zurück; der Quirinal wurde im Juni 1871 königliche Residenz. Damit war für Rom ein kaum faßbarer Status- und Funktionswechsel eingeleitet, der die Stadt dem größten Veränderungsdruck seit Jahrhunderten aussetzte. Die Bevölkerung wuchs sprunghaft an, was die Errichtung neuer Wohnviertel erzwang und den Gürtel aus Gärten und Villen, der sich um das alte Zentrum gelegt hatte, fast vollständig verschwinden ließ. Ferner mußten Quartiere für die staatlichen Behörden geschaffen werden, und der städtische Verkehr verlangte neue, durchgehende Straßenachsen.

All diese Aufgaben wurden so energisch in Angriff genommen, daß sie um die Jahrhundertwende im wesentlichen bewältigt waren. Man hätte diese Leistung bewundern können, und doch gewann das neue Rom kaum Freunde. Ferdinand Gregorovius, der als liberaler Journalist 1852 an den Tiber gekommen war und hier seine monumentale ‹Geschichte der Stadt Rom im Mittelalter› verfaßt hatte, gehörte noch zu den gemäßigten Kommentatoren des Hauptstadtumbaus: «Rom ist ein übertünchtes Grab geworden. Man streicht die Häuser, selbst die alten ehrwürdigen Paläste weiß an; man kratzt den Rost der Jahrhunderte ab, und da zeigt sich erst, wie architektonisch häßlich Rom ist. Rosa [der Archäologe Pietro Rosa, verantwortlich für die römischen Altertümer] hat sogar das Kolosseum rasiert, d.h. von allen Pflanzen reinigen lassen, die es so schön schmückten ... Dies Umwandeln der heiligen Stadt in eine weltliche ist die Kehrseite jener Zeit, wo das heidnische Rom mit gleicher Leidenschaft in das geistliche verwandelt wurde. Die Klöster werden zu Bureaus umgeschaffen; man öffnet die versperrten Klosterfenster oder bricht neue in die Wände, oder macht neue Portale. Nach Jahrhunderten dringt wieder Sonne und Luft in diese Klausen der Mönche und Nonnen. So sind S. Silvestro, die Klöster der Philippiner, der Minerva, der Augustiner im Marsfeld, der Santi Apostoli in kurzer Zeit gewaltsam umgewandelt worden. Die noch darin wohnenden Mönche werden wie Dachse herausgehämmert ... Das alte Rom geht unter. Nach 20 Jahren wird hier eine neue Welt sein. Ich aber bin froh, daß ich im alten Rom so lange gelebt habe.»

Schon im Juni 1873 wurde ein erster Bebauungsplan für die Hauptstadt erlassen, ein zweiter folgte zehn Jahre später. Beide *piani regolatori* zeigen das Bemühen, bei aller unvermeidlichen Flächenverdichtung die Eingriffe in den historischen Baubestand des Zentrums zu begrenzen. Die auf Schonung bedachte Grundhaltung wird sofort deutlich, wenn man die neue Verkehrsplanung Roms mit der rücksichtslosen Erschließung von Paris vergleicht: Nur wenig früher – beginnend 1853 – hatten Napoleon III. und sein Präfekt Haussmann ein Netz schnurgerader Schneisen kreuz und quer durch den Stadtgrundriß der Kapitale geführt. Das ‹dritte Rom› dagegen erhielt mit der Via Nazionale, der bereits früher geplanten Verbindung vom Bahnhofsquartier zum Kapitol, zunächst nur eine solche Achse. Bereits die Fortsetzung nach Westen, der Corso Vittorio Emanuele, wurde in respektvollen Windungen durch das denkmalreiche Quartier im Tiberknie geführt und im letzten Abschnitt dem Verlauf der alten *via papalis* angeglichen. Als Gelenkstelle zwischen Bahnhofsvorplatz und Via Nazionale entstand in einem zweiten Schritt, zwischen 1896 und 1902, die Piazza Esedra. Der Architekt Gaetano Koch (1849–1910), ein Sohn des Landschaftsmalers Joseph Anton Koch, nahm in der Kurvatur der Randbebauung die Grundrißfiguration der Diokletiansthermen auf, deren Grundfläche der Platz zum Teil überdeckt.

Bei baulichen Eingriffen in das historische Zentrum gingen die staatlichen und städtischen Autoritäten in der Regel nicht weiter als unbedingt notwendig; das muß angesichts einer unmaßstäblichen Kritik, die bis heute nicht verstummt, ausdrücklich festgehalten werden. Das Parlament zog in den barocken Palazzo di Montecitorio, und Neubauten für Behörden und Ministerien konnten zwar in manchen Fällen imposante Ausmaße erreichen – ein immer wieder gegeißeltes Beispiel ist der Justizpalast an der Piazza Cavour von 1889 –, wurden aber bevorzugt außerhalb des engsten Stadtkerns errichtet. Nur mit einer Bauentscheidung griff der neue Staat gezielt in die überlieferte Stadtgestalt ein. Das zentrale Architekturprojekt des Königreichs, das Monumento Vittorio Emanuele (Abb. 64), gehorchte keinem praktischen, sondern einem monumentalen Zweck: Das kolossale Bauwerk, für das man zwei Wettbewerbe ausgeschrieben hatte und das schließlich an der Nordseite des Kapitols Position bezog, war als Erinnerung an das *Risorgimento*, die staatliche Einigung Italiens, gedacht. Von Anfang an spielte auch der Ehrgeiz eine Rolle, der Peterskuppel des Vatikan, ja dem sakralen Rom überhaupt ein bauliches Symbol entgegenzustellen, das von der Bedeutung der Stadt für die junge Nation kündete. Diesem Anspruch konnte allein ein Standort im Herzen der Stadt gerecht werden, mochte er sich auch als denkbar ungünstiger Bauplatz erweisen. Um den Bau nämlich wie gewünscht am Schnittpunkt der wichtigsten Straßenachsen plazieren zu können, an jener Stelle also, wo sich der alte Corso mit der neuen Ost-West-Verbindung zwischen Hauptbahnhof und Tiber kreuzt, mußte der vielfach unterhöhlte kapitolinische Hügel erst durch aufwendige Substruktionen tragfähig gemacht werden. Außerdem war eine wirkungsvolle Inszenierung des Baus als Endpunkt einer langen Sichtachse nur dadurch zu erzielen, daß man den ‹Palazzetto Venezia› – den umbauten Gartenhof vor dem Palazzo Venezia, der den Corso gegen die neue Piazza abriegelte – kurzerhand abtrug und an die Rückseite des Kernbaus versetzte.

1885 begann man mit den Arbeiten, die bei der Einweihung des Monuments im Jahr 1911 noch nicht vollendet waren. Doch trotz allem ökonomischen und technischen Aufwand, den man in seine Verwirklichung investierte, wurde Giuseppe Sacconis Bau kein Erfolg. Von den Spottnamen, die ihm schon bald anhingen, ist *«dentiera di Roma»* – Gebiß Roms – noch der harmloseste. Schon vor Baubeginn war der Entwurf in öffentlichen Debatten zerredet und vielfach abgewandelt worden. Nach der Vollendung richtete sich die Kritik gegen die übertriebenen Dimensionen, vor allem aber gegen das gewählte Material. Anders als der lokale Travertin dunkelt der weiße Marmor aus Brescia, den Sacconi für seinen Bau ausgewählt hat, nicht nach, so daß dieses Monument schon dank seiner materiellen Erscheinungsform für alle Zeiten aus der Gemeinschaft der römischen Bauten ausgeschlossen bleibt. Die architektonische Komposition Sacconis hingegen leidet erkennbar unter der problematischen Doppelfunktion, wie sie in der Ausschreibung verbindlich festgelegt war: Einerseits sollte ein Architekturmonument für die Nation, andererseits ein persönliches Ruhmesdenkmal für König Viktor Emanuel errichtet werden, der 1878 verstorben war. Sacconi suchte sich dadurch aus der Affäre zu ziehen, daß er die Reiterstatue des Monarchen auf eine Terrasse vor dem bekrönenden Bauwerk postierte, wo sie allerdings trotz wahrhaft kolossaler Ausmaße – Länge und Höhe betragen je zwölf Meter – kaum angemessen zur Wirkung kommt. Dem Standbild gesellt sich überdies eine unüberschaubare Fülle von Skulpturen und Reliefs bei, von Personifikationen des Thyrrenischen und Adriatischen Meers über Allegorien staatstragender Tugenden bis hin zu einem Triumphzug der Arbeitenden. Als architektonisches Hauptmotiv wählte Sacconi eine imposante Säulenreihe, die zwischen rahmenden Risaliten eine einschwingende Kurve durchläuft. Den Leitvorstellungen historistischer Ästhetik entsprechend, überlagern sich in diesem Baugedanken verschiedenste Vorbilder von programmatischem Rang, angefangen bei hellenistischen Heiligtümern wie dem Pergamonaltar und endend bei dem immer noch prominentesten Beispiel römischer Repräsentationsarchitektur, Berninis Petersplatzkolonnaden.

Rom als Problem der Avantgarden

«Rom ist ein malerischer Basar im Ausverkauf. Es bietet sämtliche Greuel und den schlechten Geschmack der römischen Renaissance», schrieb Le Corbusier 1922. Die Polemik des großen Schweizer Architekten steht beispielhaft für die Irritationen und Störungen, an denen das Verhältnis der künstlerischen Moderne zu Rom immer gelitten hat. Eine Stadt, deren Name gleichbedeutend war mit der Bewahrung klassischer Tradition, deren antike Skulpturen und Renaissancefassaden jeder Akademiestudent im Europa des 19. Jahrhunderts ungezählte Male kopieren mußte, konnte schwerlich die Anerkennung der revolutionären Künstler finden, die sich in den Jahren um 1900 den Bruch mit eben dieser Tradition auf die Fahnen geschrieben hatten.

Der Futurismus, die erste avantgardistische Bewegung der italienischen Kultur, war aus den Erfahrungen moderner Industriemetropolen geboren worden. Seine Vorkämpfer kamen aus Mailand und Turin; das erste futuristische Manifest erschien 1909 im Pariser ‹Figaro›; mit aufsehenerregenden Lesungen und Flugblattaktionen provozierten die Futuristen die Bürger von Venedig und Triest. Ihren gemeinsamen Nenner fanden die jungen Literaten,

Maler und Architekten in einer rauschhaften Begeisterung für Elektrizität, Geschwindigkeit und Maschinen, aber auch in der Hoffnung auf einen kommenden Krieg, der die verhaßte Kultur des vergangenen Jahrhunderts endgültig beiseitefegen sollte.

Diese radikalen Ziele paßten kaum zu dem prunkvollen Gewand einer bürgerlich-repräsentativen Kultur, das sich die politische Klasse Roms zur Zeit der Jahrhundertwende eben erst anzumessen begann. So war im Weltausstellungsjahr 1911 Cesare Bazzanis monumentaler Palazzo delle Belle Arti im Park der Villa Borghese eröffnet worden, mit dem die Hauptstadt Italiens ihren ersten staatlichen Museumsbau erhielt. Abseits des öffentlichen Kulturbetriebs wirkte während dieser Jahre jedoch einer der produktivsten futuristischen Künstler, Giacomo Balla (1871–1958), in Rom. Balla war nicht nur Maler, sondern auch Fotograf. In seinem Atelier entstanden die frühesten abstrakten Gemälde Italiens, auf seine Initiative ging 1912 die erste römische Futuristenausstellung in einer privaten Galerie zurück, und 1917 entwarf er kühne Lichtprojektionen, die als Bühnenbild bei der Aufführung von Igor Strawinkys ‹Feuervogel› durch Sergej Diaghilews Ballets Russes zum Einsatz kamen. Um mit Mailand als der Metropole der italienischen Moderne in Konkurrenz treten zu können, fehlte es in Rom jedoch sowohl an Aufbruchsstimmung als auch an einer urteilsfähigen Kritik. Erst nach dem Ersten Weltkrieg fand Balla jüngere Mitstreiter wie den Maler Mario Sironi (1885–1961), die das Rom der Zwanziger und Dreißiger Jahre zum Zentrum des späten Futurismus machten; die Bewegung hatte inzwischen freilich längst den Kontakt mit den aktuellen Strömungen des Auslands verloren und bekannte sich bald geschlossen zum faschistischen Staat, wobei gerade Sironi eine tragende Rolle zufiel.

Als im Herbst 1918 der Kriegsheimkehrer Giorgio de Chirico (1888–1978) seinen Wohnsitz nach Rom verlegte, konnte man sich von diesem Schritt neue Impulse für die zeitgenössische Kunstszene der Hauptstadt erhoffen. De Chirico hatte unter anderem in München studiert, wo er sich mit der revolutionären Kulturtheorie Friedrich Nietzsches vertraut gemacht hatte. Später verbrachte er drei Jahre in Paris; hier freundete er sich mit dem Kreis der frühen Surrealisten um Guillaume Apollinaire und André Breton an. All diese Erfahrungen sollten eine Rolle spielen,

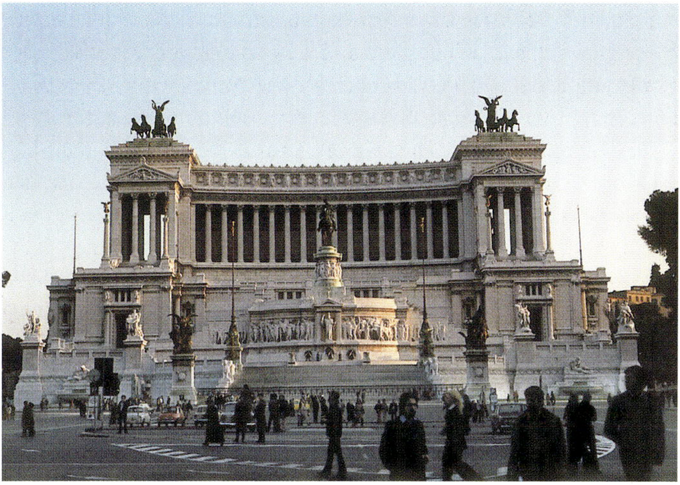

64 Giuseppe Sacconi, Monumento Vittorio Emanuele II. an der Piazza Venezia, 1885–1911

als De Chirico – inzwischen in Ferrara ansässig – zwischen 1913 und 1917 zum Begründer und Protagonisten der ‹Pittura metafisica› wurde und damit eine eigene, unverwechselbare Position unter den Malern seiner Zeit bezog. Noch im Frühjahr 1918 wurde seine Kunst dem römischen Publikum durch eine Ausstellung der Galleria dell' Epoca bekannt; sie war gemeinsam mit Werken früherer Futuristen wie Carlo Carrà (1881–1966) zu sehen, die sich jetzt ebenfalls zur ‹Metaphysischen Malerei› bekannten. Der Sinn des frühen De Chirico für Lichtführung und perspektivische Ordnung, sein Festhalten an der Figuration und sein zitathafter Umgang mit architektonischen und skulpturalen Fragmenten verriet souveräne Vertrautheit mit der klassischen Maltradition Italiens; gleichwohl hatte der Dreißigjährige durch Strategien bildlicher Verfremdung den Bruch mit der Vergangenheit scheinbar unumkehrbar vollzogen.

Der römische De Chirico war freilich im Begriff, sich von der Avantgarde loszusagen und seine Kunst fortan den Idealen einer neuen Klassik anzupassen. In der Zeitschrift ‹Valori plastici› (Plastische Werte), von dem Maler Mario Broglio herausgegeben, sollten er und Carrà bald scharfe Polemiken veröffentlichen, die eine kompromißlose Rückbesinnung auf traditionelle Werte einforderten. Besonders die Kunst der Antike und die Meister der Frührenaissance wurden als vorbildlich propagiert; in die lapidare Feststellung *«pictor classicus sum»* – ich bin ein klassischer Maler – mündete ein Aufsatz De Chiricos von 1919. Mit der bildlichen Umsetzung dieses Programms, einer der frühesten Selbstkorrekturen der modernen Kunst, tat sich der Maler jedoch sichtlich schwer. In den Jahren bis 1921 entstanden nur verhältnismäßig wenige Werke; zu ihnen gehört eine Reihe aufschlußreicher Selbstporträts, die erst in jüngster Zeit wieder verstärkte Aufmerksamkeit erfahren und als eigenständige Beiträge zu einer revidierten Moderne Anerkennung finden (Abb. 65). In traditioneller Pose etwa plaziert sich der Maler vor dunkler Fläche, eine Tafel mit lateinischer Inschrift haltend: «Was soll ich lieben, wenn nicht die Metaphysik der Dinge?» Rechts oben wird der Blick auf eine klassische Architektur freigegeben, die sich noch deutlich an der ‹metaphysischen› Phase des Malers orientiert. Erst näheres Hinsehen legt in der Schilderung der eigenen Physis proportionale Verschiebungen offen, Vergrößerungen der Augen oder der Hand etwa, die an Bildverfahren Picassos in seiner gleichzeitig einsetzenden, ‹klassizistischen› Werkphase erinnern. De Chirico unterläuft zu dieser Zeit noch eine allzu geradlinige, affirmative Rückkehr zu altmeisterlichen Tugenden, mischt der rückwärts gewandten Stilsetzung Untertöne bei, die sich unverkennbar moderner Bilderfahrung verdanken.

1922, nach Benito Mussolinis ‹Marsch auf Rom›, wird die italienische Hauptstadt zum Sitz einer ebenso autoritären wie ehrgeizigen Diktatur, die ihren Blick einerseits starr auf die antike Größe des römischen Weltreichs gerichtet hält, Italien aber zugleich in einen Staat umbauen will, der an der Spitze des technischen und ökonomischen Fortschritts marschiert. Mussolinis autoritärer Führungsstil macht sich sofort bemerkbar. Die intellektuelle Vielfalt der Nachkriegsjahre wird rigoros beschnitten, kritische Journalisten oder Professoren finden sich durch öffentliche Schmähung, Schreibverbot und Verbannung in die Provinz zum Schweigen gebracht. In bestimmten kulturellen Bereichen, darunter auch der bildenden Kunst, fördert Mussolini jedoch nicht allein restaurative Richtungen, sondern läßt in gewissem Umfang auch die Fortschreibung moderner Experimente zu. Diese zwar keineswegs liberale, aber halbwegs tolerante Praxis wird in den dreißiger und vierziger Jahren einen entscheidenden Unterschied zu Hitlers totalitärer Kulturpolitik markieren. So kann sich etwa gegen die herrschende Richtung einer dekorativen Monumentalmalerei, der sich nicht zuletzt ehemalige Futuristen verschrieben haben, seit etwa 1935 eine neue, realistische Kunst Gehör verschaffen, wie sie der regimekritische Maler Renato Guttuso (1912–1987) vertritt. Diese zwiespältige Orientierung, die unvermeidlich zu programmatischen Widersprüchen führt und immer wieder heftige Machtkämpfe zwischen konservativen und fortschrittlichen Künstlern entfacht, tritt seit 1930 nirgends deutlicher zutage als im Umbau Roms zur Machtzentrale und Propagandabühne des neuen Staates.

Einen raschen Aufstieg zum bevorzugtem Architekten des Duce erlebte Marcello Piacentini (1881–1960), der schon vor dem Krieg in die USA gereist war und mit dem unkonventionellen Corso-Kino an der Piazza San Lorenzo in Lucina in den Jahren seit 1915 einen der ersten Stahlbetonbauten in Rom errichtet hatte. Nach 1922 war Piacentini freilich in opportunistischer Abwendung von modernen Experimenten zum willfährigen Diener des faschistischen Regimes und zum Anführer jener Architektenfraktion geworden, die der Entfaltung eines monumentalen Neoklassizismus das Wort redete. In Rom konnte er sich gemeinsam mit dem einflußreichen Stadtplaner Gustavo Giovannoni weitgehende Kontrolle über die urbanistischen Projekte sichern, mit denen Mussolini den antiken Imperatoren auch als Städtebauer an die Seite treten wollte. Soweit die Maßnahmen das dicht bewohnte Zentrum betrafen, wurden sie mit beispielloser Rücksichtslosigkeit gegen die Bevölkerung wie gegen die historische Substanz der Stadt durchgeführt. Erstmals trat die soziale Härte der neuen, populistisch tönenden Machtelite beim Bau der Via dell' Impero zutage, der heutigen Via de' Fori Imperiali zwischen Piazza Venezia und Kolosseum.

Schon seit 1926 lag die Planung fest, doch schreckte selbst Mussolini zunächst vor der Ausführung zurück. Um dann in kürzester Zeit doch noch eine Aufmarschallee schaffen zu können, die den Jubelfeiern zum zehnten Jahrestag des Regimewechsels einen großartigen Rahmen sichern sollte, wurde 1931 innerhalb weniger Monate ein dicht besiedeltes Altstadtviertel einschließ-

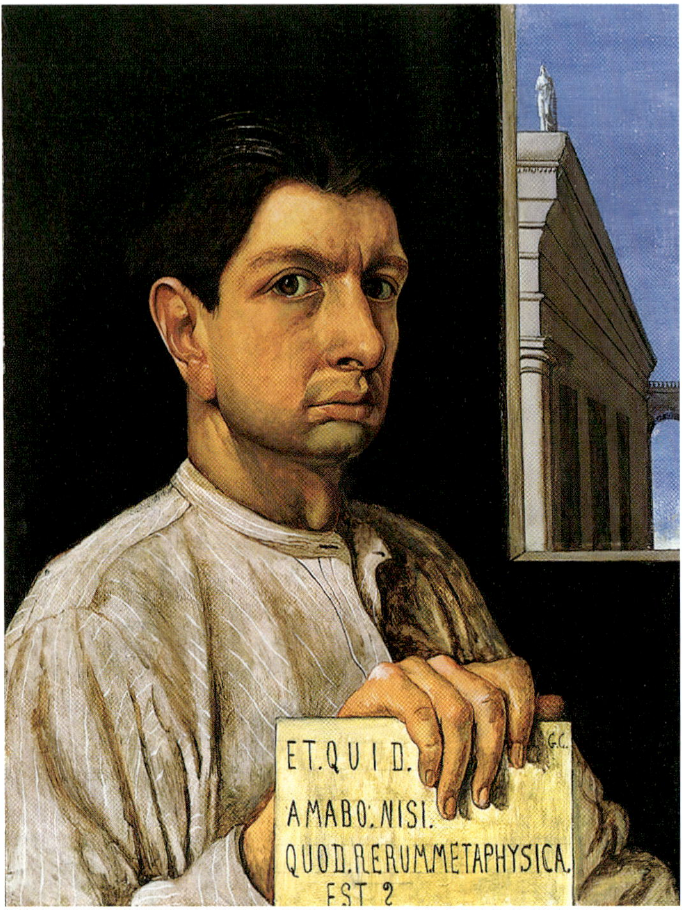

65 Giorgio de Chirico, Selbstbildnis, 1920. München, Bayerische Staatsgemäldesammlungen, Pinakothek der Moderne

lich zahlreicher Kirchen und Paläste niedergelegt. Zugleich ließ Mussolini in einer hastigen Kampagne, die allen Maßstäben wissenschaftlicher Archäologie Hohn sprach, die bis dahin verborgenen Reste der Kaiserforen freilegen; seit dem Mittelalter hatten sich gerade in diesem Stadtviertel die neuen Strukturen des christlichen Rom mit den antiken Bauten zu einem dichten Gewebe kultureller Überlieferung verflochten. Die skelettierten Ruinen der neuen «archäologischen Zone» zum großen Teil wieder verdeckend, legte Piacentini dann die schnurgerade, dreißig Meter breite Straßenachse an, die sich vom Monumento Vittorio Emanuele aus auf das optische Ziel des Kolosseums justiert. Ihr Verlauf folgt keineswegs der Ausrichtung der antiken Foren, deren Baugrenzen sie vollkommen ignoriert, sondern ist allein dem Prinzip einer möglichst kurzen, geradlinigen Verbindung zwischen zwei Punkten geschuldet.

Damit griff Piacentini einen Leitgedanken des funktionalistischen Städtebaus auf, der auch langfristigen Zielsetzungen gerecht zu werden versprach: Als erste Verbindungsader im Zentrum Roms sollte die Via de' Fori Imperiali den sich rasch entwickelnden Verkehrsbedürfnissen des Automobilzeitalters genügen. Auch im gestalterischen Ergebnis trägt die Planung unverkennbar moderne Züge, verzichtete man doch auf jegliche Randbebauung der neuen Achse, um Geschichte und Gegenwart in unvermitteltem Kontrast einander gegenüberzustellen. Als eine der ersten Verkehrsstraßen Europas, die auf optisches Erleben aus schneller Bewegung heraus berechnet ist, behauptet die Via de' Fori Imperiali überdies eine markante Position im Städtebau einer Zeit, die zunehmend von den neuen Wahrnehmungsformen des Films profitiert. Für die Anlage der Via della Conciliazione hingegen, die seit 1929 durch den Borgo zwischen Engelsburg und Sankt Peter geführt wurde und erst zum Heiligen Jahr 1950 ihre Vollendung erlebte, besannen sich Piacentini und das faschistische Regime in Abstimmung mit dem Vatikan auf das vergleichsweise traditionelle Konzept eines von Prachtbauten gesäumten Boulevards.

Die wichtigsten Neubauvorhaben des Faschismus in Rom waren die Anlage des Universitätsgeländes jenseits von Stazione Termini sowie die Erschließung einer typologisch hochmodernen Trabantenstadt, des EUR-Viertels auf dem Weg nach Ostia. Für beide Projekte konnte sich wiederum Piacentini die Planungshoheit sichern, doch sah er sich von Seiten fortschrittlich gesonnener Architekten einem unbequemen Anspruch auf Mitwirkung ausgesetzt. Um 1930 war es in der römischen Architektenschaft zu heftigen Konflikten gekommen. Junge Vertreter des Rationalismus, der international meistbeachteten Tendenz moderner italienischer Architektur, hatten sich 1928 zu der Vereinigung ‹MIAR› (Movimento Italiano per l'Architettura Razionale) zusammengeschlossen, die in der Namenswahl unmißverständlich ihre Nähe zur faschistischen Staatspartei ‹Movimento Sociale› demonstrierte, zugleich aber der rückwärtsgewandten Ästhetik Piacentinis offen entgegentrat. Bekanntester Architekt der Gruppe wurde in den dreißiger Jahren Giuseppe Terragni (1904–1943); seine formal vollendete Casa del Fascio in Como trägt bis heute dazu bei, daß die Architektur des faschistischen Italien nicht ausschließlich mit den Repräsentationsbauten Piacentinis und seiner Schule gleichgesetzt wird.

Über vielfältige Kontakte, organisatorisches und politisches Talent verfügte jedoch vor allem der gleichaltrige Adalberto Libera (1903–1963). Mit einem Hotelprojekt hatte er sich schon 1927 an der internationalen Bauausstellung in Stuttgart beteiligt, 1928 eröffnete er ein freies Architekturbüro in Rom. Seiner Anregung und tätigen Vorarbeit verdankte es sich, daß in der Hauptstadt zwei vielbeachtete Ausstellungen rationalistischer Architektur zustande kamen, die auch vor ironischer Kritik an Piacentinis Akademismus nicht Halt machten und deren zweite Mussolini im Sommer 1931 persönlich besuchte. Währenddessen konnten sich die Positionen des Rationalismus in Giuseppe Paganos Zeitschrift ‹Casabella› öffentliches Gehör verschaffen. Zwar sorgte der düpierte Piacentini mit der Gründung eines konservativen ‹Raggruppimento degli Architetti Moderni Italiani› für die baldige Auflösung des ‹MIAR›, aber die Herausforderung durch seine jüngeren, künstlerisch hochambitionierten und international vernetzten Konkurrenten konnte er auch danach nicht völlig ignorieren.

Beim Bau der Città Universitaria in den Jahren 1933 bis 1935 gelang es Piacentini noch, die opponierenden Rationalisten durch begrenzte Einbindung in das Projekt zum Verstummen zu bringen. Architekten wie Giuseppe Pagano, Gio Ponti oder Giovanni Michelucci erhielten einzelne Instituts- und Museumsbauten zugewiesen, während sich Piacentini die städtebauliche Planung sowie den Entwurf des Rektoratsgebäudes vorbehielt. Zu weitergehenden Zugeständnissen kam es ab 1936 bei der Planung des EUR-Viertels an der neuen Via Cristoforo Colombo, einer Schnellstraße, die von der Porta Ardeatina im Süden Roms ihren Ausgang nimmt. Nach der Annexion Eritreas im selben Jahr hatte der Duce Italien zum Imperium erklärt, König Viktor Emanuel III. den Titel eines Kaisers von Äthiopien angenommen. Bei seinem Berlinbesuch im Oktober konnte Mussolini außerdem die Anerkennung seiner Hegemonieansprüche über das Mittelmeer durch Hitler erreichen. Es war also durchaus als politisch symbolträchtiger Akt zu verstehen, wenn jetzt durch den Bau einer repräsentativen Planstadt die Expansion Roms an die Küste eingeleitet wurde.

Das zunächst ‹E42› genannte Projekt war nicht nur zum Wohnen im Grünen gedacht, es sollte zugleich als permanentes Ausstellungsgelände für eine nationale Leistungsschau dienen (‹Esposizione Universale di Roma›), deren Eröffnung für den zwanzigsten Jahrestag der faschistischen Revolution 1942 vorgesehen war. Neben monumentalen Bauten der staatlichen Sozialverwaltung sah das Bauprogramm eine Vielzahl kultureller Einrichtungen wie Museen, ein Theater und eine Kongreßhalle vor. Nach anfänglichen Auseinandersetzungen um den Bebauungsplan behielt in allen grundsätzlichen Fragen wiederum Piacentini die Oberhand. Pagano und andere hatten moderne städtebauliche Prinzipien wie die lockere Streuung von Baugruppen zu Seiten der beherrschenden Mittelachse in den Plan einbringen wollen, doch wurden diese Vorstellungen im endgültigen Projekt von 1938 zugunsten einer strikt symmetrischen Gesamtordnung zurückgedrängt. Dafür ging Piacentini Kompromisse bei der architektonischen Ausgestaltung ein. Er verzichtete auf eigene Entwurfsaufträge, so daß es bei den Monumentalbauten – nur sie hatten bereits ein fortgeschrittenes Stadium erreicht, als die Arbeiten 1942 wegen des Kriegs unterbrochen werden mußten – zu einer bis dahin kaum vorstellbaren Synthese aus den Repräsentationsansprüchen faschistischer Staatsbaukunst und dem Einsatz moderner architektonischer Stilmittel kommen konnte.

Adalberto Libera, der als Eingangsmotiv des Viertels einen riesigen Parabelbogen aus Stahlbeton vorgeschlagen hatte, entwarf einen der beiden Kopfbauten an der Querachse, die Empfangs- und Kongreßhalle (Abb. 66). Der freistehende, kubische Zentralbau von vierzig Metern Seitenlänge wird von einer flachen Betonkuppel segelförmig überspannt; die Rückseite öffnete Libera in einer gläsernen Vorhangfassade, während die Hauptfront mit

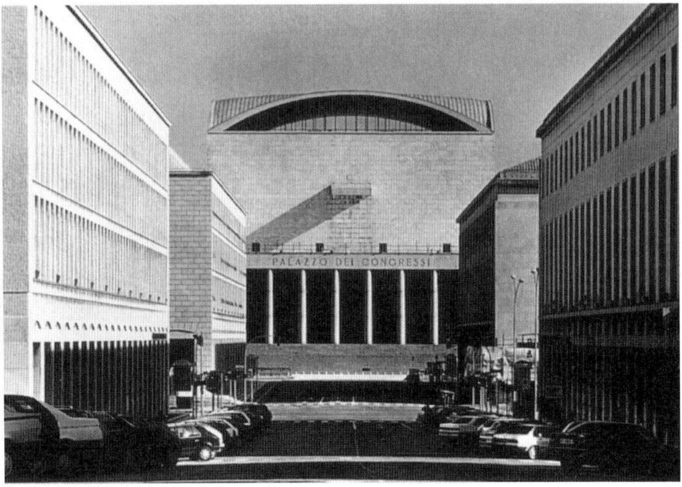

66 Città Giardino EUR, Palazzo de' Congressi von Adalberto Libera, 1937–1940

gequaderten Oberflächen und einer Kolonnade aus Granitsäulen aufwartet. Trotz solcher Kompromisse gehört die aus Stahl konstruierte Halle einschließlich der Treppenhäuser und des Hauptsaals zu den großen Leistungen moderner Architektur in Italien. Umstritten blieb dagegen bis heute die städtebauliche Antwort auf den Kongreßbau, der Palazzo della Civiltà Italiana (heute Palazzo della Civiltà del Lavoro) am gegenüberliegenden Ende der Straßenachse. Das junge Mailänder Architektenteam BBPR (Banfi, Belgiojoso, Peressutti, Rogers) hatte mit einem dezidiert modernen Entwurf nur den zweiten Platz des Wettbewerbs belegen können und als Ersatz den Bau des Postamts zugesprochen bekommen. Der ausgeführte Bau, den eine Architektengruppe unter Leitung des Rationalisten Ernesto La Padula (1902–1968) entwarf, ist ein monumentaler Würfel über quadratischem Grundriß, der sich auf allen Seiten und über alle sechs Geschosse in durchlaufenden Arkaden öffnet. Die gefundene Form ist so eindrücklich, daß der Bau sofort zum Symbol des neuen Viertels werden konnte und den populären Namen ‹Colosseo quadrato› erhielt. In der Tat spielt seine Motivsprache auf die Fassade des flavischen Amphitheaters an und rückt dadurch die Bindung der

Trabantenstadt an das Zentrum Rom spontan ins Bewußtsein des Betrachters. Daß der Bau dennoch nicht wie ein historistisches Zitat wirkt, liegt an der vollkommen glatten Behandlung der Oberflächen, die jeden plastischen Akzent vermeiden und damit ein Formprinzip der internationalen Moderne gleichsam selbstverständlich weitertransportieren.

Es wundert nicht, daß ein städtebauliches Experiment von der Qualität des EUR nach dem Krieg unter Einsatz moderner Formen und Gebäudetypen fortgeführt und zu einem der beliebtesten Wohn- und Geschäftsquartiere Roms ausgebaut werden konnte. Nachdem man die faschistischen Symbole so gut es ging von den Fassaden entfernt hatte, entstanden hier in den fünfziger Jahren die ersten Hochhäuser Roms, und Bauten wie der von Pierluigi Nervi kühn konstruierte Palazzo dello Sport, zum Olympiajahr 1960 unter Beteiligung des geläuterten Marcello Piacentini errichtet, ließen die politisch belastete Gründungsgeschichte der Trabantenstadt immer mehr in den Hintergrund treten.

Die Ankunft in der Gegenwart

Nach dem zweiten Weltkrieg ist es der Architektur wie den etablierten Bildmedien kaum mehr gelungen, der städtischen Ikonographie Roms noch neue Elemente hinzuzufügen. Das war zunächst ein Glück: Die jüngste Geschichte ließ Vorsicht vor großen Gesten schon deshalb geraten erscheinen, weil deren weitreichende Folgen immer klarer ins Bewußtsein traten. Immerhin hatte es eines Skandals wie der geplanten Entkernung der Via Vittoria nahe der Spanischen Treppe bedurft, die der Senat nach einem nach wie vor gültigen Beschluß des faschistischen Regimes noch 1952 einleiten wollte, um die unbedingte Schutzwürdigkeit des historischen Rom auf die politische Tagesordnung zu setzen. Nachdem der Protest zahlreicher Intellektueller und Künstler in diesem Fall zum Erfolg geführt hatte, ging man zügig daran, das Zentrum Roms lückenlos zur baulichen Sperrzone zu erklären.

Mit erstaunlicher Gelassenheit gelingt es den Bewohnern der größten Stadt Italiens seitdem, unter den fordernden Vorgaben der Geschichte zu leben. Zugleich erweist es sich immer wieder als unmöglich, dem Rom der Gegenwart ähnlich wie London,

Paris oder New York eine unverwechselbare Signatur der Zeitgenossenschaft aufzuprägen. Das bedeutet nicht, daß das Rom des späteren 20. Jahrhunderts keine bemerkenswerten Bilder oder Bauten mehr hervorgebracht hätte; der Gegenbeweis ließe sich leicht antreten. Erwähnt sei nur die 1950 nach kriegsbedingten Unterbrechungen fertiggestellte Stazione Termini, deren Haupttrakt aus zeltartig ausschwingender Vorhalle und breitgelagertem, zehnstöckigem Verwaltungsgebäude zu den überzeugendsten Beispielen zeitgenössischer Architektur in Rom zählt (Abb. 67). Den Pilgern, die zum ersten Heiligen Jahr nach Kriegsende 1950 hier eintrafen, wandte sich das weltliche Rom zunächst in einem Empfangsgestus zu, der bewußt moderne Formen aufnahm und sie zu großer konstruktiver Kühnheit steigerte. Erst danach, auf ihrem Weg zum Vatikan, sollten die Fremden den auftrumpfenden Klassizismus der Mussolini-Ära kennenlernen, wie er der gerade fertiggestellten und mit päpstlichem Segen eröffneten Via della Conciliazione ohne erkennbare Zäsur auch in ihren letzten Abschnitten seinen Stempel aufprägt.

Auf die kulturelle Formung der Stadt aber haben neue Kunstwerke, so bedeutend sie für sich genommen sein mögen, kaum mehr prägend einwirken können. Ein Beispiel für die Schwierigkeit, sich nach 1945 selbst mit Bauentwürfen von spezifischer Ortsbezogenheit noch dauerhaft in die Kunstgeschichte Roms einzuschreiben, bietet der Architekt Mario Ridolfi (1904–1984). Nach dem Krieg wurde der frühere Mitarbeiter Adalberto Liberas zum führenden Vertreter des organischen Städtebaus in Italien. Die herausragenden Siedlungsbauten für das gemeinnützige Wohnungsbauunternemen INA-Casa, die er zusammen mit dem emigrierten deutschen Architekten Wolfgang Frankl an der Peripherie Roms errichtete, stießen weit über die Stadt hinaus auf höchstes Interesse. Das früheste und wichtigste unter diesen Projekten ist der ‹Complesso residenziale Tiburtino› aus den Jahren 1950 bis 1954, ein Ensemble phantasievoll angeordneter Wohntürme, das aus vorgefertigten und doch abwechslungsreichen Materialien – Beton, Ziegel, Keramik – errichtet wurde. Erstmals in der römischen Baugeschichte war es hier gelungen, der proletarischen und kleinbürgerlichen Bevölkerung der vorstädtischen Zonen eine präzise gestaltete Identität zu verleihen. Manfredo Tafuri hat den schulemachenden Entwurf zu Recht als «Manifest

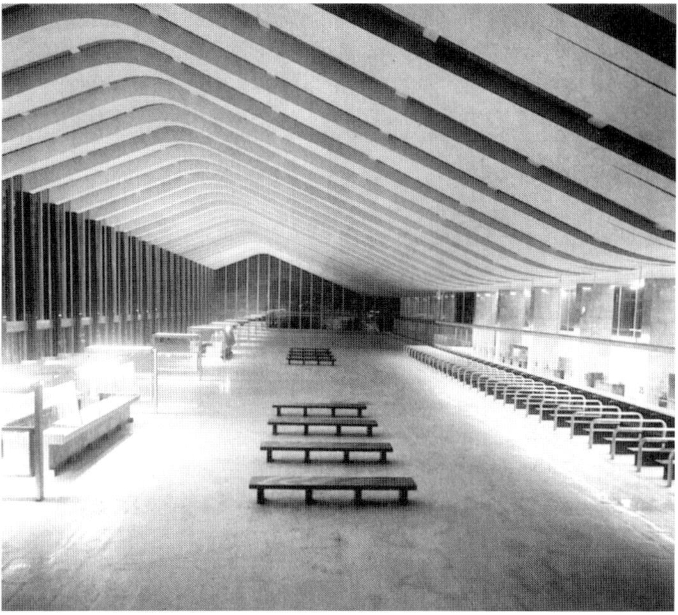

67 Hauptbahnhof Stazione Termini, Vorhalle, 1950

des architektonischen Neorealismus» bezeichnet und ihn damit jener übergreifenden Bewegung zugerechnet, die sich in der Nachkriegszeit intensiv mit dem Problem einer zeitgemäßen populären Kultur befaßte und etwa in den Romanen Pier Paolo Pasolinis noch im heutigen Bewußtsein fortlebt. Ridolfis Bauten konnten dessen ungeachtet nach einiger Zeit wieder aus dem kollektiven Gedächtnis des Kunstpublikums ausscheiden und sind inzwischen allenfalls noch Kennern der Nachkriegsarchitektur ein Begriff.

Um so größere Aufmerksamkeit verdient es, daß sich nach 1945 ausgerechnet das jüngste aller Bildmedien fähig erwies, eine neue, erfrischend zeitgemäße Vorstellung von Rom zu entwerfen: der Film. Schon 1934 hatte Mussolini, der wie alle Diktatoren lebhaft am Tonfilm interessiert war, auf einem großen Gelände unweit der Via Tuscolana vor den Toren Roms die Studios von Cinecittà eingeweiht. Aber längst bevor das «italienische Hollywood» nach Kriegszerstörungen und Einquartierung von Militär seine Produktion wieder aufnehmen konnte, war Rom zum Thema des zeitgenössischen Films geworden. Schon der erste Rom-Film der Nachkriegszeit, Roberto Rossellinis ‹Roma città aperta› von 1945, kehrte konventionelle Seherwartungen produktiv um: Rom gab hier keine historische Kulisse für heroische Handlungen, keinen idyllischen Hintergrund für amouröse Szenen ab, sondern wurde zum Schauplatz von Flüchtlingselend und sozialem Leid, ohne daß der Regisseur der Gefahr sentimentaler Verflachung erlag. Der sachliche Blick Rossellinis auf die Stadt, seine Aufmerksamkeit für die Wirklichkeit ihrer Orte machte in der Folgezeit Schule. Vittorio de Sica und andere haben bis in die sechziger Jahre die Tradition des neorealistischen Rom-Films mit unvergeßlichen Werken fortgesetzt; eine Schauspielerkarriere wie die von Anna Magnani, die 1962 die Hauptrolle in Pasolinis ‹Mamma Roma› übernahm, gründete in diesem Genre.

Cinecittà, die Traumfabrik Roms, bleibt im Gedächtnis von Cineasten vor allem mit dem Œuvre Federico Fellinis verbunden, erst recht seitdem die Studios fast ausnahmslos für Fernsehproduktionen genutzt werden – eine Folge wirtschaftlicher Zwänge, die sich schon in den späten fünfziger Jahren abzeichneten. Fellinis letzter Schwarzweißfilm ‹La dolce vita› von 1959 wurde seine ungewöhnlichste Liebeserklärung an Rom. Obwohl von den Erfahrungen des italienischen Wirtschaftswunders berichtend und mit einer opulenten Bilderfülle ausgestattet, wie sie bis dahin kaum denkbar war, behielt Fellini aus der puristischen Tradition des Neorealismus die harten, übergangslosen Schnitte bei. Das anderswo schon außer Mode gekommene Mittel ließ ihn die Handlung im rasanten Staccato des großstädtischen Alltags vortragen. Es scheint, als hätten die Autos, denen Fellini als einzigem Motiv seine ungeteilte Zuneigung schenkt und deren ikonographische Bedeutung für das moderne Rom er als erster erkennt, das Tempo des Films bestimmt.

Als skandalös wurden seinerzeit Anita Ekbergs frivoles Bad im Trevibrunnen und ihre behende Besteigung der Peterskuppel in schwarzem Kleid und jenem Priesterhut empfunden, den eine Morgenbrise davonträgt, sobald ihr Marcello Mastroianni auf die Aussichtsterrasse der Laterne nachgehetzt ist (Abb. 68). Gängige Romklischees bedient Fellini immer in ironischer Brechung,

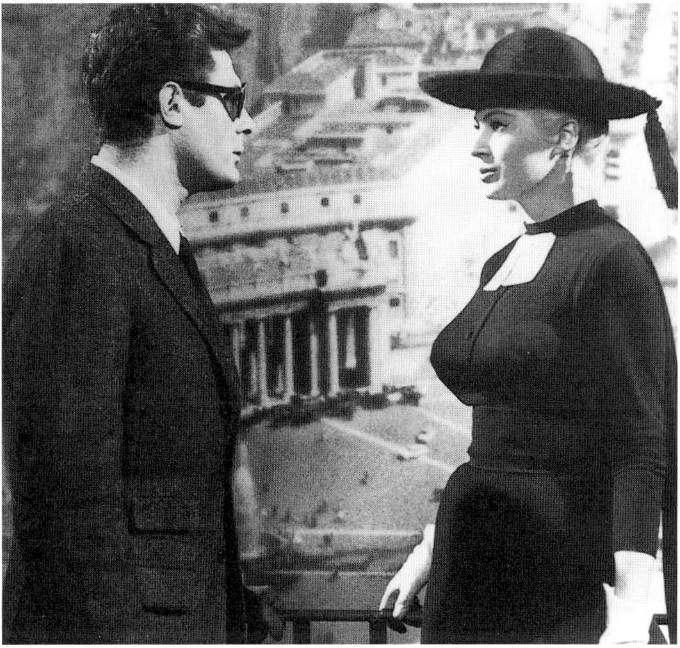

68 Federico Fellini, La dolce vita, 1959. Filmszene mit Anita Ekberg und Marcello Mastroianni

sie stehen bei ihm auch keineswegs im Vordergrund. ‹La dolce Vita› zeigt vielmehr ein Rom, auf das man um 1960 noch nicht gefaßt war und das man heute schwerlich wiedererkennt: das Rom der Mietskasernen und der Apartmenthäuser mit ihren Luxuswohnungen und Dachterrassen, das Rom des Baubooms und der gerade getrockneten Putzfassaden, dem Fellini eine kaum noch begreifliche Schönheit verleiht. Und während die Peripherie ins Zentrum rückt, zieht sich das alte Rom – Piazza del Popolo und Fontana di Trevi, Sankt Peter und die schmalen Gassen – an den Rand des Geschehens zurück, ist nur mehr menschenleeres Ziel nächtlicher Ausflüge. Zum Scharnier zwischen beiden Welten, die scheinbar nichts miteinander zu tun haben, macht Fellini die mondäne Via Veneto mit ihren Hotels und Straßencafés. ‹La dolce Vita› entwirft eine Topographie, deren Rangfolge nicht dem Rom der Touristen, sondern der Stadt der Römer entspricht. Darin liegt vielleicht die nachhaltigste, bis heute spürbare Wirkung dieses filmischen Wunderwerks begründet.

Seit etwa zwanzig Jahren wird Rom auch für bildende Künstler wieder ein interessanter Arbeitsort. Neue Galerien sind entstanden, ein jüngeres Publikum besucht die Ausstellungen, eine einflußreiche Kunstkritik läßt von Rom aus ihre neuesten Empfehlungen verlauten. All das hat Tradition in einer Stadt, die Kunst schon früh vermarktete, Künstler früh lancierte und die sich stets etwas darauf zugute hielt, ästhetische Trends zu setzen. Ein römischer Künstler wie Enzo Cucchi, 1950 in Ancona geboren, weiß sich der ‹Transavanguardia› verbunden, einer lockeren Konstellation inzwischen fünfzigjähriger Künstler, die ihre Ateliers in verschiedenen Städten von New York bis Mailand eingerichtet haben. Cucchi, Mimmo Paladino, Francesco Clemente verstehen sich nicht als feste Gruppierung im Sinn der alten Avantgarden. Daß sie sich alle – wenn auch auf unterschiedliche Weise – an bewährten Medien der Bildlichkeit interessiert zeigen, ist zuerst auf den Seiten der Galeriekataloge und Feuilletons als Signal einer neuen Traditionsbildung erkannt worden, die dann einen gemeinsamen Namen erhielt. Cucchis traditionsverpflichteten Bildbegriff, seine Rückkehr zum Konzept des Disegno, seinen spielerischen Umgang mit Materialien mag man auf römische Anregungen oder gar Vorbilder beziehen (Abb. 69). Aber es könnten genauso gut äußere oder rein persönliche Gründe sein, die ihn in Rom arbeiten lassen. Nachdem sich der internationale Kunstbetrieb aber für ein halbes Jahrhundert fast ganz von Rom abgewandt hat, ist die Antwort diese Frage wohl nicht entscheidend. Ein ermutigendes Zeichen darf man in Cucchis Entscheidung für Rom auf jeden Fall sehen.

Iannis Kounellis, insofern eine rare Ausnahme unter den großen Künstlern des 20. und beginnenden 21. Jahrhunderts, hat Rom schon 1956 zu seiner Stadt gemacht. Mehr noch: Ihm, dem 1936 in Piräus Geborenen, ist Rom unzweifelhaft zum Ort der Inspiration geworden, wenn auch auf vielfach gebrochene, indirekte Weise. Hinweise darauf gibt Kounellis' Werk stets von neuem, ein Œuvre, das mit dem Stichwort ‹Arte povera› in seinem Standort angedeutet, aber nicht erschöpfend beschrieben ist. Zwar gehörte Kounellis zu den Mitbegründern und meistbeachteten Protagonisten des Kults armer Materialien, der in den sech-

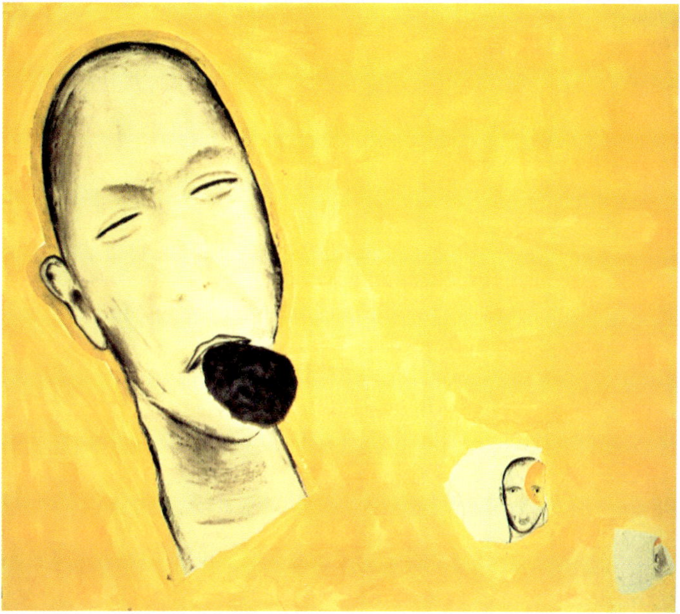

69 Enzo Cucchi, Sotto Lingua, 1999–2000. Zürich, Galerie Bruno Bischofberger

ziger und siebziger Jahren der italienischen Kunst erneut weltweite Achtung bescherte. Einige seiner Rauminstallationen, mehr noch seine Performances, greifen aber seit langem mit einer Beharrlichkeit auf einen immer gleichbleibenden Fundus mythologischer Motive zurück, die in der Arte povera ihresgleichen sucht. Abgeformte Bruchstücke von Skulpturen wie Hände und Köpfe gehören zu diesem Repertoire (Abb. 59); Kounellis selbst trat in einer seiner aufsehenerregenden Aktionen als Reiter auf, der sein Gesicht hinter einer antikisierenden Maske versteckt.

All diese Rückbezüge auf die Tradition des Altertums, zu denen in weiterem Sinne wohl auch seine Vorliebe für das Element Feuer zählt, bilden keine thematisch geschlossenen Komplexe aus, sondern sind fragmentierte Verweise, die Kounellis stets in neue, anders konfigurierte Formzusammenhänge stellt: «Ich will andere Dinge sagen, wenn ich Statuen aufstelle, ich beziehe sie ein, nachdem ich die Kultur gewechselt habe.» Der Künstler selbst verbindet sein Interesse am Mythos nicht einmal ausdrücklich mit Rom, sondern vielmehr mit Griechenland, von wo er stammt. Rom ist für ihn einer von vielen mythologischen Orten, keineswegs der würdigste, aber doch jener, an dem die antike Götterwelt in der westlichen Kunsttradition am längsten fortgelebt hat. Zum Bedauern vieler ist es Kounellis bisher nur selten gelungen, seine Skulpturen, Installationen und Aktionen an prominenter Stelle in Rom zu plazieren. Eine Performance etwa, die im Februar 2000 am Giordano-Bruno-Denkmal auf dem Campo de' Fiori stattfinden sollte und als Erinnerung an die Hinrichtung des ketzerischen Philosophen vor vierhundert Jahren gedacht war, hätte die Stimmung des Jubeljahrs offenbar so empfindlich gestört, daß sie auf kirchlichen und politischen Druck hin abgesagt werden mußte. Lediglich Zeichnungen und eine Projektbeschreibung halten den Plan fest. So bleibt Kounellis der Künstler, der zwar entscheidend dazu beiträgt, daß Rom als Stätte zeitgenössischer Kultur in der Welt noch präsent ist, den man am Ort seines Wirkens aber nicht kennenlernen kann. Dennoch steht Kounellis' Werk in unserer Zeit beispielhaft für eine Kunst, die nach Rom gekommen ist und hier ihren Ort gefunden hat. Mit anderen Worten: es ist römische Kunst.

Literatur

Die Abkürzungen folgen historischer Praxis sowie dem Reallexikon zur deutschen Kunstgeschichte, VIII, München 1987. Untertitel bleiben in der Regel ungenannt.

Im Text zitierte Werke

S. 9 f., 222, 239, 240, 243: Goethe, J. W., *Italienische Reise*, München 1992, 151, 803, 665, 471

S. 19: Burckhardt, J., *Die Zeit Constantins des Grossen*, Wien o. J. [1853], 258

S. 20: Gerke, F., *Spätantike und Frühes Christentum*, Zürich 1967, 53

S. 28 f.: Ward-Perkins, J. B., Constantine and the Origins of the Christian Basilica, in: *Papers of the British School at Rome*, 22 (1954), 69–90

S. 29: Krautheimer, R., Die konstantinische Basilika, in: ders., *Ausgewählte Aufsätze*, Köln 1988 (1967), 40–78

S. 34: Zanker, P., *Die Maske des Sokrates*, München 1995

S. 43 f.: Kemp, W., *Christliche Kunst*, München 1994, 166 ff.

S. 46: Belting, H., *Bild und Kult*, München [5]2000, 137

S. 52: Schieffer, R., ‹Redeamus ad fontem›, in: A. Angenendt/R. Schieffer, *Roma – Caput et Fons*, Opladen 1989

S. 56: Claussen, P. C., Renovatio Romae, in: B. Schimmelpfennig/ L. Schmugge (Hg.), *Rom im hohen Mittelalter*, Sigmaringen 1992, 87–125, hier 100

S. 64: da Bisticci, V., Vita Papst Eugens IV., in: ders., *Große Männer und Frauen der Renaissance*, München 1995, 119

S. 65: Petrarca, F., De remediis utriusque fortunae I.118, übers. v. H. Günther, *Das Studium der antiken Architektur in den Zeichnungen der Hochrenaissance*, Tübingen 1988, 15

S. 65: Celtis, K., Ad Romam, dum illam intraret, zit. nach H. C. Schnur (Hg.), *Lateinische Gedichte deutscher Humanisten*, Stuttgart 1967, 41

S. 74 f.: Biographie Nikolaus' V. bei T. Magnuson, *Studies in Roman Quattrocento Architecture*, Stockholm 1958

S. 75: Krautheimer, R., *Rom. Schicksal einer Stadt 312–1308*, München [2]1996, 52

S. 75: Übers. in Anlehnung an L. B. Alberti, *Zehn Bücher über die Baukunst*, Darmstadt 1975 (1912), 345 f.

S. 83: Schimmelpfennig, B., *Das Papsttum*, Darmstadt [4]1996, 268 f.

S. 98: Oberhuber, K., *Raffael*, München 1999, 100

S. 103: Wölfflin, H., *Die klassische Kunst*, Basel [10]1983, 72

S. 110 f.: Übers. nach A. Bruschi u. a. (Hg.), *Scritti rinascimentali d'architettura*, Mailand 1978, 470

S. 113: Thoenes, Ch., Zu Raffaels Galatea, in: ders., *Opus incertum*, München/ Berlin 2002, 51–116

S. 119 f.: Frommel, Ch. L., *Der römische Palastbau der Hochrenaissance*, 3 Bde., Tübingen 1973, I, 95

S. 129: Brief an B. Ferratino, übers. bei Ch. Thoenes, St. Peter 1534 bis 1546, in: B. Evers (Hg.), *Architekturmodelle der Renaissance*, Ausst.-Kat., Berlin/ München 1995, 107

S. 159: Röttgen, H., *Caravaggio*, Frankfurt a. M. 1992, 65

S. 168 f.: Hubala, E. (Hg.), *Die Kunst des 17. Jahrhunderts*, Berlin 1970, 29

S. 176: Übers. nach F. Baldinucci, *Vita di Gian Lorenzo Bernini*, Mailand 1948, 79

S. 192: Bösel, R./ Frommel, Ch. L. (Hg.), *Borromini*, Ausst.-Kat., Mailand 2000, 469, 20

S. 194 f.: Burckhardt, J., *Der Cicerone*, Stuttgart 1986 (1855), 671

S. 209: Thoenes, Ch., Studien zur Geschichte des Petersplatzes, in: *Zs. f. Kg.* 26, 1963, 97–145

S. 225: Lotz, W., Die Spanische Treppe, in: *Röm. Jb. f. Kg.* 12 (1969), 48

S. 232: Winckelmann, J. J., Gedanken über die Nachahmung der griechischen Werke … (1755), in: ders., *Ausgewählte Schriften u. Briefe*, Wiesbaden 1948, 20

S. 245: J. F. Overbeck zit. nach R. Zeitler (Hg.), *Die Kunst des 19. Jahrhunderts*, Frankfurt a. M. 1979, 200

S. 255: Giedion, S., *Raum, Zeit, Architektur*, Basel [6]2000 (1941), 120

S. 258 f.: Gregorovius, F., *Römische Tagebücher*, München 1991, 306 f.

S. 261: Le Corbusier, *1922. Ausblick auf eine Architektur*, Gütersloh [3]2001, 132

S. 264: G. de Chirico zit. nach U. M. Schneede, *Die Geschichte der Kunst im 20. Jahrhundert*, München 2001, 124

S. 272 f.: Tafuri, M., *Storia dell'architettura italiana 1944–1985*, Turin 1986, 23

S. 277: I. Kounellis 1974, in: N. Bätzner (Hg.), *Arte povera*, Dresden 1995, 152

Allgemeine Werke

Bruhns, L., *Die Kunst der Stadt Rom*, 3 Bde., Wien/München ²1972

Bussagli, M. (Hg.), *Rom*, Köln 1999

Coarelli, F., *Rom*, Mainz 2000

Fischer Pace, U. V., *Rom*, 2 Bde., Darmstadt 1988

Garms, J., *Vedute di Roma dal Medioevo all'Ottocento*, 2 Bde., Neapel 1995

Gregorovius, F., *Die Grabmäler der römischen Päpste*, Leipzig ²1881

Haskell, F./Penny, N., *Taste and the Antique*, New Haven ³1988

Keller, H. u.a. (Hg.), *Italia et Germania: Liber amicorum A. Esch*, Tübingen 2001

Kytzler, B. (Hg.), *Rom als Idee*, Darmstadt 1993

Lanciani, R., *Rovine e scavi di Roma antica*, Rom 1987

Pastor, L. v., *Geschichte der Päpste seit dem Ausgang des Mittelalters*, 16 Bde., Freiburg i.Br. 1886–1933

Reinhardt, V., *Rom*, München 1999

Schudt, L., *Le guide di Roma*, Farnborough 1971 (1930)

Valentini, R./Zucchetti, G., *Codice topografico della città di Roma*, 4 Bde., Turin ²1960–1982

Spätantike und Mittelalter

Arbeiter, A., *Alt-St.-Peter in Geschichte und Wissenschaft*, Berlin 1988

Brenk, B., *Spätantike und frühes Christentum*, Frankfurt a.M. 1977

Bringmann, K., Die konstantinische Wende, in: *HZ* 260 (1995), 21–47

Buddensieg, T., Gregory The Great, The Destroyer of Pagan Idols, in: *Warburg Journ.* 28 (1965), 44–65

Cahn, W., *Die Bibel in der Romanik*, München 1982

Claussen, P. C., *Magistri doctissimi Romani*, I, Stuttgart 1987

Deckers, J. G., *Der alttestamentliche Zyklus von S. Maria Maggiore in Rom*, Bonn 1976

Gardner, J., *The Tomb and the Tiara*, Oxford 1992

Gregorovius, F., *Geschichte der Stadt Rom im Mittelalter*, 8 Bde., Darmstadt 1978 (1859)

Jeremias, G., *Die Holztür der Basilika S. Sabina in Rom*, Tübingen 1980

Kessler, H. L./Zacharias, J., *Rome 1300*, New Haven 2000

Krautheimer, R. u.a., *Corpus Basilicarum Christianarum Romae*, 5 Bde., Vatikanstadt u.a. 1937–1977

Ladner, G., *Handbuch der frühchristlichen Symbole*, Stuttgart 1992

Nilgen, U., Das Fastigium in der Basilica Constantiniana und vier Bronzesäulen des Lateran, in: *RQA* 72 (1977), 1–31

Dies., Bilder im Widerstreit zwischen Regnum und Sacerdotium, in: K. Möseneder (Hg.), *Streit um Bilder*, Berlin 1997, 27–47

Poeschke, J., *Antike Spolien in der Architektur des Mittelalters und der Renaissance*, München 1996

Ders., *Die Skulptur des Mittelalters in Italien*, 2 Bde., München 1998/2000

Wilpert, J./Schumacher, W. N., *Die römischen Mosaiken der kirchlichen Bauten vom IV. bis XIII. Jahrhundert*, Freiburg i.Br. 1976 (1916)

Wisskirchen, R., *Das Mosaikprogramm der Kirche Santa Prassede in Rom*, Mainz 1992

Wolf, G., *Salus Populi Romani*, Weinheim 1990

Renaissance

Ackerman, J. S., *The Architecture of Michelangelo*, 2 Bde., London ²1995

Arasse, D./Tönnesmann, A., *Der europäische Manierismus*, München 1997

Bredekamp, H., *Sankt Peter in Rom und das Prinzip produktiver Zerstörung*, Berlin 2000

Buddensieg, T., Die Statuenstiftung Sixtus' IV. im Jahre 1471, in: *Röm. Jb. f. Kg.* 20 (1983), 33–73

Coffin, D. R., *Gardens and Gardening in Papal Rome*, Princeton, N J 1991

Conforti, C./Tuttle, R. J., *Il secondo Cinquecento*, Mailand 2001

Esch, A., Über den Zusammenhang von Kunst und Wirtschaft in der italienischen Renaissance, in: *ZfhF* 8 (1981), 79–222

Eser, T., Der ‹Schildkrötenbrunnen› des Taddeo Landini, in: *Röm. Jb. f. Kg.* 27/28 (1991/92), 201–282

Fiore, F. P. (Hg.), *Il Quattrocento*, Mailand 1996

Frommel, Ch. L., *Die Farnesina und Peruzzis architektonisches Frühwerk*, Berlin 1961

Ders., Francesco del Borgo: Architekt Pius' II. und Pauls II., in: *Röm. Jb. f. Kg.* 20 (1983), 127–174; 21 (1984), 73–164
Ders. u.a. (Hg.), *Raffael*, Stuttgart 1987
Hochrenaissance im Vatikan, 1503–1534, Ausst.-Kat., Bonn 1999
Jones, R./Penny, N., *Raphael*, New Haven 1983
Kempers, B. u.a., Jacopo Stefaneschi, Patron and Liturgist, in: *Med.van het Nederl.Inst.te Rome* 48 (1987), 83–113
Kliemann, J., *Gesta dipinte*, Cisinello Balsamo 1993
Liebenwein, W., Antikes Bildrecht in Michelangelos ‹Area Capitolina›, in: *Mitt.Flor.* 28 (1984), 1–32
Ders., Honesta Voluptas, in: A. Beyer u.a. (Hg.), *Hülle und Fülle*, Alfter 1993, 337–358
Ders., Clemens VII. und der ‹Laokoon›, in: K. Bergdolt/ G. Bonsanti (Hg.), *Opere e giorni*, Venedig 2001, 465–478
Millon, H. A./Lampugnani, V. M. (Hg.), *The Renaissance from Brunelleschi to Michelangelo*, Ausst.-Kat., Venedig 1994
Muffel, N., *Descrizione della città di Roma nel 1452*, Bologna 1999
Nilgen, U., L'eclettismo come programma nel primo Quattrocento a Roma, in: K. Bergdolt/G. Bonsanti (Hg.), *Opere e giorni*, Venedig 2001, 275–290
Nova, A., *Michelangelo*, Stuttgart ²1985
Poeschke, J., *Die Skulptur der Renaissance in Italien*, 2 Bde., München 1990/1992
Pope Hennessy, J., *Italian High Renaissance and Baroque Sculpture*, London ⁴2000 (1963)
Roettgen, S., *Die Wandmalerei der Frührenaissance in Italien*, 2 Bde., München 1996/1997
Satzinger, G., Michelangelos Grabmal Julius' II. in San Pietro in Vincoli, in: *Zs. f. Kg.* 64 (2001), 177–222
Schiffmann, R., *Roma felix*, Bern 1985
Schimmelpfennig, B., Der Palast als Stadtersatz, in: W. Paravicini (Hg.), *Zeremoniell und Raum*, Sigmaringen 1997, 239–256
Schlimme, H., *Die Kirchenfassade in Rom*, Petersberg 1999
Seibt, G., *Anonimo Romano*, Stuttgart 1992
Seymour, Ch. jr., *Michelangelo: The Sistine Ceiling*, New York 1972
Tafuri, M., *Ricerca del Rinascimento*, Turin 1992
Tönnesmann, A., Ein psychologisches Motiv bei Raffael, in: E. Koensgen (Hg.), *Arbor amoena comis*, Stuttgart 1990, 293–304
Ders./Fischer Pace, U. V., *Santa Maria della Pietà*, Freiburg i.Br. 1988
Vasari, G., *Leben der ausgezeichnetsten Maler, Bildhauer und Baumeister... 1567*, 6 Bde., Worms ²1988
Winner, M. u.a. (Hg.), *Il Cortile delle Statue*, Mainz 1998
Ders. (Hg.), *Der Maler Federico Zuccari*, München 1999

Barock

Beck, H./Bol, P. C. (Hg.), *Forschungen zur Villa Albani*, Berlin 1982
Blunt, A., *Nicolas Poussin*, London 1995 (1967)
Büchel, D./Reinhardt, V., *Die Kreise der Nepoten*, Bern 2001
Coliva, A./Schütze, S., *Bernini Scultore*, Ausst.-Kat., Rom 1998
Curcio, G./ Kieven E. (Hg.), *Il settecento*, Mailand 2000
Dempsey, Ch., *Annibale Carracci* ..., Fiesole ²2000
Ebert-Schifferer, S. (Hg.), *Giovanni Francesco Barbieri ‹Il Guercino›*, Ausst.-Kat., Frankfurt a.M. 1991
Erben, D., Die Pyramide Ludwigs XIV. in Rom, in: *Röm. Jb. f. Kg.* 31 (1996), 427–458
Ders., *Paris und Rom. Die staatlich gelenkten Kunstbeziehungen unter Ludwig XIV.*, Habil. ETH Zürich 2001
Frommel, Ch. L., Caravaggios Frühwerk und der Kardinal Francesco Maria del Monte, in: *Storia dell'arte* 9/10 (1971), 5–52
Gross, H., *Rome in the Age of Enlightenment*, Cambridge, MA 1990
Haskell, F., *Maler und Auftraggeber*, Köln 1996
Held, J., *Caravaggio*, Berlin 1996
Hellwig, K., Velázquez in Rom, in: C. Göttler u.a. (Hg.), *Diletto e Maraviglia*, Emsdetten 1998, 273–285
Herklotz, I., *Cassiano Dal Pozzo und die Archäologie des 17. Jahrhunderts*, München 1999
Hibbard, H., *Bernini*, Harmondsworth 1990 (1965)
Ders., *Carlo Maderno*, Mailand 2001 (1971)

Johns, Ch., *Papal Art and Cultural Politics*, Cambridge/New York 1993
Kieven, E., *Von Bernini bis Piranesi*, Ausst.- Kat., Stuttgart 1993
Krautheimer, R., *The Rome of Alexander VII.*, Princeton, NJ 1985
Krems, E.-B., Die ‹prontezza› des Kardinalnepoten und Guercinos ‹Aurora› und ‹Fama›, in: *Zs. f. Kg.* 65 (2002), 180–220
Kruft, H.-W., *Geschichte der Architekturtheorie*, München [4]1995
Lavin, I., *Bernini and the Crossing of Saint Peter's*, New York 1968
Ders., *Bernini and the Unity of the Visual Arts*, 2 Bde., New York 1980
Lindemann, B. W., *Bilder vom Himmel*, Worms 1994
Magnuson, T., *Rome in the Age of Bernini*, 2 Bde., Stockholm 1982/1986
Marder, T. A., *Bernini and the Art of Architecture*, New York 1998
Martin, F., ‹L'Emulazione della romana anticha grandezza›, in: *Zs. f. Kg.* 61 (1998), 77–112
Marzik, I., *Das Bildprogramm der Galleria Farnese in Rom*, Berlin 1986
Merz, J. M., *Pietro da Cortona*, Tübingen 1991
Miller, N., *Archäologie des Traums*, München/Wien 1978
Montagu, J., *Alessandro Algardi*, 2 Bde., New Haven 1985
Dies., *Roman Baroque Sculpture*, New Haven 1989
Mühlen, I. von zur, *Bild und Vision: Peter Paul Rubens und der Pinsel Gottes*, Frankfurt a. M. 1998
Pollak, O., *Die Kunsttätigkeit unter Urban VIII.*, 2 Bde., Wien 1928/1931
Preimesberger, R., Obeliscus Pamphilius, in: *Münchner Jb.* 25 (1974), 77–162
Rice, L., *The Altars and Altarpieces of New St. Peter's*, Cambridge, MA 1997
Riebesell, Ch., *Die Sammlung des Kardinal Alessandro Farnese*, Weinheim 1989
Roettgen, S. (Hg.), *Mengs*, Ausst.-Kat., München 2001
Schütze, S., ‹Urbano inalza Pietro, e Pietro Urbano›, in: *Röm. Jb. f. Kg.* 29 (1994), 213–287
Sedlmayr, H., Der Bilderkreis von Neu St. Peter in Rom, in: ders., *Epochen und Werke*, II, Mittenwald 1977, 7–44
Waddy, P. A., *Seventeenth Century Roman Palaces*, New York 1990
Warnke, M., Italienische Bildtabernakel bis zum Frühbarock, in: ders., *Nah und Fern zum Bilde*, Köln 1997, 40–107
Wittkower, R., *Art and Architecture in Italy 1600 to 1750*, 3 Bde., London 1999
Ders., *Gian Lorenzo Bernini*, Oxford [3]1981
Zapperi, R., *Der Neid und die Macht*, München 1994

19. und 20. Jahrhundert

Baldacci, P./Schmied, W. (Hg.), *Die andere Moderne*, Ausst.-Kat., Ostfildern 2001
Brunetta, G. P., *Storia del cinema italiano*, 4 Bde., Rom 1993
Caracciolo, A., *Roma capitale*, Rom [5]1999
Dal Co, F. (Hg.), *Il secondo Novecento*, Mailand 1997
David et Rome – David e Roma, Ausst.-Kat., Rom 1981
Debenedetti, E., *Valadier*, Ausst.-Kat., Rom 1985
Frank, H. (Hg.), *Faschistische Architekturen*, Hamburg 1985
Friedel, H. (Hg.), *Iannis Kounellis*, Ausst.-Kat., München 1985
Gallwitz, K. (Hg.), *Die Nazarener in Rom*, Ausst.-Kat., München 1981
Germer, S./Preiß, A. (Hg.), *Giuseppe Terragni 1904–43*, München 1991
Hufschmidt, T. F./Jannattoni, L., *Antico Caffè Greco*, Rom 1989
Insolera, I., *Roma moderna*, Turin 1993
Iannis Kounellis. Drucksache N. F. 2, Düsseldorf 2000
Johns, Ch. M. S., *Antonio Canova and the Politics of Patronage …*, Berkeley 1988
Maierhofer, W., *Angelika Kauffmann*, Reinbek 1997
Noack, F., *Das Deutschtum in Rom seit dem Ausgang des Mittelalters*, 2 Bde., Aalen 1974 (1927)
Novecento, Ausst.-Kat., Rom 2000
Pfammatter, U., *Moderne und Macht*, Braunschweig [2]1996
Praz, M./Pavanello, G., *L'opera completa del Canova*, Mailand 1976
Ridley, R. T., *The Eagle and the Spade*, Cambridge, MA 1992
Rodiek, T., *Das Monumento Nazionale Vittorio Emanuele II. in Rom*, Frankfurt a. M. 1983
Schulz-Hoffmann, C./Weisner, U. (Hg.), *Enzo Cucchi*, Ausst.-Kat., München 1987
Seibt, G., *Rom oder Tod*, Berlin 2001
Vannelli, V., *Roma*, Rom 2001

Ortsregister

Verweise auf Abbildungen stehen *kursiv.*

Personenregister

Verweise auf Abbildungen stehen *kursiv*.

Abbildungsnachweis

© VG Bild-Kunst, Bonn 2002 65; © Enzo Cucchi, Courtesy Galerie Bruno Bischofberger, Zürich 69

Antella, Scala Picture Library 17.
Berlin, Archiv für Kunst und Geschichte 26, 42, 50; Bildarchiv Staatliche Museen Preußischer Kulturbesitz 41, 61.
Frankfurt a.M., Cinetext 68.
Hamburg, Kunsthalle 59.
Köln, Achim Bednorz 54; laif 40; Rheinisches Bildarchiv 45.
London, Bridgeman Art Library 21, 25.
München, Hirmer Verlag 6, 14, 16, 22, 31.
Paris, Giovanni Dagli Orti 34; Réunion des Musées Nationaux (RMN) 55.
Rom, Arte Fotografica 1; Biblioteca Hertziana 4, 8, 10, 19, 30, 33, 35, 37, 47, 52, 57; Biblioteca Vaticana 11; DAI 9.
Schwerin, Staatliches Museum 48.
Weilheim, Artothek 65.
Zürich, Galerie Bruno Bischofberger 69.

Die übrigen Motive stammen aus dem Archiv des Autors.
Leider war es nicht in allen Fällen möglich, die Inhaber der Rechte zu ermitteln. Es wird deshalb gegebenenfalls um Mitteilung gebeten.